谨以此书献礼山东大学百廿校庆

上庠振铎录

——山大文苑往事

张洪刚　著

山东大学出版社
·济南·

图书在版编目(CIP)数据

上庠振铎录:山大文苑往事/张洪刚著.—济南:
山东大学出版社,2021.6
ISBN 978-7-5607-7064-2

Ⅰ.①上… Ⅱ.①张… Ⅲ.①山东大学—校友—生平
事迹Ⅳ.①K820.7

中国版本图书馆 CIP 数据核字(2021)第 118178 号

责任编辑 李孝德
文案编辑 孟希亚
封面设计 张荔

出版发行 山东大学出版社
社　　址 山东省济南市山大南路 20 号
邮政编码 250100
发行热线 (0531)88363008
经　　销 新华书店
印　　刷 济南乾丰印刷有限公司
规　　格 720 毫米×1000 毫米 1/16
24.75 印张 398 千字
版　　次 2021 年 6 月第 1 版
印　　次 2021 年 6 月第 1 次印刷
定　　价 69.00 元

1936年国立山东大学文学院师生合影

抗战期间南迁到四川万县的山大部分师生合影

1947年11月国立山东大学中国文学系师生合影

1950年山东大学文史系师生合影

序

同事张君洪刚业余研究山大文学院历史，陆续撰文60篇，汇为一集，出以相示，并嘱为序。余览一过，中多名师往事，不胜神往，因以“上庠振铎录”名之。前年12月山大人文社科院王涛副院长询问“山大文史见长”及“两次辉煌”，说是校领导需要。我觉得事属郑重，因此找到张洪刚，商议回复。现将当时回复节略如下：山东大学中文学科第一次辉煌是二十世纪三十年代。当时山东大学在青岛，1930年到1932年叫国立青岛大学，校长杨振声（文学院教授，文学家）。1932年到1938年叫国立山东大学，校长赵太侔（文学院教授，戏剧家）。山东大学设文学院、理学院等。文学院下设中文系、外文系。那时没有历史系。中文系著名教授学者、作家有：闻一多、游国恩、梁实秋（文学院教授、外文系主任）、沈从文、洪深（文学院教授、外文系主任）、老舍、台静农、闻宥、黄孝纾、丁山、萧涤非等。这一时期以中国古代文学见长，尤其是《楚辞》研究，两个权威学者闻一多、游国恩都在山东大学。还有一批著名作家杨振声、闻一多、老舍、台静农、洪深、沈从文等。在当时中文学科处于领先地位。抗日战争时期，中国文学研究中心转移到西南联大，杨振声、闻一多都去了西南联大。第二次辉煌，在二十世纪五十年代。1949年6月青岛解放。山东大学中文系分出了历史系。这一时期的辉煌叫“文史见长”，五十年代的这一局面得到学术界公认。文史见长主要指中国古代文学、中国古代史。中国古代文学的代表是“冯陆高萧黄”，即冯沅君、陆侃如、高亨、萧涤非、黄孝纾，时称“五岳”。冯陆的代表著作是二人合著的《中国诗史》《中国文学史简编》，冯沅君《古剧说汇》、陆侃如《中古文学系年》。高亨代表著作有《周易古经今注》《周易大传今注》《老子正诂》《墨经校诠》《诗经今注》等。萧涤非的代表作是《汉魏六朝乐府文学史》《杜甫研究》。黄孝纾先生则以“词章之学”及绘画闻名于世。历史学科的代表是“八马同槽”，八大教授是：杨向奎、童书业、王仲荦、黄云眉、赵俪生、郑鹤声、张维华、陈同燮。除陈同燮研究古希腊、罗马史外，其余都是研究古代史的名家。八大教授之外，还有古文字学家丁山先生，参加过二十四史点校、负责《梁书》《南史》的卢振华先生。王仲荦《魏晋南北朝史》《隋唐五代史》《北周六典》《北周地理志》，童书业《春秋史》《中国绘画史》《中国陶瓷史》，黄云眉《明史考证》等，都是第一流名著。第二次辉煌有一个绝对一流的学术阵地——《文史哲》，这是华岗校长的贡献。泽逊认为中文学科还有第三次辉煌，那就是二十世纪八十年代崛起的古代文学学者群，从先秦文学到近代文学，每一段都有强劲的代表人物：先秦两汉文学董治安，魏晋南北朝文学牟世金、张可礼、龚克昌，唐宋文学刘乃昌、朱德才、张忠纲，元明清文学袁世硕，近代文学郭延礼，民间文学关德栋。在改革开放之初，百废待兴的特殊时期，山东大学这个古代文学阵容，是相当显赫的。

这是当时匆匆梳理已有的说法，也加上了个人的体会，大体说明了山东大学古代文学的三次辉煌。经过近两年的学习，进一步明确认识到"三次辉煌"是历史事实，也是今后发展的基础和学习的榜样。古代文学之外，殷孟伦、殷焕先、蒋维崧的语言学，高兰、孙昌熙的现代文学，周来祥、曾繁仁的文艺美学，王绍曾的古典文献学，也都蜚声学林，与古代文学诸位名家共同铸就山东大学中文学科的第三次辉煌。

2018 年 4 月，我奉命担任文学院院长，深感前辈创业的艰辛，他们的业绩与国家的颠簸起伏共命运，是中华民族苦艰和崛起的历史见证，因此筹划并组织编集了山东大学中文名家文集十八家，已基本完成，即将由中华书局、人民出版社、人民文学出版社、社会科学文献出版社等陆续出版。这一批名家著作全集的整理问世，是对前辈最好的致敬，也是对后学无声的鞭策。《孟子》说："颂其诗，读其书，不知其人，可乎？是以论其世也。"相信这本《上庠振铎录》能够让我们听到山东大学一百多年来连绵不断的钟声、朗朗悠长的书声、坚定有力的脚步声，这的确让人心向往之。

二〇二一年清明节前一日杜泽逊谨序

目 录

上编　金声玉振

1929年6月3日，我国著名教育家蔡元培力主将山东大学迁至青岛复校。他多次称："青岛之地势及气候，将来必为文化中心点，此大学之关系甚大。"1930年9月21日，国立青岛大学开学，杨振声为校长。1932年9月，国民政府将国立青岛大学易名为国立山东大学，杨振声辞职，赵太侔继任校长。杨振声、赵太侔均毕业于北京大学，后又分别考取官费留学美国哥伦比亚大学。他们效法北京大学"兼容并包""科学民主"的办学方针，广聘专家学者，使国立山东大学成立之初，就形成了阵容整齐、水平较高的师资队伍。文科有闻一多、梁实秋、黄敬思、张煦、老舍、洪深、丁山、闻宥、姜忠奎、游国恩、沈从文、萧涤非、台静农等先生。真可谓：群贤毕至，金声玉振，盛极一时。

蔡元培两次出席国立山东大学开学典礼

蔡元培

著名教育家蔡元培，对国立山东大学（原为"国立青岛大学"）情有独钟，数次造访，为山东大学的初创、建设和发展做出了积极贡献。在他的力主下，原在济南的山东大学改移青岛，易名国立青岛大学；他积极参与筹备工作，亲自题写校牌；他数次到山东大学演讲，并先后两次出席国立山东大学开学典礼并致辞；他举荐了两位北京大学爱将杨振声、赵太侔先后任山东大学校长，使北京大学"兼容并包"的学风融入了山东大学的血脉，使山东大学迎来了发展史上的第一个"黄金时期"。

蔡元培力主国立山东大学设在青岛

蔡元培（1868～1940），字鹤卿，又字仲申、民友、孑民，曾化名蔡振、周子余，汉族，浙江绍兴山阴县（今浙江绍兴）人，原籍浙江诸暨。革命家、教育家、政治家。民主进步人士，国民党中央执委、国民政府委员兼监察院院长。中华民国首任教育总长。

蔡元培十分关心国立青岛大学的创办，亲自参加筹备和决策工作。1928年5月，济南发生"五三惨案"，山东大学停顿。8月，南京国民政府教育部根据山东省教育厅的报告，下令在省立山东大学的基础上筹建国立山东大学，并设筹备委员会，聘何思源等11人为筹备委员。

1929年6月初，蔡元培与蒋梦麟赴青岛参与国立青岛大学筹备事宜。

他对青岛的环境非常熟悉，力主国立山东大学的校址设在青岛。理由是：国家正值多事之秋，战争频仍，济南乃四省通衢，兵家必争；青岛地处边陲，既有舟车之便，又可免战乱影响。

蔡元培、蒋梦麟二氏来青岛召集国立青岛大学筹备会时摄于青岛海滨大饭店

教育部接受蔡元培的建议，蒋梦麟遂向行政院提出筹办国立青岛大学的议案。6 月 4 日，南京政府行政院第 26 次会议讨论通过了《筹建国立青岛大学的议案》，其议案内容如下：

> 教蒋部长（梦麟）提：国立山东大学筹备经费，因事实上困难，一切尚待规划，查该省青岛地方，有私立青岛大学一所，为张宗昌逆党前省议会议长宋传典所办，自胶济经中央接收，该校长早离校他往，现校中状况纷乱，自不待言。且该校向无确定基金，全赖鲁省款及青岛市款补助。拟将该校取消，其校产归山东大学收用，国立山东大学名称，拟改为国立青岛大学。查青岛交通便利，环境优胜，设立大学，自较济南为宜，可否敬候公决案。
>
> 决案：照办。

国立青岛大学筹备委员就职典礼全体摄影纪念（摄于1929年6月20日，刊载于1929年第11期《中华教育界》。前排左15赵太侔、左16彭百川、左17何思源、左18王近信、左19袁家普）

正是蔡元培这位资深教育家的建议，让筹建国立青岛大学的议案顺利通过。6月13日，教育部另行函聘蔡元培、何思源、王近信、赵太侔、彭百川、杨振声、傅斯年、袁家普等为国立青岛大学筹委会委员，并推定何思源为筹委会主任。国立山东大学筹备委员会奉令改为国立青岛大学筹备委员会，除接收省立山东大学外，并将私立青岛大学校产收用。

国立青岛大学筹委会成立后，共计召开了6次会议，研究学校筹办工作。其中第二次会议于1929年7月8日在青岛召开，中央研究院院长蔡元培、教育部长蒋梦麟专程到青岛参加国立青岛大学筹备会议，研究办学章程、经费、学科设计、教员聘任、原有省立山东大学和私立青岛大学学生处置等原则章程。

8月3日，蔡元培因国立青岛大学经费迟迟未落实，遂致信吴稚晖请其代催经费，信原文如下：

稚晖先生鉴：

杏佛兄来，询知先生在京甚好为慰。兹有启者，山东旧有山东大学，又有私立青岛大学，现教育部取消两大学，而设一青岛大学，似乎又多设一大学，而实则并两为一也。青岛之地势及气候，将来必为文化中心点，此大学之关系甚大，其经费预算年60万元，拟请中央政府及省政府各出24万元，而市政府与胶济铁路各出6万元，省政府原拨各专门学校经费28万元，后即移作山东大学经费，减去4万元，本无问题，惟中央应出之费，闻业与财政部宋（子文）商及，尚无确切答复。弟因研究院关系，未便再向要求，欲请先生向子文切实一言，如能请蒋主席对宋谆嘱则尤善。除由何仙槎（思源）见面详陈一切外，专此奉托。

并祝

道安

弟蔡元培

1929年8月3日

信函由山东省教育厅长何思源面交检察院院长吴稚晖，托请转财政部长宋子文，希望官方给予重视批拨青岛大学经费。蔡元培强调，新的青岛大学一定要立足山东，立足青岛，办出自己的特色。

筹备期间，蔡元培以他在北京大学的经验体会提出了许多具体意见，得到众人的尊重。特别是经他举荐，1930 年 4 月 26 日，南京国民政府国务会议决议任命杨振声为青岛大学校长。据称，国立青岛大学筹备委员中多人均有被任校长的可能。蔡元培与蒋梦麟对此探讨后，拟杨振声担任。

国立青岛大学校门

蔡元培在青岛筹备建立国立青岛大学时，当即为国立青岛大学题写了校名，制成木牌，曾长期悬挂在学校大门旁。梁实秋曾回忆说：“我们初到青岛的时候，蔡孑民先生还携眷住在女生宿舍那座小楼里。学校大门上的木牌是蔡先生的题字，清癯一如其人。”关于蔡先生所写的校牌，梁实秋还在《酒中八仙》[①]一文中写道：

> 国立青岛大学的门口的竖匾，就是蔡先生的亲笔。胡适之先生看见了这个匾对我们说，他曾问过蔡先生：“凭先生这一笔字，瘦骨嶙峋，在那时代殿试大卷讲究黑大圆光，先生如何竟能点了翰林？”蔡先生从容答道：“也许那几年正时兴黄山谷的字吧。”今甫作了校长，得到蔡先生写匾，是很得意的一件事。

① 杨振声任国立青岛大学校长时期，有几位教授豪于酒，常常聚饮，形成了一个著名的文人饮酒圈子，闻一多名曰“酒中八仙”。“酒中八仙”的最初成员有杨振声、赵太侔、闻一多、陈季超、刘康甫、黄际遇、梁实秋和方令孺。

蔡元培参加国立青岛大学开学典礼

1930年8月11日，为扶持国立青岛大学，蔡元培携夫人来到青岛，出席了12～18日在国立青岛大学召开的中国科学社第15次年会。经过蔡元培和诸位筹备委员的努力，国立青岛大学克服了众多困难，于1930年9月正式成立。

9月20日，国立青岛大学在大礼堂举行开学典礼，校长杨振声宣誓就职，时任中央研究院院长蔡元培监誓。当日上海《申报》以《青岛大学今日开学》为题报道了开学典礼盛况：

> 二十日上午九时，国立青岛大学在该校大礼堂正式开学典礼，同时该校杨校长宣誓就职。到有中央委员蔡元培、张道藩、市党部代表袁方治、委员胡市长代表胡家凤、山东省政府党部代表何思源、胶济路管理局代表周钟岐等，及各团体代表四十余人，该校第一年级学生一百七十余人，主席蔡元培。行礼如仪后，杨校长宣誓，监誓员蔡元培授印后，并训词。次有何思源、袁方治、周钟岐、胡家凤等相继演说，后由杨振声致答辞，报告今后办学方针。礼成后，撷影而散。

蔡元培在开学典礼上致训词，介绍了国立青岛大学设在青岛的意义和青岛的环境。9月26日天津《大公报》在《青岛大学成立典礼志祥》一文中提及了蔡元培讲话内容：

> ……政府所以设大学于青岛，实以青岛有文化中心的资格，以我国的广土众民、文化集中，势不能限于一点，现在长江一带有中央大学、武汉大学，北方有北平大学，西南有中山大学，东北有东北大学，此外各省则有浙江大学、河南大学等。山东为古代文化最发达之所，在昔伯禽治鲁，太公治齐，战国时稷下为学者荟聚之地，所以教育部决定设一国立大学于山东境内，乃归并前山东大学及私立青大而设诸青岛。旧时大学多设于都市，使与社会相接近，如法之巴黎大学，德之柏林大学皆是。然英国大学之最著声誉者，则在牛津剑桥，美国各大学多设于山清水幽之所，而交通便利，接近自然，与接近社会两者均宜。青岛水陆交通，均极便利，山海林泉，处处接近自然，而工商发达、物产丰富，又非乡僻小村可比。国立青岛大学成立后，并可设星期演讲会，以集中全国学者于

一地，至于大学课程，包括范围极广，青大现因经济关系，先设文理二科为任何各种应用科学之基础及研究的归宿点也。

蔡元培出席国立山东大学四周年纪念及开学典礼

杨振声作为蔡元培的高足，是其教育思想的追随者。他任校长后，以北京大学为榜样，效法蔡元培在北京大学当校长时倡行的“兼容并包、学术自由”“科学与民主”的办学方针，广聘专家学者，使国立青岛大学成立之初，就形成了阵容整齐、水平较高的师资队伍。如闻一多、梁实秋、黄敬思、黄际遇、汤腾汉、曾省、闻宥、游国恩、沈从文、傅鹰、任之恭等均应邀来青岛大学任教。另外，还经常邀请蔡元培、冯友兰、顾颉刚等学者名流来青岛大学讲学。一时之间，国立青岛大学名流云集，英华蕴聚，名声大震。

1932 年 9 月 2 日，南京国民政府行政院会议议决，将国立青岛大学更名为国立山东大学，并准杨振声校长辞职，任命赵太侔为国立山东大学校长。

赵太侔遵循效仿杨振声的办学方针，求贤若渴，更加重视师资队伍建设，使这个辉煌时期得到延续和发展。

1934 年 8 月 28 日上午九时，蔡元培与夫人养浩（黄仲立）携儿子睟映、怀新、英多，从上海港搭乘普安轮北上，29 日午后二时到达青岛。赵太侔作为蔡元培的学生，对老校长的到来，自是更为热情。他亲自到码头迎接，次日晚，即与夫人俞珊一同到蔡元培下榻处拜望，31 日晚，“赵太侔、俞珊夫妇招饮于顺兴楼……”9 月 18 日赵太侔登门造访，“约二十日午前九时，参加山大开学式”。

9 月 20 日，蔡元培如约来到国立山东大学，参加成立四周年纪念大会，并发表演说。9 月 24 日，《国立山东大学周刊》以《本校举行四周年纪念及始业式》为题报道了大会盛况，其中写道：

> 是日上午九时特于大礼堂举行纪念仪式，并同时举行本学期开学典礼。到有全体新旧教职员及新旧学生共约四百余人，中央研究院院长蔡孑民先生亦到场参加。校长主席，李韶涛司仪，徐廷荃记录，行礼如仪后，即有校长报告。

校长赵太侔报告后，蔡元培进行演讲，他对国立山东大学的办学特色给予了高度赞赏，并勉励学子刻苦耐劳、脚踏实地、努力向前。他说：

> 第一次开学典礼的时候，我正在青岛，所以能够得到参加。今天是山大四周年纪念，我又在青岛，也能得到参加的机会，所以我觉得非常高兴。四年前是创办的时候，仅仅是建设的开始，经过了四年的功夫，竟有了如此的设备，这不能不归功于学校当局的努力。山大还有几点特色，是其他各大学少有的，现在提出来说说。第一文学院与理学院合并为文理学院——因为文理不能划的界限太清楚了，譬如有许多科目，过去都划到文科里，现在却都归为理科了；如果文理两院合并，自然可以使文科的学生不致忽略了理科的东西，理科的学生也不致忽略了文科的课程，所以山大合并来办是非常好的。第二是理工两学院都在一处来办！我们知道工与理的关系，是非常密切的，工就是理的应用，理就是工的基础，两个东西是不应分开的，现在山大将两院在一处来办，自然很经济而且很容易得到好的成绩的。第三是农学院能按照本省农业情形，加以研究，再想法来改良和发展本省的农业，这也是非常适宜的。况且山大的环境可以说是中国唯一的，背山面海，实在是适于研究学问的地方，并且现在又有这样的设备，较北平、上海，只有一片房子和几块黑板的大学里的学生，幸福的多了！但是不要因为在这优美的环境中住久了，再到其他的地方，便不高兴起来，因为将来必须要到社会上工厂里去吃苦的，况且在国家困难的时候，许多的同胞都在吃苦，所以我们更应该刻苦耐劳的去努力，才不辜负了这优美的环境和这良好的设备。

蔡元培的演说博得了师生的一致好评。典礼结束后，蔡元培在赵太侔、杜光埙、皮松云的陪同下参观了学校科学馆、图书馆等处。

国立山东大学其实是蔡元培擘画中国教育的最后手笔，堪称他的谢幕之作。他两次出席国立山东大学开学典礼并致辞，足见他对山东大学的重视和关怀垂护。国立山东大学在办校的过程中继承了蔡元培先生的教育理念，将山东大学办成崇尚学术、校风自由而又管理严格的现代大学。

（原载《山东大学报》2016 年 12 月 28 日）

梁启超胞弟梁启勋与国立青岛大学

梁启勋，著名词学家、翻译家，梁启超的胞弟。1930年11月，梁启勋来到青岛，凭吊康有为墓。在青岛，他漫步海滩作诗填词，游崂山写游记，留下了弥足珍贵的历史印记。1932年2月，他应杨振声邀请加盟国立青岛大学，任国立青岛大学文学院中国文学系讲师，讲授古典诗词和音韵学等课程。任职期间他开始著述《中国韵文之变化》，并出版了《词学》一书。

梁启勋

梁启勋与康有为

梁启勋（1876～1965），字仲策，号曼殊室主人。梁启超、梁启勋出生在广东省新会县熊子乡茶坑村。梁启勋比梁启超小三岁，因年龄相仿，兄弟俩关系甚为亲密。梁启勋与梁启超早年就学于万木草堂，参加了戊戌变法的许多工作。

1891年，康有为在广州长兴里设立“万木草堂”，开始讲学。万木草堂创办之初，康有为就主张“脱前人之窠臼，开独得之新理”。草堂的命名，就含有培植万木、为国家培养栋梁之才（材）的意思。梁启勋与梁启超同是康有为万木草堂弟子。梁启勋于1893年入“万木草堂”学习，他曾在《“万木草堂”回忆》一文中回忆恩师康有为：“康先生中等身材，眼不大而有神，三十岁以前即留胡须，肤色黑，有武人气。”康有为讲学的内容，是以孔学、佛学、宋明理学为体，以史学、西学为用。梁启勋曾回忆道：“我们最感兴趣的是先生所讲的‘学术源流’。‘学术源流’是把儒、墨、法、道等所谓九流，以及汉代的考证学、宋代的理学等，历举其源流派别。”梁启勋除读中国古书外，还学得许多西方哲学、历史和自然科学技术，并自学英、日文。

青年时期的梁启勋

1898年戊戌变法失败后，梁启勋组织掩护康有为、梁启超等人的家属摆脱清政府的追缉，撤离至澳门、香港和国外，后被戏称为“家属队长”。梁启勋在美留学期间，协助康有为处理保皇会经济事务，深为康有为器重。

1927年3月，康有为在青岛去世。1930年9月，54岁的梁启勋亲赴青岛，凭吊康有为墓，遂写下了《水龙吟·庚午重阳前四日谒南海先生墓》，以示对先师的无限怀念。

执教国立青岛大学

1930年，国立青岛大学成立，校长是“五四”时期的老作家杨振声。他民主办学，请来的大批教师，都是当时学术、文化界才俊。

1931年12月，梁启勋应杨振声邀请执教国立青岛大学。在山东省档案馆馆藏的民国档案中，有一份1931年国立青岛大学的聘书，上面写道：聘梁仲策先生为中国文学系讲师，月薪220元。梁仲策先生即是梁启勋先生，聘书的落款为“校长杨”，而这位杨校长即是当时国立青岛大学的校长杨振声。

梁启勋于1932年2月到校任职，2月15日，《国立青岛大学周刊》曾以《本校聘梁启勋先生为中国文学系讲师》为题进行了报道：

> 本校本学期聘梁启勋先生为中国文学系讲师。梁先生当前清光绪年间曾在广州万木草堂受业于康有为先生。西历一九〇八年毕业于美国芝加哥专门学校，民国元二三年主办《庸言》及《大中华报》，著有《稼轩词疏证》，今来本校执教，可为中国文学系同学庆也。

当时，闻一多任中文系主任，梁实秋任外文系主任，他们均毕业于清华大学，都曾是梁启超的学生。梁实秋与梁启超师生关系更为密切，在清华的8年学习中，梁实秋受梁启超的影响较大。梁启超的儿子梁思成还是梁实秋的同班同学，梁思永、梁思忠也都在清华求学。毕业前一年，梁启超应邀前来演讲，他的激情和文采给梁实秋留下了深刻印象。梁实秋晚年曾回忆，他对中国文学的兴趣，就是被这一篇演讲鼓动起来的。因这层关系，再加上梁启勋到校时已56岁，闻一多、梁实秋视他为师长，对他特别敬重。因年龄的原因，梁启勋和梁实秋、闻一多交往并不多，他只管潜心备课、认真教书。

梁启勋不仅是词人，而且是现代重要的词学家。他在国立青岛大学中文系讲授词学和音韵文，臧克家、丁观海等都是梁启勋的学生。当时文学院还有教授赵畸、杜光埙、谭葆慎、程乃颐、马师儒、郭斌龢、宋春舫（兼），讲师游国恩、赵少侯、沈从文、黄淬伯、方令孺、薛彩凤、李方琮及教员、助教30余人。他们担任各门课程主讲，一时在国立青岛大学形成了名家云集的强大阵容，对当时国内文坛影响颇深。

在国立青大着手创作《中国韵文之变化》

在雅昌拍卖网上，有梁启勋创作的《中国韵文之变化》书稿手迹一份。此手稿《中国韵文之变化》书于“国立青岛大学”稿笺上。梁启勋在《序》处自署“二一壬申（1932）四月二十四日始属稿”，“成于廿六年丁丑年（1937）一月七日”。可知此著作于1932年始作而完成于1937年。梁启勋自叹“其间或始作或辍，迄无常课，偶有所获辄援笔增补。大抵每年夏季工作较多，盖容我终日伏案者，唯暑期中而已”。

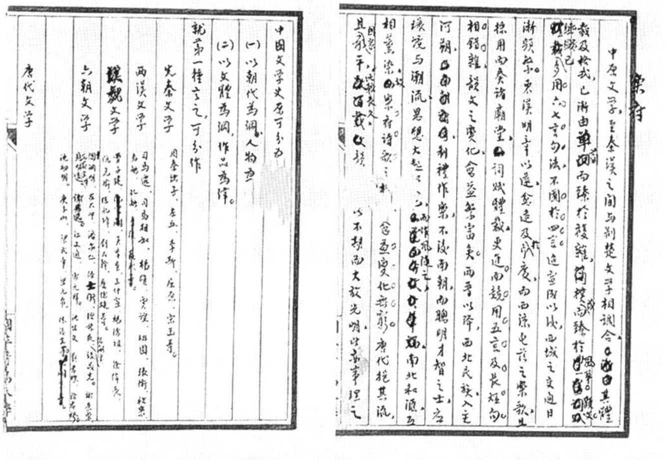

梁启勋《中国韵文之变化》手稿

梁启勋正是在国立青大任职期间，开始著写《中国韵文之变化》一书。该书于1938年由商务印书馆出版，但书名改为《中国韵文概论》，全书通过介绍《离骚》、汉赋、骈文、乐府、唐诗、宋词、元曲的演变及其关系，讲述韵文的发展概况，提出了一些有价值的见解。

《中国韵文概论》的一个重要观点是：《诗经》三百篇乃中原文学之祖，中国韵文的源头皆由此出。梁启勋说："《诗》三百篇，是中原文学之祖，一切变化皆由此出。词的方面如骚、赋、骈文、律赋等，诗的方面如古乐府、五七言诗、新乐府、词、曲等源于《诗经》。"关于"诗"，梁启勋认为，《诗经》中百分之九十是四言。战国后半期，楚文学输入中原后，七言体兴起，所以七言诗是蜕化后的《楚辞》；后来西域乐歌东来便出现了五言诗。除此之外梁启勋还勾勒了赋、五言、七言诗的发展源流，评价了许多文学家的成就。

在国立青岛大学，梁启勋还创作了《词学》一书，于1932年出版。该书分上、下两编，是梁启勋词学研究的另一重要成果，可以说梁启勋是现代词学建构的奠基人之一。

1932年7月梁启勋离开了国立青岛大学，后在交通大学、北平铁道管理学院任教。1938年曾投入中国联合准备银行，做过一些共产党的地下工作。1951年中央人民政府政务院建立中央文史研究馆，经周恩来总理提名，由毛泽东主席圈定，梁启勋与章士钊、康同壁、齐白石等28位文化界著名人士一起，成为中央文史馆首批馆员，并每年在参加人民大会堂宴会时被周恩来总理接见。此外，他还当选为北京市第一、二、三届人民代表大会代表。主要著作有《中国韵文概论》《词学》《稼轩词疏证》《海波词》《词学铨衡》《曼殊室随笔》《曼殊室戊辰笔记》等，还翻译了《血史》《世界近代史》《社会心理之分析》等美、英、日等国的书籍。

（原载《山东大学报》2018年10月31日）

闻一多诗门下的“二家”

1930年8月，闻一多应杨振声的邀请来到国立青岛大学，任文学院院长兼中文系主任。闻一多从来没有忽略发掘青年诗人，他破格录取了臧克家，培育扶植了陈梦家。这两个学生让闻一多非常得意，两人的照片就放在他的书桌上，他常对客人说“我左有梦家，右有克家”。臧克家、陈梦家因此被称为“闻门二家”。

闻一多与臧克家

1930年“国立山东大学”的前身——“国立青岛大学”成立，校长是“五四”时期的老作家杨振声先生。杨振声民主办学，风度翩翩，请来的大批教师都是学术、文化界一时才彦。梁实秋回忆：“在中国文学系里，一多罗致了不少人才，如方令孺、游国恩、丁山、姜叔明、张煦、谭戒甫等。”①

闻一多

① 梁实秋：《谈闻一多》，(台北)传记文学出版社1987年版，第83页。

闻一多在青岛执教两年。他学贯中西，融汇古今。他为中文系开设了《中国古代神话》《诗经》《楚辞》《唐诗》《名著选读》等课程，还为外文系开设了《英诗入门》课程。闻一多在课堂上可谓兼具学者与诗人的气质。他讲课的内容，往往是自编的讲稿，每次上课时带来厚厚的讲稿，放在讲台之上，又常常不受讲稿的束缚，讲授自己的研究心得，观点新颖且分析缜密，丝丝入扣；讲到兴处，往往又激越澎湃，令听者如醉如痴。

闻一多惜才爱才，因材施教、诲人不倦。在国立青岛大学任职期间，他把在写诗方面崭露头角的陈梦家招来做助教，还发现了臧克家。"我有二家"，这是闻一多在青岛最欣喜的发现，他提携两位新诗人登上了诗坛。

1930 年夏，26 岁的臧克家报考国立青岛大学。闻一多出了两个作文题：一是《你为什么投考青岛大学？》，二是《生活杂感》，两题任选，臧克家把两题都做了。臧克家的《生活杂感》只有三句话："人生永远追逐着幻光，但谁把幻光看作幻光，谁便沉入了无边的苦海！"这独具异彩的三句话虽短小精悍却极富哲思，打动了闻一多的心，破例给了他 98 分的高分。这样，即使臧克家数学考了零分，依然被国立青岛大学文学院破格录取。

臧克家起初读的是外文系，系主任是梁实秋，但是热衷于文学尤其是诗歌的他在外文系找不到归属感。此时，闻一多又一次伸出援助之手，帮他转入了中文系。臧克家是如何从外文系转入中文系的呢？在国立青岛大学，学生可以转院或转系，这是首任校长杨振声的一贯主张。

当时，想转到中文系的人太多，全被拒绝了，当臧克家忐忑不安地站在闻一多先生身旁自报姓名时，闻先生十分高兴地接纳了他，并告诉他记得他的《生活杂感》。据臧克家的同学蔡文显的儿子蔡宗周在《梁实秋书赠的条幅——记梁先生与蔡文显的一段师生情谊》中写道："记得父亲生前说过……臧克家原先入学是英文系，同父亲同系，后根据臧克家的要求，经闻一多同意调到了中文系就读。"

从此，臧克家成为闻一多先生的学生，一名诗的学徒。臧克家转到中文系后，除了学好功课外，就是向闻一多先生和他的诗学习，学习着怎样想象，怎样造句，怎样去安放一个字。臧克家还向闻一多借来了《死水》，一遍一遍地读，“我常常出入闻先生的办公室，认识了他的人，才读他的诗。”[①]“一读就入了迷。他的《死水》，我几乎全能背诵，我用它滋养了自己，也用它折服了许多顽固的心。”[②]

臧克家几乎天天琢磨，日夜沉思，沉溺在诗的气氛之中，连饭也忘了吃，觉也睡不着。同学们经常和他开玩笑：“天天写诗，夜夜失眠。”臧克家常常捧着自己所写的值得一看的诗去向闻先生求教，从他的办公室渐渐地走到他家里，而且越走越勤了。

闻一多来青岛后，在学校斜对门的大学路租了一处房子，房子在楼下一层，光线昏暗，不甚满意，于是又迁至汇泉路离浴场不远的一栋小房。闻一多在此住了不到一年，便将家眷送回湖北老家，告别了这所海边小屋。暑假返校后，闻一多搬到位于学校东北方的第八校舍，宿舍是孤零零的一座楼，面对着一座小小坟山。楼上有一个套房，内外两间，由闻一多住，楼下的套房住着数学系教授黄际遇。

臧克家回忆说：“他（闻一多）住在大学路的一座红楼上，门前里有一排绿柳，我每次进到他的屋子，都是起一种严肃的感觉，也许是他那四壁图书，和他那伏案的神情使然吧！”师生俩在闻先生家中的书斋里吸着“红锡包”，喝着茶，热烈地交谈着、讨论着，老师指点着学生诗中的缺点和优点，哪一个想象很聪明，哪一个字用得太嫩，每当发现一个好句子，老师似乎比学生还高兴，师生俩的心和眼睛全叫诗连在了一起，浓郁的诗的气氛便充满了整个斗室。尤其是闻先生习惯在好的句子上画圈，这给臧克家留下了抹不掉的记忆，他回忆说：“看着看着，我瞅他神色在变化，自然地拾起一支铅笔来，在几个句子上画了双圈。我高兴得要跳起来！他画圈圈的句子，正是我得意的。得到闻先生画个圈，实在不容易呵，他手高眼也高。”[③]

臧克家写成一篇诗，一定求教于闻先生，评定甲乙，推敲字句。那时，臧克家先后创作了《炭鬼》《像粒沙》《老马》《难民》《元宵》等诗歌。其中《难民》

---

① 臧克家：《我的先生闻一多》，《怀人集》，上海文艺出版社 1980 年版，第 80 页。

② 臧克家：《祖国万岁母校千秋》，《光明日报》2001 年 9 月 28 日。

③ 臧克家：《悲愤满怀苦吟诗》，《臧克家文集》第四卷，山东文艺出版社 1994 年版，第 663 页。

《老马》还被闻一多介绍到《新月》月刊发表。受闻一多先生影响，这一时期，臧克家不仅注意诗歌的韵律，而且还非常注意诗歌的遣词造句，对每一首诗，每一个字，他都是反复推敲。闻一多曾这样评价：这时的臧克家"拼命的写诗、追诗，成了天地间的一个'诗囚'了"。

在闻一多的精心教导下，臧克家成为中文系最优秀的学生之一，很快就在《新月》《现代》等杂志上发表了《罪恶的黑手》《忧患》等作品。1933 年，闻一多和王统照慷慨解囊，各出 20 块大洋，资助臧克家出版了第一本诗集《烙印》，当即在文坛引起广泛关注。闻一多为《烙印》作序，其中写道："克家催我给他的诗集作序，整催了一年。他是有理由的。便拿《生活》一诗讲，据许多朋友说，并不算克家的好诗，但我却始终极重视它，而克家自己也是这样的。"

臧克家 1933 年在国立山东大学留影

陈梦家

那一年，臧克家 28 岁。《烙印》不仅有着与《死水》相近的艺术风格和内在精神，它那一片黑的封面也很容易使人想到《死水》。臧克家并不讳言闻一多对他的影响，他说"《死水》给予我的东西太多了"，"《死水》定我终生"，"没有《死水》，可以说就不会有《烙印》"。

闻一多与陈梦家

陈梦家是闻一多在第四中山大学（中央大学前身）任教时的高足。1927 年 9 月，陈梦家考入国立第四中山大学法律系，闻一多时任该校外文系主任，教英美诗、戏剧和散文。陈梦家常去听闻一多的课，闻先生讲授的英美浪漫主义诗歌与诗歌格律化理论深深打动了这位少年诗人的心。闻一多对这位天资聪颖的学生尤为器重，曾屡次对朋友称道，师生结下了终生之谊。

这年冬天，陈梦家在闻一多单牌楼过家花园寓所第一次拜会了闻一多。陈梦家曾回忆说："他的身材宽阔而不很高，穿着深色的长袍，扎了裤脚，穿着一双北京的黑缎老头乐棉鞋。那时他还不到三十岁，厚厚的口唇，衬着一副玳瑁边的眼镜。他给人的印象是浓重而又和蔼的。"[①]因为新诗，陈梦家成了闻一多喜爱的学生。

1928年夏，闻一多离开了中央大学前往武汉大学任教。徐志摩来接了棒，讲授欧美诗歌。徐志摩也把陈梦家当成自己的得意门生，并彻底挖掘出了陈梦家在诗歌上的天赋。1929年10月，陈梦家在《新月》杂志发表处女作新诗《那一晚》，引起诗坛瞩目，后又以"陈漫哉"为笔名发表大量新诗。

受闻一多、徐志摩诗歌理论的影响，1930年1月，陈梦家在《国立中央大学半月刊》1卷7期上发表诗论《诗的装饰和灵魂》，宣告了指导他诗歌创作的完整的艺术主张。1931年1月，陈梦家编成《梦家诗集》，由新月书店出版。同年9月，又编成《新月诗选》出版。

1930年12月10日，从闻一多一封致朱湘和饶梦侃的信中，我们可以感受到闻一多对新发现的两位诗人多么器重。信中说："陈梦家、方玮德的近作，也使我欣欢鼓舞。梦家是我发现的，不成问题。玮德原来也是我的学生，最近才知道。这两人不足使我自豪吗？"[②]

1931年7月，陈梦家毕业后，应徐志摩之邀前往南京，选编了新月派18位代表诗人共80首诗的诗集《新月诗选》。同年11月，徐志摩因空难逝世。次年初，陈梦家将徐志摩的遗稿编集为《云游》，并整理选编了自己的诗稿，结为《铁马集》。

1932年3月，从南翔前线归来的陈梦家受闻一多约请，前往国立青岛大学担任其助教。闻一多常常在教室里，在文学院的办公室里，作为他的学生、他的朋友、他的助手陈梦家常常陪他在一起。陈梦家在《艺术家闻一多

① 陈梦家：《艺术家的闻一多先生》，《文汇报》1956年11月17日。

② 《闻一多全集·12，书信·日记·附录》，湖北人民出版社2004年版，第253页。

先生》一文中写道："在青岛的半年，我们常常早晚去海边散步，青岛有很好的花园，使人流连忘返。我记得在青岛的时候，晚间无事，我们两人手持一册，他常常吟诵古代诗人或外国诗人的诗篇。"①

陈梦家在青岛创作了《在蕴藻滨的战场上》《一个兵的墓铭》《老人》《哀息》《呼应》《叮当歌》《海》《小诗》等诗歌，并翻译了布莱克诗《小羊》和《圣经》中的雅歌，定名为《歌中之歌》。其中陈梦家翻译的第一首布莱克的诗，是闻一多和陈梦家一起商量着推敲出来的，定稿于 1932 年 5 月 26 日的青岛。

闻门二家

闻一多的寓所里放着臧克家和陈梦家的照片，他时常指着照片，得意地对客人讲："我左有梦家，右有克家。"②臧克家、陈梦家因此被称为"闻门二家"。梁实秋在《谈闻一多》中写道："一多从来没有忽略发掘新诗的年轻作者。在青大的国文系里，他最欣赏臧克家，他写的诗是相当老练的。还有他的从前的学生陈梦家也是他所器重的。陈梦家是很有才气而不修边幅的一个青年诗人，一多约他到国文系做助教，两个人颇为相得。"③

闻一多和臧克家、陈梦家经常一起谈诗论道。臧克家回忆说：陈梦家追随闻先生，从武汉大学到了我们的学校做助教。我们不时一道谈诗，成了朋友。有时候，闻一多师生三人也在一起谈。陈梦家的诗在天上，他的诗融合了闻先生同志摩先生的风格；臧克家的心在泥土里，他自己在形式上也受到了这两位先生的影响，特别是闻先生的精练、严肃。

闻一多与臧克家谈诗时，有一次拿陈梦家的一篇诗《萤火》来做例子。他说："深夜里，这点萤火，一闪一闪的，你说这是萤火吗？但它可以是一盏灯，一点爱情，一个希望……"④

陈梦家写吊沪上殉国战士的《洋泾浜》一诗，其中有"桃花一行行"一句，

---

① 陈梦家：《艺术家闻一多先生》，《文汇报》1956 年 11 月 17 日。

② 曹未风：《辜勒律己与闻一多》，《文汇报》1947 年 4 月 10 日。

③ 梁实秋：《忆青大　念一多》，郑晓龙主编：《走读中国》（名校名文卷），首都师范大学出版社 2011 年版，第 190 页。

④ 臧克家：《海——回忆一多先生》，《怀人集》，上海文艺出版社 1980 年版，第 115 页。

闻一多和臧克家都建议将“桃花”改为“血花”，但陈梦家觉得“写的虽然是‘血花’，然而把它写作‘血花’却没有‘桃花’漂亮”。臧克家认为，“桃花”是比“血花”美丽，但“这篇诗的严肃和沉痛性也随着‘桃花’被取消了”。因此，“他的想象也几乎成了无根的幻想，而他理想的天国也不在地下，在天上”。臧克家说：“我永远忘不了梦家对我的帮助，和他谈诗的结果，我更知道了怎样去展开想象的翅膀。我和他对人生的看法虽相反，但他耀眼的才华，美丽的诗句，也着实打动了我的心。”①

当闻一多门下的“二家”闪耀在青岛诗坛的时候，闻先生已经很少动笔了。臧克家曾经问闻先生：“您应该写诗呵，为什么不写了？”他带点感慨地回答：“有你和梦家在写，我就很高兴了。”②

这个时期，闻一多创作少了，专攻中国的古典文学，对于唐诗，致力尤深。梁实秋曾回忆当时的情况：“一多在武汉时既已对杜诗下了一番功夫，到青岛以后便开始扩大研究的计划，他说要理解杜诗需要理解整个的唐诗，要理解唐诗需先了然于唐代诗人的生平，于是他开始草写唐代诗人列传。积稿不少，但未完成。”③闻一多苦心孤诣地要“弄清我们这民族，这文化的病症”的“钻入故纸堆中”的时期，完成了从诗人向学者的转变。

国立青岛大学自成立至1932年，共发生过三次学生运动。闻一多因为担任着文学院院长的职务，成为校务会议的主要成员。闻一多和梁实秋是杨振声请到青岛大学的，与杨振声的关系非常密切，于是总是处于风口浪尖上，成为学生反对的目标。

1932年春季，国立青岛大学因“学分淘汰制”引发了第三次学生运动。当时的教育部出台了《大学学则》，规定全年学程有三门不及格或必修学程有两种不及格者，令其退学。学生们认为，时局不靖，爱国第一，学校如此压迫学生，目的是反对学生从事爱国运动，于是群起反对。学生通过罢课开展斗争，并引发了“驱逐教授事件”。同年6月，学生分别发布了《驱闻宣言》和

---

① 臧克家：《祖国万岁母校千秋——山东大学百年校庆有感》，郑晓龙主编：《走读中国》（名校名文卷），首都师范大学出版社2011年版，第184页。

② 臧克家：《悲愤满怀苦吟诗》，《臧克家全集》第6卷，时代文艺出版社2002年版，第407页。

③ 刘天华、维辛选编：《梁实秋怀人丛录》，当代世界出版社2007年版，第97页。

《国立青大全体学生否认杨振声校长并驱逐赵畸梁实秋宣言》,公开驱逐杨振声、赵畸、闻一多和梁实秋等教授。

闻一多在1932年6月16日致饶孟侃的信中曾失望地写道:“我与实秋都是遭反对的,我们的罪名是‘新月派包办青大’。我把陈梦家找来当个小助教,他们便说我滥用私人,闹得梦家几乎不能安身。情形如是,一言难尽。”①

闻一多与陈梦家在愤懑之下,同登泰山,观石刻,因雨他们困在灵岩寺3天。之后,师徒两人在泰安车站分手,闻一多在泰安买了一盆花回青岛,陈梦家回南方。陈梦家曾在《悼闻一多先生》一诗中,提及登泰山事:“我们一同度过许多日子,看过大海上的雾,雾里的许多小岛,在泰山的灵岩寺中,我们等了几个雨天。”②赵萝蕤为该诗所作的附记中也提道:“同看‘大海上的雾’和‘许多小岛’大概是指青岛。我不记得青岛海上是否有许多小岛。在同游泰山时留下了一些照片,我曾看见过。”③

这次学生运动影响很大,南京国民政府教育部下令国立青岛大学易名为国立山东大学,闻一多辞去教职。不久,闻一多被母校清华大学聘请为中文系教授,他就带着陈梦家去了北平。

陈梦家受闻一多影响转型为学者

但陈梦家并没有跟着闻一多进清华大学,而是在燕京大学宗教学院学习。1934年,陈梦家回到燕京大学,成为专攻古文字学的研究生。

陈梦家两年后毕业,留校当助教,继续钻研中国古文字学、古史学。陈梦家跟闻一多一样,年轻时爱写诗,然后发现自己也对甲骨文、神话体系很感兴趣,就和闻一多一样,从一名诗人转型为学者。

陈梦家由诗人而学者,基本上与他的业师闻一多一脉相承,所研究的领

---

① 《闻一多全集·12,书信·日记·附录》,湖北人民出版社2004年版,第253页。

② 陈梦家:《悼闻一多先生》,王子光、王庸:《闻一多纪念文集》,三联书店1980年版,第206页。

③ 陈梦家:《悼闻一多先生》,王子光、王庸:《闻一多纪念文集》,三联书店1980年版,第206页。

域有相当一部分也颇为相同，如二人同时对甲骨、金文的兴趣，对神话研究的兴趣，等等，可谓神交日甚，气味相投。梁实秋曾说过："陈梦家已由诗人一变而为甲骨文研究者，而且颇有发明，在燕京大学执教，一多甚为激赏，曾屡次对我说一个有天分的人而肯用功者陈梦家算是一个成功的例子。我想他们师生二人彼此之间相互影响必定甚大。"①臧克家在1937年到清华园看望闻一多时的谈话，足以证明梁实秋的评价是准确的。"你知道梦家成了重要的考古学家了吗?""各地发掘的古董，多半邀请他去鉴别呢。""他很有才气，一转向，就可以得到成功。""他也是受了我的一点影响。我觉得一个能写得出好诗的人，可以考古，也可以做别的，因为心被诗磨得又尖锐又精细了。"

1937年7月，抗战爆发，陈梦家由闻一多先生推荐，作为清华大学聘请人员至长沙临时大学任国文教员。后随校迁昆明，在西南联大中文系任教，与闻一多成为朝夕相处的师生加同事。在西南联大闻一多先后致信聘任委员会和梅贻琦，推荐担任讲师的陈梦家提拔为副教授和教授，信中可以更清楚地看到闻一多当年对陈梦家的关照与提携之恩。1941年5月28日，闻一多致清华大学聘任委员会的信：

> 敬启者：
>
> 查本校章程规定，教师"于所任课程有重要学术贡献"得聘为副教授。本系讲师陈梦家先生研究甲骨铜器文字及相关问题，成绩卓著，历年所撰论文十余篇，释疑解惑发明甚多，拟请升任为副教授，以示尊异而符校章，敬希贵会审议裁夺，是为致荷。
>
> 此上
>
> 聘任委员会
>
> 代理中国文学系主任
>
> 闻一多
>
> 卅年五月廿八②

正是因为闻一多的这个提议，陈梦家很快就成了副教授。三年之后，闻

① 刘天华、维辛选编：《梁实秋怀人丛录》，当代世界出版社2007年版，第152页。

② 《闻一多书信集》，群言出版社2014年版，第342页。

一多致信梅贻琦提议陈梦家为教授，其理由是："陈先生于研究金文之余，亦尝兼顾及《尚书》，而于两周年代及史实之考证，贡献尤大……陈先生本其研究金文之心得，致力斯学，不啻异军突起，凡时贤所不能解决之问题，往往一经陈氏之处理，辄能怡然理顺，豁然贯通。"

闻一多的提议于1944年6月8日在联大第二十一次聘任委员会上获得通过，梅贻琦于7月28日核准。

1944年秋天，经费正清和金岳霖介绍，陈梦家到美国芝加哥大学讲授古文字学。至此，陈梦家与闻一多再未谋面，这一别竟成了永别。1946年7月15日，闻一多被国民党特务暗杀。陈梦家夫妇听闻闻一多先生遇害的噩耗，不胜悲痛。赵萝蕤曾回忆："我们是在美国听到闻先生的噩耗的。梦家这个人不十分关心政治，但我们听到了噩耗，都十分悲痛。闻先生生前和梦家密切往来。两个人都抛弃了写新诗研究古籍，常常为一个字的解释，争得面红耳赤。但是不管红到什么程度，两人之间都是亲密无间的……"[①]陈梦家从美国回来后，书房里一直悬挂着闻一多的照片。陈梦家曾作《悼闻一多先生》《艺术家闻一多先生》等纪念文章。

值得一提的是，臧克家与陈梦家的友谊一直保持到中华人民共和国成立后"反右"前夕，他们还经常见面。1957年1月25日，《诗刊》创刊，臧克家任主编兼编委。这时，陈梦家在考古研究所工作，已告别新诗多年。臧克家邀请陈梦家写诗，陈梦家爽快答应了。陈梦家在《诗刊》2月号上发表了《谈谈徐志摩的诗》，在5月号上又发表了《纪游三首》。

臧克家的尊师情

臧克家是极重感情的人，虽然与闻一多相处仅仅两年的时间，但他始终将恩师装在心底，以真挚的情感追念着闻一多先生。臧克家说："对于闻先生，几十年来我一直怀着深深的敬仰和感激之情。""闻先生的影子，经常在我的心头，不论他生前还是死后。"

自1932年8月闻一多离开国立青岛大学后，臧克家与闻先生只有一次谋面机会。1937年夏，臧克家因事到北平，特意前往清华园拜访了闻一多。

---

① 陈梦家：《悼闻一多先生》，王子光、王庸：《闻一多纪念文集》，三联书店1980年版，第207页。

闻一多高兴地放下书和笔，倒上茶递上烟，两人畅聊，久久不能尽兴。这次拜访，臧克家与闻一多约好过几天到照相馆拍一张合影，不料，卢沟桥事变爆发，合影遂成了泡影。

7 月 19 日，臧克家与闻一多意外地在北平火车站再次相遇。当臧克家看到老师只带了一点儿随身物品时，惊讶地问道："闻先生那些书籍呢？"闻一多感慨地说："只带了一点重要稿件。国家的土地一大片一大片地丢掉，几本破书算得了什么！"臧克家听后很是难过。在德州车站，臧克家辞别闻一多，下了这趟列车。此后，他们师生再也没有相见。

从此之后，臧克家与闻一多心灵相通，函件往还，彼此牵挂。1932 年 8 月，闻一多离开国立青岛大学后，曾写一封长达千言的信给臧克家，其中写道："学校要我做国文系主任，我不就，以后决不再做这一类的事了，得一知己，可以无憾，在青岛得到了你一个人已经够了。"臧克家曾回忆："隔些时候，我总是打开来读它一遍，从里面可以吸取温暖与鼓励，它不像一封信，像一颗心，一打开信皮，两颗心便打通了。"

臧克家一直珍藏着闻先生赠与的《死水》、三封信以及 40 岁生日时闻先生题写的条幅。这三封信分别是 1943 年 11 月 25 日、1944 年 9 月 11 日和 1944 年 10 月 12 日闻一多写给臧克家的。这三封信，臧克家"珍藏着它们，隔些天便从小提箱的折子里拿出来读一遍，一看那严整的字体，我的心立刻就涌出另一种不可言喻的感觉，我仿佛从纸上看到闻先生的本人，我仿佛听到了闻先生的声音"。

1944 年 10 月 12 日的那封信中，还有闻一多为庆贺臧克家四十生辰所写的条幅。条幅的内容是《诗经》里的一首："天保定尔，以莫不兴。如山如阜，如冈如陵，如川之方至，以莫不增。吉蠲为饎，是用孝享。禴祠烝尝，于公先王。君曰：卜尔，万寿无疆。

闻一多赠臧克家的条幅

神之吊矣，诒尔多福。民之质矣，日用饮食。群黎百姓，遍为尔德。如月之恒，如日之升。如南山之寿，不骞不崩。如松柏之茂，无不尔或承。”

闻一多治印有名，在这幅字上所用的一方，在别处还不曾见到过。字与印，成为双璧，弥足珍贵！臧克家生前一直将这幅钟鼎文的小中堂挂在客厅最显眼的地方，他“站在这个小中堂前面，久久不动”，臧克家珍重这幅字！

臧克家将闻一多赠送的《死水》随身携带，如良师，如益友，虽然其中 28 首诗全能成诵，还不时拿出来，托在双手上，看看它也是一种高尚美的享受。这本《死水》扉页题上了“克家惠存”，下款落一“多”字，盖上一方阴文自刻石印：“一多印记。”臧克家把它放在宝贵的处所，把它放在心头上。

1937 年 10 月，日寇兵临临清，臧克家仓皇逃难之际，将闻一多赠与的《死水》等书籍、信件托付给了女同学姜德贞保管。然而，天有不测风云，历经抗日战争，那些书籍和信件竟全部遗失。

1981 年 8 月 20 日，臧克家突然收到了以为素昧平生的同志寄来的一件挂号，打开一看竟然是当年丢失的《死水》！臧克家喜之欲狂，泪水不觉阵阵涌出！臧克家“见到《死水》，自然怀念它的作者，抽不断的是回忆的丝，当年把它赠给我的情景又活现在眼前了”。

1946 年 7 月 16 日，臧克家在南京街头报亭上看到了闻一多牺牲的消息，悲痛万分，几乎晕倒，著文《我的先生闻一多》以示悼念。在随后的几十年岁月中，臧克家一直没有忘记自己的这位恩师，写了大量缅怀、纪念闻一多的诗文。据闻一多的儿子闻立雕初步统计，仅仅直接以“闻一多”为题的诗文就达 31 篇之多。最有影响的如：《文化战士——闻一多先生》《我的先生闻一多》《海——回忆一多先生》《说与做——记闻一多先生言行片段》《忆闻一多先生》等。1999 年 11 月，闻一多先生百岁诞辰前夕，94 岁高龄的臧克家写下了：“千言万语情难尽，百岁良辰忆先生。”

中华人民共和国成立以后，臧克家多次到青岛过夏。每去必登上闻一多先生住过的小楼，缅怀过去，留恋徘徊，并于门前合影留念。1950 年山东大学将校内的闻一多故居命名为“一多楼”。1984 年，海洋大学又在此为闻一多先生塑像立碑，臧克家用充满激情的文字撰写了《闻一多先生纪念碑碑文》：“杰出的诗人、学者、人民英烈闻一多先生 1930 年受聘国立青岛大学，任文学院长兼中文系主任。讲授历代诗选、唐诗、英国诗选等课程。态度亲切民主，既富有学术家风度，又充满浓郁诗情，受到崇敬与热爱。先生爱国忧民，埋头学术研究，从唐诗入手，决心为衰颓之中华民族寻求一个起死回生之文化良方。先生在校，为时仅二年，春风化雨，为国育才。瞻望旧居，回忆先生当年居于斯工作于斯，怀念之情曷可遏止？爰将所居，命名'一多楼'，略事陈设，依稀旧容，并于庭院立石，以为永念。俾来瞻仰之中外人士，缅怀先生高风亮节而有所取法焉。先生生平事迹，昭昭然在人耳目，兹不缀。"

青岛闻一多故居前塑像

闻一多在国立青岛大学只待了两年多时间，却着意培养了两位诗坛俊彦——人称"闻门二家"的臧克家和陈梦家。"二家"对于发现和培养了自己的恩师闻一多更是充满了深深的敬仰和感激之情。尊师爱生，良师益友，闻一多与诗门下的"二家"可以说是中国教育史上的一个典范。时至今日，"闻门二家"的故事仍在山大校园里广为传颂，影响着一代又一代的青年学子。

闻一多与梁实秋的山大时光

抗日战争以前，梁实秋可算是闻一多交往最密切、最知心的挚友了。他们是清华同学，又曾经同在美国科罗拉多大学学习，一同参加大江学会，后来又一同在国立青岛大学任教。成长过程中，两个人曾经互相激励、扶持，又互相影响，在国立青岛大学度过了一段快乐时光。

闻一多（中排左二）、梁实秋（中排左一）及其他清华文学社成员合影

闻一多比梁实秋大三岁，是其学长。1912年闻一多进入清华园，在一年级时因为英语课不及格留级一年，后参加学潮又被留一年，他比1915年入清华的梁实秋只高了一个年级。梁实秋是学校的文艺活跃分子，没想遇到了比自己高两年级同样活跃的闻一多。梁实秋喜欢结社，先是和一帮书法道友结成"清华戏墨社"；1920年，他又和几个喜欢耍笔杆子的好友组织了"小说研究社"，后经闻一多建议改为了"清华文学社"。文学社由闻一多任书记，梁实秋任干事，从此开始了他们长时间的亲密交往。两人志趣相投，对政治、人生和艺术的诸多认识都很一致，正如闻一多日后反复对梁实秋说的那样："我唯一光明的希望就是退居到唐宋时代，同你结邻而居，西窗剪烛，

杯酒论文。只有这样，或者我可以勉强撑住过了这一生。”①

这期间，闻一多对新诗发生了近乎狂热的兴趣。梁实秋后来在《清华八年》中回忆道：“闻一多长于图画，而且国文根底也很坚实，作诗仿韩昌黎，硬语盘空，雄洋恣肆，而且感情丰富，正直无私。这时候我和闻一多都大量的写白话诗，朝夕观摩，引为乐事。”“喜欢文学的同学们络绎而来，每人有新的诗作都拿来给他看。他又毫不客气地批评，很多人都受到他的鼓励，我想受到鼓励最多的我应是一个。”②

闻一多开始写诗评。俞平伯出版了《冬夜》诗集，闻一多对它评论，写了《冬夜评论》。梁实秋建议将《冬夜评论》以书出版，但一时未能如愿。后来梁实秋干脆自己也写一篇，名为《草儿评论》，与闻一多《冬夜评论》两者合并，于 1921 年 11 月自费出版，命名《冬夜草儿评论》。这本小书既见证了二人深厚的友谊，也绽露了他们初出茅庐时的锐气和才气。

梁实秋、闻一多合著《冬夜草儿评论》书影

按照清华学校规定，学生毕业后，可以直接去美国留学。闻一多于 1922 年到美国，进了芝加哥大学，攻读西方绘画艺术。1923 年 8 月，梁实秋从上

① 彭忠富：《高山流水闻梁情》，《江淮时报》2014 年 7 月 22 日。

② 李凌：《闻一多与梁实秋的交往》，《纵横》2006 年第 7 期。

海浦东登上“杰克逊总统”号远赴美国，进入科罗拉多大学。

科罗拉多大学，规模不大，但是属于哈佛大学所承认的西部七个小大学之一，且风景引人入胜。梁实秋安顿好以后，给闻一多去了一封信，内附12张珂泉的风景片。闻一多收信后，当即舍弃了芝加哥美术学院的学业，转学到梁实秋就读的科罗拉多大学。当拎着一只皮箱一路风尘的闻一多出现在梁实秋面前的时候，让梁实秋惊诧不已，为了友谊，闻一多居然放弃了那边的学业。这之后，两个老友开始了更加亲密的同窗生涯。

1923年梁实秋(前排右二)、闻一多(后排右二)与美国科罗拉多大学中国同学会合影

闻一多在科罗拉多大学注册成为艺术系特别生，攻美术，兼修文学；梁实秋则进入英文系四年级成为正式生，攻读文学理论、英文。他们一起租住在排字工人米契尔家中。闻一多住小间，梁实秋住大间，后来又一起搬到学校宿舍住。两人一同上课，一同准备，一同研讨，其乐融融。

1924年暑假，梁实秋要去哈佛大学继续深造，闻一多前往纽约。分手时，闻一多把最心爱的三本诗集送给梁实秋，梁实秋则送了一具珐琅香炉给闻一多，他知道好友喜欢“焚香默坐”的境界。

闻一多和梁实秋双双离开科罗拉多大学，结伴东行。在途中，他们在美国名城芝加哥下了车，逗留了两个星期。作为发起人，共同参加了“大江学会”成立大会。“大江学会”还创办了《大江季刊》，主编者是梁实秋。创刊号上，他为刊物写了一篇情辞并茂的发刊词，对团体的思想原则作了准确的说明。刊物发行后，闻一多告诉他：发刊词“大有影响”，“友人亲见北大校役抄写，问之则曰：‘好极！好极！’又有人粘贴壁间奉为圭臬者”。①

大江学会不是政党，不是革命党，所以并没有坚固组织，亦没有活动纲领，似乎是个松散的同人性质的“群众团体”。但是它体现了这些年轻人关心国家前途和命运的赤子情怀。他们在此基础上创办了《大江季刊》，其中以闻一多最为热心。但季刊出版了两期就停止了，因为其中的大部分人回国各自谋生，团体也就自动解散。

1925年身在美国留学的梁实秋、谢冰心、余上沅、顾一樵等表演中国传统剧《琵琶记》。号称“南戏之祖”的《琵琶记》，词曲精彩，想要在英文中保留精髓很难，需要高超的中英文功底和文学素养。梁实秋负责翻译了剧本，还出演男主角蔡中郎（蔡邕），冰心演女二号饰丞相之女，热心的闻一多对《琵琶记》的演出，特别是服装、布景出了不少力，大部分布景绘图由他完成后送过来，并又派余上沅、赵太侔两人来具体指导。

当晚，有1000多个座位的波士顿美术剧院爆满。观众大部分是美国人，多为大学教授和文化界人士，还有不少中国留学生和华侨。有些人从旧金山、纽约远道赶来观看。好奇的美国人充满期待，气氛热烈。

一周之后，闻一多欣欣然提笔给梁实秋写信，夸赞他和大家的努力与成功，并附一首七绝《实秋饰蔡中郎演〈琵琶记〉戏作柬之》：

一代风流薄幸哉！
钟情何处不优俳？
琵琶要作诛心论，
骂死他年蔡伯喈！②

冰心后来写首小诗戏称梁实秋为“秋郎”，梁实秋很喜欢这个名字，回国以后就以此为笔名。

1925～1926年，闻一多、梁实秋先后回国。闻一多先是在北京的国立艺术专门学校当教务长，接着在吴淞国立政治大学当训导长，在武汉的总政治部当了很短一段时间的艺术股长，在武汉大学当文学院院长，再回吴淞国立

① 参见《闻一多书信集》，群言出版社2014年版，第279页。
② 梁实秋：《琵琶记的演出》，《梁实秋精选集》，北京燕山出版社2005年版，第93页。

政治大学，一直漂泊不定。梁实秋回国后也来到上海，既编报纸副刊又在大学里任教，同时积极参与以胡适为精神领袖的“新月社”的活动。

1930年8月，梁实秋、闻一多应杨振声的邀请执教国立青岛大学。闻一多任文学院院长兼中文系主任，梁实秋任外文系主任兼图书馆馆长。

20世纪30年代国立山东大学(原为国立青岛大学)文学馆楼，闻一多、梁实秋曾在这里办公。

到青岛后，梁实秋、闻一多交往甚密，关系也最为密切，可以说，他们的相互了解，已经深入到了彼此的心灵世界。初到青岛，梁实秋租住在鱼山路，闻一多住在大学路后迁到汇泉。青岛山路多，他们两人都选购了一根精致的手杖。每天闻一多去学校上课，路过梁实秋家门口，轻轻招呼一声，梁实秋应声而出。两个诗人各策一杖，踽踽行走于崎岖小路，风神潇洒，旁若无人，构成一幅饶富诗意的生动图画。

梁实秋到闻一多家做客。据梁实秋回忆：“他(闻一多)在汇泉的时候，请过我去吃过一次饭，我如今还记得的是他的厨师所做的烤苹果非常可口。”[1]闻一多家里孩子多，在青岛住了不到一年，他就把妻子孩子全部送回武汉老家。他独住在了第八校舍，梁实秋经常去看他。第八校舍原为德国人所建俾斯麦兵营建筑群中的一部分，始建于1903年。建筑以新罗马为基调，在石基、红瓦、黄墙的结合中传达出古典韵律。砖石结构，地上两层，有

① 梁实秋：《谈闻一多》，(台北)传记文学出版社1967年版，第84页。

地下室和阁楼，建筑面积约607平方米。现第八校舍称为“一多楼”，楼前立有闻一多纪念雕像，碑文由其学生臧克家撰写。

那时候，闻一多正醉心于中国古籍的整理研究。一日梁实秋来到闻一多宿舍，“他(闻一多)的书房中参考图书不能用‘琳琅满目’四字来形容，也不能说是‘獭祭鱼’，因为那凌乱的情形使人有如入废墟之感。他屋里最好的一把椅子，是一把老树根雕刻成的太师椅，我去了之后，他要把这椅上的书搬开，我才能有一个位子。”①正是在这么一堆“废墟”中，他们平静地谈道论文。

梁实秋也经常请闻一多到家中做客。据梁实秋的女儿梁文茜回忆：“闻一多和我父亲在青岛大学的时候在一个学校教书，他们两人关系非常好，闻一多差不多每个礼拜都上我们家。在青岛的时候我还小，但是我记得闻一多经常来我们家(今青岛市鱼山路33号)，他常抱着我玩。”②臧克家在《致梁实秋》一文中写道：“您和一多先生，是最好的老朋友，在同一个学校执教，往来很密。记得有一次，我有事到闻先生的办公室去，他不在，看到您的一张小纸条放在桌子上，上面写道：‘一多，下课后到我家吃水饺。’看了这张小纸条，我很感动，我十分艳羡！心想，这是最美、最快意的人生佳境了。”③

自“酒中八仙”结缘后，他们的生活骤然增添了无限风光。“酒中八仙”之称谓还是闻一多起的。在一次饮宴上，闻一多趁着酒兴环顾座上共有八人——七个“酒徒”加一个“女史”方令孺，一时兴起，遂曰：“我们是酒中八仙！”梁实秋在《酒中八仙》一文中写道：“一多的生活苦闷，于是也爱上了酒，他酒量不大，而兴致高。常对人吟叹‘名士不必须奇才，但使常得无事，痛饮酒，熟读离骚，便可称名士’。他一日薄醉，冷风一吹，昏倒在尿池旁。”④

齐鲁大地的山山水水，曾是梁实秋、闻一多的漫游之地。他们两人经常结伴同游，一起游崂山，到济南游大明湖。一次他们游崂山，只见清流汩汩，令人生虑全消，舍车扶策步行上山，仰视峰嶝，但见参差翳日，大块的青石陡峭如削，绝似山水画中大斧劈的皴法，而且牛山濯濯，没有什么迎客松五老松之类的点缀，所以显得十分荒凉。他们在靛缸湾的瀑布前流连忘返，闻一多说风景虽美，却没有古人留下的流风遗韵，不能令人发思古之幽情；梁实

---

① 梁实秋：《谈闻一多》，(台北)传记文学出版社1967年版，第85页

② 梁文茜：《我眼中的父亲梁实秋》，《世界博览》2009年第16期。

③ 赵明顺、刘培平主编：《战士·学者·诗人——臧克家先生百年诞辰纪念文集》，山东大学出版社2005年版，第518～519页。

④ 梁实秋：《雅舍杂文》，上海人民出版社1993年版，第45～46页。

秋却指点山上的岩石，说那就是千千万万年前大自然亲手创造的作品，还不算是“古迹”吗？这充分显现了两人禀赋个性的差异：闻一多好古，而梁实秋专注于眼前；闻一多倾心于人文，而梁实秋更接近自然。后来他们到济南参加山东省留学生考试委员会，事毕游大明湖，闻一多在历下亭看到“海右此亭古，济南名士多”一联，依稀想见杜少陵李北海的游迹，这才欣然色喜。而梁实秋则淡然视之，不以为意。

闻一多在青岛执教两年。他学贯中西，融汇古今。他为中文系开设了《中国古代神话》《诗经》《楚辞》《唐诗》《名著选读》等课程，为外文系开设了《英诗入门》课程。

闻一多惜才爱才，因材施教、诲人不倦。在国立青岛大学任职期间，他把在写诗方面崭露头角的陈梦家招来做助教，又发现了臧克家。“我有二家”，这是闻一多在青岛最欣喜的发现，他提携两位新诗人登上诗坛。

青岛大学在两年之内闹了三次学潮，矛头针对杨振声、闻一多、梁实秋等，学校陷入无政府状态。1932 年 7 月，教育部下令解散青岛大学，另成立山东大学。此时闻一多离开山大，回到母校清华大学任中文系教授。闻一多和梁实秋 15 年来，形影不离，至此方才分手。回顾与闻一多的友情，梁实秋内心异常复杂。他神往于水木清华园中的同学岁月，怀恋共同留学美国的游子生涯，珍惜在国立青岛大学的密切交往。

1937 年抗战开始，闻一多在昆明西南联大任教。抗战八年中，他留了一把胡子，发誓不取得抗战的胜利不剃去，表示了抗战到底的决心。1946 年 7 月 15 日，闻一多遭到国民党特务杀害，时年不满 48 周岁。

梁文茜回忆：“父亲自离开大陆三十多年来未能到北京看看，实在是遗憾。但父亲是爱国的。抗战时，他是国民参议员，不怕危险，到抗日前线视察，鼓励将士抗战。后来到了美国，有人要他入美籍，他始终不愿，只拿个绿卡……当年父亲听到闻一多先生被暗杀的消息时，他正在与朋友下围棋，一时激动，拳击棋盘，一只棋子掉到破地板缝里，再也没有抠出来。后来到台湾去，闻一多给他的信一直带在身边，还有闻一多当时受害的报纸，都黄了，跟手纸似的，他一直带在箱子里。”①

梁实秋与闻一多的友情浓郁而真挚！

---

① 张昌华：《梁文茜谈父亲梁实秋》，《文汇报》2006 年 2 月 21 日。

张道藩：国立青大第一任教务长

在最近颇火的综艺节目《见字如面》中，归亚蕾、张家声所读的张道藩、蒋碧薇往来书信，引起了观众对这一对民国恋人的兴趣。殊不知，张道藩与山东颇有瓜葛：他曾是国立青岛大学第一任教务长，任职期间做了两件大事：一是游说韩复榘拨付24万元教育经费给青大，二是压制了因处理新生舞弊案而引发的学潮。同时，在国立青岛大学，张道藩与梁实秋一见如故，比邻而居、交情笃深。

张道藩

张道藩（1897～1968），字卫之，贵州盘县人，政治家、画家。早年游学英、法等国，1923年加入国民党后，逐渐成为CC系骨干人物。CC系指中央俱乐部组织（Central Club，简称CC），也有人认为CC的领导陈立夫与陈果夫兄弟都姓陈（Chen），所以简称CC。

1929年7月19日，《中央日报》发表消息称已内定杨振声为国立青岛大学校长，他效法恩师蔡元培在北京大学的“兼容并包”“科学民主”的办学方针，民主办学，广罗人才，先后聘请闻一多、梁实秋、赵太侔、沈从文等人来校任教，迎来了国立青岛大学第一个黄金时期。

青岛要建大学，引起陈果夫、陈立夫的兴趣，想把青岛大学纳入CC系的势力范围。于是1930年6月任职江苏省党部整理委员会常务委员兼宣传部部长的张道藩，以养病为名，来到青岛住下，蔡元培知道二陈的意图，不得不顺应时势，推荐张道藩为国立青岛大学第一任教务长。杨振声自然清楚张道藩的来头，一见面，便坦诚地告诉他：“我是书呆子，很少和政府机关往来，学校开办之初，有许多事情要和机关接洽；没有人联系，事情办不通，我们请你当教务长，就是希望你替我们对外联络。”

1930年8月，梁实秋应杨振声的邀请，任国立青岛大学外文系主任兼图书馆馆长。杨振声私下对梁实秋说：“道藩先生一向从事党务工作，由他来主持教务，也可以加强学校与中央的联系。”

1933年张道藩与夫人郭淑媛合影

张道藩与法国籍妻子苏姗住在八关山西麓鱼山路7号，二层小楼，幽雅别致，与梁实秋为邻。梁实秋初到青岛，住在鱼山路4号，第二年张道藩离开青岛后，梁实秋又搬进了鱼山路7号，即现在的梁实秋故居（即如今的鱼山路33号）。梁实秋回忆说：“道藩先生于1930年在青岛任国立青岛大学教务长，住家在鱼山路一个小小的山坡上，我是他的邻居，望衡对宇，朝夕过从。我到他家里去拜访，看见壁上挂着他的油画作品，知道他原来是学美术的。”值得一提的是，张道藩的妻子苏姗也在国立青岛大学任教，她任外文系法文讲师，是梁实秋的属下。张道藩与苏姗相识在法国。1924年，张道藩考入巴黎最高美术专门学校，同年圣诞节他邂逅了苏姗；1926年4月两人订婚，同年5月回国；1928年9月，在南京结婚；1930年8月，双双到了青岛。苏姗在国立青岛大学用的中文名字系郭淑媛，据山东大学校史资料记载：郭淑媛为本大学外国语文学系法文兼任讲师，开设的课程是第二外国语：法文。

青岛背山面海，山明水秀，风景如画，气候宜人，素有“东方瑞士”之称。只是缺少文化背景，没有古迹，也没有适当的娱乐，情调稍嫌枯寂。为了活跃学校的气氛，在杨振声校长带领下，国立青岛大学的一班文人频频外出聚饮，戏称为“酒中八仙”。据梁实秋回忆：“他（张道藩）偶然也参加我们的饮宴，他也能欣赏我们酒酣耳热的狂态。”

一次，张道藩17岁的五妹道焜从家乡贵州来青岛，投奔长兄，带来贵州特产茅台酒，张道藩就分别送给学校喜好杯中物的几个教授每人两瓶。梁实秋初见那包装粗陋的茅台，觉得准没好味道，尝也懒得尝。据梁实秋回忆：“那时候我们不曾听说过茅台的名字，看那粗陋的瓶装就不能引起好感，又据说是高粱酿制，益发不敢存奢想，我们都束之高阁。”后来，梁实秋的父亲梁咸熙来青岛小住，一进门就说有异香满室，听儿子说是茅台酒，立刻启封品尝，赞不绝口。于是，梁实秋便将张道藩分赠诸人的茅台酒尽数索来，孝敬老父。从此，梁实秋知道了茅台酒并非寻常物，“高粱一类其醇郁无出茅台之右者”。

张道藩任教务长期间，做了两件大事，一是游说韩复榘拨付教育经费；二是压制学潮。1930 年 9 月接替陈调元任山东省主席的韩复榘，不愿拨款给青岛大学，理由是山东要停办好几所专科学校来协办青岛大学不合算，还不如自己办大学。这样，该拨给青岛大学的 24 万元迟迟不见着落。杨振声急了，要张道藩去济南讨款。张道藩赶赴济南，一路上对即将谋面的韩复榘作了一番分析，针对韩复榘的个性，山东省政府的动向，准备好了说辞。张道藩一番说辞，有理有据，再加上韩复榘刚上任，需要取得国民党中央的支持，而张道藩又是蒋介石心腹，韩复榘只好拨出教育经费。从这可以看出，张道藩不是单纯的文人和艺术家，他的确有政治才干。

开学不久，国立青岛大学发生了新生甄别事件。1930 年 11 月间，国立青岛大学进行甄别大一新生考试，张道藩在审核中发现不少学生使用假文凭报考，张道藩以负责的精神处理舞弊者，按学校规定勒令离校，引起部分学生不满。12 月 4 日，部分学生发起反甄别罢课活动。学生分成两派：一派成立护校团，拥护学校决定，反对罢课学生停课；一派罢课成立纠察队，反对学校当局处罚“假文凭报考”的学生。两派在楼梯发生争执，张道藩打电话调来警察保安队包围校舍。学校当局布告开除闹学潮的学生，被除名者 38 人，罢课失败。对这次学潮的压制，张道藩在其中起了关键作用。

12 月 9 日，国立青岛大学召开校务会议，决定校务会议每星期四下午举行。会议公推张道藩、赵太侔和杜光埙起草校务会议规则，并议定“每年九月二十日为本校成立纪念日”。这大概是张道藩参加的最后一次校务会议。1930 年 12 月，张道藩辞去国立青岛大学教务长职，调任浙江省政府委员兼教育厅厅长。赵太侔接任国立青岛大学教务长。

张道藩在青岛工作愉快，生活闲适安逸，他到浙江上任伊始，曾说：“真的，青岛对我诱惑力太大了，要不是介公（蒋介石）限令即时赴任，我真不想来。”

（原载《齐鲁晚报》2017 年 3 月 12 日）

国立青大筹委会委员袁学普与泰山石刻

2020年10月31日至11月1日，文学院2020级98名研究生前往山东省泰安市，开展为期两天的游学活动。本次游学活动由文学院副院长李剑锋和青年教师李振聚、赵鑫、张博还有笔者共同带队。

11月1日早上8时，游学团队赶赴五岳之首——泰山，一路红门上山，一路天外村上山。从红门上山的同学12人，由李振聚老师带队；一路天外村上山的同学由笔者和张博、赵鑫老师带队。同学们自行选择登山线路，三五成团，结伴而行。李剑锋和张博在前面带队，笔者和赵鑫及5名同学紧跟游学团队后面。笔者走到泰山云步桥南，发现了袁家普的题刻：

> 愿同胞努力前进，上达极峰，独立南天门。高瞻远瞩，捧日挐云。可以张志气，拓胸襟，油然生爱群救世之心。感斯山之永固兮，国家柱石日严日峻，巍然吾民族之威棱。
>
> 民国十八年九月三十日，醴陵袁家普识

袁家普在泰山的题刻

此题刻系1929年9月13日，袁家普题书。摩崖高550厘米，宽185厘米。刻文共5行，满行16字，字径25厘米×25厘米。隶书体。

袁家普(1873～1933)，字雪安(雪庵)，湖南醴陵人。原居八步桥，后迁居转步枫树塘。少年入渌江书院。23岁补博士弟子员。后留学东京早稻田大学。毕业后依例授法政科举人。1912起，袁家普主掌云南省财政，任云南省财政司司长、财政厅厅长、国税厅厅长。在职三年府库充实，民有余力。期间清理富滇银行得银洋60万元，都督唐继尧想移作私人银行基金，袁拒绝办理，致免职。后任北京中国大学校长、国立法政学校教务长。后创办湖南省第一纺纱厂，修筑湘潭至宝庆公路。1923年，任京兆永清县知事。1925年回湘，值连年水旱灾害，亲赴北平华洋义赈救灾总会借款5万元，兴办宁乡、汉寿、益阳、沅江、湘阴、监湘七县农贷，助灾区恢复。1926年国民军入湘，任湖南军资处委员长，后历任三十五军秘书长、武汉铁路运输司令、湖北省政府委员兼秘书长。1929年5月出任山东省财政厅长，清理张宗昌任内亏款，偿还部分民债，尽裁张宗昌所兴苛捐杂税。期间出任国立青岛大学(山东大学前身)接收筹备委员会委员，参与国立青岛大学筹建事宜。1933年卒于庐山。其女袁昌英是著名的学者、作家、翻译家，也是第一个获得英国硕士学位的中国女性。

袁家普

袁家普在泰山的题刻正是他任山东省财政厅厅长时，于9月30日游览泰山时所写。《津浦铁路月刊》1931年第1卷第15期还刊载了袁家普《登泰山》诗一首：

登泰山

名山千古共推宗，仰视岩岩万丈峰。
直上冲霄最高处，有如身化在天龙。

袁家普是国立青岛大学接收筹备委员会九委员之一，为国立青大筹备工作做出了积极贡献。1928年8月，南京国民政府教育部根据山东省教育厅的报告，决定在省立山东大学的基础上筹建国立山东大学，随即成立了由何思源、魏宗晋等11人组成的筹备委员会。8月7日，筹委会在当时的山东省政府所在地泰安召开第一次会议，讨论通过了筹委会组织条例，研究了学校的院系设置、经费来源、扩充校舍及原有学生转学等问题。但由于济南和胶济铁路被日军占据，筹建大学一事完全是纸上谈兵，根本无法实施。

1929年4月以后，日军陆续撤出山东，南京政府接收了济南、青岛和胶济铁路。此时，私立青岛大学已因经费困难、师生散失而陷入困境。南京国民政府接收青岛前夕，私立青岛大学校长宋传典弃职出走，学校陷入停顿状况。鉴此，南京政府教育部长蒋梦麟、著名教育家蔡元培均主张将国立山东大学改为国立青岛大学筹备委员会，将原拟建于济南的山东大学迁至青岛。6月4日，南京政府行政院第26次会议讨论通过了筹建国立青岛大学的议案。从此，国立山东大学筹备委员会即改为国立青岛大学筹备委员会。

6月20日，国立青岛大学筹备委员就职，时任山东省财政厅长的袁家普被聘为国立青岛大学筹备委员。"今早国立青岛大学筹备委员何思源、彭百川、王近信、赵畸、袁家普宣誓就职，陈调元监誓，何思源致答词，该大学将来注重职业教育，造就专门人材。"①会议除宣布国立青岛大学筹备委员会正式成立外，主要讨论了办学经费来源、大学基金以及确定筹委会秘书人选等事宜。

7月6日，国立青大筹备委员袁家普与何思源、朱熙赴青岛参加青岛大学第一次筹备会议。中央研究院院长蔡元培、教育部长蒋梦麟也专程到青岛。"监察院院长蔡元培、教育部部长蒋梦麟同车赴青岛，以作实地勘察。今夜（六日）十一时，该校筹备委员何思源、袁家普、朱熙等，由济赴青。"②另据报载："中央检察院院长蔡元培、教育部部长蒋梦麟，六日晨八时，由济到青，寓汇泉饭店，定庚（八日）午开接收青大筹备会，届时鲁教厅长何思源可赶到参加。"③7月8日，国立青岛大学第二次筹备会议召开，研究办学章程、经费、学科设计、教员聘任、原有省立山东大学和私立青岛大学学生处置等原则章程。会议决定国立青岛大学设在青岛，并分设工厂、农事实验场于济南。会议选举何思源、傅斯年、杨振声、赵畸（太侔）、王近信为筹委会常务委员。"青大（国立青岛大学）筹备接收委员会。在汇泉饭店开会。出席委员蔡元培、蒋梦麟、何思源、袁家普、傅斯年、杨振声、王近信、彭百川、赵畸九人。蒋主席。刘次萧记录。会议结果。大致青大本部设在青岛，分文理农工四科。经费年定五十四万元。定十月一日开学。推何思源等五人为常务

---

① 《青大筹备委员就职》，《申报》1929年6月21日。

② 《青岛大学将有通盘筹划》，《申报》1929年7月10日。

③ 《蔡元培蒋梦麟昨到青岛》，《大公报》1929年7月7日。

委员，蔡与蒋均于十日乘大连丸赴沪。何思源等亦于十日晚返济。”①

7月14日，袁家普与何思源、杨振声、王近信、赵畸、彭百川出席在济南召开的国立青岛大学筹备委员会第三次会议，通过国立青岛大学办学诸方案，其中主要方案有行政组织经费、教员薪金、教职员人选、旧生转学办法等。其要点有：

国立青岛大学行政组织：校长下设校长秘书，各种委员会及教务长、总务长、文学院长、理学院长、工学院长、农学院长。教务长辖注册部、图书馆、训育委员会、体育部、女生管理员。总务长下分事务主任、会计主任、文书部。事务主任下又分校产部、舍务部、卫生部。

教员薪金标准：专任讲师分5级支薪，即120元、150元、180元、210元、240元。教授分七级，即240元、270元、300元、330元、360元、400元、450元。导师薪参酌教授、讲师之待遇，兼任讲师按受（授）时数，计薪每小时4～6元。

教职员人选：教授长吴之椿，工学院院长周钟岐，教育教授沈履，英文教授陈通伯、梁实秋或叶公超，英文讲师袁振英、郭有守，经济教授周炳琳或周作仁，生物教授潘光旦、陈泮藻，伦理教授金岳霖，国文教授罗膺中、易家钺，国文讲师沈从文、赵景深、黄卒伯、赵邦彦、乌以锋，算学教授黄济迳，算学讲师俞物恒、魏璞完，物理教授丁纠宝、张绍忠，历史教授刘传贤，法文教授梁宗岳、郭有守，化学教授李长春，化学工程师朱经古，林学导师廖训、王正，女生管理员顾谷若或陈咏，大学总务长王近信，文学院院长杨振声、赵畸，理学院院长由教授暂代，农学院院长由教授暂代，专务主任林济青。

应设年级：以开办一年级为原则，但得斟酌特别情形，设二、三年级。

推定旧生转学之学校：(1)限国立大学，及十八年七月二日教育部公布已立案之私立大学；(2)限考取衔接之年级，及原习科系以委员会名义，发给旧生修业证书，及转学介绍书。旧生转入青岛大学，需接受入学试验及编级试验。

经费分配标准：(1)教授、助教、讲师薪金，年共22.2万元；(2)职员薪金，年共5.672万元；(3)夫役等工资，年共2.1万元；(4)购置，年共14万元；(5)转学学生津贴，年共1.2万元；(6)其他，至详细预算，交由秘书编制。

青岛大学经费：由委会，根据第二次决案，呈请教部。转呈国府，由行政

---

①《青岛筹备会议结果》，《申报》1929年7月11日。

院分饬照发。(1)印大学教职员聘书,三日内分别填写印发;(2)印介绍旧预科生至山东各高中转学公函;(3)印介绍国立青岛大学、未设学科之旧生至各大学转学公函。并附前山东省立山东大学及私立青岛大学学生转学临时规则:(1)凡前山东大学及青岛大学学生,经入学试验及编级,试验及格者,得转入国立青岛大学肄业。(2)前山东大学及青岛大学学生原习科分,为青岛国立大学所无者,得请求发给修业证书及转学介绍公函投考其他国立、1929年7月2日教育部已立案之私立大学。(3)第二次投考录取之学生得授国立青岛大学之津贴,至毕业时为止。(4)前次受津贴之学生,在前山东大学者以肄业至1921年5月,在前青岛大学者以肄业至1929年6月。取考入其他大学之年级,与原校年级衔接,及仍习原学科系者为限。(5)前次津贴之学生,如有降级降班及中途休学或转学者,停止其津贴。(6)前次津贴不得递补。开办费10万元预定支配如下:修理费2万元,建宿舍3万元,购仪器2万元,购中国图书1万元,购外国图书2万元。按上述各教授、教员、讲师,什九均系留学欧美有年,颇极一时之选。如果惠然肯来,则青岛大学前途实有莫大希望。惟大学虽有如此拟议,尚未得诸人之同意,是否不远千里而来,尚不敢断定耳。①

10月12日,袁家普与何思源赴青岛筹备国立青岛大学开学事宜。“鲁财厅长袁家普、教厅长何思源,今晨由济来青,筹备青岛大学开学事宜。”②10月17日《大公报》报道:青岛十四日讯,山东财政厅袁家普、教育厅何思源日前来青岛与青岛当局磋商国立青岛大学几种切要问题。兹闻接洽结果,其形圆满。(一)校址问题,何袁二氏与青岛市政府商定扩大青岛大学校址范围,以备将来扩充之用。(二)经费问题,市政府每年度允拨青大经费洋六千元。本年因特别关系,暂拨三千元,胶济铁路局每年度允拨经费洋五千元,本年度因故暂拨二千五百元。(三)保安队移住问题,俟青岛大学动工修理校舍之时,即行迁住他处,总以不妨碍修理校舍为准,交涉结果甚为圆满,袁何二人遂于昨晚返济云。③

以后的几次会议,分别于1929年11月2日和1930年3月20日、5月10日在济南和青岛召开,对筹备工作中的一些重大问题作了认真研究讨论。

① 参见《青大之组织》,《申报》1929年7月19日。
② 《何思源等筹备青大》,《申报》1929年10月13日。
③ 参见《青岛大学筹备续讯》,《大公报》1929年10月17日。

1930 年 5 月，国民党政府任命杨振声为校长。8 月，在青岛、济南两处招考一年级新生。9 月 20 日，举行开学典礼，校长宣誓就职，国立青岛大学正式成立，筹备委员会完成了自己的任务，宣告结束。

袁家普出任国立青岛大学接收筹备委员会委员，多次参加筹备会议，为国立青岛大学的学科设置、院系人选、经费筹措、校址扩充、招生工作、开学日期及实习工厂和农事试验场设立等一系列事项出谋划策做出了积极贡献。

梁实秋与山东大学

百年山大，名师荟萃，鸿儒辉映。一多传道，老舍执鞭，实秋从文育精英。20 世纪 30 年代国立青岛大学校长杨振声广邀名师硕学赴青任教，山东大学一时名人荟萃，闻一多、梁实秋、杨振声、老舍、沈从文等为代表的著名学者在此执教，迎来了山大历史上第一个“黄金时代”。梁实秋这位中国现代文学史上的一代文宗，就是在这一时期执教山大，任教授兼外国文学系主任和图书馆馆长，是跨青大、山大两个历史时期的重要人物。

梁实秋结缘山东大学

山东大学底蕴深厚，扎根在文化土壤肥沃的齐鲁大地，这里有孔子讲学的杏坛、“百家争鸣”的稷下学宫、现代中国大学的母体泺源书院和登州文会馆。这条流淌了几千年的齐鲁文脉，绵延不断，是今天山东大学走向世界的靠山。

山东大学的历史可追溯到 1901 年在济南创办的官立山东大学堂。《山东大学堂章程》提出建校校训：“公家设立学堂，是为天下储人才，非为诸生谋进取；诸生来堂肄业，是为国家图富强，非为一己利身家。”1914 年按章大学堂停办，师生分别转入法政、工业、农业、商业、矿业、医学六个专门学校。1926 年，合并六所专门学校，重组为省立山东大学。由山东省教育厅厅长、清末状元王寿彭任校长。

1928 年 5 月，济南发生“五三惨案”，山东大学停顿。1929 年夏天，经教育家蔡元培先生建议在青岛筹备国立山东大学，遂改名为国立青岛大学，后二年又改为了国立山东大学。

20 世纪 30 年代，杨振声、赵太侔两位校长采取“兼容并包，科学民主”的办学方针，选贤任能，汇聚人才，山东大学进入了历史上第一次辉煌。梁实秋就是在这一时期执教山东大学，虽然在山东大学仅执教了四年，但他的卓越建树深深地烙印在山东大学教育史册上。

梁实秋先生是如何到青岛的呢？众所周知，梁实秋1926年学成回国，他自上海赶到南京，手持学友梅光迪写的介绍信，找到了南京国立东南大学的胡先骕先生，顺利取得了东南大学的一纸聘书。后转任上海暨南大学外文系主任，讲授“文艺批评”。同时兼任上海《时事新报》副刊《青光》的编辑，经常发表小品评论，后集为《骂人的艺术》。梁实秋是新月社主要成员，并于1929年9月任《新月》总编。

青年梁实秋

1930年的青岛，是梁实秋走出人性论争尴尬处境的庇护所。来青岛之前，梁实秋在上海的生活极不轻松。1926年，他的一篇《现代中国文学之浪漫的趋势》激起千层浪。在“国破山河在”的危急时刻，左翼文化力量正致力于救国救民的历史使命，而梁实秋却抱着艺术至上、文艺自由的观念，宣扬文艺的自由独立性，这无疑与时代的要求相悖。因此，他无意中被卷入了那场分不清是政治还是学术的激烈争斗，深以孤立无援为苦。种种让人意想不到的打击和困扰，使他筋疲力尽、心力交瘁。

当时有人对徐志摩说：“有人在围剿《新月》，你们为什么不全力抵抗？”徐志摩回答：“我们有陈西滢梁实秋两个人来应付，就足够了。”梁实秋对徐志摩的掉以轻心深为不满，抱怨说：“我是独立作战，《新月》的朋友并没有一个人挺身出来支持我。”更令他烦恼不堪、无所措手足的是，论争之中和其后，他还经常遭到人身攻击。厌倦了文坛争斗的梁实秋渐萌退意。

恰逢此时，国立青岛大学校长杨振声到上海来延揽教授，正巧碰到刚刚辞去武汉大学文学院院长职务的闻一多，并通过胡适、闻一多认识了梁实秋、沈从文等人。杨振声求贤若渴，一遇闻、梁，便视为宝，遂坚邀他们到青岛任教。杨振声从容不迫地对闻一多和梁实秋说：“上海不是居住的地方，讲风景环境，青岛是全国第一。二位不妨前去游览一次，如果中意，就留在那里执教，如不满意，决不勉强。”这种“先尝后买”的办法实在太诱人了。而且沪上尘嚣，居大不易，梁实秋也早有心思换换地方了。于是，在1930年夏天，他便与闻一多联袂到达青岛进行考察。

梁实秋晚年回忆说：“我们乘船直赴青岛，先去参观环境，闻一多偕行。我们下榻于中国旅行社，雇了两辆马车环游市内一周，对于青岛的印象非常良好，季淑（梁实秋妻子程季淑）尤其爱这地方的清洁与气候的适宜，与上海相比不啻霄壤。”他们乘马车游览了海滨公园、汇泉浴场、炮台湾，还看了湛山、第一公园、总督府。所到之处，红瓦的楼房点缀在葱茏的绿树中间，而且三面临海，形势天成，赏心悦目，他们心中为之甚喜。

在青岛梁实秋与闻一多进行了“半日游览”和“一席饮宴”，相谈甚欢，当即接受了国立青岛大学的聘书。梁实秋说：“青岛的天气冬暖夏凉，风光旖旎，而人情尤为淳厚。我们立刻就认定这地方在天时、地利、人和三方面都够标准宜于定居。所以我们访问金甫之后，就一言而决，决定在青岛大学任教。”

1930 年 8 月，梁实秋带着夫人程季淑、女儿梁文茜、儿子梁文骐举家来到了青岛。初到山东大学，一家人租住在鱼山路 4 号，第二年搬到 7 号（即如今的鱼山路 33 号），均坐落在秀美的小鱼山。梁实秋在山东大学的两处住所均与山东大学比邻。

青岛自然环境优美，素有东方瑞士之称。打开窗户，山海风光尽收眼底，特别是那海滨，每当夏日，梁实秋偕夫人、孩子，穿上泳装，在大海和沙滩上尽情地消磨时光，或游泳，或晒日光浴，惬意舒适。

梁实秋在山大的执教生涯

梁实秋曾任山东大学外文系主任兼图书馆馆长，教学与学术并举，为山东大学的初创与发展做出重要贡献。

根据国立青岛大学筹委会建议，学校第一年先设文理两院，文学院分中国文学系、外国文学系和教育系；理学院分设数学、物理、化学、生物四个学系。

杨振声是蔡元培的得意门生，上任之初他效法蔡元培在北京大学当校长时倡行的“兼容并包、学术自由”“科学与民主”的办学方针，积极延聘专家学者到青岛大学来任教，以提高新建立的国立青岛大学的师资力量和学术地位。

据臧克家所述：1930 年“国立山东大学”的前身——“国立青岛大学”成立。校长是“五四”时代老作家杨振声先生，他民主办学，风度翩翩。请来的大批教师都是学术、文化界一时之彦。

梁实秋任外文系主任兼图书馆馆长，闻一多任文学院院长兼中文系主任，黄敬思任教育行政系主任，黄际遇任理学院院长兼数学系主任，王恒守任物理系主任，化学家汤腾汉任化学系主任，曾省之任生物系主任，张道藩任教务长，另有杜光勋、闻宥、赵少侯、张煦、沈从文、任之恭、傅鹰等名家在校任教。他们要么是留学欧美归来的博士，要么是已经在大学扬名立万的教授。

八年的清华生活，使梁实秋充分接触了西方的教育方式。1923 年 9 月，梁实秋赴美入科罗拉多大学英文系四年级学习，后进入哈佛大学研究院师从白璧德学习文学批评，深受其新人文主义思想的影响。1926 年 7 月回国后，在国立东南大学任外国语文系教授，后到国立暨南大学任外国语文系教授、主任，具有丰富的办学经验。

梁实秋上任伊始，积极引进外文人才，积极构建高水平的师资队伍。在山大，梁实秋十分重视师资队伍建设，赵太侔、谭葆慎、郭斌龢、宋春舫、罗文柏、赵少侯、陈逵、孙大雨、李茂祥、费鉴照、袁振英、周铭洗等一批曾留学欧美且年富力强的专家学者执教外国文学系。

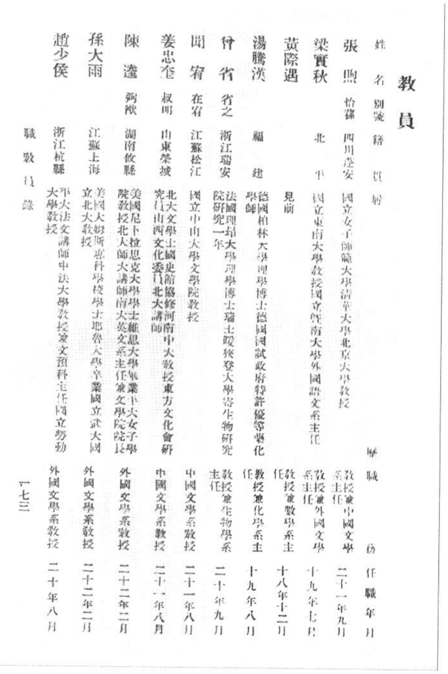

教員

姓名	別號	籍貫	學歷	職務	任職年月
張煦	怡蓀	四川蓬安	國立女子師範大學清華大學北京大學教授	教授兼中國文學系主任	二十一年九月
梁實秋		北平	國立東南大學教授國立暨南大學外國語文系主任	教授兼外國文學系主任	十九年七月
黃際遇			見前	教授兼數學系主任	十八年十二月
湯騰漢		福建	德國柏林大學理學博士德國國試政府特許優等藥化學師	教授兼化學系主任	十九年八月
曾省	省之	浙江瑞安	法國里昂大學理學博士瑞士暖狹登大學寄生物研究院研究一年	教授兼生物學系主任	二十年九月
聞宥	在宥	江蘇松江	國立中山大學文學院教授	中國文學系教授	二十一年八月
姜忠奎	叔明	山東榮城	北大文學士國史館協修河南中大教授東方文化會研究員山西文化委員北大講師	中國文學系教授	二十一年八月
陳逵	弼猷	湖南攸縣	美國尼卜拉思克大學學士維思大學畢業平大女子學院教授北大師大講師南大英文系主任兼文學院院長	外國文學系教授	二十二年二月
孫大雨		江蘇上海	美國大姆斯東科學校學士耶魯大學畢業國立武大國立北大教授	外國文學系教授	二十二年二月
趙少侯		浙江杭縣	平大法文講師中法大學教授兼文預科主任國立勞動大學教授	外國文學系教授	二十年八月

職教員錄

一七三

《国立山东大学一览》(1933 年)记录的梁实秋等教职员的履历

外国文学系师资力量较强，水平较高，当时的课程大多由教授担任。梁实秋讲授“戏剧入门”“莎士比亚”“英国文学史”“欧洲文学批评”等课程，赵太侔讲授“戏剧入门”，郭斌龢讲授“英国文学”和“古典文学”，谭葆慎讲授

“英国文学”“英文作文”“英国文学史”,闻一多讲授“英诗入门”,赵少侯讲授“法国文学”,苏保志、孙方锡讲授“德国文学”;邓初讲授“日文”等课程。当时的外国文学系在梁实秋的苦心经营下,渐成规模,为日后的发展奠定了基础。

梁实秋精心谋划学科布局,构建了完备的外国文学课程体系。当时外文系不但师资力量整齐,而且所开设的课程数量门类更加完善科学。外国文学系必修课程有13门,包括“古犹太文学”“希腊神话”“美国散文选读”“英国文学史”“英诗选读”“戏剧选读”“英国散文选读”“小说选读”“莎士比亚”“西洋文学批评史”“欧洲文学批评史”“现代欧美文学”“浪漫诗人”等。选修课程有6门,分别为“英语会话”“民谣学”“欧洲文学思潮”“欧洲文学概论”“高级法文”“专题研究”。此外,还规定必修中文系两门课程,再加上毕业论文指导课,共计23门课程,140余学分。山东大学外文系所开设的课程在当时可以和中国最著名高等学府的外文系相媲美。

在山东大学,梁实秋除了担任教学和外文系的行政职务外,还兼任学校图书馆馆长。他一上任就主持成立了国立青岛大学图书委员会,闻一多、赵太侔、黄际遇等均是委员。当时的图书馆正处在初创阶段,他亲自带人到上海采购图书,包括类别不同的中外文图书。对中文线装古籍都另装蓝布套,竖立书架,用白墨水题签,专聘有修整古籍木板书的技术工人。

梁实秋酷爱莎士比亚研究,因而图书馆藏的莎翁著作最多,中、英文各种版本应有尽有,许多珍品世所罕见,成为图书馆的一大特色。

1931年5月4日创办了《图书馆增刊》,随校刊《国立青岛大学周刊》出版。《图书馆专刊》每周出版一期,其内容包括:馆藏新书目录和介绍、借书制度、图书馆学和目录学文章、图书评价等。

20世纪30年代国立山大图书馆

梁实秋在任职期间还广泛搜购英美文学书籍。据他回忆:“我因兼一个大学图书馆馆长,一切均在草创,经费甚为充足,除了国文系以外各系申请购书并不踊跃,我乃利用机会在英国文学图书方面广事购储。标准版本的重要典籍以及参考用书乃大致齐全。”当时梁实秋已开始着手翻译《莎士比亚全集》,图书馆收藏的莎翁著作也最多,中文的、外文的各种版本都有,其中有许多是珍藏本,该图书馆也因此名扬全国。

梁实秋在外文系开设了“英文”“欧洲文学史”“戏剧入门”“英国文学史”“莎士比亚”“文艺批评”等课程,还为其他系开设“公共英语”课程。梁实秋年方28岁,状貌昳丽,举止温文,语言清晰而准确,显示出他有过人的智慧与超群的才能。

梁实秋虽是留洋出身,却不喜洋服,夏季常穿的是长衫,秋冬则穿一身丝织棉袍,严冬时节是棉袍外面加套一件皮袍,而且颜色都淡雅不俗,颇具谦谦君子之风。

当年梁实秋教授只有28岁,由于他学问渊博、思维敏捷、语言生动,而且授课时间观念极强、讲课紧凑而从容、语言精炼形象,讲解深入浅出、使人喜听易懂,所以教得游刃有余、有声有色,深受学生欢迎。

据臧克家回忆:“记得,1930年我考入国立青岛大学(后二年改为山东大学),入的是您做主任的英文系。您面白而丰,夏天绸衫飘飘,风度翩翩。”他还回忆说:“当时外文系主任梁实秋先生,胖胖白皙的面庞,讲课干净利落。”

梁实秋授课时间观念极强,对此他的学生记忆颇深。他上课,永远是铃声未息已走进教室,坐下就讲,不疾不徐,绝无赘语。下课铃声方振,恰好讲到一个段落,铃声未毕,已步出课堂。他常对同事和学生讲:“上课时一分钟也不能浪费,课间是学生活动和休息的时间,一分钟也不容侵犯,故尔上下课必须准时。”他讲一堂课你如记录下来,都是一篇组织紧密、内容充实的论文,课后重温它,却又够你思索两三个小时的。他讲课的另一个特点,那就是对学生只管教而不多督促、检查,然而评分甚严。

梁实秋在山东大学开设了“莎士比亚”课,他是最早把莎士比亚引入大学课堂的学者之一。1932年8月,梁实秋为山东大学外文系三年级的学生首开了“莎士比亚”课,该课程设置为6学分,分两年讲授。

王昭建曾回忆说:“他讲课紧凑而从容,质高而量足。有组织,有层次,语言精确、形象,给人以深刻的印象……讲授‘《莎士比亚》’课,全面地讲了莎翁,精讲了他的主要剧作。”

梁实秋还讲授“英国文学史”和“欧洲文学批评课”。这两门课内容太多，课时太少，都是不容易教的，而他都能讲得十分深透。若非博学多识是万难做到的。他在讲课中对某些警句或难懂的辞句，都能巧夺天工地译解得恰到好处。这都是他英文造诣高、中文根底深的关系。

1934 年 1 月，国立山东大学外文系学生宋墨庵、柳乃瑞（柳即吾）、李世昌、郭根等高班同学（三年级学生）成立了刁斗文学社，“以研究文艺，砥砺学术为宗旨”，编辑、出版《刁斗》文艺季刊。《刁斗》第一卷出版了四期，第二卷出版了两期，后停刊。梁实秋身为外文系主任十分爱护学生办的刊物，他曾亲自审阅、修改稿件，并作具体指导，帮助同学提高刊物质量，并在《刁斗》第一卷第二期发表了论文《阿迪生论幽默》以示支持。

《刁斗》是纯文艺性质的文艺季刊，是当时在全国有影响的期刊，该刊内容主要为文学评论、创作和翻译作品。《刁斗》季刊首期在《发刊辞》中写道：“内心底表现，便是在我们刊印这个刊物的终极的旨趣……忠实于人生，忠实于艺术，是我们写东西时所持的态度。”

为充实刊物的内容，学生还邀请教授撰写文章。外国文学系的教授赵少侯、梁实秋，讲师周学普，中国文学系的教授老舍等都曾在《刁斗》上发表过各类文章。

《刁斗》创办于 1934 年，共发行了 6 期，详细记录反映了当时国立山东大学文学思潮与创作的真实面貌，补充了文学期刊的空缺，为学校新文学的发展做出了积极贡献。

在教学生活中，梁实秋获得了学生的尊敬和爱戴。在山大他培养了蔡文显、臧克家、王昭建、王林、郭根、丁金相等一批硕彦。

梁实秋在山大开启莎学的东方传译之门

梁实秋是中国独自一人翻译《莎士比亚全集》的第一人，这项最为人所钦仰，也是规模最为浩大的“工程”——莎士比亚全集翻译，正是在山东大学开启的。

梁实秋翻译莎士比亚主要是由于胡适的倡议。如果说梁实秋这一辈子只崇拜过一个人，那么这个人一定是胡适；如果说梁实秋只对一个人感恩，那么这个人也一定是胡适。梁实秋在《怀念胡适先生》一文中写道：“胡先生长我十一岁，所以我从未说过‘我的朋友胡适之’，我提起他的时候必称先生，晤面的时候亦必称先生。但并不完全是由于年龄的差异。”由此可见胡适在梁实秋心目中的地位。

胡适（1891～1962），著名学者、诗人，以倡导“白话文”、领导新文化运动而著闻于世。曾担任国立北京大学校长、中央研究院院长、中华民国驻美大使等职。

梁实秋和胡适的交往应该是1927年在上海共同参加“新月社”期间。胡适是“新月社”的精神领袖，梁实秋是里面最年轻的参与者之一。

梁实秋认为自己走上译莎之路完全是由于胡适的热心倡导。1930年，任中华教育基金会董事会主任的胡适，倡导成立“莎士比亚的戏剧全集翻译会”，决定翻译莎士比亚全集。

1930年8月，胡适应国立青岛大学校长杨振声邀请访问山东大学。其间他应宋春舫邀请，住在其家里，并有幸参观了其藏书楼“褐木庐”，遂提议梁实秋、闻一多译莎。

胡适在“褐木庐”参观了宋春舫收藏的大量戏剧书籍，其中仅莎士比亚剧作就有很多种版本，仅《哈姆雷特》就有五国文字的版本。随后，胡适便提议闻一多、梁实秋翻译《莎士比亚全集》。

“褐木庐”也是山东大学学者教授们的聚集地。授课之余，梁实秋便和杨振声、闻一多、赵太侔、孙大雨等学者常在此畅谈莎士比亚和英美文化。“褐木庐”所藏原版莎士比亚戏剧书籍也成了梁实秋翻译莎剧的第一手资料。

12月23日，胡适致梁实秋的信中谈及了译莎士比亚一事，其中写道：“两信都收到了。编译事，我现在已正式任事了，公超的单子已大致拟就，因须补注版本，故尚未交来。顷与Richards谈过，在上海时也与志摩谈过，拟请一多与你，与通伯、志摩五人商酌翻译Shakespeare（莎士比亚）全集的事，期以五年十年，要成一部莎氏集定本。”

1931年1月5日，胡适复信梁实秋，又谈到译莎的事情：“我可以来青岛一游，约在一月十七八日，定期后当电告……志摩昨日到平，赞成译莎翁事。”1931年1月24日，胡适再次来到青岛开始了紧张筹划《莎士比亚全集》翻译的事务，并与杨振声、闻一多、梁实秋等进行多方面的会谈，大致取得了共识，决定用散文体翻译《莎士比亚全集》，但部分作品可试用韵文体。

初步拟定之后，梁实秋和闻一多着手拟定了译莎翁全集办法，并快信寄给了胡适。胡适对于“拟翻译莎翁全集的办法”给予了肯定，并和徐志摩、叶公超进行了商议，后亲自对办法略略进行了修改。

1931年2月25日，胡适复信闻一多、梁实秋，信中详细谈及了拟翻译莎翁全集办法（包括成员、时间、程序、文体、译名统一、经费管理、注释等问题），决定由闻一多、梁实秋、陈通伯、叶公超、徐志摩五人组成翻译莎翁全集委员会，并拟请闻一多为主任；暂定五年全部完成（约计每人每半年，可译成一部）。信中还提议徐志摩试译《罗密欧与朱丽叶》、叶公超试译《威尼斯商人》、陈源试译《皆大欢喜》、闻一多试译《哈姆雷特》、梁实秋试译《马克白》。闻一多、梁实秋、陈通伯、叶公超、徐志摩五人，与胡适年龄差距并不大，有相似的英美留学背景，兼备理想与旺盛的创作热情。

可惜，这项大工程最终没能由几位大译家共同参与完成。实际上，此后大家都未能按原计划进行"译莎"。据梁实秋后来回忆："通伯不肯参加，志摩在二十年十一月里就不幸逝世，公超、一多志不在此，结果只剩下了我一个人孤独地开始这漫长艰巨的工作。"

梁实秋之所以翻译莎士比亚的作品，一方面出于对莎剧的酷爱，另一方面认识到确实很有必要把它翻译到中国来。对于译莎他从一开始态度就是十分积极的。梁实秋当时住在鱼山路7号，他除了每周教12小时课之外，就开始着手翻译。梁实秋曾说："我开始的时候参考资料是如何的贫乏！我那时有的只是一股热心，我想愚公可以移山，我也一步一步地去做，做多少算多少，至少对于我自己是件有益的工作。"所以他兼任图书馆馆长期间，广泛搜集莎士比亚戏剧书籍资料，还亲自到上海为图书馆选购图书，建立了莎士比亚图书室。

梁实秋在山大期间搜集的《莎士比亚全集》及部分英文原版书籍

这项开始于国立青岛大学的莎士比亚翻译工作，其中最早译成的《哈姆雷特》《马克白》《李尔王》《奥赛罗》《威尼斯商人》《如愿》《暴风雨》都是在1936年5月至11月由商务印书馆陆续出版的。他抗战期间译了《仲夏夜梦》，抗战胜利后交商务印书馆，因通货膨胀，该译著没有出版。抗战胜利后，他又译了《亨利四世》上、下篇，上篇在台湾的明华书局出版。

1967年，梁译《莎士比亚全集》才最终完成出版，这是梁实秋对于中国文化杰出的贡献。在山东大学期间他还抽空翻译了《织工马南传》《西塞罗文录》。

梁实秋在山大延续与鲁迅的论争

鲁迅和梁实秋论战是中国20世纪30年代的一个重大事件。梁实秋到山大后，二人的笔墨之战，硝烟未散。梁实秋小鲁迅22岁，这一少一老，从1926年开始笔战，一个以《新月》《益世报·文学周刊》为阵地，一个以《萌芽》《语丝》为阵地，一直到1936年鲁迅逝世，两人论战长达近10年，笔战的文章125篇、50余万字。

梁实秋到国立青岛大学执教后，论战硝烟未散，还发生了“逐书事件”，二人的关系更是雪上加霜。梁实秋深受白璧德新人文主义的影响，他在政治上，主张社会改良，超越党派，倡导自由；在文学上，重视文学的独立地位，强调创作的自由，张扬文学的本体意义，专注于人性的探索。

梁实秋来到青岛以后，和鲁迅继续论战。而图书馆发生的所谓“逐书事件”，更使二人关系雪上加霜。臧克家曾回忆说：“同学们知道您和鲁迅先生经常论争，在课堂上向您发问，您笑而不答，用粉笔在黑板上写上四个大字：‘鲁迅与牛’。同学们莞尔而笑，梁实秋神情自若。这情景，给我的印象很深。”尽管口诛笔伐，但在课堂上对学生宣讲时，梁实秋对鲁迅却是极其肯定的。

1932年春，在国立青岛大学发生了“逐书事件”，进而又引发了鲁迅与梁实秋的一场论战。梁实秋担任国立青岛大学图书馆馆长时，主持成立了图书委员会，委员会的绝大多数成员都是新月派，对当时左翼文坛推重的书籍往往不能认同，而被进步青年奉为精神导师的鲁迅作品在这里也并没有得到重视，以至于传出国立青岛大学图书馆馆长梁实秋将鲁迅作品从图书馆中清除掉的传言，便爆发了所谓的“逐书事件”。

鲁迅知道后曾两次提及该事件，亦可见其对此事耿耿于怀。他在《"题未定"草》一文中写道："梁实秋教授充当什么图书馆的主任时，听说也曾将我的许多译作驱逐出境。"他在为曹靖华翻译的《苏联作家七人集》所作的序言中再次叫屈："梁实秋教授掌青岛大学图书馆时，将我的译作驱除。"

梁实秋则在《关于鲁迅》一文中辩解道："我首先声明，我个人并不赞成把他的作品列为禁书。我生平最服膺伏尔德的一句话：'我不赞成你说的话，但我拼死命拥护你说你的话的自由。'我对鲁迅亦复如是。我写过不少批评鲁迅的文字，好事者还曾经搜集双方的言论编辑为一册，我觉得那是个好办法，让大家看谁说的话有理。我曾经在一个大学（国立青岛大学）里兼任过一个时期的图书馆馆长，书架上列有若干从前遗留下的低级的黄色书刊，我觉得这是有损大学的尊严，于是令人取去注销，大约有数十册的样子，鲁迅的若干作品并不在内。但是这件事立刻有人传到上海，以讹传讹，硬说是我把鲁迅及其他'左倾'作品一律焚毁了，鲁迅自己也很高兴的利用这一虚伪情报，派作我的罪状之一！其实完全没有这样的一回事。宣传自宣传，事实自事实。"

直到 20 世纪 80 年代末，还有人对梁实秋在国立青岛大学兼任图书馆馆长时撤除鲁迅著作一事问臧克家，他回答说："我想不会的，也是不可能的。"就这事臧克家为梁实秋作了最好的证言。

1936 年 10 月 19 日，鲁迅在上海逝世。第二日的《世界日报》发表了对梁实秋的专访文章。梁实秋回忆了与鲁迅的文字因缘，说："余至上海创办《新月》杂志，先生即在平沪办《萌芽》《语丝》等刊物，此时以各见地之稍异，即时常在作批评文字。后来先生转变，与余等之笔墨战争则更多。余等素以争取自由言论，反对当时政府之无理压迫为意旨，而鲁迅则责我们不能为劳苦大众着想，只保守小资产阶级之意识。先生在文学方面，为中国文坛上最有力之作家，余与其立场虽稍有不同，而其文笔之卓绝，则实令余钦服。现先生逝世，为中国文坛之最大损失，盖后人恐无能补其缺者。"

晚年梁实秋的女儿梁文蔷曾问及与鲁迅论战一事，她说："您当年和鲁迅都吵些什么？"父亲回答得很平静，他说，他们之间并没有什么仇恨，只不过两个人对一个问题的看法不同。其实他还是很欣赏鲁迅的文学的。鲁迅认为文学是有阶级性的，而父亲更强调文学作品的人性。现在关于那场论战，已经有书把他们的文章全部收集起来，现在的读者也有阅读所有这些文章的自由，我想，每个人都可以有自己的看法吧。

正如季羡林先生所说："至于说梁实秋同鲁迅有过一些争论，这是事实。是非曲直，暂作别论。我们今天反对对任何人搞'凡是'，对鲁迅也不例外。鲁迅是一个伟大人物，这谁也否认不掉。但不能说凡是鲁迅说的都是正确的。今天，事实已经证明，鲁迅也有一些话是不正确的，是形而上学的，是有偏见的。难道因为他对梁实秋有过批评意见，梁实秋这个人就应该永远打入十八层地狱吗？"

1934 年 7 月，梁实秋应王平陵之约，将与鲁迅等左翼文人论争的文章中的 31 篇，结集为《偏见集》，该书由正中书局出版，成为他的一本较重要的文学论集。在山东大学期间梁实秋还编写了《文学批评论》《潘彼得》等著作。

梁实秋与"酒中八仙"

初到山东大学，梁实秋携夫人程季淑和长女梁文茜、次女(1933 年不幸夭折)、儿子梁文骐举家来到青岛。第一年他们一家人住在鱼山路 4 号，第二年搬至鱼山路 7 号(即现在青岛梁实秋故居鱼山路 33 号)。梁实秋夫妇特别好客，在青岛期间，他们的家庭生活大多时候是快乐的，经常是座上客满。

梁锡华在《一叶知秋》中评论梁实秋说："他有胡适先生的温厚亲切，闻一多先生的严肃认真，徐志摩先生的随和风趣。"余光中说："他的谈吐，风趣中不失仁蔼。谑谐中自有分寸，十足中国文人的儒雅加上西方作家的机智，近于他散文的风格。"

梁实秋在山东大学的生活是比较惬意的，同事多是志趣相投的人，他们常在闲暇时，相邀一起喝酒聊天，煮酒论文，久而久之，形成了一个著名的文人饮酒圈子，闻一多名之曰"酒中八仙"，因当时聚餐时共有八人：杨振声、闻一多、梁实秋、赵太侔、方令孺、刘本钊、黄际遇、陈季超。

他们三日一小饮，五日一大宴，猜拳行令，三十斤一坛花雕酒，一夕便一饮而尽，还自拟一副对联："酒压胶济一带，拳打南北二京。"除了"酒中八仙"之外，他的好友还有张道藩、孙大雨、沈从文、袁振英等人。有了好友的相伴，梁实秋在山东大学度过了他一生中少有的快乐时光！

当时山大集聚了梁实秋、闻一多、张道藩、黄际遇、黄敬思、汤腾汉、曾省、杜光埙、游国恩、张煦、沈从文、傅鹰等大师学者。真可谓群贤毕至、名流咸集，盛极一时。尽管这些大师名家学问非常渊博，备课非常认真，讲课非常生动，但是教课中必然有许多程式化的东西，久之则难免令人生厌。青岛虽风景如绘，但毕竟建立才几十年，诚如闻一多所言，青岛为新兴的摩登城市，且又地处海陬，既没有南京式的夫子庙，也没有北京式的琉璃厂，缺乏文化氛围，又没有适当的娱乐。梁实秋也在《酒中八仙》一文中写道："青岛是个好地方，背山面海，冬暖夏凉，有整洁宽敞的市容，有东亚最佳的浴场，最宜于家居。唯一的缺憾是缺少文化背景，情调稍嫌枯寂。"

杨振声求贤若渴，特别注重学术水平，曾为请到满意的教授呕心沥血，又因担心本校教授被北京大学、清华大学拉去，经受过许多"恐慌"和不眠之夜。为了活跃学校的气氛，创造拴心留人的环境。每周六校务会议后，杨振声便带领梁实秋、闻一多诸位教授开怀畅饮，一醉方休，久之聚餐便成惯例。

每当嘉会，酒阑兴发，击箸而歌，声振屋瓦，激昂慷慨，有古燕赵豪之风。"酒中八仙"意气相投，过从甚密，经常是三日一小饮，五日一大宴，不是顺兴楼就是厚德福，猜拳行令，喝茶谈诗，煮酒论文。

文人与酒，一见如故。"酒中八仙"在杨振声的带领下形成了一股强大的凝聚力。当时"酒中八仙"还聚集了张道藩、杜光埙、游国恩、赵少侯、邓仲纯、谭葆慎、陈逵等教授。就连章太炎、蔡元培、陈寅恪、胡适、竺可桢等来学校讲学后，也被杨振声邀请参与其中。

大学教授们的潇洒是有经济基础作保证的。当时大学教授的工资是非常高的，据《国立青岛大学一览(1931年)》记载：教授月薪300～500元；讲师月薪150～300元；助教月薪60～150元。教授们收入丰厚，他们轮流做庄，经常煮酒论文。

杨振声十分注重发挥群体的智慧与作用，他上任伊始成立了集思广益的组织就是校务委员会。校务委员会由全体教授选出的代表和教务长、秘书长、各院院长、各系系主任组成，校长为主席。"酒中八仙"主要成员有校务会委员和校知名学者和教授。他们积极关心学校，提出各种建设性意见，保证学校工作在以教学科研为中心的轨道上运行。学校发展较快，声誉日隆，国立青岛大学由此崭露头角。

"酒中八仙"以自我的生活为生活，活得潇洒、自在。教授们私底下酒酣耳热，但在讲台之上个个并非浪得虚名。中文系杨振声带头开设了《小说作法课》，并把新文学课提到与《诗经》《楚辞》等旧文学研究同等的地位；闻一多讲授"文学史""唐诗"等课程，专心致力于古典文学的研究，并在外文系讲授"英诗入门"；游国恩讲授"中国文学史""楚辞""中国文艺故事"等，除了教学，他潜心于《楚辞》的研究；张怡荪讲授“中国文学史”“楚辞概论”“音韵学”“先秦文”等课程，后接替闻一多担任中文系主任；姜忠奎（叔明）教授对文字学、目录学、说文研究有专攻；沈从文在中文系担任讲师，主讲“小说史”“散文写作”等课程；梁实秋开设了“莎士比亚”“欧洲文学概论”等课程，兼任校图书馆馆长，借此便利广泛地搜集莎氏著作，在学术界闻名一时，是国内屈指可数的莎士比亚研究专家。他们同心同德，潜心教学，目标一致，学校建设取得较快的发展。

酒，可以说是梁实秋多年的老朋友了，他自幼与酒结缘，年仅6岁即有醉酒经历。来到青岛后，梁实秋跻身“酒中八仙”之列，正好有了英雄用武之地。他们轮流在一个烟台派的山东馆子顺兴楼和一个河南馆子厚德福两处聚饮。

“酒中八仙”最爱喝花雕，每次聚会都喝光一坛，整整30斤。所谓“花雕”，其实就是米酿“黄酒”。梁实秋回忆道：“两个工人抬三十斤花雕一坛到二、三楼上，当面启封试尝，微酸尚无大碍，最忌的是带有甜意，有时要换两三坛才得中意。酒坛就放在桌前，我们自行舀取，以为那才尽兴。我们喜欢用酒碗，大大的浅浅的，一口一大碗，痛快淋漓。”梁实秋仅善“拇战”，不会划拳，也并不海量。所谓“量压山东”，只是在文章中过过“嘴瘾”以快口舌罢了。

“杨振声善饮、豪于酒，一杯在手则意气风发，尤嗜拇战，入席之后往往率先打通关一道，音容并茂，咄咄逼人。”赵太侔有相当的酒量，也能一口一大盅，但是他从不参加拇战。闻一多“他酒量不大，而兴致高。常对人吟叹‘名士不必须奇才，但使常得无事，痛饮酒，熟读离骚，便可称名士’”。黄际遇“每日必饮，宴会时拇战兴致最豪，嗓音尖锐而常出怪声，狂态可掬”。陈季超喝酒“豁起拳来，出手奇快，而且嗓音响亮，往往先声夺人，常自诩为山东老拳”。刘本钊“小心谨慎，恂恂君子。患严重耳聋，但亦嗜杯中物，因为耳聋关系，不易控制声音大小，拇战之时呼声特高，而对方呼声，他不甚了了，只消示意令饮，他即听命倾杯”。方令孺“不善饮，微醺辄面红耳赤，知不胜酒，我们亦不勉强她”。

酒从六时喝起，一桌十二人左右，喝到八时，不大能喝酒的三五位就先起身告辞，剩下的八九位则是兴致正豪，开始宽衣攘臂，猜拳行酒，夜深始散。有时且结队远征，近则济南，远则南京、北京，不自谦抑，狂言“酒压胶济一带，拳打南北二京”，高自期许，俨然豪气干云的样子。

“酒中八仙”饮酒之猛，胡适是深有体会的。1931 年 1 月 27 日，胡适过青岛小憩，下榻在宋春舫开办的万国疗养院。当晚，山东大学“酒中八仙”设宴款待胡适，山东人能喝酒，于是，作陪者络绎不绝的劝酒，胡适不胜酒力，看到他们豁拳豪饮，实在招架不住了，急忙戴上他的太太送给他的刻着“戒”字的指环，当作挡箭牌。

回到北京，胡适仍感心有余悸，于是不久便鸿雁传书，力劝梁实秋：“看你们喝酒的样子，就知道青岛不宜久居，还是到北京来吧！”后来，梁实秋回忆这段岁月时，曾写道：“当年酗酒，哪里算得是勇，直是狂。”梁实秋到了晚年对饮酒有自己的体验与看法，他在《饮酒》一文中说，菜根谭所谓“花看半开，酒饮微醺”的趣味，才是最令人低徊的境界。

1932 年杨振声辞职，国立青岛大学易名国立山东大学，教务长赵太侔任校长。杨振声、闻一多相继离校，方令孺也于此时离开了青岛。梁实秋与赵太侔、黄际遇、刘本钊、陈季超、赵铭新、赵少侯、邓仲纯组成了新的饮酒圈子。

梁实秋在晚年写有《酒中八仙》《忆杨金甫》《谈闻一多》《记黄际遇先生》《悼念道藩先生》《方令孺其人》《忆沈从文》《忆老舍》等文章，深情追述了与山东大学友人的交往旧事，给山东大学集聚了宝贵的人文记忆。

梁实秋离开山东大学

1932 年夏天，在经历了国立青岛大学学潮后，杨振声走了，闻一多走了，方令孺走了，沈从文也走了，学校处于困难时，梁实秋依然选择了留下来共渡时艰。

1934 年，梁实秋的好友胡适任北京大学文学院院长，邀请梁实秋到北京大学任外文系研究教授兼系主任。消息在国立山东大学传开，国立山东大学群情不满，外文系师生联名向北京大学提出抗议。抗议信在青岛当时的《民报》上曾有刊载：“敝系经梁实秋先生主持开办，同学夙受陶冶，爱戴正殷……群情迫遑，北平素为文化区域，人才较多，至希鉴谅，另行延聘，以慰渴望。”

此信反映出，梁实秋在国立山东大学主持开办外文系，成绩显著，同学夙受梁实秋学术修养与人格品德的陶冶，受益匪浅，感情很深，爱戴正殷，渴望继续受教于他。如今听说北京大学邀请他去，当然群情激动，惶恐不安。

30 岁出头的青年教授，工作四年，博得全系师生如此深情的挽留。这是对梁实秋所做工作的高度肯定与赞许。梁实秋工作的勤恳努力，做出不平常的成绩，赢得全系师生殷切真挚的爱戴。

外文系师生自然对梁实秋怀有很深的感情，深切地希望、渴望梁实秋留下来继续任教，恳切之情跃然纸上。几经磋商，最后，胡适发来一封电报说："梁实秋先生主持山大外文系四年，成绩显著，已有基础。现北大外文系亟待梁先生来此帮助，恳请暂时借用两年……"当时北京大学校长蒋梦麟曾兼任北京大学外文系主任，因无暇照顾而辞去系主任职务，所以胡适任北京大学文学院院长时，便力邀梁实秋到北京大学就任外文系主任。

梁实秋在《槐园梦忆》中记述，他把他父亲跟他谈话的内容告诉夫人季淑时说，父亲"提出两点叮嘱，他说他垂垂老矣，迫切期望我们能有机会在北平做事，大家住在一起，再就是关于他将来的身后之事。我当天夜晚把这些话告诉了季淑，她说：'父亲开口要我们回去，我们还能有什么话说。'"

在父亲的叮嘱和胡适的力邀之下，梁实秋决定回北京工作，这便可以与父亲团聚，能对老人有所照顾。就这样，1934 年夏，国立山东大学外文系全体学生在青岛奇园饭店为梁实秋举行了饯别宴会。

晚年在台湾的梁实秋对于青岛山大怀有特殊的眷恋之情。在《忆青岛》中，梁实秋用了许多笔墨描写青岛的宜人气候与质朴民情，他深情地写道："到处都是红瓦的楼房点缀在葱茏的绿树中间，而且三面临海，形势天成……我虽然足迹不广，但北自辽东，南至两粤，也走过了十几省，窃以为真正令人流连不忍离去的地方应推青岛。"青岛文史学家鲁海曾说：梁实秋晚年描写青岛的回忆文章，至少有 40 余篇，字里行间都流露出对这座城市的眷恋和喜爱。

1983 年，梁实秋的大女儿梁文茜带着父亲的委托，重回青岛寻梦。梁实秋更是将女儿梁文茜从青岛海水浴场捧来的一瓶沙子置于案头，视为珍品！

当 1987 年 10 月台湾到大陆的禁戒有所缓解时，梁实秋大喜，计划到大陆探亲。但 11 月 3 日，梁实秋因突发心脏病逝世，未能重返大陆，再来青岛。

青岛是梁实秋幼女梁文蔷的出生地，虽然离开青岛时才一岁，但从小父母就常跟她说青岛有多好，有多美。成年后梁文蔷定居美国西雅图，1972 年请父母过去一起生活了两年，梁实秋和程季淑都说西雅图就跟青岛一样美，有山有水，并一直希望将来能到青岛养老。退休后的梁文蔷计划到朝思暮想的人间天堂青岛去寻根。1999 年 10 月 7 日，梁文蔷带着父亲生前画的鱼山路 7 号和他教书的山东大学、菜市和海滩的一张简图来到青岛。

当她来到鱼山路，看到一块大石牌上刻着“梁实秋故居”五个大字时，情感就像火山爆发，竟伏在那块石牌上号啕大哭起来。泪水中饱含着梁实秋一家对青岛、对山东大学浓浓的思念之情……

（原载《春秋》2018 年第 2 期）

新月才女方令孺

爱，只把我当一块石头，
不要再献给我，
百合花的温柔，
香火的热，
长河一道的泪流。
看，那山冈上一匹小犊
临着白的世界；
不要说它愚碌，
它只默然
严守着它的静穆。①

在中国现代文学史上，有这样一位“才女”，她与林徽因属于“新月派”仅有的两位女诗人；虽然其著述不多，留下来的作品相当有限，但她的文字却有鲜明的特色，品格独立。她，就是新月才女——方令孺。她的这首《诗一首》创作于国立青岛大学时期，发表于1931年1月的《诗刊》创刊号。陈梦家赞扬她的《诗一首》：“是一个清幽的生命河中的流响，她是有着如此严肃的神采，这单纯印象的素描，是一首不经见的佳作。”②

方令孺(1897～1976)，安徽桐城人，散文作家和女诗人，方苞的后代。方令孺的家族英才辈出，祖父方宗诚曾为曾国藩的幕僚，“桐城派”知名学者。方令孺的父亲方守敦自幼饱读诗书，不应科举致力维新，精于书法，长于诗文，是清末书法家。

1923年，方令孺在五四运动的影响下，随丈夫陈平甫前往美国留学，在

① 方令孺：《诗一首》，《诗刊》1931年第1期。

② 叶克飞：《故人何寂寞　风雨中的民国故居 Ⅱ》，东方出版社2017年版，第162页。

华盛顿州立大学学习，后转入威斯康辛大学攻读文学。1929 年回国，先后任国立青岛大学讲师和重庆国立剧专教授。1939～1942 年任重庆北碚国立编译馆编审。1943 年后在上海复旦大学中文系任教授。1949 年后被选为上海市妇联副主席。1958 年至“文革”前，任浙江省文联主席。1976 年 9 月 30 日病逝，享年 80 岁。

方令孺

方令孺 20 世纪 30 年代初开始写新诗，诗作多发表于《新月》杂志。1930 年 8 月，杨振声好友邓仲纯（邓初）随之来青岛大学当了校医，邓仲纯和方令孺有姻谊，便推荐她到国立青岛大学中文系任讲师。方令孺到国立青岛大学的时间为 1931 年 7 月，据 1931 年 9 月 7 日《国立青岛大学周刊》记载：

> 本校本学年续聘及新聘之各院系教授讲师助教等，除尚有数人应聘书未曾寄来。业由校去电催促外，均已陆续到校。兹觅得名单一纸，刊登如左：
>
> 教授兼教务长赵畸。教授兼中国文学系主任及文学院院长闻一多……国文系讲师游国恩、黄淬伯、方令孺、沈从文、王士瑨。历史讲师杨筠如……

梁实秋说：“杨振声校长的一位好朋友邓初（邓仲纯），邓顽伯之后，在青岛大学任校医，邓仲纯与令孺有姻谊，因此令孺来青岛教国文。”在青岛，作为国内少有的女性大学教员，方令孺开始了真正的自由生活，她担任中文系讲师兼任女生管理，主讲“昭明文选”和“大学国文”。

来青岛时，方令孺已经33岁，还带着一个女儿，住在7号楼青岛大学女生宿舍。与方令孺同住在这栋楼里的还有两个图书管理员，张兆和与李云鹤。张兆和在接受了沈从文的漫长追求后来到青岛，开始了数十年的相依。李云鹤则在教务长赵太侔的介绍下来校工作，并在中文系旁听，后她改名蓝苹，再后来改名江青。

1931年方令孺的侄子方玮德同陈梦家来青岛，他俩都是闻一多的学生，陈梦家好写新诗，颇为闻一多赏识。方令孺在家族里排行第九，方玮德呼她"九姑"，于是大家便都跟着方玮德喊她"九姑"。对于此事，梁实秋后来幽默地解释说："这是官称，无关辈数。"因为方玮德的关系，闻一多和方令孺也成了好友。

方令孺是大家闺秀，温文尔雅，还以美貌著称，王昭建（梁实秋国立青大的学生）曾说"她貌似白杨（影后杨君莉）而高雅过之"。美学家常任侠也曾说，他平生所见美人，数九姑第一。在青岛，与方令孺关系最好的当属闻一多了。当时方令孺好写诗，常向闻一多请教，闻一多对她印象很好。他们之间的来往，引起了一些流言蜚语。

梁实秋在《谈闻一多》中曾提到，"实际是一多在这个时候在情感上吹起了一点涟漪，情形并不太严重，因为在情感刚刚生出一个蓓蕾的时候就把它掐死了。"梁实秋所说的情感涟漪是闻一多与方令孺之间微妙的关系，这件事情在闻一多后人编撰《闻一多年谱长编》时得到了证实："所谓情感上吹起了一点涟漪，大概是先生与中文系讲师方令孺之间的关系。"①1932年春，闻一多把妻子和孩子接来青岛，流言才不攻自破。

方令孺早年嫁与江宁陈氏，育有一女。陈世家出身，风流倜傥，服务于金融界，饶有资财，但两人志趣不合，终于仳离。大概是因为这个缘故吧，初来青岛，人地生疏，婚姻的挫折又无法释怀。梁实秋写方令孺道："她相当孤独，除了极少数谈得来的朋友以外，不喜与人来往。她经常一袭黑色的旗袍，不施脂粉。她斗室独居，或是一个人在外面而行的时候，永远是带着一缕淡淡的哀愁……不愿谈及家事，谈起桐城方氏，她便脸色绯红，令人再也

① 闻黎明、侯菊坤编著：《闻一多年谱长编　上卷　修订版》，上海交通大学出版社2014年版，第353页。

谈不下去。”从方令孺此时写的诗歌《灵奇》可以看出其心境，她写道：

有一晚我乘着微茫的星光，
我一个人走上了惯熟的山道。
泉水依然细细的在与山交抱，
白露沾透了我的草履轻裳。

几炷磷火照亮纵横的榛棘，
一双朱冠的小蟒在前面引领，
导我攀登一千层皑白的石磴，
为要寻找那镌着碑文的石壁。

你，镌在石上的字忽地化成
伶俐的白鸽，轻轻飞落又腾上；
小小的翅膀上系着我的希望：
信心的坚实和生命的永恒。

可是这灵奇的迹，灵奇的光，
在我的惊喜中我正想抱你紧，
我摸索到这黑夜，这黑夜的静；
神怪的寒风冷透我的胸膛。[①]

为了解脱方令孺的孤独，朋友们就拉她去喝酒。据梁实秋在《方令孺其人》一文中的回忆，当时没有旁的娱乐，“何以解忧？唯有杜康”。后来，在杨振声的提倡下，每个周末，“我们一行人至少有一次要聚饮于顺兴楼或厚德福”。其中，杨振声、赵太侔、闻一多、陈季超、刘康甫、黄际遇和梁实秋属于“好饮者”。但是，因为只有七个人，再加一位就成“八仙”了，后来，经闻一多提议，大家把孤独的方令孺邀请进了这个“小圈子”，由此终于凑成了“酒中八仙”。“于是猜拳行令，觥筹交错，乐此不疲者凡二年。其实方令孺不善

① 方令孺：《灵奇》，《诗刊》1931 年第 3 期。

饮，微醺辄面红耳赤，知不胜酒，我们也不勉强她。”

方令孺在山东大学，除教学之外，还从事创作，写诗，也写散文。她写的散文集起名《家》。在此期间，方令孺同闻一多、陈梦家谈起，在《新月》之外，应办一个可发表诗歌的刊物。陈梦家为此去了上海，向徐志摩谈了九姑的意见，徐志摩很高兴，立即筹办，四处约稿，新的刊物名叫《诗刊》，成为新月派的代表刊物。1931 年 1 月，《诗刊》创刊。这个名字就是根据方令孺的建议起的。闻一多还在上面发表了他的压卷之作《奇迹》，方令孺在《诗刊》发表了《诗一首》《灵奇》《幻想》《任你》《她像》《枕江阁》等诗歌。

1931 年《诗刊》创刊号封面

“九一八”事变后，学生请愿风潮波及青岛大学，杨振声、闻一多等人相继离去，随后不久方令孺也离开了青岛。邓明以在《方令孺传》中写了方令孺离开山东大学的原因，他写道：“方令孺同许多富有民族正义感和爱国心的知识分子一样，为之忧愁、愤激，加上为生计而进行的奔波，不久竟至积郁成疾，患上了甲状腺亢进疾病。由于病势十分凶猛，她只得离开青岛。”

费鉴照在国立青大出版《现代英国诗人》

费鉴照，江苏人，现代著名诗人、外国语言文学家。早年就读于英国利物浦大学。在国立青岛大学期间，费鉴照创作了《现代英国诗人》和《浪漫运动》两部著作。

1927年冬，费鉴照随东南大学并入国立第四中山大学（后改名为国立中央大学）二年级，跟随闻一多先生学习写作新诗和新诗评论。1928年闻一多任武汉大学文学院院长期间，聘请费鉴照任外文系讲师，执教两年。1930年夏，闻一多任国立青岛大学文学院院长兼中文系主任，于1931年9月引荐费鉴照进入梁实秋主持的外文系担任讲师，负责讲授大一英文课程。1931年《国立青岛大学一览》记载了费鉴照的履历情况：

> 费鉴照，江苏，履历：国立中央大学文学士、国立武汉大学教员。职务：讲师。到校年月：二十年九月（1931年9月）。

授课之余，费鉴照将其1928～1930年在国立中央大学和武汉大学所撰写的9篇论文进行整理编辑，定名《现代英国诗人》，并于1933年由新月书店出版。

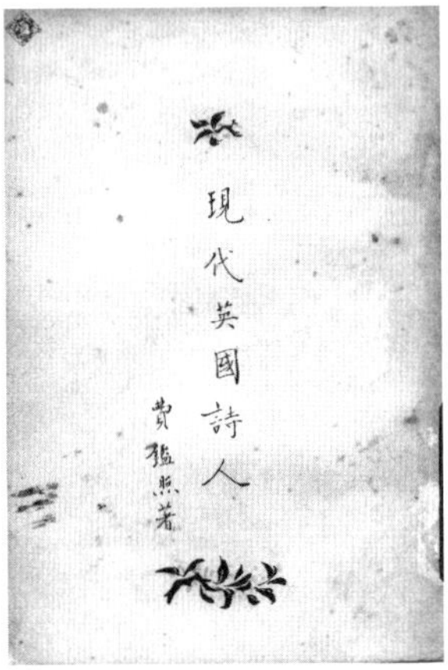

《现代英国诗人》书影

费鉴照在《现代英国诗人》的自序中，对他投稿《新月》的契机和结识梁实秋的来龙去脉作了交代，自序中说："我在中央大学十七年度学期结束的时候写了《论德拉迈尔》一篇论文交给一多师。他看了我批评德拉迈尔的一首诗 *SILVER* 以后，他说我的意见正与他的相同，他要我拿它写成中文送给《新月》，并且嘱我替《新月》再写几篇现代英国诗人。他愿意拿他的书籍借给我；倘使我遇到困难的时候，他愿意帮助我。我受到他的鼓励与帮助，在暑假鼓着勇气写成四篇，先后送给《新月》发表……我写这九篇的时候，我的老师们，闻一多先生替我修改文字和给我许多提示……梁实秋先生也替我改正几处……我在这里向他们表示诚恳的谢意!"①

《现代英国诗人》的"序言"由闻一多先生所作,其中写道:"九篇文章每篇脱稿之后,我都看过,其间的见解,有与我符合的,又使我惊喜而惭愧,因为是我没有悟到的,总之,全是我所赞同的。"②这也是闻一多首次为别人的集子作序,他称之为"破戒",这也足以彰显闻一多对于这部论文集的认可与赞赏。故费鉴照在该书的扉页上郑重题词:"献给我的老师闻一多先生。"闻一多只为三人的诗论或诗集作序,其一就是费鉴照的《现代英国诗人》,其二是臧克家的《烙印》,三是薛诚之的《三盘鼓》。

《现代英国诗人》出版后,梁实秋用莲子的笔名写了书评,于1933年5月20日发表在《益世报·文学周刊》上。梁实秋认为,对于"这样一本书,在中国还是创举,如今一般人侈谈现代文学,而有系统的介绍还不多见,所以这书该是可欢迎的一部"③。梁实秋撰写的《现代英国诗人》书评,全文如下:

> 这本书的内容是选取现代英国诗人八名,梅士斐尔特、哈代、白理基斯、郝思曼、梅奈尔、白鲁克、德拉梅尔、夏芝,外附印度奈陀夫人一篇,共九篇评论。这样一本书,在中国还是创举,如今一般人侈谈现代文学,而有系统的介绍还不多见,所以这书该是可欢迎的一部。这部书有两点我要加以评论。
>
> 第一,何以著者于若干现代英国诗人中单单选取了这八个?著者是很有理由的。这理由在闻一多那篇序上说得最清楚。他说:"一提到现代二字,中国人的脑筋里必浮现着一幅有趣而惊人的图画:青面獠牙,三首六臂,模样得怪到不合常理……本书讲的是现代诗人,而英国最值得讲的几位现代诗人,不幸都没有进化到那程度……这里所论列的八家……没有一个不是跟着传统的步伐走的。梅士斐的态度,在八人中,可说是最合乎现代的意义,不料他用来表现这态度的工具,回到了十四世纪的乔塞……不但梅士斐如此,只要你撇开成见,自然看得出这八家与传统的英国诗差异的地方都不如相同的地方多;那差异实在不比八人间相互的差异大,也不比前人中例如华茨渥斯与柯立基间的

① 费鉴照:《现代英国诗人》,新月书店1933年版。

② 费鉴照:《现代英国诗人》,新月书店1933年版。

③ 莲子:《现代英国诗人》,《益世报》1933年5月20日。

差异大。大概诗人与诗人之间不拘现代与古代，只有个性与个性的差别，而个性的差别又是有限度的，所以除了这有限的差别以外，古代与现代的作品，不会还有——也实在没有过分的悬殊。”简言之，本书所选八家，乃是合于英诗传统的八家，所谓“摩登派”者，是在摈弃之列的了。这态度是对的，因为现代之“摩登派”的形形色色，其本身既无健全之理论，亦少成功的实例，一切皆未脱试验的尝试的状态，究竟能否成功还要看将来事实的判断。本书的选择，似是守旧，实是稳健。

第二，著者的方法是很可注意的。他引用了极多的英文诗句，这不但可以表示作者于评论之际颇下了一番苦功非辗转抄袭者可比，而且对于读者也颇有便利。我觉得现代颇有一般人，热心的“谈”文学而不低下头去“研究”文学，他们只从间接的，或间接又间接的来源，去得些微的文学的认识，而不直截了当地去读文学作品。本书著者，无疑的是对于现代英诗有了深切的认识，他的评论虽不见得怎样精彩，但是他却走了一条稳妥的负责的路，他既未人云亦云，亦无穿凿附会。本书作者，与其说是批评家，毋宁说是学者。

可商榷处亦有数点。吉伯林并不如著者所说“所歌咏的是那侵略弱小民族的帝国主义”。当然，吉伯林有几首为人传诵的诗篇是有轻蔑弱小民族的意味，但并不全是如此，他的诗文中也颇有反抗帝国主义精神，似不可一笔抹杀。我个人觉得吉伯林也可以作为现代英国诗人中的一个角色。再者，著者所引诗句，多未注明出处，于检查时颇感不便，并且若于可能范围之内将诗译为浅近中文，对于不懂英文的读者总是多少有利的。闻一多想加进 W. H. Davies 一位，我还想推荐 Abercrombie，不知作者以为然否？

最后我要请该书之出版者注意，错字颇多。①

费鉴照在国立青岛大学执教期间，还写了《浪漫运动》一书，广泛讨论了18世纪中叶至19世纪初叶，法英德三国浪漫运动的几个方面。该书写成后梁实秋在信中向舒新城进行了推荐，不知何故舒新城并未出版此书。直至1933年11月，《浪漫运动》方由商务印书馆出版。费鉴照在序言中写道：“这

① 莲子：《现代英国诗人》，《益世报》1933年5月20日。

本小册子能够完成，我应该感谢几位老师：时昭瀛，闻一多，陈通伯，陈登恪，梁实秋诸先生。”

梁实秋致舒新城信

费鉴照所编《浪漫运动》1933 年 11 月由商务印书馆出版

梁实秋后来在《忆“新月”》一文中列举“新月出版的书之我留有印象的”时，就提到了费鉴照的《现代英国诗人》。费鉴照虽然并未留下关于梁实秋的回忆文字，但从《现代英国诗人》和《浪漫运动》自序中，我们都能读出他对梁实秋“诚恳的谢意”。

梁实秋任天津《益世报・文学周刊》主编时，还编辑发表了费鉴照的《评法国文学史》《华尔孚佛琴尼亚》《英国现代散文作家——赫胥里爱尔铎司》《评欧洲近代文艺思潮》《评赵景深编著的文学概论》《法国南部的蔚蓝海岸》《评文学入门》等讨论研究西方文学的论文。

梁实秋在国立青岛大学时开始翻译莎士比亚全集，并将“莎士比亚”引入大学课堂。20 世纪上半叶梁实秋成为撰写莎学评论最多的学者之一。在梁实秋影响下，费鉴照于 20 世纪 30 年代访问莎士比亚故乡期间，对于莎士比亚的译本也进行过关注，据称其在“莎士比亚纪念图书馆”见到过一本

1842年用清朝满洲文翻译的莎剧《麦克白茨》。同时，费鉴照于1934年在《文艺月刊》第六卷第四期上发表了《济慈与莎士比亚》一文，之后重返武汉大学任教时也曾专门开设"莎士比亚"的相关课程。

1932年，国立青岛大学爆发了学生罢课运动，作为文学院院长，闻一多成为被攻击的对象之一。同年夏天，闻一多和费鉴照一起离开了国立青岛大学。1937年费鉴照重返武汉大学，任外文系教授。吴鲁芹在《武大旧人旧事》中回忆：费鉴照的专长是"浪漫诗人"。在利物浦的论文是济慈。他平时穿着相当马虎，唯有开始教济慈的一段时间，总是衣冠楚楚，讲完济慈就恢复旧观。他有肺病，我想他有时是以济慈自况的。说不定他在恋爱上也有过痛苦的经验，提到济慈的女朋友樊妮·布朗，不止一次双眉紧，严词呵责，好像济慈就是樊妮害死的。后来听说他终于死于肺病，不过不是夭折，比济慈多活了一二十年。[①]

1945年2月9日，费鉴照因肺病去世。

① 参见吴鲁芹：《瞎三话四集》，上海书店出版社2009年版，第132页。

黄淬伯与杨筠如执教国立青岛大学

著名的音韵学家黄淬伯和著名历史学家杨筠如同为清华大学研究院首届学生，师从王国维、梁启超、赵元任等先生。研究院毕业后，二人曾同在广州中央研究院历史语言研究所任职，后应杨振声邀请执教于国立青岛大学（山东大学前身）文学院。虽然在青岛任职时间不长，但他们为国立青岛大学的创办和发展做出了积极贡献。

黄淬伯与杨筠如在清华研究院

清华大学国学研究院于1924年底开始筹建，1925年8月1日，研究院结束各项筹备任务，正式宣告成立。其宗旨是研究高深学问，造就专门人才。因经费问题，第一年先设国学一科，学制一年。国学研究院荟萃了一批享有盛名的专家学者，其中有王国维、梁启超、赵元任、陈寅恪4位导师，他们指导的学科范围：王国维指导经学、小学、上古史、中国文学；梁启超指导诸子、中国佛学史、宋元明学术史、清代学术史、中国文学；赵元任指导现代方言学、中国音韵学、普通语言学。陈寅恪指导年历学、古代碑志与外族有关系者研究、摩尼教经典回译文之研究、佛教经典各种文字译本之比较研究、蒙古满洲书籍及碑志与历史有关系者之研究。①

1925年7月27日，清华大学研究院录取的首届新生，正取30名，备取2名，研究院学生一览②摘录如下：

---

① 据《研究院各教授指导之学科范围》整理，原《清华周刊》第351期，1925年9月18日。

② 参见《清华周刊》1925年第24卷第1期。

清华大学研究院首届新生一览表

姓名	年岁	籍贯	前所学校	著作
刘盼遂	廿八	河南息县	山西大学	百鹤楼文稿
吴其昌	廿二	浙江海宁	江苏国学专修馆	朱子著述考、各书样张、乱文、杂词
程憬	廿三	安徽绩溪	南开大学、北京大学	
徐中舒	廿八	安徽怀宁		
余永梁	廿一	四川忠县	东南大学	三百篇文学上之研究、读淮南、天文训篇札记、荫士堂诗抄
杨鸿烈	廿二	云南普宁	北京师大	史地新论
王庸	廿六	江苏无锡	南京高师	
关文瑛	廿一	奉天沈阳		
镏纪泽	廿四	江苏盐城	东南大学	文字学
周传儒	廿四	四川江安	北京师大	南美洲一瞥、世界史
杨筠如	廿二	湖南常德	东南大学	伊川先生研究稿本
孔德	廿七	浙江平阳	东南大学	唐元次山先生年谱、读方言补疏证
方壮猷	廿四	湖南湘潭	湖南私立群治大学	
蒋传官	廿三	湖南衡阳	南方大学	
王镜第		浙江开化	东南大学	
余戴海	廿四	河南淇县	河南汲县初级师范	
高亨①		吉林双阳		
斐学海	廿七	直隶		
李绳熙	廿三	河南临县		

① 高亨，以第16名成绩录取，毕业论文为《韩非子集解补正》，深得导师王国维赞许。他离校时还曾得梁启超手赠一联："读书最要识家法，往事不须同路人。"他在清华研究院确立了他终生"遵循朴学方法，以文学音韵训诂为工具，来研读先秦诸子的遗著，从而抒录个人的心得"的治学道路。第二届学生中有陆侃如，他是1926年北京大学毕业后转入清华大学国学研究院的，专攻中国古典文学，导师王国维。其后陆侃如、高亨均长期在山东大学执教，成为著名的文学史家。

续表

姓名	年岁	籍贯	前所学校	著作
杜钢	廿四	四川广安	国立成都高等师范	文字溯原考异稿本、中庸伪书考稿本
闻惕	廿四	湖北浠水	两湖师范	
史椿龄	三十	直隶盐山	直隶省立高等师范	山右名人传记
赵邦彦		浙江诸暨	北京通才商业专门	
陈拔	三五	减速海门		
王竞	廿八	湖南长沙		
冯德清	廿六	河南信阳	湖北师大	
李鸿樾	三十	湖南浏阳	湖南省立第一师范	
姚名达	廿五	江西兴国	南方大学	
黄淬伯	廿六	江苏南通		黄淬伯诗文存章
谢星明	廿六	四川梓潼	北京大学	
罗伦			清华学校	
王国忠			清华学校	
杨世恩			清华学校	

清华研究院的学习规定学生一定要有自己的研究主题，而且一年须缴一篇论文，经导师审核即允许毕业。如愿意继续研究者仍可留院，每研究一年毕业一次，研究年数并无限制。

国立清华大学研究院第一届毕业生摄影

黄淬伯(1899～1970)，江苏南通人，字涧松，著名的音韵学家。他清华学校毕业后，申请入研究院继续研究学习。杨筠如(1903～1946)，湖南常德人，字德昭，著名的历史学家。1918 年考入湖南省立第二中学，1922 年入南京东南大学，专习国学，于诸子哲学多有论述。1925 年 8 月，黄淬伯与杨筠如同入清华大学国学研究院，成为首届学生，均师从王国维、梁启超、赵元任等先生，成为一时新秀翘楚，其后都在各自学术领域卓有成就。

在国学研究院，黄淬伯与杨筠如等学生共同沐浴了王国维、梁启超、赵元任精深学养的滋润。黄淬伯研究说文会意字，两汉经学史。他的毕业论文《慧琳一切经音反切声类考》，该文研究唐代西安之声韵。他博观约取，科别其条，文笔甚佳，王国维亲批一“甲”字。

在此期间，王国维亲书陶渊明诗赠黄淬伯：

> 弱龄寄事外，委怀在琴书。被褐欣自得，屡空常晏如。时来苟冥会，宛辔憩通衢。投策命晨装，暂与园田疏。眇眇孤舟逝，绵绵归思纡。我行岂不遥，登陟千里余。目倦川途异，心念山泽居。
>
> 款识：淬伯仁弟雅属，观堂王国维。
>
> 钤印：静安(白) 王国维(朱白)。
>
> 签条：王静庵墨迹，淬伯。钤印：黄(白)。①

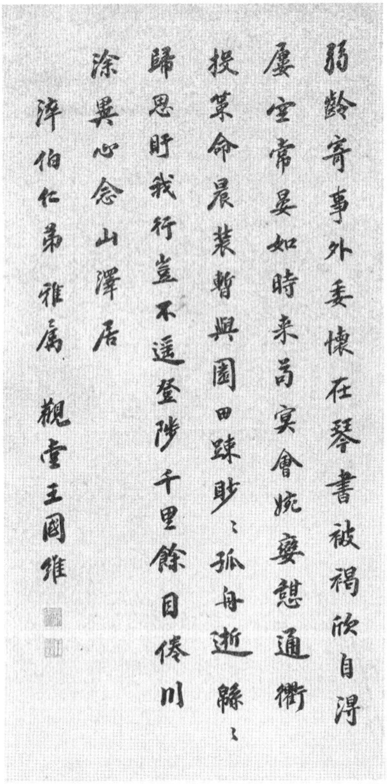

王国维(1877～1927)为黄淬伯书陶渊明诗

黄淬伯直到晚年每提到恩师，还必称“观堂师”“任公师”，足见师恩如父。

杨筠如在国学研究院兼得王国维、梁启超治学之精髓，在上古史、汉魏制度、诸子思想等领域也有专深。毕业论文《尚书核诂》四卷，颇获王、梁好评，以优异成绩名列“甲一”榜首，并获奖学金 100 元。1926 年 6 月 25 日，杨筠如与黄淬伯等 29 名学生顺利毕业。1927 年 5 月，王国维亲为《尚书核诂》

① 《雪堂雅集：罗振玉、王国维的学术世界》，华东师范大学出版社 2018 年版，第 86 页。

作序道："门人常德杨筠如近作《尚书核诂》，博采诸家，文约义尽，亦时出现，不愧作者。"杨筠如是王国维门生中唯一得导师赐序者。

黄淬伯国学研究院毕业后，在江苏南通中学任教。后于1927年在中央研究院历史语言研究所任助理员，继续其《一切经音义之反切》及音韵学研究。中央研究院历史语言研究所于1927年开始筹办，次年1月成立，为著名史学家傅斯年、顾颉刚等人创办。1926年9月，经梁启超推荐，杨筠如任职厦门集美学校国学专门部，讲授中国史学及国文。1927年3月任厦门大学国文教员。1928年任职于广州中央研究院历史语言研究所。1929年5月，杨筠如主编《国立中山大学语言历史学研究所周刊》，并在周刊上面发表了《春秋时代男女之风纪》《三老考》和《姜姓的民族和姜太公的故事》等文。

黄淬伯与杨筠如在研究所共事期间，多有来往，并结识了傅斯年、顾颉刚、李济、丁山等人。顾颉刚在日记中，记载了他们的交往情况。1928年10月11日。"黄淬伯来，同到绍孟、筠如处，同到东方酒楼吃饭。"[①]11月6日，杨筠如与黄淬伯、余永梁、朱芳圃等国学院同学宴请顾颉刚、李济、傅斯年。1929年9月，杨筠如离开史语所，赴上海任暨南大学历史系教授。

黄淬伯、杨筠如执教国立青岛大学

1929年10月，国立青岛大学筹委会推荐杜光埙为驻青筹备委员，监理修缮青岛校舍及购备图书仪器并设文理两科补习班，分别补习国文、外文、数理等重要科目。据王先进回忆："我到济南考入国立青岛大学补习班。臧克家考第一，我考第二，冉朝德考第三，以后还有许星园。我们四人同居第二校舍一个房间里。"[②]"在我的这些同学中，臧克家文采出众又刻苦用功，在青岛大学补习班时，黄淬伯先生拿着他的作文本告诉我哪是他的文章的优点。"[③]

黄淬伯是如何任职国立青岛大学的呢？1929年8月，黄淬伯致信傅斯年请改史语所编辑员，因研究所大改组织，未获通过。傅斯年便引荐其赴国立青岛大学执教。傅斯年在致黄淬伯的信中写道："其时适青岛大学筹备，

---

① 《顾颉刚日记》卷二，中华书局2011年版，第212页。

② 王先进：《古稀之年忆母校》，樊丽明、刘培平主编：《我心目中的山东大学》，山东大学出版社2005年版，第21页。

③ 王先进：《古稀之年忆母校》，樊丽明、刘培平主编：《我心目中的山东大学》，山东大学出版社2005年版，第24页。

曾询弟有无可以胜任之人，弟一时想及先生可任音韵，故举其名……青岛大学待遇月可百六十元，下学期或但办高中或预科，明年则办大学。青岛、济南皆是胜地。”[①]8月29日傅斯年致黄淬伯：“至于青大聘书，已托其即寄上海矣。”[②]同年10月，黄淬伯经傅斯年引荐，任职于国立青岛大学，初为补习班学生讲授国文。10月16日天津《大公报》载《青岛大学近讯》：“业经受聘之工学院院长（现暂办教务主任事）周钟岐，如国文教授黄淬伯，已先后来青，至其他各科教授，如国文教授罗膺中，英文教授刘奇峰，数学教授张鸿基，不久亦将来青云。”

1930年4月，国民政府任命杨振声为校长，9月20日，举行开学典礼，国立青岛大学正式成立。学校初设文、理、教育三个学院，分为中国文学系、外国文学系、数学系、物理系、化学系、生物学系、教育行政系和乡村教育系八个系。闻一多任文学院院长兼中文系主任，教授有梁实秋、赵畸、杜光埙、谭葆慎，讲师有黄淬伯、王士璠等。1931年8月，杨筠如经闻一多引荐，任国立青岛大学中文系讲师。据1931年9月7日《国立青岛大学周刊》记载：

> 本校本学年续聘及新聘之各院系教授讲师助教等，除尚有数人应聘书未曾寄来。业由校去电催促外，均已陆续到校。兹觅得名单一纸，刊登如左：
>
> 教授兼教务长赵畸。教授兼中国文学系主任及文学院院长闻一多……国文系讲师游国恩、黄淬伯、方令孺、沈从文、王士璠。历史讲师杨筠如，英文讲师费鉴照。

1931年《国立青岛大学一览》记载了文学院黄淬伯与杨筠如的履历：

姓名	别号	籍贯	履历	职务	到校年月
杨筠如	德昭	湖南常德	曾任厦门大学史学系讲师，国立中山大学预科教授，国立暨南大学历史系教授	讲师	十九年三月（1930年9月）
黄淬伯		江苏南通	北平清华研究院毕业，国立中央研究院历史语言研究所研究中国音韵学	讲师	十八年十月（1929年10月）

① 王汎森、潘光哲、吴政上主编：《傅斯年遗札》（第一卷），社会科学文献出版社2015年版，第164页。

② 王汎森、潘光哲、吴政上主编：《傅斯年遗札》（第一卷），社会科学文献出版社2015年版，第167页。

黄淬伯是国立青岛大学中文系唯一的语言学教员，他是山东大学语言学学科的开拓者。1932 年夏，黄淬伯离开青岛大学，后闻宥、丁山、姜叔明先后到此执教，他们共同为山东大学 20 世纪 30 年代语言学学科的发展奠定了坚实的基础。到了 20 世纪 50 年代，以殷孟伦、殷焕先、蒋维崧为代表的学者共同延续了山东大学语言学学科的辉煌。黄淬伯在国立青岛大学讲授音韵学和文字学课程。据 1931 年《国立青岛大学一览》所载，其课程主要内容如下：

> 音韵学：本学程内容分三部分：（一）发音之练习，（二）主要韵书组织之研究，（三）古韵分布之究。讲授者自编讲义。
>
> 文字学：本学程取古器物刻文，与徐氏说文 540 部首，参合研究之，意在使学者认识我国文字之构成与其演变之迹。讲授者自编讲义。

杨筠如是国立青岛大学中文系唯一的历史教员，他是山东大学历史学科的开拓者。当时国立青岛大学还没有历史系，但是他首当其冲开讲历史学课程。1949 年 8 月，山东大学历史系成立。到了 20 世纪 50 年代，山东大学历史系以“八马同槽”为代表，共创了山东大学的史学辉煌。杨筠如在国立青岛大学讲授中国通史和中国文化史课程。据 1931 年《国立青岛大学一览》所载，其课程主要内容如下：

> 中国通史：本学程以时代之先后，叙述我国历代政治经济之变迁，典章制度之兴废，文化之升降，民族之分合，以及国际纠纷，地理沿革等，挈其纲领，辨其因果，培养学生研究国史之兴趣，暂分两年讲授，前半起于史前，截止南北朝，后半起自隋而终于现代。

王先进曾在《我校的优良传统》一文中回忆当时国立青大的教学情况：“国立青岛大学的老师和学生都很用功，如文学院院长兼中国文学系主任闻一多教授，教我们中国名著选读……每当夜晚十一时左右，从他门前经过，他室内的灯总是亮着的，这说明他非常用功。像游国恩先生，黄淬伯先生，杨筠如先生都非常用功，我就不一一说了。”①杨筠如在青岛期间，还出版了《荀子研究》《九品中正考》等著作。

1931 年 5 月，顾颉刚做客国立青岛大学，黄淬伯与顾颉刚曾同为中央研究院历史语言研究所共事，有同事之谊，他全程陪同，交往甚密。5 月 19 日，

---

① 王先进：《我校的优良传统》，山东大学校刊编辑室：《山东大学建校五十五周年特刊(1926～1981)》，1981 年，第 33～34 页。

顾颉刚应校长杨振声邀请做客国立青岛大学，住在第八校舍，与闻一多、黄际遇比邻。当晚杨振声在顺兴楼宴请顾颉刚，黄淬伯与黄际遇、闻一多、梁实秋、赵太侔、王昆玉、方令孺、刘康甫、邓仲存、陈季超作陪。5 月 21 日，晚上 7 点半，顾颉刚在青岛大学演讲《黄河流域访古见闻》，《国立青岛大学周刊》(1931 年 5 月 25 日)记载了演讲情况：

> 本校特请顾颉刚先生演讲《黄河流域访古见闻》。顾颉刚先生为吾国上古史及民俗学专家，平素著作宏富，海内知名。此次在黄河流域访查古迹风俗，见闻所及，尤多心得。抵青之日，经本校校长约请在青公开演讲一次，以飨青埠各界热心学术者之望。当蒙顾先生允许，遂定于本月二十一日晚七时半在本校大礼堂举行。是晚各界前来听讲者极为踊跃。顾先生娓娓而谈，听者忘倦，直至晚九时始行散会，极一时之盛云。

他介绍了一个多月来在黄河流域访古考察的经历，历时 1 小时 20 分钟。

在青期间，顾颉刚在黄淬伯等中文系教师和图书馆人员的陪同下，游览崂山，“看太清宫所藏万历本《道藏》”，在华严庵参观“康熙《藏经》及明刻书”。5 月 27 日，顾颉刚离开青岛，黄际遇为他送行。

1932 年春季，国立青岛大学因“学分淘汰制”引发了学潮。这次学潮影响很大，南京国民政府教育部下令国立青岛大学易名国立山东大学，闻一多辞去教职，这时黄淬伯、杨筠如相继离开了国立青岛大学。

黄淬伯所著《慧琳一切经音义反切考》封面

离开青岛后，黄淬伯在南京政治大学任教。抗战期间，先后任重庆中央大学中文系教授、四川白沙女子师范大学中文系主任。抗战胜利后，曾任上海大夏大学文学院院长、江苏学院中文系主任等职。中华人民共和国成立后，先后任华东革命大学教员，南京军事学院文华教授。1952 年起黄淬伯任南京大学中文系教授。他擅书法篆刻，1960 年与胡小石在南京创设“江苏省书法印章研究会”，主要著述有《诗经覈诂》《慧琳一切经音义反切考》《唐代关中方言音系》等。

杨筠如于1933年任教于湖南大学，不久赴任开封省立河南大学历史系。抗战爆发后，杨筠如回到湖南，任常德县立中学校长。抗战期间，闻一多途经湖南常德时，曾再次与时任常德县立中学校长杨筠如谋面，并得其帮助。1938年2月26日，闻一多自常德县立中学寄给父亲的信说：“同人寓县立中学，校长杨筠如君系男在青岛时同事，故到此颇蒙款待。”[①]1940年，杨筠如重返湖南大学执教，其著作有《尚书核诂》《荀子研究》《九品中正考》《九品中正与六朝门阀》等。

黄淬伯与杨筠如虽然在国立青岛大学任职不长，但是他们在青岛留下了弥足珍贵的印记，他们分别是山东大学语言学科、历史学科的开拓者，为山东大学的初创和发展做出了积极贡献。

① 闻一多著，史庆书编：《民国最美情书　我不敢让灵魂缺着供养》，北京理工大学出版社2018年版，第155页。

文理学院院长黄际遇

黄际遇(1885～1945),字任初,号畴庵,广东省澄海县人,著名的数学家、教育家。1902年留学日本,就读东京高等师范学校,攻读数学,为日本著名数学家林鹤一高徒。1906年毕业回国,任天津高等工学堂教授。1910年参加京试,中格致科举人。1914年以后任武昌师范大学教授。1921年,黄际遇受教育部特派,赴欧美考察教育,并留学美国芝加哥大学,他用两年的时间完成三四年的学业,并获得硕士学位,其澄海寓邸门上有横匾大书"硕士第"。归国后曾在武昌高等师范学校、河南中州大学任教。1928年任河南中山大学校长,后任河南省教育厅厅长。1930～1932年任国立青岛大学理学院院长兼数学系主任,1932～1936年任国立山东大学文理学院院长兼数学系主任。1936年返粤,执教中山大学。他的译著有《几何学》《续初等代数学》《高等微积分》《群底下之微积分方程式》以及《近代代数》等,主要论著有《论一》《定积分一定理》《Gederman函数之研究》等。黄际遇发明的"一定积分定理"蜚声中外,为我国近代数学的发展做出了重大贡献。

1930年夏,黄际遇应杨振声邀请来到青岛,任国立青岛大学理学院院长兼数学系主任。9月21日,国立青岛大学举行开学礼那天,闻一多和梁实秋初识了黄际遇。据梁实秋回忆:"他笑容可掬地迎面走来,年约五十来岁,紫檀脸,膀大腰圆,穿的是布长衫,黑皂鞋,风神潇散……先生字任初,因为他比我大十几岁,我始终称他为任初先生……初见面,他给我的印象很深,尤其是他的布长衫有一特色,左胸前缝有细长的口袋,内插一根钢笔一根铅笔。据他说,取其方便。"[①]黄际遇说的是一口广州官话,调门很高。他性格爽朗,而且诙谐,所以很快

黄际遇

① 梁实秋:《雅舍杂文》,上海人民出版社1993年版,第90页。

就和梁实秋熟识了起来。

黄际遇先生被称为山东大学数学学科的奠基人。国立青岛大学初创时期，数学系只有黄际遇一人，他第一学年包揽了微积分、代数解析、立体解析几何、数学演习全系的所有数学课程，因此数学系也被戏称为“一人系”。为了加强数学系师资建设，黄际遇逐年加聘，直至1935年数学系有教授、副教授7人，讲师5人，助教1人。随着教师和年级的增加，开设课程逐年增加，到1936年国立山东大学数学系已能开出50多门专业课，其中必修课15门、分组必修课22门、选修课13门。

1932年5月，杨振声因学校经费和学潮问题辞职离校，理学院院长黄际遇代理校务。据《益世报》(1932年5月16日)所载《青大校长杨振声辞黄际遇代》：

> 青岛大学校长杨振声辞意坚决，杨本人现已到平，特电教部，请暂任该校理学院长黄际遇代理校务，并电青大校务会，对于校务，照常进行，兹将两电原文录左，南京教育部段次长勋鉴，职校校务，暂请理学院长前中州大学校长黄际遇先生代校，谨闻，弟声叩。青岛大学校务会转诸先生鉴，蒸电敬悉。弟辞非得已，中央经费不能解决，青大根本不固，发展艰期，校长问题次之，谅教育部日内必有切实办法，望诸兄偏劳维持，一切照常进行，并告学生镇静，校务请任初兄代拆代行，教务请季超兄代，已由弟电部声明，弟振声叩。

1932年8月，国立青岛大学更名为国立山东大学后，文学院与理学院合并为文理学院，下辖中国文学系、外国文学系、数学系、物理学系、化学系和生物系六个系，黄际遇任文理学院的院长，兼任数学系主任。

早在国立青岛大学建校之初，校长杨振声坚持把文理打通，他感慨道：“大家常把文学院与理学院看为截然不同，大概把科学放在理学院，非科学放在文学院，是错误的。”文、理两学院没有绝对界限，相辅而行。“文、理两学院不但不能此疆彼界，而严格地说起来，更是相得益彰。文学院的学问、方法上是得力于自然科学；理学院的学问、表现上也得力于文学美术。文学院中的人，思想上越接近科学越好；理学院中的人，做人上也越接近文学越好。”

蔡元培对国立山东大学文、理学院合并办学的特色给予了高度赞赏。他说：

> 山大还有几点特色，是其他各大学少有的，现在提出来说说。第一文学院与理学院合并为文理学院——因为文理不能划的界限太清楚了，譬如有许多科目，过去都划到文科里，现在却都归为理科了；如果文理两院合并，自然可以使文科的学生不致忽略了理科的东西，理科的学生也不致忽略了文科的课程，所以山大合并来办是非常好的。第二是理工两学院都在一处来办！我们知道工与理的关系，是非常密切的，工就是理的应用，理就是工的基础，两个东西是不应分开的，现在山大将两院在一处来办，自然很经济而且很容易得到好的成绩的。①

黄际遇先生以数学立身，兼治文史，曾言文科与哲学密切相关，而哲学则以自然科学为基础，故文理必须交叉，倘若文理老死不相往来，则科学发展与人才培育无望矣！黄际遇是理学界的泰斗，但他博学通才，对文学、历史、诗文、书法、象棋等尤为精通，有极高的天赋。留学日本期间他拜章太炎为师学习古汉语，又与陈寅恪、黄侃甚为默契，故也致力于说文音韵研究，且卓有成就。黄际遇的书法在当时就很出名，行、草、楷、隶、篆五体皆精，楷书有颜鲁公、钱南园笔意，篆书则多受清人影响，行草书意境开阔，书卷气浓郁，当时慕名求其书法者甚多。

身为文理学院院长，黄际遇先生既讲数理课也上文学课。他口才极好，教数学，能把枯燥的公式原理讲得生动活泼，学生不但听不厌，还觉有趣；讲授古典文学，更能旁征博引，妙趣横生。

在国立山东大学期间，黄际遇先生与杨振声、闻一多、梁实秋等人意气相投，教学之余时常在一起饮酒作乐，“酒中八仙”的逸闻就此流传开来。黄际遇独住在山东大学第八宿舍楼上。他的长子黄家器，在山东大学数学系就读，住在学生宿舍。1931 年秋，闻一多也搬到了学校的第八宿舍，也就是今“一多楼”，在这里住了一年的时间。闻一多住于南面一间房子，面积约 20 平方米。

黄际遇在第八宿舍住了近六年，在此完成《万年山中日记》27 册、《不其山馆日记》4 册、《潮州八声误读表说》和《班书字说》等著作，《畴盦坐稳》亦发端于此。

闻一多和黄际遇来青岛，都没有带家眷，梁实秋经常前往“第八宿舍”，看望闻一多、黄际遇两位好友。在梁实秋的记忆中，闻一多的房间到处是

① 《本校举行四周年纪念及始业式》，《国立山东大学周刊》1934 年 9 月 24 日。

书，没有一处地方没有书的——凳子上、桌子上、椅子上，客人根本就没有坐的地方。看望完闻一多后，梁实秋便与他一起去看望黄际遇，一道品茶聊天。黄际遇在喝茶上，总是很考究。梁实秋的回忆文章写道："我们享用的起码是'大红袍''水仙'之类。"黄际遇对吃也很讲究，在梁实秋的文章中，黄际遇雇有潮汕厨师一名，烹调甚精。有一次，黄际遇约闻一多和梁实秋前去小酌，有两个菜给梁实秋的印象甚深，一是白水汆大虾，一是清炖牛鞭。

"酒中八仙"之中，黄际遇年龄最大，他性豪饮，有朋饮宴之间，他豪气大发，谈笑风生，尤其是略有酒意之后。梁实秋先生《酒中八仙》记云："任初每日必饮，宴会时拇战兴致最豪，嗓音尖锐而常出怪声，狂态可掬。"黄际遇先生曾经集《世说新语》句而成一联语"无事痛饮酒，不才熟读骚"，后又进一步修改为"但使常得痛饮酒，不必须才熟读骚"。同事朋友们知道其有此雅兴，一有佳酿，也必携以相赠，同饮酬唱。

黄际遇在《万年山日记》中对饮宴的事，亦不吝笔墨，记录甚详，常有"午饮微醺""酒阑人散月明中"之类的"涉酒"语。如：

> 1932 年 11 月 23 日
>
> 晚宴与实秋、涤之、康甫、更生、咏声、王君同席，皆健于饮者。藏钩传令，不觉纵饮。更生同至书室弈二局，余亦因之罢读，漫游醉睡之乡。（卷二 第 32 页）
>
> 1932 年 12 月 17 日
>
> 晚赴太侔、之椿家。晏七时余，偕王竹邨赶消寒第三会于公记楼，少侯、咏声、涤之、保衡、实秋、贻诚、康甫在焉。转战大胜，然已不胜酒力矣。同往宏成发棋竹倾谈。子初归，颓然而卧。（卷二 第 126 页）
>
> 1933 年 6 月 3 日
>
> 晚实秋招饮厚德福，鲥鱼烙鸭特佳，既醉且饱。偕金甫、太侔往邓仲纯处，摩石如山人大隶。（卷二 第 338 页）
>
> 1933 年 12 月 16 日
>
> 作记未毕，涤之翩然而至，招为星期六夜饮。乃急柬太侔、实秋、涤非、智斋、保衡趋厚德福，太侔少饮，余子胥巨觥相对，顷刻尽酒十五斤，为涮羊肉而来，及其来也则颓然偃卧者过半焉。坐者酒徒鱼贯眠，思之失关诸客醉，甚至需人乃克登舆，乐诚乐哉，然伤于酒者甚矣。（卷三 第 185 页）

1934年7月7日

方午饭，毅伯来速往应实秋厚德福之饮，为肖鸿祖饯也。咏声、涤之、之恭同坐，所进陈酒特醇，均为贪杯，开怀痛饮。（卷三 第397页）

1934年7月24日

夜金甫、承佑、实秋、少侯、仲纯、康甫、毅伯、君复以次莅止，善基、奋可、述旦同席，行酒传花，萧院中盛举也。（卷三 第422～423页）①

每次宴饮之后，黄际遇必带他们造访自己的潮州富商老乡。这位富商老乡就是樟林的蚁兴记老板，他的商号开在青岛闹市区。蚁兴记老板知道黄际遇是带他的教授朋友前来品潮州功夫茶的，每次都盛情款待。梁实秋回忆道："主人热诚招待，有娈婉小童伺候茶水兼代烧烟。先是以功夫茶飨客，红泥小火炉，炭火煮水沸，浇灌茶具，以小盅奉茶，三巡始罢。然后主人肃客登榻，一灯如豆，有兴趣者可以短笛无腔信口吹，亦可突突突突有板有眼。俄而酒意已消，乃称谢而去。"

黄际遇勤写日记，日以蝇头小楷记述其研讨学问之心得，诸凡数理文学、文字语言、棋艺评论，各项见解，杂然并陈，或记述交游，学者文士往来之行踪，写景、抒情以及酬唱之辞，时呈笔端。饶宗颐在《黄际遇教授传》一文中写道：

> 平居效李莼客排日为日记，举凡科学、文学理论、畴算演证，与所作骈散文章，及与人来往书札、联语、棋谱，靡不笔之于篇。小楷端书间，杂以英、德、日诸国文字。月得一册。其在青岛所记者，曰《万年山中日记》，曰《不其山馆日记》。广州所记者，曰《因树山馆日记》。在临武所记者，曰《山林之牢日记》。积数十年。其民二十年以前所记，惜于飞鲸轮古雷山遇难时全漂之于海，今所存共五十四册，蔡子民先生谓："任初日记，苟付梨枣，非延多种专门学者，难与校对。"其精深博大，于兹可见。②

黄际遇的《万年山中日记》和《不其山馆日记》，是他执教山东大学时写下的，不仅记录大学里的科研、教学、生活情况，而且也为20世纪30年代青岛的文化学术活动留下了翔实的记录。日记统用"青岛华昌大印"连史纸16

---

① 以上引文出自《黄际遇日记》，汕头大学出版社2014年版，具体页码见文中所注。

② 陈训先：《博学鸿才真奇士，高风亮节一完人——记现代著名学者黄际遇教授》，《岭南文史》2010年第2期。

开乌丝栏笺毛笔书写，单面折页，每面10行，行楷兼用，斐然可观。黄际遇也是著名的书法家，原学颜鲁公，后兼学百家，楷、行、草、篆、隶并工，从日记也可见出他高妙的书法造诣。

黄际遇著《黄际遇日记》

《万年山中日记》，后称《不其山馆日记》。国立山东大学校址是20世纪德国侵占青岛时的驻军地，称“俾斯麦兵营”，第一次世界大战后，日本取代德国侵占了青岛亦在此地驻军，称为“万年山兵营”。由此，兵营内的小山被称为“万年山”。然国立山东大学的学者们对此名称来历均感不爽，黄际遇亦不想再以万年山作为日记的名字，与梁实秋等学者探讨后，决定以青岛东面的崂山不其山（如今的铁骑山）为名，将第八校舍称为“不其山馆”，并从1935年7月15日起，日记就以《不其山馆日记》命名。

梁实秋在第八宿舍曾看过黄际遇的日记，梁实秋晚年在《记黄际遇先生》一文中回忆道：“任初先生有写日记的习惯，写在十行纸的本子上，永远是用毛笔写，有时行书，有时工楷，写得整整齐齐，密密麻麻，据云写了数十年未曾间断。他的日记摊在桌上，不避人窥视，我偶然亦曾披览一二页，深佩其细腻而有恒。他喜治小学，对于字的形体构造特别留意，故书写之间常用古体。他的日记里更常见的是象棋谱，他对于此道寝馈甚久，与人对弈常能不用棋盘，即用棋盘弈后亦能默记全部之着数，故每有得意之局辄逐步笔之于日记。他曾遍访国内名家，棋艺之高可以想见。”①

① 梁实秋：《雅舍杂文》，文化艺术出版社1998年版，第91页。

因军阀韩复榘故意大量削减山东大学的办学经费，1936 年 2 月，黄际遇决然南归，回到广州任职中山大学。黄际遇一生颠簸，经历辛亥革命、民国动荡、抗日战争，抗战时期尤为艰苦，曾避居香港、滇南、粤北等地。1945 年 8 月抗战胜利，黄际遇欣喜若狂，在与疏散教职员工准备返广州中山大学前夕专门在粤北连县为女儿女婿举办婚礼。是年 10 月，他雇用一大木船前往清远，途中于船舷解手，失足坠水丧生，终年 61 岁。

梁实秋晚年在《记黄际遇先生》中写道："先生博学多才，毕生劳瘁，未阨于敌骑肆虐之时，乃殒于结伴回乡之际，噫！"

记张怡荪先生

张怡荪(1893～1983),原名张煦,四川蓬安人。中国语言学家。1915年毕业于四川省高等学堂,旋考入国立北京大学国文门。1920年毕业留校任教,后入研究所国学门读研究生。从1921年到1932年,先后执政北京大学、民国大学、北京女子师范大学和清华大学。1932年8月至1936年8月任国立山东大学中国文学系教授、主任和校务委员,开设了文学史、古代汉语、音韵学、先秦文等诸多课程。臧克家、庄孝德、刘萃杰、徐中玉、张震泽等皆是他在山东大学任教时培养的学生。

1932年夏,国民政府教育部根据行政院命令,将国立青岛大学易名为国立山东大学。此时闻一多离开山东大学,回到母校清华大学任中文系教授。9月30日,赵太侔被正式任命为国立山东大学校长。经校务委员会决议,文学院和理学院合并为文理学院,由黄际遇任院长。赵太侔遂邀请同为北京大学校友的张怡荪接替闻一多担任中国文学系主任。

张怡荪

张怡荪任职初期,正值山东大学发展史上的特殊时期,他努力承担起巩固和发展中文系的重任,与同时到校的姜忠奎教授,及丁山、游国恩、闻宥、洪深、老舍等教授一起,成为山东大学中文系教学科研的骨干力量。

文、理两院合并,是国立山东大学的一大特色。文理学院以理为主,并以中文、外文两学系辅助全校其他学系的中、外文教学。这一做法曾得到教育部的大力赞许:“事属新创,用意尚佳。”此前在闻一多任系主任期间,中文系除共同必修课程外,规定本系学生的必修课程为14门,计72学分;另开设选修课程18门。张怡荪上任伊始,在此基础上积极完善、构建中国文学系课程体系。1935年,中文系规定学生本系的必修课程为15门(包括"文字学""名著选读""中国文学史""中国通史""音韵学""诗""目录学""汉魏六朝文""先秦文""词""小说""文学批评""唐宋以降文""戏曲""毕业论文指导"),计82学分;选修课程25门。至此,中文系课程体系基本定型。

在中文系,姜忠奎讲授"文字学""诗学概论",丁山讲授"中国通史""尚书""古器物学",闻宥讲授"语音学",老舍讲授"小说做法""欧洲文学概论",游国恩讲授"中国文学史""先秦文""楚辞"等,萧涤非讲授"乐府诗研究""新文学",彭啸咸讲授"戏曲概论""中国文学史",张怡荪则开设了"中国文学史""古代汉语""楚辞""音韵学""先秦诸子"等课程。

张怡荪中国文学功底深厚,思维活跃,又富有幽默感,讲课很受学生欢迎。中文系1930级学生臧克家曾在《悲愤满怀苦吟诗》中写道:"他很精炼,也颇活跃。讲曹操的时候,能把《三国志》关于这位英雄、诗人的传略背得出来,今天还清楚地记得他用爽朗声调背诵:'沛国谯人也……'"①

1934级学生徐中玉曾深情回忆:

> 我是1934年暑后考进山东大学中文系的,去后才听说系主任是张煦教授……两年之中我听过怡荪师两门课,"专书选读"中他讲的是《庄子》。听课之前,对我来说,庄子的思想和文章几乎未接触过,开头他虽作了些概括的介绍,我实在仍摸不着多少头脑。接下去他就讲《逍遥游》,以至《养生主》等篇。他要我们参看《庄子》的集解,集释等古人著作,然后再同他所讲的作比较来思考。讲时他逐句疏通,每段结束后概述大意,全篇讲完后又综述要旨。概述、综述中他往往指出各家所见的异同,参以他自己的新见。他谈得很熟,记得极清楚,口讲手划,流利生动,始终能使我们感觉学习有味。清人刘熙载曾说庄子的文章,思想特点都在一个"飞"字,既富想象,又多变化,语多出人意料,却又着实吸引人。怡荪师讲"庄子"这门课,至今想来,他正可说抓到了"飞"的特点,讲到某些精彩的地方,他眉飞色舞,充满了感情,已深入"角色"。这不是演员般的深入角色,而是学者对他们所讲之学的深有体会和对教学

① 《臧克家全集》第6卷,时代文艺出版社2002年版,第416页。

工作的热忱，这热忱表现在尽量把所讲所学之人的思想和艺术特点，通过他的教学直接给我们以感染，这种境界很难达到，一旦达到了便可使我们有心领神会，举一反三之益。[①]

张怡荪对字书《玉篇》也颇有研究，曾撰写《玉篇原帙卷数部第叙说》，发表在《国立山东大学文史丛刊》1934 年 5 月第一期上。他还著有《西藏之教育及考试制度》[②]等文。1934 年 12 月 31 日，张怡荪为全校师生作了“中华民族之伟大性”的学术讲演。他首先对中华民族悠久之历史，面积之广大，人口之众多，以及文化在世界上之地位，作一概说。次单提出语言一项论述，将汉语与日语、藏语等语言相比较，证明亚洲方面除印度外，其他语言无一不受中华民族语言之影响。虽字形各有不同，而其字音，多由汉语演变得来。广征博引，颇多阐发，并举实例说明。[③] 除此之外，张怡荪 1935 年还指导了 1932 级赵殿诰、王学易、韩世远等 11 名同学的毕业论文。

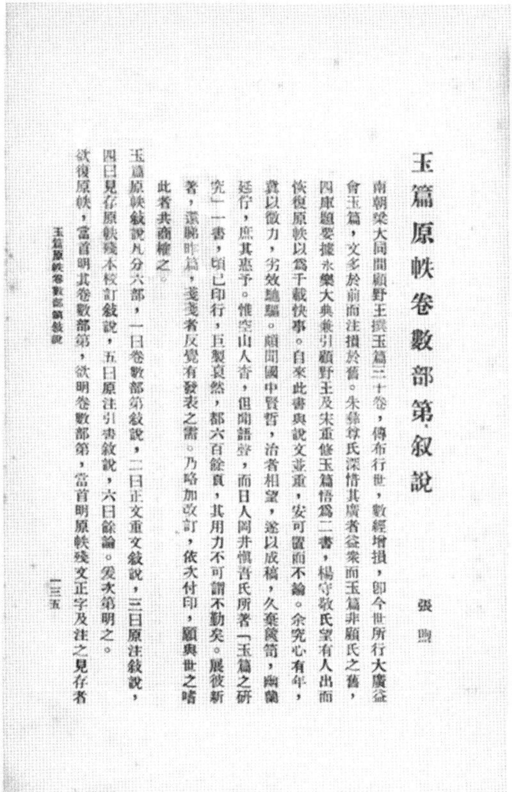
玉篇原帙卷數部第敘說

張煦

南朝梁大同間顧野王撰玉篇三十卷，傳布行世，數經增損，即今世所行大廣益會玉篇，文多於前而注損於舊。朱彝尊氏深惜其廣者益衆而玉篇非顧氏之舊，四庫題要援永樂大典兼引顧野王及宋重修玉篇悟爲二書，楊守敬氏望有人出而恢復原帙以爲千載快事。自來此書與說文並重，安可置而不論。余究心有年，費以微力，劣效蛩驉。顧聞國中賢哲，治者相望，遂以成稿，久棄篋笥，幽蘭延佇，庶其惠予。惟空山人杳，但聞語聲，而日人岡井愼吾氏所著「玉篇之研究」一書，頃已印行，巨製裒然，都六百餘頁，其用力不可謂不勤矣。展彼新著，還瞻昨篇，戔戔者反覺有發表之需。乃略加改訂，依次付印，願與世之嗜此者共商榷之。

玉篇原帙敘說凡分六部，一曰卷數部第敘說，二曰正文重文敘說，三曰原注敘說，四曰見存原帙殘本校訂敘說，五曰原注引書敘說，六曰餘論。爰次第明之。

欲復原帙，當首明其卷數部第，欲明卷數部第，當首明原帙殘文正字及注之見存者

玉篇原帙卷數部第敘說　一三五

张煦（怡荪）刊发在《山东大学文史丛刊》的《玉篇原帙卷数部第叙说》一文

张怡荪还积极支持学生组织的“国文学会”。1935 年 9 月，山东大学以

① 徐中玉：《回忆张怡荪师》，樊丽明、刘培平主编：《我心目中的山东大学》，山东大学出版社 2005 年版，第 286～287 页。

② 该文刊载于《新亚细亚》1934 年第 8 卷第 6 期。

③ 参见张怡荪：《中华民族之伟大性》，《国立山东大学周刊》1935 年 1 月 7 日。

中国文学系学生为主成立国文学会。选举徐中玉、陶绍武、朱钻高等9人为理事,张怡荪在成立会上作《东游漫谈》报告。

在教学中,张怡荪特别注重基本功的训练。1933年9月27日,张怡荪“招中文系同人茶话会,议决大学诸生习文均用文言,并定曾选《经史百家杂抄》为一年级课本,《论语》及《史记论文》(康熙武进人吴见思评本)为诸生自课本”①。据徐中玉回忆:“中文系同学在中学里读古书不多,为培养读古书的能力,一年级时被指定课外通读《论语》与《史记》两书,一定要上交自己重新标点过的这两本书,并写出简要的读后感。”②学生们自行购置砚台、笔墨,以朱笔勾点这两部书。不少学生用了一年的工夫,就把这两部书,及《集解》《索引》和《正义》三家注释全部点完。学生们在断句过程中,自然会遇到不少难题,这就需要对文章的词汇、语法及上下文意,反复琢磨、玩味、吟诵、辨析,而且边点边改,要吃很多苦头,但也确实长了不少本领。通过这种基本功训练,不仅提高了学生们阅读古书的能力,也培养了他们阅读古书的兴趣。张怡荪提出的这种培养、提高学生阅读古书能力与兴趣的传统方法,今天仍然值得我们借鉴学习。

文人与酒,一向渊源深厚,在20世纪30年代的青岛也不例外。当时,大学教授名士范儿十足,诗酒风流。1932年杨振声、闻一多、方令孺先后离校,随后赵太侔、黄际遇、邓仲纯、老舍、洪深、赵少侯、萧涤非、台静农等人形成了新的饮酒圈子。张怡荪与姜忠奎、游国恩、老舍等人的友情深厚,尤其是与文理学院院长黄际遇交往密切,二人经常书斋纵论、海边漫步、游览名胜、煮酒论文,在青岛度过了一段难忘的时光。黄际遇在日记中记载了与张怡荪等同人的交往情况:

> 1932年9月23日
>
> 晡访文科教授张煦怡荪于福山路校舍。(卷一 第252页)
>
> 1932年10月5日
>
> 晚张怡荪、姜叔明过谈。怡荪云:“佛家文章超逻辑,即Logic,孔子

---

① 《黄际遇日记》卷二,汕头大学出版社2014年版,第425页。

② 徐中玉等:《我的大学时代献给一亿大中学生》,福建教育出版社2010年版,第9页。

文章不违逻辑，孟荀文章则时时反逻辑。”因予举不为也非不能也，以是折枝之类也，为喻文章特妙而推论不合范畴之事为言。张君乃有足论。予又历举其为人也，教弟下不云而好犯上者未之有矣，而曰而好犯上者鲜矣。又如，不曰巧言令色不仁，而曰巧言令色鲜矣。仁，真无从攻其不合，至如仁者必有勇，勇者不必有仁，更为吻合，求也退，故进之，由也兼人，故退之，以及取瑟而歌之类，此是教亦多术矣之意。惟答宰我三年之丧一章，直以子生三年，然后免于父母之怀，反诘予也有三年之爱于其父母乎，声色俱厉，不暇鸣鼓而攻，是《论语》文字中锋芒最露处。于理虽无必然根据，于情则莫能视为不然。怡荪之言益信也。（卷一 第298页）

1932年10月11日

晚应曾省之招饮顺兴楼……终饭局无解臣谈柄，杯箸酒烟而已。九时抵寓，不安于室，仍鼓踏月之兴，往叩怡荪、叔明，清谈移晷，心竟豁然。（卷一 第330页）

1932年10月13日

见怡荪口述上声浊音之字。俗多误读，系由不明反切，不知切语上字为清浊之分，以致阳上多误读阴上，只要读错切母（二十二字），由是滋生何止数百。怡荪极以为然。（卷一 第337页）

1932年11月13日

访姜叔明求题墨像赞，不晤。与张怡荪畅谈，读其近作《匹字义由拔得声说》一首，略谓古昔各事皆生于农，拔禾离地之声也，唇音别字亦然，匹从八得声，故并因声得义。不愧经生家言。（卷一 第513页）

1932年11月19日

曛后往厚德福消寒会，到者少侯、涤之、咏声、肖鸿、保衡、贻诚、叔明、怡荪并余共九人。（卷二 第9页）

1933年2月25日

早授微分几何学。晚偕少侯、肖鸿往莱芜路与叔明、怡荪、泽丞、闻在宥为诗谜之会，肴核满床，饱食而归，冷露寒霜，倍增萧瑟。（卷二 第150页）

1933年3月24日

晚泽丞招往诗会，怡荪、叔明、肖鸿共席，丰肴俱设，三更始归。（卷二 第186页）

1933年4月27日

晚诣叔明、怡荪谈论明、清学者致力之方，油然有兴起之思。（卷二 第223页）

1933年4月28日

傍晚叔明、怡荪来谈。饭后又访泽丞一谈。（卷二 第224页）

1933年5月3日

夜访泽丞，偕叔明、怡荪商榷入劳山事。（卷二 第237页）

1933年5月5日

国庆纪念日，星期五休假，晴丽，夜月尤佳。晨饱餐腊肠蒸饭，粗携罐头、麦酒、旅具之属，呼校车驱迎游泽丞、姜叔明、张怡荪、张王夫人登劳山。（卷二 第241～242页）

1933年5月7日

晚泽丞来阅游记，旋偕访怡荪、叔明，蹋月归来，空寒如洗。（卷二 第245页）

1933年5月12日

晚醺未醒，步访叔明、怡荪，清谈移晷。（卷二 第260页）

1933年5月15日

舟人馈上海鲥鱼，即柬泽丞、叔明、怡荪烹而食之，饭后久谈。（卷二 第278页）

1933年5月22日

有馈鲥鱼者，将劳先生之笔也。招太侔、实秋、毅伯、邓仲纯大嚼，鱼重过六斤，皆曰鱼之时者也。涤之、怡荪不约而至，欢呼震屋瓦，久矣无此乐矣。（卷二 第305页）

1933年5月30日

键门步行千余步，过太侔同应怡荪之招，饮于厚德福，款金甫也。同坐皆文学院同人，肴馔尚可口。（卷二 第326页）

1933年6月18日

夜约杨金甫、吴之椿、赵太侔、梁实秋、赵涤之、杜毅伯、赵少侯、张怡荪、汤腾汉、曾省之、王咏声来寓便酌尽欢，夜分始散，主人亦倦不可支，南方乡厨，甚合宾意。（卷二 第368页）

1933年7月2日

晚偕叔明、怡荪往海岸赏新月，谈至夜深。（卷二 第386页）

1933年7月3日

竟日监考，傍晚始归，倦甚。晚怡荪来谈，甚赏诸联，且与泽丞为推敲数字。此益者三友也。（卷二 第387页）

1933年7月27日

是日部署阅评试卷事（济南试卷到）。约罗苇田、张怡荪、游泽丞、姜叔明、冯芝生阅国文及中国历史地理。（卷二 第408页）

1933年9月27日

晚怡荪、泽丞、丁山、彭君过谈……怡荪招国文学系同人茗会，议决大学诸生习文均用文言，并定曾选《经史百家杂抄》为一年级课本，《论语》及《史记论文》（康熙武进人吴见思评本）为诸生自课本。一年课取此亦挽近一转向也，曾选本经《扫叶山房》注解，殊便蒙诵，而凡例有云删去不合潮流者若干篇，为之喷饭，既曰经史百家，则何所谓潮流，既曰潮流则皆须束之高阁，海上书贾可杀也。（卷二 第425～426页）

1933年9月28日

夜怡荪夫妇来访，酉终告归，送行数步，山空人静，月出皎兮。（卷二 第426页）

1933年10月4日

夜丁丁山招张、姜、傅、彭诸同人饮厚德福，藏钩传盏，不负明时。（卷二 第430页）

1933年10月7日

夜赴国文学系会，以迎新大会为题，口占八比文破题，承及开讲示诸生。会终太侔、丁山、泽丞、怡荪、彭啸咸、贺华予、萧涤非皆来书斋纵谈，夜分方散，送客望月，仍不豁朗而已，缺然不满，闲阶竚立，怅然久

之，入室读《橘中秘》让左马诸局，虽多迁就之作，尚多启人法门。（卷二 第437页）

1933年10月30日

晚酌后偕涤非访怡荪谈文归来，月色满襟，山光拂袖，岂不怀归，畏彼简书。（卷二 第500页）

1933年11月28日

怡荪代订定《说文诂林正续》八十几册，贾七十七金一角五分。字林鸿宝畴盦有之。（卷三 第100页）

1933年12月18日

腾汉来，怡荪来商文史丛刊事。（卷三 第186页）

1934年6月22日

怡荪、叔明馈陈酒一罂，为予五十览揆也，赋使一金。（卷三 第373页）

1934年9月11日

午怡荪偕舒舍予来，泽丞来，啸咸来，不期而会，相见亦无事，重与细论文。舍予前尝在历城典试同评阅国学试卷。昳茂祥来剧谈至亥尽。（卷三 第526页）

1935年6月16日

午啸咸偕赴怡荪之召，会于厚德福，不肴而饮，有口皆瘖，日月駪征，冠剑非昔，为可惜耳。（卷四 第560页）

1935年6月17日

起稍迟，怡荪来同往参毕业式，授学士学位，循例训词，勉勗诸生为人归于道义而已。（卷四 第561页）

1935年12月15日

张怡荪来，怀东亚文化会景印唐人写本《玉篇》第九卷相眎，长可逾四十尺。据云原三十卷，今存者四卷，可藉以证许文之次第也。然六书之学，五代已衰，唐犹承其敝耳。（卷五 第201页）

1936年1月1日

敲门呼粥，与怡荪共食取暖，颇论海内操笔成文者。拂晓集大学诸生于庭，肃行高升。（卷五 第267页）

1936年1月5日

晚饭于泽丞寓庐。明朝有课事，数问夜如何，先偕文玉、怡荪踏月傍山而行，两君并入山馆，为阅定近作，怡荪为推敲一二字，殊感益友厚意。（卷五 第274页）

1936年1月23日

晡已允同舍人群饮之约，有诺必践，小聚亦佳，同是天涯沦落人，每逢佳节倍相亲。彭、贺、翟三君杀鸡储酿，相与为欢，饮此盛情，解我乡梦。又赴怡荪晚宴，徘徊蹊径，不得其门，士以夜往，本非礼也。主妇躬操，盘肴满席，昨夕食羊肉停胃为之戒箸匕，觥筹交错，入坐有胡文玉、李、罗夫妇及二女生，亦以健谈胜酗饮也，馔彻继以杂博樗蒲，皆非醉翁之意，藉此点缀年事耳。二鼓后穿峡而归，箫鼓声喧，爆竹并响，山鸣谷应，送此残年。（卷五 第341页）

1936年2月4日

夜怡荪来，坐有彭祖对影庸止三人，门无孟公入刺，何须惊坐，山馆一坐，不觉夜分。斜温文篇，交丑未甘抛去。怡荪阅予《直妇行》之作，激赏结句。又谓五十许人作诗犹旖旎尔许。若谓风情老无分，夕阳不合照桃花，聊答宾戏耳。（卷五 第370页）[1]

值得一提的是，1934年8月29日至11月10日，66岁的蔡元培在青岛小住两个多月，作为学生的张怡荪多次前去拜访。8月30日，蔡氏抵青的第二天，张怡荪和张紫雏即前去其寓所拜望，此“皆北大旧生而在山东大学任教职员者也”。张怡荪汇报了自己研究藏文、藏学的进展情况。他告诉蔡元培，“自英文及日文各译藏文辞典一部，尚未印”，此后几次往来中，藏学问题成为他们谈话的重要内容。9月1日晚，“赵太侔、俞珊夫妇招饮于顺兴楼，座有元任夫妇、邓仲纯、丁山、怡荪夫妇、梅宅等”；10月4日午，“律师于世琦招饮顺兴楼，座有道充、太侔及姜忠奎等”；同日，“北大旅青同学招饮中山路青岛咖啡，先摄影，公推太侔致辞，我答之。座间有人提议组织同学会，推赵、张（怡荪）、狄杨、王五君为筹备员”，也许这是北京大学青岛校友会的源

① 以上引文出自《黄际遇日记》，汕头大学出版社2014年版，具体页码见文中所注。

头。1935年9月至10月23日，蔡元培最后一次来青岛。10月23日九时，蔡元培一家乘盛京船返沪。张怡荪夫妇等到码头送行。

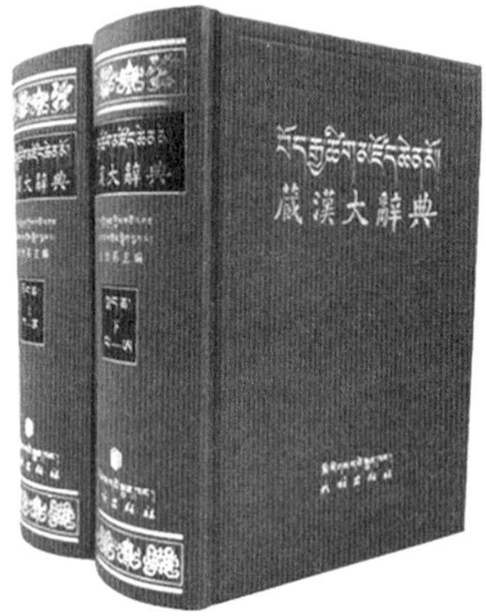

张怡荪先生主编的

《藏汉大辞典》

1936年，山东大学学生的抗日救亡运动不断高涨，赵太侔校长因此屡次遭受教育部指责，地方政府减少划拨办学经费。在政治和经济双重压力之下，赵太侔校长渐感“力不从心”，于1936年3月13日主持召开了最后一次山东大学校务委员会会议。根据赵太侔的提议，校委会推举张怡荪、陈之霖、张逸樵三人为校务委员会常务委员，临时代行校长之职，主持校务。6月27日，教育部准赵太侔辞职，校务由校务委员会常务委员代理。

不久，张怡荪辞去国立山东大学教职，中文系主任先后由施畸、郝昺衡担任。张怡荪回到北京，组织成立西陲文化院，任院长。1939年，他编成《汉藏译名大辞汇》。1941年接受了《西康通志》的总撰任务。1945年完成《西康通志》编写任务，还编写了国内第一本《西康省分县地图集》，完成了《藏汉大辞典资料本》。中华人民共和国成立后，任四川大学教授兼文科研究所所长，继续主编《藏汉大辞典》。后调中国科学院四川分院、四川民族研究所。1985年《藏汉大辞典》由民族出版社正式出版发行。

教导有方的游国恩教授

游国恩先生，字泽丞，江西省临川县人，著名楚辞研究专家、文学史家。1931～1936年在山东大学文学院先后任讲师、教授。游国恩与闻一多、梁实秋、张怡荪、老舍、沈从文等先生共襄盛举，为山东大学中文系的发展做出了积极贡献。

游国恩1926年毕业于北京大学中国文学系。1929年应闻一多邀请执教武汉大学，任国文系讲师，讲授中国文学史。1930年8月起，闻一多执教国立青岛大学，任文学院院长兼中文系主任。1931年7月，应闻一多邀请，游国恩加盟国立青岛大学，任中文系讲师。据1931年9月7日《国立青岛大学周刊》记载：

游国恩北京大学毕业照

> 本校本学年续聘及新聘之各院系教授讲师助教等，除尚有数人应聘书未曾寄来。业由校去电催促外，均已陆续到校。兹觅得名单一纸，刊登如左（下）：
>
> 教授兼教务长赵畸。教授兼中国文学系主任及文学院院长闻一多……国文系讲师游国恩、黄淬伯、方令孺、沈从文、王士瑨。历史讲师杨筠如……

1932年夏，国立青岛大学易名国立山东大学，游国恩留任，后升至教授。在山东大学执教五年，他讲授的主要课程有中国文学史、中国小说史、经学史、先秦文、楚辞、唐宋以降文、古代文艺故事等。

游国恩在国立山东大学，以治楚辞闻名。臧克家是国立山东大学中文系的学生，他对游国恩教授印象深刻。“游国恩先生教楚辞，备课严格，教学认真,教材上写得密密麻麻,上课时举在眼前,用尽全力高声地讲着,精神令人感动。"[1]"30 年代初,我是国立青岛大学中文系的学生,游先生教我们楚辞。他是著名的楚辞专家,毫无教授架子,对学生非常和善。他教课非常认真,谆谆善诱,我的毕业论文《井田考》就是在游先生的指导下完成的。"[2]除臧克家之外,他还指导了 1931 级丁需祥的毕业论文,论文题目是《天问故史证》。

游国恩

授课之余,游国恩专心于《楚辞》的研究,《楚辞注疏长编》始作于国立青岛大学时期。游国恩之所以热爱屈原和屈原的作品,不仅是因为屈原在文学创作上有着伟大的成就,更重要的是屈原和他的作品所反映出的高尚情操和浓郁的爱国主义精神。而当时正值日寇对华侵略,华北局势危急,国立青岛大学学生爱国运动此起彼伏,游国恩深为国家和民族的命运担忧,急欲借讲授《楚辞》激发人们的爱国热忱。他在"序言"中写道:"屈子之文,最易激发人情……国难深矣,世人倘亦有读屈子之文而兴起者乎,则庶乎三闾之孤愤为不虚,而区区之志亦可与忠义之士相见于天下矣。"

《楚辞注疏长编》编撰工作从 1932 年开始一直持续到晚年,可以说凝聚了游国恩毕生的心血和智慧。在山东大学期间,游国恩已编就《离骚》《天问》各 1 卷,共 30 余万言,其中辑录了东汉王逸以下的大量旧注,分条排列,未加表明自己观点的按语,油印成册,作为讲义,发给学生参考,希望日后再加以补充修订。

游国恩文学史著作《先秦文学》和《中国文学史讲义》就是在山东大学期间授课的讲义。《先秦文学》是 1934 年应商务印书馆之约撰写的专书,曾收

---

① 臧克家:《悲愤满怀苦吟诗》,赵明顺、刘培平主编:《战士·学者·诗人—— 臧克家先生百年诞辰纪念文集》,山东大学出版社 2005 年版,第 458 页。

② 臧克家:《致游国恩先生百年诞辰学术研讨会》,赵明顺、刘培平主编:《战士·学者·诗人—— 臧克家先生百年诞辰纪念文集》,山东大学出版社 2005 年版,第 542 页。

入“万有文库”和“百科小丛书”。全书包括专论9篇,细目凡22,均为对古今聚讼问题之定实。除《屈赋考源》作于国立武汉大学时期外,其余8篇均为在国立山东大学时所作。其中《离骚“后辛菹醢”解》曾发表于山东大学《文史丛刊》第1期,《论九歌山川之神》曾载于1936年《国闻周报》第13卷第16期。《中国文学史讲义》是游国恩任教于武汉大学和国立山东大学时撰写的讲义,内容是先秦两汉至南朝宋的文学史。2015年12月,商务印书馆这两部著作合为一册,收入“中华现代学术名著”丛书。

游国恩著《先秦文学 中国文学史讲义》

值得一提的是1934年春天,游国恩在青岛踏青春游,作诗一首《踏青游·春游偶成》,发表在《国闻周报》(1934年第11卷第15期)上。诗全文如下:

踏青游·春游偶成

泽丞

微雨帘栊,饧箫隔墙吹透。是冷节、寻芳时候。采茶停,挑菜罢,陌头垂手。看到处,迎门小桃妆面。花气中人如酒。

画里江南,东风料还依旧。问燕子、新巢定否。过西园,怀往事,银筝红袖。但怅惜,当年治春词好。付与大堤烟柳。

游国恩在校期间还作过两次学术讲演。1935年6月24日,游国恩在国立山东大学大礼堂作学术讲演，题目为《复兴民族的先决问题》，由皮高品秘书长主持。游国恩分析了中华民族历史上的盛衰，讲到当时国势凌迟，民族衰落，到了生死关头。如何来挽救危险万状的民族命运，他提出了定民志、作民气、强民力三个复兴民族的先决问题，继而分别详细讲之。

第二次是在 1935 年 12 月 22 日晚 7 时，游国恩在国文学会上进行学术讲演，题目为《王荆公新法之检讨》。1935 年 10 月 8 日，国立山东大学以中国文学系学生为主成立国文学会。成立会选举徐中玉、陶绍武、朱钻高等 9 人为理事，每两星期请本校教授或校外学者举行学术讲演一次。1936 年国文学会改组，分为新文学、经学、诗词三个分会。新文学分会徐中玉为干事，成员有蔡天心、吴晴、狄克东、唐棣华等人。

游国恩与王荆公（安石）皆为临川人，有乡土之谊，在讲述时备感亲切，井然有条，议论风生。如 1935 年 12 月 30 日《国立山东大学周刊》所载：

> （游国恩）首先泛论政治改革之难，并历举历史上诸先例，远者如春秋时之子产，战国时之商鞅，当其更张伊始，莫不一议甫出，反对四起；近者如戊戌变政，其情形亦复相同。盖所谓难与虑识，可与乐成也。次述荆公所以变法之故，因而推论宋初之国势，及其时一切政制有改革之必要。故在荆公之前，范文正公已有条陈十事之奏，其中若均公出，厚农商，修武备，减徭役诸端，颇有与荆公新法相同之处。盖大政治家眼光远大，见微知著，与流俗不同。次分条讲述新法之内容，而先指出其度支听壁题名记及兼并诗，为荆公对于政治之根本思想，其后各种新法，胥以此为出发点。然后分新法为两部分：青苗，均检，市易，方田，诸法为属于经济者；保甲，保马，则属于军事的；凡其法之原委与用意，及当时实行之情形，均逐一祥加叙说。复次论及新法失败之原因，及后人对于荆公之贬诬，历举宋人伪讬苏洵之辨奸论及京本通俗小说中之拗相公以见一般人之妄加丑诋，实非平情之论。至于新法之可行，在当时除荆公在鄞会试验有效外，如李参，如吴革，如苏轼等，皆以行之得人而获有成效。

游国恩在国立青岛大学期间，住在第八校舍，与他同住第八校舍的还有闻一多和黄际遇。闻一多和游国恩住楼下，两人得以“早晚谈论《楚辞》《诗经》”。同住在第八校舍的还有理学院院长、数学家黄际遇和法文翻译家赵少侯等人。梁实秋曾回忆:“(黄际遇)先生字任初,广东澄海人。他性格爽朗,而且诙谐。先生未携眷,独居第八宿舍楼上。闻一多后来送家眷还乡,也迁入第八宿舍,住楼下。所以这一所单身宿舍是我常去的地方。我经常是到一多室内打个转,然后偕同上楼去看任初先生,喝茶聊天。”可以说,第八校舍是个强大的文化磁场,吸引着杨振声、赵太侔、梁实秋、闻一多、黄际遇、游国恩、张怡荪、闻宥、老舍、萧涤非等人,在此谈道论艺,煮茶下棋,开怀畅饮,留下了许多的传奇故事。黄际遇在《万年山中日记》中,记述了他与游国恩等友人的交往:

1932 年 6 月 10 日

诣闻一多、游泽承宅,助多君伉俪灌园之兴。(卷一 第 4 页)

1932 年 7 月 4 日

晚饭后仍往一多处茗谈,泽承在坐,实秋后至。一多志笃学高,去世绝远。(卷一 第 66 页)

1932 年 7 月 7 日

闻一多、游泽承来谈。(卷一 第 73 页)

1932 年 7 月 17 日

夜微雨中访一多大学路,泽承与焉。(卷一 第 101 页)

1932 年 10 月 11 日

下午泽丞、知斋、毅伯、康甫来谈……晚应曾省之招饮顺兴楼……终饭局无解臣谈柄,杯箸酒烟而已。九时抵寓,不安于室,仍鼓踏月之兴,往叩怡荪、叔明,清谈移晷,心竟豁然。(卷一 第 330 页)

1932 年 12 月 20 日

课后怡荪谈一小时。函留德曾炯约聘数学教授。学生来问惑,以晚务面商毅伯……姜、张、游诸君来舍,索观先妣八十六寿文,将有所赠言也。(卷二 第 129 页)

1933 年 2 月 20 日

未辨色,舟已泊小青岛前。十时返校舍,以南中甘柑分馈毅伯、太侔、之椿、康甫、实秋、怡荪、叔明、泽丞、涤之、成坤夫妇、省之、腾汉、咏

声、贯三、贻城、保衡、素美、智斋、少侯、正坤、沈成章及同舍诸君。(卷二 第145页)

1933年2月25日

早授微分几何学。晚偕少侯、肖鸿往莱芜路与叔明、怡荪、泽丞、闻在宥为诗谜之会,肴核满床,饱食而归,冷露寒霜,倍增萧瑟。(卷二 第150页)

1933年3月28日

泽丞、怡荪、叔明相要送行,诣宏成发相会,藏钩、读画,睥睨倾谈,子刻告终,方各归去。是夜宿宏成发。(卷二 第188页)

1933年3月30日

晨起顿觉舒适,就房舱中设小几,危坐补书二日来日记,后演微分几何学。连夕与怡荪、叔明、泽丞诸友推论学术世变相关之理。予谓凡百学问清人过于明人,而书事总是清人写不过明人。诸友均曰:气节不及之也。汉学家之治学也诚云得法,其立志也亦甚苦,究竟章句之儒难裨国是,观夫有明之亡,上有殉国之君,野遍死节之民。有清中兴,所倚为柢柱者,率多理学之儒,宇内又安,赖以斡旋者亦数十载。今世则何如哉,抚舷击棹,感不绝于予心,辄忆及之,君子于此以觇世变也。(卷二 第188~189页)

1933年5月3日

夜访泽丞偕叔明、怡荪商榷入劳山事。(卷二 第237页)

1933年5月5日

晨饱餐腊肠蒸饭,粗携罐头、麦酒、旅具之属,呼校车驱迎游泽丞、姜叔明、张怡荪、张王夫人登劳山。胶岛初夏,犹是春和景明,我负名山,裹足二载矣(辛未初夏偕闻一多、黄淬伯、方令孺女士等入山一次,三宿而还)。(卷二 第241~242页)

1933年5月7日

晚泽丞来阅游记,旋偕访怡荪、叔明,蹋月归来,空寒如洗。(卷二 第245页)

1933年5月12日

晚醺未醒,步访叔明、怡荪,清谈移晷。(卷二 第260页)

1933年5月15日

舟人馈上海鲥鱼，即柬泽丞、叔明、怡荪烹而食之，饭后久谈。（卷二 第278页）

1933年6月15日

晚少侯、怡荪、叔明、泽丞来。（卷二 第365页）

1933年7月27日

是日部署阅评试卷事（济南试卷到）。约罗莘田、张怡荪、游泽丞、姜叔明、冯芝生阅国文及中国历史地理。（卷二 第408页）

1933年7月28日

午在试场部董各事，诸友闻讯皆有惜别之意，未刻往宏成发。叔明、怡荪、泽丞相约远送，冯芝生、罗莘田亦殷绻同车，话别移时，四时登绥阳轮，六时启碇。（卷二 第409页）

1933年9月27日

夜月初皎。晚怡荪、泽丞、丁山、彭君过谈。（卷二 第425页）

1933年10月7日

夜赴国文学系会，以迎新大会为题，口占八比文破题，承及开讲示诸生。会终太侔、丁山、泽丞、怡荪、彭啸咸、贺华予、萧涤非皆来书斋纵谈，夜分方散，送客望月，仍不豁朗而已，缺然不满，闲阶竚立，怅然久之，入室读《橘中秘》让左马诸局，虽多迁就之作，尚多启人法门。（卷二 第437页）

1933年10月11日

下午泽丞来，太侔来。傍晚偕涤非往叔明久谈，并视怡荪疾。初着薄棉衣。王勃秋日登洪府滕王阁饯别叙，省堂云诸选本只作《滕王阁序》，非也。（卷二 第443页）

1934年9月11日

午怡荪偕舒舍予来，泽丞来，啸咸来，不期而会，相见亦无事，重与细论文。舍予前尝在历城典试同评阅国学试卷。映茂祥来剧谈至亥尽。（卷三 第526页）

1936年1月5日

晚饭于泽丞寓庐。明朝有课事，数问夜如何，先偕文玉、怡荪踏月傍山而行，两君并入山馆，为阅定近作，怡荪为推敲一二字，殊感益友厚意。（卷五274页）[①]

1936年，山东军阀韩复榘为了夺取山东大学，借故停发山东省应拨给学校的经费，加上学运高潮，校长赵太侔愤而离校，向教育部呈请辞职，学校一时无主。同年6月，教育部训令暂由校委会常务委员代理校务。秋季开学后，由山东省府委员林济青来校代理校长。不久，游国恩辞去山东大学教授一职，应聘武昌华中大学中文系教授。由于游国恩在山东大学任教期间，学识渊博，循循善诱，深受学生欢迎。决定宣布后，学生纷纷来到游国恩家中挽留。见他去意已定，学生们送他一个银盾，上刻"教导有方"四字，又集体到火车站送行。

游国恩离开山东大学后，历任华中大学、西南联合大学、北京大学教授。毕生从事教学和学术研究，对中国古代文学，特别是对《楚辞》的研究做出了重大贡献，成为享誉中外著名的楚辞学专家、文学史家。

① 以上引文出自《黄际遇日记》，汕头大学出版社2014年版，具体页码见文中所注。

语言学家闻宥先生

闻宥(1901～1985),字在宥,号野鹤,又号早雁,室名落照堂。中国民族学、语言学、金石学、铜鼓学、考古学家。江苏娄县(今属上海市松江县)泗泾镇人,父亲是清末秀才。闻宥早年参加南社,在沪上写鸳鸯蝴蝶派小说,后来长期致力于语言学、古文字学、考古学的教学和研究。20世纪30年代,闻宥两次执教山东大学中文系,为山东大学语言学和古文字学的初创和发展做出了积极贡献。

闻宥

1913年,闻宥小学毕业后,因家庭困难,到上海申报馆工作,后任《申报自由谈》主编。1915年后,闻宥离家到松江府中学就读,工古文、诗、词,善书法,受到南社诗人姚翁的赏识,此后结识了南社社长柳亚子,并加入了南社,成为社中颇有名气的青年诗人之一。1917年闻宥(野鹤)任职于《民国日报》时,与著名文人钱病鹤共事,时称"双鹤",其间曾与柳亚子公开辩论诗坛。闻宥善诗,其诗作深幽蕴藉,缱绻缠绵,时人称有李商隐风骨。他是鸳鸯蝴蝶派的重要成员,作品有《春莺絮梦录》《雹碎春红记》《野鸠零墨》等,翻译作品有《鬼史》。1920年,闻宥入上海震旦大学(教会学校)文法学院就读,该校用法语教课,先生法文自然精通;课后又自修拉丁文,练就了坚实的外语功底。后入商务印书馆编辑部工作,并在持志大学、民国大学、正风文学院兼课,其间主编小说周刊《礼拜花》和《中国画报》;1929年秋起先后任广州国立中山大学文学院副教授、教授。

1932年秋至1933年夏和1935年秋至1936年冬,闻宥应赵太侔邀请,两次任职国立山东大学中文系教授。他第一次任职山东大学时,正值国立青岛大学因学生运动易名为国立山东大学之际,当时杨振声、闻一多、方令孺等均离开青岛，国民政府任命赵太侔任校长，闻宥同中文系主任张煦及姜忠奎、丁山、游国恩组成了山东大学中文系教学中坚。据《国立青岛大学周刊》(1932年9月12日)记载："本校本学年各学系教授讲师助教等，除有三数人尚在接洽中，大多数均已聘定，并皆国内学术界知名之士……中国文学系教授兼主任张煦，教授丁山、姜叔明、闻宥，讲师游国恩、沈从文。"闻宥初到山东大学时还曾担任学校的校务委员，出席校务会议，为山东大学的建设和发展出谋划策。

1933年秋，闻宥赴北京任燕京大学中文系副教授，兼任北平大学女子文理学院讲师。两年后，于1935年秋重返山东大学。闻宥两次执教山东大学，与张煦、丁山、姜忠奎、老舍、游国恩共襄盛举，为山东大学中文系的发展做出了积极贡献。山东大学中文系1931级学生王昭建曾回忆说："曾选修过游国恩先生的《中国文学史》和《楚辞概论》；张怡荪先生的《汉魏六朝文》；杨筠如先生的《中国文化史》……闻宥先生的《音韵学》；丁山、姜叔明先生的《文字学》和《儒学研究》。还先后听过沈从文先生和舒舍予先生的《小说写作》。他们的学术根底是那么深厚、讲课是那么精炼，确曾使我得到'取法乎上'的教益。"[①]

闻宥在国立山东大学任教期间，开设了"文字学""音韵学""古文字学"等课程。文字学课程"取古器物刻文，与徐氏说文540部首，参合研究之，意在使学者认识我国文字之构成与其演变之迹"[②]。"音韵学"课程"分三部分：(一)发音之练习，(二)主要韵书组织之研究，(三)古韵分布之究。"[③]"古文字学"课程"以金文及甲骨文为基本材料，佐以古籍记载中有关古文字学之材料参验比勘，以窥探我国古文字之梗概，并其间所浮映之初民社会"[④]。

闻宥具有深厚的古典文学功底，讲课旁征博引，贯通古今，有史有论，深入浅出。徐中玉曾回忆说："闻宥先生的语音学，中外汇通，我无意于训诂、

---

① 王昭建：《追思梁实秋和洪深先生》，樊丽明、刘培平主编：《我心目中的山东大学》，山东大学出版社2005年版，第276页。

② 国立山东大学出版课：《国立山东大学一览》，1936年版。

③ 国立山东大学出版课：《国立山东大学一览》，1936年版。

④ 国立山东大学出版课：《国立山东大学一览》，1936年版。

音韵之学，对他的课仍有相当兴趣。”①1931级学生张震泽在国立山东大学师从丁山、闻宥，受文字器物之学启发，开始了古文字学研究，后成为古文字学家和训诂学家，著有《孙膑兵法校理》《诗经新诠》《杨雄集校注》《张衡诗文集校注》《许慎年谱》等。正如他在《张震泽自述》中所说：“古文字学是丁山讲授。他精通甲骨金文，学识渊博，主张通过古文字探讨商周社会。同时开设的课程有姜叔明先生的说文研究，闻宥先生的声韵学和古器物学。我综合诸门，觉得古文字学更有意义。”②

授课之外，闻宥指导了1933级3名毕业生的毕业论文，分别是张希周的《古泉文字编》、庄敬梓的《殷周铜器中图形文字考》及隋延莹的《四家诗异文考》。

1935年10月8日中文系国文学会成立，每两星期请本校教授或校外学者举行学术讲演一次。闻宥、张煦和老舍等人均对中国文学系学生组织的国文学会给予支持，并各作一次学术讲演。10月12日，张煦在大礼堂举行第一次学术讲演，题目为《东游漫谈》。10月26日，闻宥在大礼堂举行第二次学术讲演，题目为《印支语族里几种新材料》。11月8日，老舍在大礼堂举行第三次学术讲演，题目为《一点新经验》。

闻宥在国立山东大学任职期间，发表了《上代象形文字中目文之研究》《甲文文饰初论》《论字喃之组织及其与汉字之关涉》《广西太平府署土州县司译语考》《读爨文丛刻——兼论猓文之起源》《再论倮猓文数字》等论文，其中《古匋文书录叙》一文发表在1936年第1卷第6期国立山东大学学生季刊《励学》上。这一时期，他还创作发表了《鹧鸪天》《蝶恋花》《词二首》等大量诗词，其中有：

词二首

1936年寄自青岛闻宥

惜别情知会合难，征衣微滞晓霜寒，满船风雪幸生还。旅梦渐随衰

---

① 徐中玉：《我大学时代的老师们》，朱大建主编：《上海作家散文百篇》，文汇出版社2002年版，第23页。

② 高增德、丁东编：《世纪学人自述》（第四卷），北京十月文学出版社2000年版，第164页。

草远，隐愁徐起水云间，载将离恨过江关。

一棹随风万里行，苍茫赢得别离轻，人间懊恼是深情。旧恨攒眉蛾翠损，故国到眼海云生，望中烟雾未分明。[1]

1936年夏，山东省政府主席韩复榘为了镇压国立山东大学的爱国学生运动，以停拨协款相威胁，并无理干预学校人事调整，赵太侔愤而辞去校长职务，林济青任代理校长。1936年10月6日，国立山东大学举行校务委员会，闻宥、童第周、史久荣等经选举成为校务会议教授代表。

1936年冬，闻宥离开国立山东大学，后在国立四川大学、国立云南大学、国立西南联合大学、私立华西协和大学、私立华西大学等校任讲师、副教授、教授、系主任等职。1952年秋，全国院系调整后，任四川大学中文系教授；1955年调到北京中央民族学院工作，直至1985年9月逝世。曾主编《中国文化研究所集刊》。著有《民族语中同异字之研究》《四川汉代画像选集》《摩些象形文之初步研究》《古铜鼓图录》等。

① 《朱宝昌选集》，陕西师范大学出版社1994年版，第43页。

洪深与《避暑录话》

洪深(1894～1955),字浅哉,号伯骏,江苏常州人。剧作家、导演艺术家和文艺理论家,中国电影、话剧的开拓者,抗战文艺先锋战士。1934年,由梁实秋先生说项,赵太侔校长力请,俞珊从旁劝说,洪深接受了国立山东大学的聘书。

洪深在山东大学外文系教授的主要课程有“英国文学史”“莎士比亚”“戏剧概论”“特别英文”“戏剧选读”等,他讲课内容丰富,分析透彻、精辟,旁征博引,纵横中外,从不照本宣科、空谈理论,往往结合自身的创作实践,深入浅出,生动明白,深受学生的欢迎。

洪深

1935年7月,老舍、王统照、王亚平、孟超、洪深、赵少侯、王余杞、杜宇、李同愈、吴伯箫、臧克家、刘西蒙等12位文人夏居青岛,以文会友,在《青岛民报》上合办副刊《避暑录话》,此期刊是同人性周刊,于7月14日正式创刊,每周一期。洪深作为山东大学外文系主任不仅参加了《避暑录话》的创办和编辑工作,而且在10期《避暑录话》中发表了9篇署名文章,还撰写了《发刊辞》。

臧克家在《〈避暑录话〉与〈星河〉》一文回忆了《避暑录话》的创刊过程,他回忆道:“1935年暑假,我投进了青岛绿色的怀抱……有一次,王统照、老舍、洪深、赵少侯、吴伯箫、孟超、王亚平、刘西蒙、李同愈、王余杞、杜宇和我聚会的时候,就有人说我们搞个文艺副刊如何?一个倡议,大家赞同,就这样,《避暑录话》因而诞生了。”

《避暑录话》的刊名是洪深起的,其目的就是以“避暑”为名,抒发自己心里话。刊物的发刊辞也是洪深起草的。他在《发刊辞》中这样写道:“同人们相约,在1935年的夏天,在避暑胜地的青岛,说话必须保持着‘避暑’的态度”,但这“避暑不是纳凉,而是避国民党老爷们的炎威”,还写道,“我们要避暑！避暑!! 避暑!!!”表现了他们心中的沉郁与对国民党反动派的不满,含蓄委婉地表明了《避暑录话》同人的办刊宗旨。

除了《发刊辞》外,洪深在10期《避暑录话》中还发表了九篇署名文章,分别在1935年7月14日第1期发表了杂文《“审头刺汤”的研究》,7月21日第2期发表了《“大登殿”与出气主义》、8月11日第5期发表了《从“化子拾金”说起》,8月17日第6期发表了《票友胜于优伶的地方》,在9月1日第8期发表了翻译《读报偶译》,在9月8日第9期发表了独幕话剧剧本《门以内》,还发表了诗词《友人狱中诗》《友人狱中词》两组《“审头刺汤”的研究》一文,文章表面上是对明史中“东西广”“锦衣卫”等典吏制度的考证,实际上则是暗含机锋,讽刺国民党实行的白色恐怖。

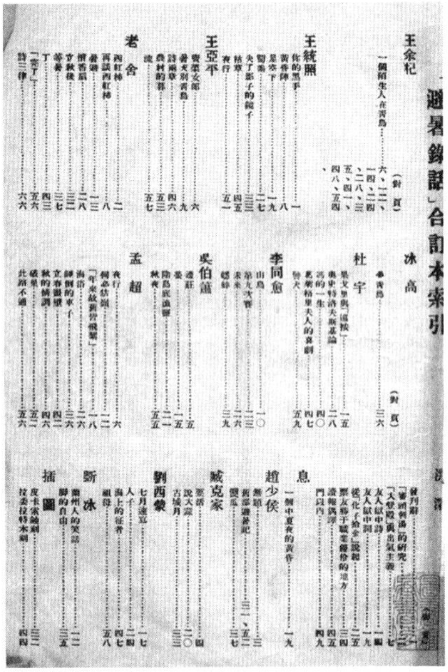
「避暑錄話」合訂本索引

《避暑录话》书影

出版《避暑录话》时,田汉在上海被铺,又移拘南京,通过种种关系,他将在狱中写的诗词交给洪深。洪深不顾白色恐怖,毅然在《避暑录话》上发表了《友人狱中诗》《友人狱中词》两首诗词,并下属“洪深录注”。表达了对逮捕友人田汉的国民党当局的不满。

《避暑录话》其他作者发表的作品。山东大学外文系教授赵少侯作为《避暑录话》的参与者，发表的文章并不多，他在1935年7月14日第1期上发表《无题》；在8月18日第6期上发表《旧都避暑记》；在8月26日第7期上发表《傻瓜》；在9月8日第9期上发表《古都避暑记（续）》等散文。外文系讲师水天同作为《避暑录话》编外作者，以笔名斲冰发表了两篇小品文章《兰州人的笑话》和《脚的自由》。臧克家1934年在国立山东大学毕业后，在临清中学教书。1935年暑假臧克家到青岛小住，与11位文人一道参与了《避暑录话》的创作。他在《避暑录话》发表了诗《古城月》《要活》和散文《说大蒜》。

洪深青岛故居福山路1号

从7月14日创刊号面世，到9月15日终刊，历时两个月，每周一期，共出10期。10期共刊载散文、诗歌、游记、故事、杂文、戏评、翻译、自传性小说等76篇，内容广泛，题材多样，从衣食住行到风土人情，从中国戏曲到外国戏剧都有所涉猎。洪深、赵少侯与文人们相聚一处，彼此心照不宣，他们作为正直的作家、艺术家，在国难当头的历史时刻，满怀忧国忧民的情愫，创作了一批痛恨黑暗、向往和平与自由的优秀作品。《避暑录话》"为了避国民党老爷的炎威""发施文艺者的权威"的办刊追求，引起了文坛的关注。

《避暑录话》现存青岛市图书馆。

（原载《齐鲁晚报》2020年9月10日）

关于老舍先生在国立山大的一则轶事

近日笔者查阅资料时，发现了1935年2月9日刊登在天津《益世报》上的一篇旧文，该文作者正宜以《废年·除夕·青岛·山大一夜狂笑，笑神老舍大显身手》为题，报道了国立山东大学除夕“消寒同乐会”的盛况，揭开了老舍先生与山东大学师生共度除夕的一则轶事。

1935年2月9日天津《益世报》，《废年·除夕·青岛·山大一夜狂笑，笑神老舍大显身手》全文如下：

> 学校虽然放了假，同学们未回家的还在半数以上。当然先生们更是多半不离青岛。于是山大的消寒同乐会便在旧年除夕有声有色地举行了。当时那个热闹劲和师生那份快乐，实在值得我们纪念的。
>
> 那天下午五点多钟吧，同学们早就聚在大礼堂的前面了，饿足了的肚子自动地向着大礼堂里那三十桌酒席使劲儿。而浮面上倒还是彼此打闹着！你若是一不小心便会在你的身后边发生一个巨响“乒！”也许直接在你那皮鞋尖上来一个摔炮“乓！”。正在纷乱不得了的当儿，我们的“笑神”—老舍先生秉着和平使者的心眼儿，指手画脚地从礼堂里钻出来向大家招呼：“来吧，来吧，请到里边坐吧，请里面坐吧。”他两条伸张的手臂，好像准备拥抱爱人儿的样子。向那礼堂的入口一摆一摆的。
>
> “每桌留开一个位子给先生！留一个位子给先生！”“笑神”那幅笑脸儿处处都令人见到了。
>
> 大家还未坐稳，先生已经立在讲台上了：“……今天预备的菜，我保险管够，可是挺不好，不过还热；酒预备得可不多也不好，不过还辣。我希望大家要吃得饱饱的，不要喝得醉醉的！”
>
> 虽是平平的几句。不过因为他那个架子和腔调已令人笑得“有酒喝不下了”。接着我们的“笑神”又——
>
> “我再著补上一个笑话……幸而人家放下了酒杯和筷子，专一听笑

话，不然一定让你把酒喝到鼻腔里去。老舍的笑话罚人罚得真厉害。管你叫你笑出眼泪来。——（因为他的笑话随处都看得见，原文从略。）

老舍走向讲台，到各桌上“招备着”去划拳，忽然他发现了别的桌上比他原来的桌上菜多。他急了，非找“总司令“不可。总司令赵少侯先生于是帮他出气，这样还未免使我们的笑神老舍先生来一个狂吼：“嘿，我们桌上还没有鸡啦！”

“哈……哈……哈……哈……鸡还未上呢，那桌都没有哇！”

“哈哈哈哈……”

“简直不得了，简直不得了。我们桌上的菜也太少呀！”，剧界权威者的洪深先生也要不老实。

“咳，菜还没上齐呢，当然有多有少喔！”总司令赵少侯先生真有点不耐烦了。

“哈哈哈哈……”

“原来如此！。

灯虎挂出来了，老舍先生写了好多如“一四七”（书名）—赶集；“蒙古医生治好病”（写家）—胡愈之；“南非洲的哇哇（写家）”—黑婴；“脸上擦有半面儿”（杂志）—太白；“洪深”（时语）—水灾，还有“老舍”（汉书句）—谁知道是吗？

最后老舍先生表演舞剑，真叫棒，掌声雷动之中，他在台上来上无数大作揖。

“诸位发财发福，多给我扔上几个铜板，谢谢，谢谢，拜年，拜年，发财，发财……”

一时铜板如蝴蝶翻飞，都落在老舍的脚下。我们的笑神还没有停止—还差六十个子儿呀……”

正宜

全文详细描述了 1935 年除夕，国立山东大学师生聚餐共度“消寒同乐会”的情况。1935 年 2 月 3 日，是中华民族传统节日除夕。这一天，国立山东大学在大礼堂摆宴席三十桌，“每桌留个位子给先生”，师生共进晚餐，共话师生友情。山东大学陪留校学生共度春节的传统，可以说始于 20 世纪 30 年代的青岛国立山东大学时期，这种传统一直保持到现在。“当时那个热闹劲和师生那份快乐,实在值得我们纪念的。""学校虽然放了假,同学们未回家的还在半数以上。"正值春节,国立山东大学学子仍留守校园,勤奋攻读,刻苦上进,形成浓郁的学习氛围。

正如老舍在《青岛与山大》一文中写道:"我常说,能在青岛住过一冬的,就有修仙的资格。我们的学生在这里一住就是四冬啊!他们不会在毕业时候都成为神仙——大概也没人这样期望他们——可是他们的静肃态度已经养成了。"①

老舍任教国立
山东大学中文系留影

文中涉及三人,老舍、洪深和赵少侯。众所周知,老舍于1930～1934年执教于济南私立齐鲁大学,那他是如何到青岛任职国立山东大学的呢?老舍在《我怎样写〈骆驼祥子〉》里讲述:

> 在我从国外回到北平的时候,我已经有了去作职业写家的心意;经好友们的谆谆劝告,我才就了齐鲁大学的教职。在齐大辞职后,我跑到上海去,主要的目的是在看看有没有作职业写家的可能。那时候,正是"一·二八"以后,书业不景气,文艺刊物很少,沪上的朋友告诉我不要冒险。于是,我就接了山东大学的聘书。②

1934年9月,老舍应赵太侔邀请来到青岛,任国立山东大学中文系讲师。与老舍一起来的还有著名戏剧家洪深。9月24日《国立山东大学周刊》第85期载《本校新聘教员之介绍》中,有关对老舍和洪深的介绍:

> 本大学本年度所聘之各系教授、讲师、助教名单,均已迭志本刊。除大多数为续聘者外,新聘者共有二十七人,多系国内外知名人士。兹探得新教员履历及其专长,分述如后。中文系讲师舒舍予:舒先生曾在英国伦敦大学教学五年,对于西洋文学,研究极深。回国后在济南齐鲁

① 老舍:《青岛与山大》,《山大年刊》1936年,第2页。

② 老舍:《我怎样写〈骆驼祥子〉》,老舍:《抬头见喜》,中国青年出版社1991年版,第108页。

大学中国文学系担任教授四年，著述甚多，国内各大刊物常见其作品（署名老舍），文字别具风格，极富兴趣，社会人士多爱读之。今来本校就教，中文系同学无不庆幸也。

外文系教授兼代主任洪深：洪先生于一九一六年清华毕业后，即赴美国入渥海渥省立大学，除攻化学与工程外，并喜研究文学。后又在哈佛大学研究院，研究戏剧。对于所学，造诣极深。回国后，历任上海复旦大学英文文学教授，国立暨南大学外国文学系主任及专门文学导师。教学多年，极富经验。今本校外文系得洪先生主持，将来必有进展也。……

老舍任讲师满一年后，于 1935 年暑假被改聘为教授。1936 年暑假，老舍、洪深、赵少侯均辞去国立山东大学教职。

文中所知老舍主持了这场师生除夕宴会，他妙语连珠，逗得师生开怀大笑，被尊称“笑神”。“那天下午五点多钟吧，我们的‘笑神’——老舍先生秉着和平使者的心眼儿，指手画脚地从礼堂里钻出来向大家招呼：‘来吧，来吧，请到里边坐吧，请里面坐吧。’大家还未坐稳，老舍先生已经立在讲台上：‘今天预备的菜，我保险管够，可是挺不好，不过还热；酒预备得可不多也不好，不过还辣。我希望大家要吃得饱饱的，不要喝得醉醉的。’晚宴期间老舍讲笑话，结束后又亲自登台，为大家表演舞剑，赢得了一片掌声。”文中将老舍的幽默描述得淋漓尽致，他就是这样一个快乐的人，总是把笑声和欢乐带给大伙，所以老师和同学们都亲切地称他为“笑神”。

老舍生性幽默，一口京片子，学生们都很喜欢听他讲课。老舍在山东大学开的课程有“小说作法”“文艺批评”“高级作文”和“欧洲文学概论”等。当年曾听过老舍授课的张希周回忆：“老舍先生在中文系教授‘小说作法’‘外国文学史’，实际上这是比较枯燥乏味的课程，可一旦到了他那里就变得生动形象起来。中间遇到有昏昏欲睡的学生，先生会停下来，然后结合课文中的某个人物与事件说几句幽默的话，顿时引来哄堂大笑，迷糊的学生也精神起来，然后先生再继续讲下去。”[①]

文末写道：“最后老舍先生表演舞剑，真叫棒。”老舍爱好中国武术，幼年

① 滕长富：《老舍与山大年刊》，《齐鲁晚报》2016 年 7 月 24 日。

拜师学武，还会舞剑。老舍开始系统学武，则与他的身体状况有关。老舍儿子舒乙曾回忆："1933 年 4 月，老舍忽然后背痛得很厉害，去看大夫，大夫也都没有有效的办法。这使他下定决心加强锻炼，就拜了济南的著名拳家马永奎为师，开始系统习武。他学练了少林拳、太极拳、五行棍、太极棍、粘手等，并购置了刀枪剑戟。"①

老舍居住青岛时，家里十八般兵器一字排开。臧克家在《老舍永在》一文中说："记得老舍住在离大学路不远的金口二路，走完大学路，过了东方市场就到了。小门东向，一进门，小院极幽静，草坪碧绿，一进楼门，右壁上挂满了刀矛棍棒，老舍那时为了锻炼身体，天天练武。"

老舍青岛故居前的雕塑

洪深与老舍同时到国立山东大学执教的。1934 年，由梁实秋说项，赵太侔校长力请，俞珊从旁劝驾，洪深接受了国立山东大学的聘书，任外国文学系主任。本来，洪深只是应聘担任外国文学系教授的。可是由于开学后，原外文系主任梁实秋先生辞职离校，为此，校方决定由洪深"暂行代理"。

洪深在外国文学系开设了"英文""英国文学史""莎士比亚""戏剧概论""特别英文""戏剧选读""古代神话"等课程。拥有留洋经历的洪深学识渊博，中英文造诣都很深厚，熟悉中外文学和话剧，对中国古典戏曲和民间艺

① 张长念、陈兰、薛立强：《老舍武术人生探迹》，《兰台世界》2015 年 9 月 6 日。

术也有精辟的见解。他讲课内容丰富，分析透彻精辟，从不照本宣科、空谈理论，往往结合自身的创作实践，讲得深入浅出、生动明白，深受学生的欢迎。他的学生王昭建曾回忆：深先生在山东大学虽仅两年，但做了不少工作，他打破了学生只知埋头读书的死沉气氛，开展了校内、校外的戏剧演出，不仅活跃了山东大学，而且还活跃了整个青岛。他创办了“山大剧社”并对进步的“海鸥剧社”作了大力指导，使中共地下党通过剧社发挥了宣传作用。①

赵少侯是老舍的朋友，二人相识于1934年秋，彼此结下了终生的友谊。两人都是满族人，共同执教于国立山东大学文学院，为彼此府上常客。赵少侯1930年8月到国立青岛大学任职，是学校成立后第一批受聘的教师，时年35岁，月薪是300元；来校之前，赵少侯曾任国立北平大学教师、中法大学教授兼文预科主任、国立劳动大学教授。在国立山东大学因抗战爆发南迁停办之时离校。

赵少侯是法文教授，为学校开设的课程就是“第二外国语——法文”。他曾留学法国，有很深的法语造诣，所开设的法文课程很受欢迎，包括老舍也跟着他埋首苦读，和许多学生同班上课，而且还要按时交作业。据老舍的学生章棣在《忆老舍在山大》一文中回忆：“舒先生求知欲很强。有一次赵少侯先生上法语课，我们发觉他也在旁听。后来他向别人说‘学然后知不足，教然后知困。我要扎扎实实跟赵先生学法文，以便得到更多的知识。’他的这种好学精神，让我们对他更加尊敬。”②

赵少侯任本次师生宴会的总司令，他与老舍、洪深的谈话纯朴诙谐，能在酒桌上推杯换盏，可见他们的友情淳厚。在宴会上，除了鸡鸭鱼肉外，还有的是酒，他们喝酒是要划拳的，高声喧叫，酣畅淋漓，其间还猜先生们自己创作的灯谜，好不热闹！

文人与酒，一向渊源深厚。20世纪30年代，国立青岛大学有一著名的文人饮酒圈子，闻一多名曰“酒中八仙”。他们三日一小饮，五日一大宴，有时还呼朋引伴结伙远征，自谓“酒压胶济一带，拳打南北二京”。

---

① 参见王昭建：《追思梁实秋和洪深先生》，山东省政协文史资料委员会编：《悠悠岁月桃李情》，中国文史出版社1991年版，第107页。

② 章棣：《忆老舍在山大》，山东大学校史编写组编：《山东大学校史资料》第一期，1981年10月。

1934年秋，洪深、老舍、叶石荪先后应赵太侔邀请到国立山东大学任教。邓仲纯又同赵太侔、老舍、赵少侯、洪深、台静农、叶石荪、萧涤非等文学教授形成了新的饮酒圈子，这就是所谓的“后酒中八仙”。

老舍人品好，酒品更佳，大家喜欢和他一起喝酒。黄际遇在《万年山中日记》中记载了邓仲纯和赵太侔、老舍、洪深一起畅饮之事。“1934年10月5日。少侯约同柬招太侔夫妇、洪浅哉、唐凤图、李仲珩、舒舍予、水天同、毅伯、达吾、仲纯诸友七日晚饮于寓庐。夜浴。”[①]初来山东大学的老舍第一次与同仁聚饮便结下了不解之缘。

老舍酒量好，在青岛从来没醉过。章棣在《忆老舍在山大》一文中回忆：“记得有一次中文系师生举行聚餐晚会，许多人都想把先生酒醉，采用了车轮战术，由小杯到大杯，结果向他敬酒的人大都醉了，舒先生则清醒得很。酒后余兴，他还表演了一段形意拳，唱了一段崐曲《林冲夜奔》。”[②]

1936年夏，赵太侔、赵少侯和老舍等均辞别山东大学，但老舍并没有离开青岛。初秋，台静农加盟山东大学，与邓仲纯、老舍一见如故，饮酒乐甚。台静农在《我与老舍与酒》一文中说：“直到现在，我想到老舍兄时，便会想到苦老酒。有天傍晚，老舍忽然跑来，说有一家新开张的小馆子，卖北平的炖羊肉，于是同石荪仲纯两兄一起走在马路上，我私下欣赏着老舍的皮马褂，确实长得可以，几乎长到皮袍子一大半。”[③]

值得一提的是，1935年夏天老舍与洪深、赵少侯等12位在青岛的文人创办了《青岛民报》副刊《避暑录话》。老舍在《怀友》一文中回忆道：“在青岛，和洪深、孟超、王余杞、臧克家、杜宇、刘西蒙、王统照诸先生常在一处，而且还合编过一个暑期的小刊物。”[④]老舍笔下的小刊物正是《避暑录话》，这个刊物有同人性质。12位文人聚餐时，皆是诗酒风流客，喝得酣畅淋漓，有人提议在《青岛民报》开设一个文艺副刊，为青岛文艺的发展做点事情，结果是一呼百应。

---

① 黄际遇：《黄际遇日记》卷四，汕头大学出版社2014年版，第22页。

② 章棣：《忆老舍在山大》，山东大学校史编写组编：《山东大学校史资料》第一期，1981年10月，第60页。

③ 台静农：《我与老舍与酒》，刘虹选编：《悠悠心会：名家笔下的友情世界》，团结出版社1994年版，第69页。

④ 老舍：《怀友》，《抗战文艺》1939年第4卷第1期，周年纪念特刊。

老舍海浴图(黄嘉音作)

《避暑录话》号称酒桌上凑成的刊物。该刊出刊之前，12 位文人聚餐一次，一面碰杯，一面畅谈，一面凑稿子。臧克家曾回忆说："青岛有个颇有点名望的餐馆，名叫'厚德福'，据说梁实秋先生就是它的股东之一，我们在这儿聚过餐。文友中，赵少侯先生酒量最大，家中酒罐子一个又一个。老舍先生也能喝几杯，他酒量不大，但划起拳来却感情充沛，声如洪钟。"①

老舍在山东大学常三、五好友相约小酌，喝得高兴了，老舍还唱几段京剧。老舍是一个京剧的戏迷，在青岛参加了票房。他习老旦，学的是龚云甫。王统照曾回忆："每次在小酒馆与老舍喝酒，他三杯下肚，必然要唱上一段。"②每次聚会，洪深往往唱一段老生，老舍则来一段老旦，一来一往，颇有戏味。

《避暑录话》于 7 月 14 日正式创刊，每周一期。从 7 月 14 日创刊号面世，到 9 月 15 日终刊，历时两月，每周一期，共出 10 期，刊文 76 篇。这份刊物虽然时间不长，却凝聚了老舍、洪深、赵少侯等文人的苦心经营。

这篇文章虽然透露了老舍在国立山东大学的一件琐事，但是通过这场宴会，让我们了解了老舍、洪深、赵少侯等先生在山东大学生活的大量细节，既有史料价值，又有文学趣味，可以补充老舍在青岛国立山东大学研究的资料。此文作者"正宜"，应是笔名，笔者推测应是国立山东大学学生，作者之谜留待方家考证。

（原载《文学天地》2020 年 12 月）

① 臧克家：《〈避暑录话〉与〈星河〉》，赵明顺、刘培平编：《战士·学者·诗人——臧克家先生百年诞辰纪念文集》，山东大学出版社 2005 年版，第 441 页。

② 魏世仪、鲁海：《百年海韵》，解放军文艺出版社 2002 年版，第 170 页。

《红与黑》的中译者罗玉君

在国立山东大学时期的罗玉君

罗玉君(1907～1987),原名罗正淑,四川岳池县人。早年就读于县立女子师范学校,1925年考入重庆第二女子师范学校,后毕业于上海大夏大学。1928年赴法国留学,1933年获法国国家文学博士学位。归国后,于1935年10月至1937年7月任职国立山东大学中文系,成为投身青岛早期现代教育的女性代表。在此期间开始翻译法国名著《红与黑》,出版后很快成为通行本,深受广大读者喜爱。

1933年10月,罗玉君与她的丈夫李珩一起回国,来到青岛。李珩(1898～1989),字晓舫,四川成都人,天文学家,中国现代天文事业的奠基人之一。1925年,李珩赴法国留学,在巴黎大学获理科学士学位,后在巴黎大学天文台及里昂天文台任实习研究员,获理科博士学位。李珩是罗玉君在重庆第二女子师范就读时的老师,他们在法国巴黎巧遇后结婚生女。

李珩夫妇是经留法同学张子春引荐赴青岛任职国立山东大学的。张云(1896～1958),字子春,广东开平人。自幼在广州读书,1917年毕业于武昌高师,1920年赴法国里昂大学留学,获天文学博士学位。1928年回国,先后任中山大学教授兼天文台、气象台台长,广东航空学校天文教官等职。主要从事食变星、物理变星的测光、造父变星的统计和脉动理论等研究,是我国变星研究的开创者。著有《普通天文学》和《高等天文学》等。

张子春与时任国立山东大学文理学院院长兼数学系主任黄际遇有师生之谊。1915年张子春就读于武昌高等师范,当时黄际遇任该校教授兼数理部主任,是其指导教师,后来两人先后离开武昌高师。他们师生情谊深厚,一直到生命终结。张子春向黄际遇引荐了李珩，黄际遇在日记中记载了当时的引荐情况：

1933 年 5 月 11 日

张子春复书来，报聘李珩事。（卷二 第 255 页）

1933 年 9 月 22 日

杨善基君自安庆来电，允廿三日动身就聘。张子春粤电，报李珩君双十节自法到香港。（卷二 第 419 页）

1933 年 9 月 29 日

张云自粤转李珩由巴黎函。（卷二 第 427 页）

1933 年 10 月 18 日

毅伯来报，陈逵教授转职北平女子学院。蒋丙然台长来电话，报李珩教授 20 日奉天丸来。（卷二 第 454 页）

1933 年 10 月 20 日

接李珩君夫妇二号码头，蒋右沧亦至。李君初自里昂回国，专治天文数学。晚约来舍餐话。（卷二 第 459 页）①

由《黄际遇日记》可知，早在 1933 年 5 月 11 日，黄际遇就着手聘请李珩到山东大学任职，通过张云在此期间积极斡旋，罗玉君与李珩一家三口于 1933 年 10 月 20 日，到了青岛。黄际遇、蒋丙然前去码头迎接，当晚宴请了夫妇二人。李珩任国立山东大学物理系教授，并任青岛观象台研究员。此时罗玉君因女儿幼小没有任职，直到 1935 年 10 月任职国立山东大学中文系讲师兼女生指导，讲授哲学概论。1935 年 10 月 21 日《国立山东大学周刊》刊载了《聘罗玉君先生为讲师兼女生指导》的报道：

本大学鉴女生人数，较前增加，不可无人指导，爰聘罗玉君先生为讲师兼女生指导，文理学院新设哲学概论一学程，即由罗先生担任讲授。按罗先生系上海大夏大学文科毕业，曾留学日本，后转学法国，在巴黎大学攻读七年之久，并做研究工作三年。一九三二年在巴黎大学

① 以上引文出自：《黄际遇日记》，汕头大学出版社 2014 年版，具体页码见文中所注。

考得文科博士学位。著作有：1.Etude sur le Néologisme Chez les Fous；2.La Morale Féminine en Chine a l'Époque，并有文艺译品多种。

山东省档案馆存有一份《国立山东大学教职员调查表》，记载了罗玉君的学历、经历、著作及到校时间等情况：

文理学院中国文学系兼任女生指导

罗玉君，别号玉君，性别女，年龄二十八

籍贯：四川省岳池县

学历：法国巴黎大学博士

到校时间：民国二四年十月一日

月俸：八十元。

讲授："哲学概论"，每周授课三小时

著作：《疯人心理研究》《妇女伦理史观》以上二书均用法文写成，在巴黎渔福书店出版

通讯处：青岛信号山路十七号

学历：四川省立第二女子师范毕业

上海大夏大学文科毕业

巴黎大学文科博士

经历：巴黎大学中国学院研究员，中国天文学会会员

著作：《阿丽女郎》商务印书馆出版

《母爱与妻爱》商务印书馆出版①

从1930年到1937年国立山东大学中文系共有两位女讲师，第一位是方令孺，第二位就是罗玉君。时任中文系主任为张煦，1936年后由施畸、郝昺衡先后担任系主任。当时中文系师资力量可谓强大，其中教授有游国恩、姜忠奎、闻宥、丁山、老舍、胡鸣盛、黄孝纾等人，讲师有罗玉君、沈从文、萧涤非、彭啸咸、台静农等人。在青岛，罗玉君夫妇与黄际遇交往甚密，黄际遇在日记中详细记载了他们之间的交往情况。值得一提的是，黄际遇50岁生日

① 罗玉君《国立山东大学教职员调查表》，填表时间1935年11月1日，该档案现存山东省档案馆。

时，罗玉君亲自为其拍照，为其留下了弥足珍贵的影像(《黄际遇先生五秩遗影》，原载1949年版《黄任初先生文钞》)。

1933年10月24日

李珩、罗玉君夫妇来午餐，馈论文两卷，书镇一双。以论文两篇报之。(卷二 第472页)

1933年10月29日

晨问菊校园，将黄、红二株馈李、罗新寓。(卷二 第491页)

1933年12月11日

李珩、罗玉君夫妇来借去《国故论衡》一册，《万年山中日记》第五、第六二册。玉君嗜文事，尤致推许，特勉应之。(卷三 第168页)

1934年4月28日

晓舫夫妇来谈，取换日记三册。(卷三 第208页)

1934年5月27日

出访晓舫，对席窗前，万里海天，尽入怀抱，一年最好莫过此时。玉君夫人为拍二照，积瘁之躬，惭于对镜久矣。旋皈空斋，茗香自遣。(卷三 第319页)

1934年6月2日

早课完未及进食，公务麕集矣。李晓舫以母丧赴，即成唁联(并为门人代拟一首)。

及养有惭李征君事母未能欲与故人争一哭
显亲可擬徐文定凿楹具在即兹传卷已千秋

夫天不可阶而升大道恢恢幸附名师窥蠡海
有母方倚闾而望白云渺渺空见游子抱楹书

晓舫即以旦日行，涸坐公衙，援笔成此，不及雕镂矣。(卷三 第336～337页)

1934年6月3日

晨起跷蹊小径，往送李晓舫归蜀，兼订秋以为期。诣怡荪小谈，校对文史丛刊稿。(卷三 第338页)

1934年7月26日

李晓舫来自成都，馈川绸、榨菜、辣椒、淡巴菰、普洱茶，受之。(卷三 第425页)

1934年8月16日

玉君夫人来言晓舫有疾,代为片请仲纯往诊之。(卷三 第457页)

1935年3月25日

清晨连授二课毕,温书、课。陈达夫、罗玉君函来,均即复。达夫、玉君以师礼事予,弥惭匪分。(卷四 第400页)

1935年4月20日

玉君来借读日记。叩以有错字否?则曰:"偶以见之,急检字书,仍信其不误。"云:"恐此境未易至也。"(卷四 第450页)

1935年5月19日

玉君阅讫二十六册日记,面来谈论。(卷四 第530页)

1935年5月23日

晨初访晓舫谈课务,玉君出门走送,晓舫还来答柬,各自释然。(卷四 第537页)

1935年5月31日

晓舫、玉君来视疾,手馈域外枇杷桑葚,心以为尚非疾也,但痛害事耳,拜而受之,食之弥甘。(卷四 第542页)

1935年6月2日

为陈虞史表兄书镜屏,试新墨而泽,即草一屏条贻晓舫。(卷四 第544页)

1935年6月23日

智斋、怡荪、涤非、晓舫夫妇先后来谈,玉君问字弥切。(卷四 第579页)

1935年7月5日

玉君来简,有"阅记慨深,叩关门闭,匆挥墙外,乞赐堦前"之语,即援笔复之。(卷四 第606页)

1935年12月28日

玉君付《哀学篇》抄稿来问学,相从三年不倦,今士之所难也。(卷五 第234页)

1936年2月13日

晓舫玉君夫妇来(各资馈行粮)。啸咸来以胡念修纂文叙录汇编一小册为订交之券。宏成发馈花生食油菜韭各如干。它友均未及知予行,刘康甫赶上,一剐诸友言欢拳拳,日加申旁人催行,乃接淅而行,同

车至海嵎，少顷鸣钲解缆矣。送行者自崖而返。（卷六 第4页）[①]

在青岛，罗玉君还参加国立山东大学学术活动，其中参加了徐光启三百年纪念会。“1933年11月24日，徐光启先生三百年纪念祭下午三时在科学馆举行。主会者大学数理学会，到会者数学物理两系全体师生，到会者蒋右沧（李珩代表）、教育局王科长、赵太侔、杜毅伯、赵涤之、罗玉君。首由予报告徐光启传略，几何原本概要，几何学发达史概观。次由李珩报告徐光启在天文学上之贡献，翔实充畅。杨善基报告几何学之分类，条理明晰（别见记录）。”[②]1936年11月28日，国立山东大学校务会议通过设立学生生活指导委员会的决议，罗玉君与校长林济青、汤腾汉、汪公旭、宋君复、张紫雉、王秩疆、王文元、邓初、施畸、叶方哲组成委员会。

1936年6月，罗玉君与3岁的女儿李晓玉在青岛

罗玉君在国立山东大学开始翻译司汤达的《红与黑》。《红与黑》是19世

① 以上引文出自《黄际遇日记》，汕头大学出版社2014年版，具体页码见文中所注。

② 《黄际遇日记》卷三，汕头大学出版社2014年版，第78页。

纪法国第一部重要的现实主义杰作，对19世纪欧洲文学产生了深远的影响。《红与黑》是法国作家司汤达创作的长篇小说，也是其代表作。罗玉君早在1932年与《红与黑》结缘。她当时在法国巴黎大学，为了文学预读心理分析学，听从乔治杜马先生的建议，买来经典作家集版《红与黑》上下册，热情地读了起来。罗玉君读了一遍后，便有意把它翻译成中文。因当时忙于写博士毕业论文，她只译了五六章，翻译工作就搁置了。

1933年，罗玉君到青岛后，又着手开始翻译《红与黑》。她曾这样回忆："一直到一九三二年我结婚，一九三三年我回国，定居在绿油油的青岛后，我又才重理就业。那时我在山东大学教课之暇，总是临窗伏案，做这种翻译工作。不料七七事变起了，卢沟桥的炮声，不但毁灭了我们青岛理想的乐园，而且还打断了我的《红与黑》译本的繁华的梦幻。"①

在山东大学中文系任职期间，她坚持翻译《红与黑》这部近50万字的小说。这部书晦涩难懂，涉及历史背景、宗教典故还必须翻阅大量资料以注释，可以说"工程浩繁"。正如李晓玉在《法国文学翻译家罗玉君》中所说："为了克服译书的困难，罗玉君参照了多种法文版本，也参考了《红与黑》的英译本。翻译实际是一种再创造，除了遵循信、达、雅的原则外，译者本身的文学素养和写作风格也会融入译作之中。"

罗玉君译完《红与黑》，已是抗战后期，烽火燃遍半个中国。1937年7月7日，日本帝国主义发动卢沟桥事变，开始了全面侵华战争。不久，北平、天津相继沦陷，日军过了黄河，侵犯山东，山东大学不可避免地受到战争的影响。11月，教育部令山东大学南迁，代理校长林济青组织全校师生从青岛撤退。此时罗玉君夫妇离开国立山东大学，她先后在成都华西大学、四川省立艺术专科学校任教授。1951年起，罗玉君任华东师范大学中文系教授。李珩先后任华西协合大学教授、理学院院长、教务长，四川大学教授、物理系主任，并在中央研究院天文研究所任研究员。1948～1949年间前往美国普林斯顿大学任访问学者。中华人民共和国成立后，李珩出任中国科学院紫金山天文台研究员，1962年出任上海天文台首任台长。1982年起任名誉台长。

在抗战期间，罗玉君在迁徙流离中，一直把《红与黑》的译稿带在身边，经过数年的努力，终于在1947年夏天，全部翻译完毕。1948年夏天，她又进行全文的校对与部分的抄写。罗玉君曾回忆说："今年暑假，成都多难。在

① 罗玉君：《评"红与黑"并忆翻译经过》，《文潮月刊》1948年第4卷第6期。

米荒水灾之中，我一直与《红与黑》做着好朋友。每天写得腰酸，写得手软，写得朵朵的黑云从我眼底飞来飞去。但是我决心要把这个难产的孩子哺育成人。……我不敢说我的《红与黑》是名作名译。但是这译本的工作，经过了我的少女时期，少妇时期，它的年龄比我的长女还大三岁。这不能不算是我的生活史上的一个纪程碑。因此我珍重这译本。”[①]

罗玉君的《红与黑》译本，1949 年由正中书局出版，至今仍不断出版，发行量多达数十万册，深受广大读者喜爱。“她的译文不仅保留了原作人物的语言个性，而且还较好地保留了原作的鲜明节奏。此书的翻译奠定了她在法国文学翻译上的地位。”赵瑞蕻[②]评价罗玉君的译本“译笔生动流畅，在我国普及《红与黑》这本杰作方面，罗女士做出了贡献”。

罗玉君还翻译了乔治·桑《安吉堡的磨工》、雨果《海上劳工》、莫泊桑《我们的心》等作品，为中西文化交流做出很大贡献。

1987 年 8 月 20 日，罗玉君因脑溢血，病逝于上海华山医院，享年 80 岁。

---

① 罗玉君：《评“红与黑”并忆翻译经过》，《文潮月刊》1948 年第 4 卷第 6 期。

② 赵瑞蕻（1915～1999），笔名阿虹、朱弦等。国立山东大学 1936 级学生，在国立山东大学接触《红与黑》并开始翻译，是国内《红与黑》的首译者，该书于 1944 年由重庆作家书屋出版。

台静农与老舍的青岛酒事

1936年秋，台静农应林济青之邀，从厦门大学来到青岛，任国立山东大学中文系讲师。在青岛，台静农与老舍、叶石荪、邓仲纯一见如故，友情醇厚。

台静农与鲁迅

台静农(1902～1990)，原名传严，字进努，别号孟威，后改名静农，字伯简，晚号静者，笔名孔嘉、青曲等，安徽霍邱人。作家、学者、书法家。台静农曾经旁听北京大学文学系课程，后转入北京大学国学研究所，在此期间曾修习鲁迅"中国小说史略"等课程。1925年，他与鲁迅等人组织未名社。1927年8月开始，先后在北京中法大学、辅仁大学、北平大学女子文理学院、厦门大学等大学任教。

未名社骨干20世纪三四十年代摄(左四台静农)

1936年夏，国立山东大学在学潮中风雨飘摇，校长赵太侔辞职，由林济青代理，学者名流也大多离开。老舍这一时期也辞去教职，但并没有离开青岛。林济青重整旗鼓，多方延揽人才，挽留知名学者，补齐各院系师资，多方筹措办学经费，恢复正常教学秩序。这年秋天，台静农应林济青邀请，担任中文系讲师。1936年12月21日，台静农在致胡适的信中提及离开厦门大学任职山东大学的原因："生本年度原系仍留厦大，惟因今春在厦，身受湿热甚重，常为疾病所苦，适有友人在山大，遂来此充一专任讲师。"[①]当时中文系主任为施畸教授，教授有黄孝纾、闻宥、姜叔明、栾调甫、叶石荪等，讲师有罗玉君、吴廷璆等。

山东省档案馆存有一份《国立山东大学教职员调查表》，记载了台静农来校前的学历、经历、著作及到校时间等情况：

> 台静农，别号：伯简，性别：男，职别：讲师
>
> 年龄：三十四（光绪丙寅年十月二十四日生）
>
> 籍贯：安徽省霍邱县
>
> 学历：北京大学研究所国学门研究生
>
> 经历：中法大学讲师，辅仁大学副教授兼大学秘书，北平大学女子文理学院讲师，厦门大学教授。
>
> 到校年月：民国二十五年八月
>
> 月俸：二百二十元
>
> 担任课程：中国文学史、现代文学、经书攻读、论理文。
>
> 通讯处：安徽芜湖北门内街十三号
>
> 研究专题：中国文学史、汉画石刻总目、南北朝礼俗研究
>
> 专门著作：《中国修辞学》[②]

在来山东大学任职之前，台静农已经是一位著名的乡土派小说家。台静农1925年与鲁迅结识，在鲁迅的影响下，他与他的同乡李霁野、韦素园、韦丛芜以及河南卢氏县的曹靖华等人成立了未名社，出版"未名丛刊""未名新集"多种。"台君为人极好。"[③]这是鲁迅对台静农的评价。台静农吸收了鲁迅的现实主义手法，创作了《天二哥》《新坟》《红灯》《弃婴》《吴老爹》等短篇小说，受到鲁迅的关注。1928年11月，台静农第一部短篇小说集《地之子》

---

① 薛原：《台静农："苦老酒"里的青岛记忆》，《青岛日报》2019年2月13日。

② 台静农《国立山东大学教职员调查表》现存山东省档案馆，填表时间1936年10月3日。

③ 李新宇、周海婴主编：《鲁迅大全集　7　创作编　1933－1934》，长江文艺出版社2011年版，第222页。

出版，他赠送给鲁迅，扉页题字"试作呈鲁迅师"①。这本书鲁迅一直珍藏着，并认为这本书"将乡间的死生、泥土的气息，移在纸上"②。

1936 年台静农摄于青岛

台静农在国立山东大学中文系开设"中国文学史""现代文学""经书攻读""论理文"等课程，这其中，他尤其是对新文学的传播做出了贡献。"学生们回忆台静农时，说他质朴、温和、平易、大度，生活崇尚简单，不事奢华。他在课堂上对学生关爱有加，循循善诱。"③徐中玉曾回忆："台静农先生给我们讲诗经，给我们介绍崔述、方玉润等诸家新说，都是闻所未闻的……我因比较倾向于研究新的文学、新的观念和方法，自然对老舍、叶石荪、颜实甫、台静农等老师接触多些，也对他们更感亲切。"④

台静农到青岛山东大学后，与时在上海的鲁迅保持着联系。他感受到青岛宜人的气候和美丽的环境，非常适合颐养病情，遂致信鲁迅赴青岛养病。1936 年 10 月 15 日，鲁迅就台静农请他到青岛养病一事，致信台静农：

伯简兄

九月三十日信早到，或惫或忙，遂稽答复。夏间本拟避暑，而病不

① 杨剑龙：《鲁迅的乡土世界》，安徽大学出版社 2013 年版，第 112 页。

② 徐乃翔主编：《中国现代文学词典》第 1 卷《小说卷》，广西人民出版社 1989 年版，第 678 页。

③ 鲁海：《作家与青岛》，青岛出版社 2016 年版，第 238 页。

④ 徐中玉：《大学时代的老师们》，朱大建主编：《上海作家散文百篇》，文汇出版社 2002 年版，第 23～25 页。

脱体，未能离开医生，遂亦不能离开上海。[①]

信是鲁迅逝世前4天写的，此时他已病入膏肓。10月19日鲁迅逝世，台静农悲痛欲绝。他在致许广平的唁信中，这样写道：

周师母鉴：顷见报载，中央社电豫师去世，惊骇万分，然关于师之起居，向多谣言，颇以为疑。但记载甚详，似果真不讳，山颓木坏，世界失此导师，不仅师母之恸也。……

生静农上[②]

11月1日上午9时，山东大学文学社举行追悼鲁迅大会，台静农与施畸、叶石荪、颜实甫出席大会并分别进行了演讲。台静农以深情的演讲，沉痛悼念鲁迅先生。“台静农先生报告鲁迅先生之生平与著述。台氏为鲁迅先生之挚友叙述及其沉痛深邃，凡鲁迅先生之爱好，计划，与尚未发表至著述及其思想上所受至刺与影响等，大半为普通人所不知者，皆详为追述，并将鲁迅先生对于近代文艺之贡献，提倡新文学之努力与爱护青年之诚意，竭力推崇。”[③]徐中玉回忆：“鲁迅逝世那年台静农老师正在山大，我们举办的追悼会上他带病勉强参加了，伤痛之意极深。”[④]

台静农与老舍与酒

台静农来山东大学后，住在恒山路与黄县路路口（今黄县路19号），与老舍（黄县路12号）比邻而居。老舍年长台静农三岁，两人因性格投契，又均爱饮酒，成了酒友。台静农在《我与老舍与酒》里记载：

我初到青岛，是二十五年秋季，我们第一次见面，便在这样的秋末

① 李新宇、周海婴主编：《鲁迅大全集　10　创作编　1936》，长江文艺出版社2011年版，第255页。

② 彭定安、马蹄疾编著：《鲁迅和他的同时代人》上，春风文艺出版社1985年版，第342页。

③ 《国文学会追悼鲁迅先生》，《国立山东大学周刊》1936年11月9日。

④ 徐中玉：《大学时代的老师们》，朱大建主编：《上海作家散文百篇》，文汇出版社2002年版，第27页。

> 冬初，先是久居青岛的朋友请我们吃饭，晚上，在一家老饭庄，室内的陈设，像北平的东兴楼。他给我的印象，面目有些严肃，也有些苦闷，又有些世故；偶然冷然的冲出一句两句笑话时，不仅仅大家轰然，他自己也"嘻嘻"的笑，这又是小孩样的天真呵。[①]

在山东大学台静农与叶石荪、邓仲纯友情深厚，经常在一起聚饮。台静农时年34岁，一袭长衫，颇有些古雅风度。他酒瘾颇大，但酒德佳，能自制。他曾自撰一联"不养生而寿，处浊世亦仙"[②]。对老舍的酒量，臧克家也有回忆："老舍先生也能喝几杯，他酒量不大，但划起拳来却感情充沛，声如洪钟。"[③]邓仲纯，原名邓初，安徽人。与杨振声校长有交谊，受杨之邀，于1930年8月到青岛，任国立青岛大学校医兼任国文系讲师。1932年国立青岛大学改名国立山东大学，继续在该校任职。他性格豪爽仗义，好喝酒，在国立青岛大学号称"酒中八仙"之一。

台静农曾回忆：

> 我们便厮熟了，常常同几个朋友吃馆子，喝着老酒，黄色，像绍兴的竹叶青，又有一种泛紫黑色的，味苦而微甜。据说同老酒一样的原料，故叫作苦老酒，味道是很好的，不在绍兴酒之下。直到现在，我想到老舍兄时，便会想到苦老酒。有天傍晚，天气阴霾，北风虽不大，却马上就要下雪似的，老舍忽然跑来，说有一家新开张的小馆子，卖北平的炖羊肉，于是同石荪仲纯两兄一起走在马路上，我私下欣赏着老舍的皮马褂，确实长得可以，几乎长到皮袍子一大半，我在北平中山公园看过新元史的作者八十岁翁穿过这么长的一件外衣，他这一身要算是第二件了。[④]

1937年7月1日，台静农受友人之邀，离开山东大学赴北平。七七事变

---

① 台静农：《我与老舍与酒》，齐明月：《民国风度》，中国言实出版社2015年版，第212页。

② 石钟扬：《酒旗风暖少年狂——陈独秀与近代学人》，山东画报出版社2014年版，第328页。

③ 《臧克家全集》第5卷，时代文艺出版社2002年版，第390页。

④ 台静农：《我与老舍与酒》，齐明月：《民国风度》，中国言实出版社2015年版，第212页。

后，他从天津搭海船绕道到济南，在车站遇见山东大学同学，知道青岛的朋友已经星散了。抗战后，台静农举家迁四川，任职于国立编译馆。

台静农离开青岛后，与老舍还有两次晤面。1938 年 10 月 19 日，“中华全国文艺界抗敌协会”在重庆举行“鲁迅逝世二周年纪念会”，台静农应老舍邀请演讲了《鲁迅先生的一生》。台静农这篇讲演稿后来全文刊登在 1938 年 10 月 29 日《抗战文艺》第一卷第八期上。台静农的这篇长文对鲁迅先生的一生，对他的文学成就和社会影响给出了系统的精辟的阐述和剖析。在重庆，台静农与老舍重逢，“他已不是青岛时的老舍了，真个清癯了，苍老了，面上更深刻着苦闷的条纹了”①。第二天，台静农陪同老舍一起从重庆搭船到江津，去拜访了陈独秀。台静农曾回忆：“原来仲甫先生②同家父还有几位乡前辈都在他家，仲甫先生听家父说我这一天会由重庆来，他也就在这儿等我。这使我意外的惊喜，当他一到江津城，我就想见到他，弥补我晚去北京，不能做他的学生的缺憾，现在他竟在等着见我，使我既感动又惊异。”③1940 年 3 月 9 日，陈独秀致信台静农，提起了此次相见，“静农兄左右：兄与老舍来此小聚即别，未能久谈为怅”④。

1941 年春，台静农再次赴重庆，老舍高兴得“破产请客”。台静农提起这次会面说：“虽然他更显得老相，面上更加深刻着苦闷的条纹，衣着也大大的落拓了，还患着贫血症，有位医生义务的在给他打针药。可是，他的精神是愉快的……”⑤老舍他还写了一张小条送给台静农，上面写着：“看小儿女写字，最为有趣，倒画逆推，信意创作，兴之所至，加减笔画，前无古人，自成一家，至指黑眉重，墨点满身，亦身淋漓之致。为诗用文言，或者用白话，语妙即成诗，何必乱吵絮。静农兄来渝，酒后论文说字，写此为证。”⑥

---

① 台静农：《我与老舍与酒》，齐明月：《民国风度》，中国言实出版社 2015 年版，第 213 页。

② 陈独秀，字仲甫。

③ 台静农著、秦贤次编：《酒旗风暖》，青岛出版社 2011 年版，第 120～121 页。

④ 刘宜庆：《百年风雅》，江苏文艺出版社 2018 年版，第 199 页。

⑤ 台静农：《我与老舍与酒》，齐明月：《民国风度》，中国言实出版社 2015 年版，第 213 页。

⑥ 台静农：《我与老舍与酒》，齐明月：《民国风度》，中国言实出版社 2015 年版，第 214 页。

值得一提的是，台静农在晚年曾把老舍写给他的这张便条抄写一遍，做成一件精致的书法作品，裱成立轴，由台北托人赠给了老舍夫人胡絜青。

1944 年和 1947 年，台静农写下了《我与老舍与酒》和《谈酒》两篇文章，深情追忆了老舍的交往情况。1946 年，台静农南下赴台，后任台湾大学中文系教授。台静农治学严谨，在文学、艺术、经史等多个领域均涉之甚深，并以人格耿介、文章书画高绝驰名。著有《静农论文集》《静农书艺集》《台静农散文集》《台静农短篇小说集》等行世。

袁振英执教国立山东大学

中国共产党最早的一批党员之一、社会主义青年团的八大创始人之一、中国近代戏剧理论研究的拓荒者——袁振英先生，20 世纪 30 年代曾任教于国立山东大学外国文学系，在山东大学留下了弥足珍贵的印记。

袁振英是怎样到当时在青岛的国立山东大学的，在山东大学又有哪些鲜为人知的故事呢？让我们循着袁振英的足迹，走进青岛，品味他与山东大学的历史渊源。

校长赵太侔广揽人才

袁振英

“红瓦绿树，碧海蓝天，不寒不暑，可舟可楫”的青岛，宜人的气候、旖旎的风光是文人墨客的向往。20 世纪 30 年代的青岛，迎来了山东大学高等教育的第一个“黄金时代”。

1932 年春，山东大学的前身国立青岛大学，发生全校性的罢课、罢考和驱逐校长、驱逐教授事件。教育部指令国立青岛大学进行“甄别”整理，同意原校长杨振声辞职，任命赵太侔为校长，并将国立青岛大学改名为国立山东大学。

赵太侔出任校长之后，进行了一些符合当时实际的变动，他在继续坚持杨振声提出的“兼容并包，学术民主”的办学方针的基础上，对学校的各方面建设都提出了自己的思路，并克服种种困难予以实施。

赵太侔认为，办好大学，教师的力量和科学水平起着重要作用。因此他在原有基础上，“遵循仿效”前任校长杨振声治校成规，更加重视广聘专家学者，充实教师阵容，致使国立山东大学成立之初，就形成了阵容整齐、水平较高的师资队伍。

赵太侔有一个小本子，记录着各门学科的优秀人才，在掌握情况、了解动态后，他亲自出面聘请，或者托人代请。这一时期，山东大学聘请的教师有50多人，可以说每个人都是有学问、有专长、有成就的专家、学者，其中就有他的北京大学同学袁振英。

袁振英与赵太侔

赵太侔与袁振英是北京大学同窗好友，1915年他们同时进入北京大学英文学门（西洋文学系）就学，在大学期间共同组织了"实社"，宣传研究无政府主义，并出版了《实社自由录》。

袁振英和赵太侔都是无政府主义信仰者，彼此心照不宣、志趣相投，很谈得来。北京大学是新文化运动的重要阵地，他俩入学后很快投入到了新文化运动中，在这个思想风暴的中心迅速成长起来。

据《袁振英传》记载，北京大学当时的学风不好，不少学生忙于应酬。性情刚直的袁振英极为看不惯。他便与赵太侔、黄凌霜、区声白、竟成等组织了"实社"，宣传研究无政府主义，并出版了《实社自由录》。《实社自由录》共出版两集，第一集出版于1917年7月，第二集出版于1918年5月，均由郑佩刚在上海印刷，赵太侔、袁振英、黄凌霜、竟成、区声白、华林等为主要撰稿人。1917年，蔡元培聘请陈独秀任北京大学文科学长，陈遂赴北京大学任教，《新青年》也随之迁至北京。在蔡元培的影响下，无政府主义一时在北京大学颇为活跃。

赵太侔和袁振英在北京大学认真学习了"英国文学""英国文学史""英国史""西国文学史""文学概论"等英文学门规定的课程，于1918年夏季毕业。毕业后，赵太侔回济南任山东省立第一中学教师，不久，他又考取公费留学赴美国，在哥伦比亚大学读研究生，专攻戏剧。1925年回国后，先后担任北京艺术专门学校教授、中央学术院学务委员和国民党青年部秘书、湖北武汉国民政府外交部秘书、宁汉合流的军事委员会政治训练部秘书长等职。1928年，任山东大学筹建委员会常务委员；1929年6月，任国立青岛大学文学院教授；一年后，任教务长。

袁振英毕业后赴广东国立高等师范学校任教，后到菲律宾当教员。1920年2月回到香港，任香港《晨报》兼广州《新民国报》编辑。1920年8月参加上海共产党早期组织。同月22日，与俞秀松、施存统等八人发起成立上海社会主义青年团。9 月 1 日应陈独秀邀请参与编辑《新青年》，担任“俄罗斯研究”专栏主编，另外还参与共产党纲领草案的讨论，并在上海外国语学社教英文。同年底，随陈独秀到广州，任陈独秀和吴廷康的粤语翻译。1921 年 1 月，出任广东省第一中学（今广州广雅中学）校长，广州共产党早期组织成立后，为该组织成员之一。《新青年》迁至广州后，继续负责该刊“俄罗斯研究”的编辑和撰稿。1921 年 8 月前往法国里昂中法大学学习，从此离开了党组织。1924 年 9 月回国后，先后在广州中山大学、武汉中央军校、暨南大学等学校任职。

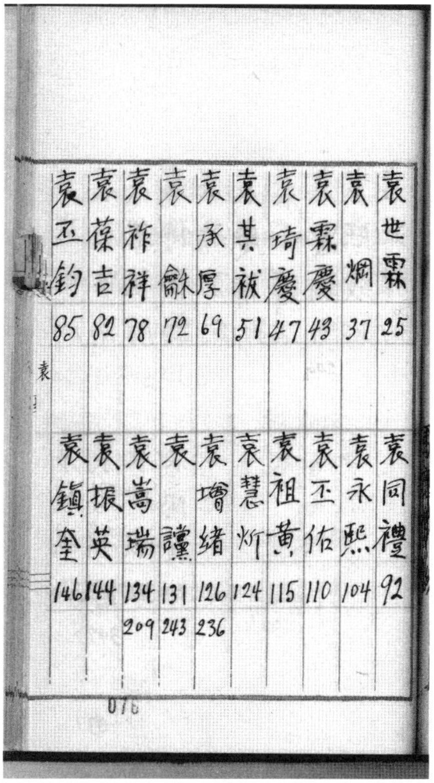

袁世霖	袁烱	袁霖慶	袁琦慶	袁其祓	袁承厚	袁龢	袁祚祥	袁葆吉	袁丕鈞
25	37	43	47	51	69	72	78	82	85
袁同禮	袁永熙	袁丕佑	袁祖黄	袁慧炘	袁增绪	袁讜	袁嵩瑞	袁振英	袁鎮奎
92	104	110	115	124	126 236	131 243	134 209	144	146

国立北京大学毕业生一览表，其中有关于袁振英的记录

袁振英在山大

1932年春，赵太侔上任国立山东大学校长后，通过多方打听得知袁振英在上海任国立暨南大学教授，随即给袁振英写信，并寄去了国立山东大学的聘书。袁振英接到聘书后，于同年9月到达青岛，开始任教于国立山东大学外国文学系。这是赵太侔与袁振英在北京大学毕业14年后第一次见面，昔日的同窗好友，又成了同事。

1932年9月6日下午，赵太侔主持召开国立山东大学教职员工作会议，共商学校教学工作，袁振英参加了本次会议。据《万年山中日记》第三册记载，参加本次会议的外国文学系教师有梁实秋、杨宗瀚、郑成坤、袁振英、赵少侯、谭纫就6人。

时任外国文学系教授兼主任的是现代著名的散文家、学者、文学批评家、翻译家梁实秋。他于1930年7月到校，在外国文学系主讲“英文”“欧洲文学史”“戏剧入门”“英国文学史”“莎士比亚”“文艺批判”等课程，还担任了其他系的公共英语课。

当时的外国文学系只有一个英国文学专业。除了本系课程以外，还承担全校的公共英文以及法、德、日等第二外国语的教学。学生有1930级44人、1931级53人、1932级32人，共计129人。据当时的一些学生回忆，学校大多数教授工作勤奋，态度诚恳，诲人不倦，教学质量甚好。袁振英在外国文学系主讲英文课程，他拥有留洋经历，学识渊博，中、英、法文造诣都很深厚，再加上他讲课内容充实，分析深刻，富有时代气息，深受学生的欢迎。正如《袁振英的坦白书》中所说：“一生都是喜欢教书。”

1933年11月，袁振英离开了青岛，结束了国立山东大学外国文学系的从教生涯。袁振英离开国立山东大学的原因，正如其在《发掘我的无治主义的共产主义的思想底根源》中所写：“我在青岛大学，蒋匪密电我到庐山，担任南昌航空委员编译科长。我反对做蒋匪的走狗，所以弃职潜逃，回到勷勤大学去，担任文理法商四个学院的功课，一壁到抗战为止。”至于密电的详细内容已不得而知，就这样袁振英接到蒋介石的密电后离开了青岛。

据国立山东大学教职员名录记载：袁振英，39岁，籍贯广东东莞，1932年9月到校，1933年11月离校。至此，袁振英在国立山东大学工作了14个月。

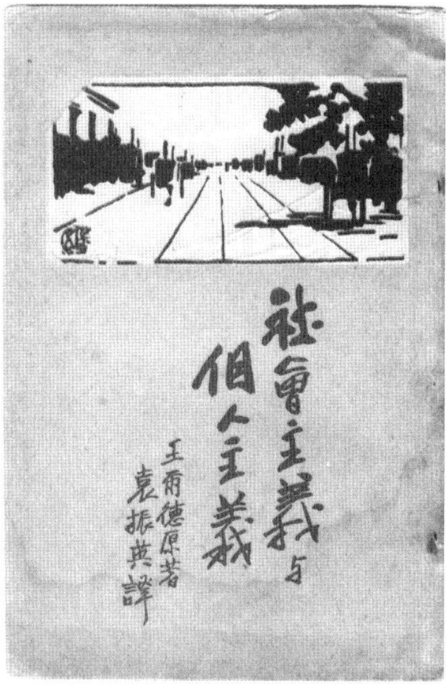

袁振英译《社会主义与个人主义》

袁振英离开青岛后，先后还在广东省立勷勤大学、香港华南汽车工程学校、广东大学、江南汽车工程学校、崇焕中学等学校任职。著有《易卜生社会哲学》《性的危机》《近代婚姻与家庭的改造》等著作。中华人民共和国成立后，在周恩来总理的帮助下，袁振英在广东省文物保管委员会、广东省文史馆工作。1979 年 1 月去世。

今年的 7 月 14 日，是袁振英先生诞辰 120 周年纪念日。笔者查阅了山东大学的有关文献和档案，就有限的资料集成了这篇小文，以示纪念。

（原载《大众日报》2014 年 9 月 3 日）

山大讲师周铭洗与邓颖超的一段往事

周铭洗

周铭洗，一位温婉而恬静的湘女，出生于书香门第。1916年她和六姐周俟松就读于天津直隶第一女子师范学校，受到当时是该校学生会领导邓颖超的影响，一起参加游行和请愿，结下了浓厚同学友谊。邓颖超曾评价她"独来独往很有志气"。时隔近70年，1986年，周铭洗从美国回国探亲，应邓颖超的邀请做客中南海，留下了永恒的瞬间。

周铭洗（1904～1996），出生于湖南湘潭隐山桂在堂，家族世代官宦，书香门第。1928年在北京师范大学数学系毕业，旋即赴美留学，获教育学硕士学位回国。她先执教于北京大学，后与青岛结缘，执教国立山东大学、青岛圣功女子中学，成为投身青岛早期现代教育的女性代表。任圣功女子中学校长期间曾邀请老舍到校作报告，还托请许地山撰写校歌。1949年周铭洗离开了生活近20年的青岛，赴美国执教，晚年专事著说中国传统文化经典，撰写出版了多部文学、民俗类书籍。

周铭洗与邓颖超的同学情

周铭洗其父周大烈（1862～1934），字印昆，号夕红楼，为清末民初诗人。早年与陈叔通、姚华一起留学日本，其间拜访过孙中山先生，共商国是。宣统时为吉林省民政厅厅长，1917年当选众议员，后任张家口税务署监督，曾为陈师曾、陈寅恪家私塾教师，陈寅恪六岁即从其读书。周大烈育有七女，老六周俟松，周铭洗最幼。周铭洗的曾姑祖母周诒瑞是清朝名臣左宗棠的妻子。据唐浩明著的《曾国藩》一书记载："左宗棠二十一岁成亲，因家贫，入赘于湘潭岳家，夫人周诒瑞，字筠心，自小受过良好的家庭教育，颇有才气，诗词歌赋，不亚宗棠。"

民国初年，周铭洗和姐姐周俟松随父亲从湖南家乡来到北平，于 1916 年考入了天津直隶第一女子师范学校，受到当时是该校学生会领导的邓颖超的关照，结下了友谊。

邓颖超原名邓文淑，祖籍河南，1904 年生于广西南宁，她比周铭洗姐妹低一届。邓颖超少有大志，才华出众，是女师学生中的"闯将"。五四运动时期，时年 15 岁的邓颖超积极发动同学参加到这场爱国运动中，她和郭隆真、张若名等人组织了"天津女界爱国同志会"，自任执委、兼讲演队队长，走上街头，宣传鼓励各界妇女参加运动。周俟松、周铭洗姐妹正是在这场爱国运动中结识了邓颖超，在邓颖超的影响带动下，开始学习独立自主开放进步的思想和精神，并和同学们一道，打破"男女授受不亲"的封建束缚，同男校学生一起参加了游行和请愿。

周俟松、周铭洗姐妹后转入北京师范大学数学系，于 1928 年毕业。邓颖超则于 1920 年在天津直隶第一女子师范学校毕业离校，后参加革命，同周恩来总理结婚，在 70 多年的革命生涯中，为中国革命、建设和改革事业毫无保留地奉献了自己的一切。

周俟松毕业后先后在武昌第一女子中学和北京女高师附中任教，名噪一时，后来成为我国著名教育家。周俟松的丈夫是我国现代作家、学者许地山。1929 年 5 月 1 日，周俟松与许地山在北京"来今雨轩"举行婚礼。1941 年 8 月 4 日，许地山病逝于香港罗便臣道寓所，年仅 49 岁。周俟松一直活到 90 多岁，她始终在默默地做着丈夫许地山未竟的事业，为其编书写文章。

1940 年，许地山、周俟松夫妇和他们的孩子合影

周铭洗毕业后，旋即赴美留学，两年后获教育学硕士学位回国，先后在北京大学、国立山东大学、青岛圣功女子中学任教。1949年赴美国继续从事教育工作。

1984年6月，周俟松收到邓颖超的一封信，信中提到了周铭洗。邓颖超写给周俟松的信原文如下：

周俟松学姐：

收到你三月八日给我的信，使我喜出望外，极为欣慰。对于你的姓名、模样，我记得很清楚，还有当年许多的同学我也未忘记。我记得你是姊妹二人，叫周铭洗的是姐姐还是妹妹，我记不清了，此事确切吗？

对于你，我是在报纸上报导你的丈夫许地山先生在香港去世的消息，发现你是他的夫人，当时我曾想办法与你联系，但一直未果。所以，看到你的信时，真感喜从天外来。特别知你身体健好，坚持教育工作，使我感佩。《人民日报》登了你的照片，我看到你与当年模样变化不大，除发白，已是老人，其他还像你青年面容。一九八三年《中国妇女》第四期，当时我正在大病之后的休养中，没有顾及翻阅，我当找出登载你教育工作成就的报导。你的来信，似乎你和许地山先生一九五六年来到北京，并且见到了周恩来同志，那时为什么不带一个信息给我呢？我不理解，可惜失去了相见的机会，令我仍然怅怅。我因工作忙，相隔一个多月以后才给你回信，希望你原谅。你的年龄比我高四岁，你现在还搞业余英语教育，正像你来信所说的，像萤火虫那样发光，但我希望你保重身体，注意劳逸结合。我也是老、弱、病、残的分子，当向你学习。欲言不尽，专复。

即祝健康长寿！

学妹邓颖超一九八四年四月十三日

这封信虽写得不长，但写得真挚。周俟松接信后，激动得热泪盈眶，这是自周俟松姐妹转入北京师范大学后，阔别70年来第一次收到邓颖超的来信。

1986年9月，周俟松被邀请参加了其父周大烈在日本留学时的契友陈叔通110周年诞辰纪念会，借此机会周俟松拜访看望了邓颖超。邓颖超在中南海接见了周俟松，会谈中邓颖超问起了周铭洗的事。据周俟松回忆：大姐关心我的生活。我汇报了退休后生活工作……她又问起我的妹妹周铭洗。铭洗已 83 岁了,中华人民共和国成立前去美国留学。她编写了老子的哲学及唐诗等,并在译文后作画表意,颇受欢迎。大姐说:“她独来独往很有志气,回来时,一定要邀她来叙谈。”

这一年的深秋,周铭洗从美国回国探亲,应邓颖超邀请到她家做客。周铭洗回国后住在周俟松家,周俟松把在中南海拜见邓颖超一事告诉了她。周铭洗在周俟松家住了几天后,到了北京,住在海淀区双榆树西里她的五姐家。当邓颖超得知周铭洗住在北京的时候,遂盛情邀其到家中做客。

关于此事笔者特给周俟松的外孙魏忠科写信求证。魏忠科在来信中证实了周铭洗在晚年拜访邓颖超一事,他在信中写道:“我的五姨婆(周铭洗的五姐)有 3 个孩子,女儿朱文欐,长子周悫夫,次子朱文倜。过年时候我和朱文倜舅舅电话联系,问到周铭洗先生去中南海之事,朱文倜先生告诉说:‘1986 年去见邓颖超是我电话与其秘书赵炜联系的,朱文欐、周悫夫陪同周铭洗先生去的。’”那天周铭洗穿了一件绿色上衣,邓颖超让警卫从院子里采了许多鲜花送给她,周铭洗捧着它们高兴地照了许多相,留下了那难忘的一刻,朱文欐生前曾这样回忆。

邓颖超同周俟松、周铭洗姐妹的这段同学情,已鲜为人知了!

周铭洗执教国立山东大学

照片中的周铭洗,穿着一件深色旗袍,两弯细如春愁的眉毛和微微上扬的嘴角永远定格在了 20 世纪 30 年代的青岛。周铭洗是何因选择了青岛,又是何人介绍呢?许地山的儿子周苓仲认为,周铭洗任教国立山东大学是出自教会人士的推荐,这个问题已无从考证。据笔者推测周铭洗到青岛国立山东大学任教可能与国学大师陈寅恪有关。在杨振声任国立青岛大学校长期间,陈寅恪就应杨的邀请前来讲学,据《杨振声在国立青岛大学》一文记载:杨振声先生还经常邀请著名学者来校演讲和讲学,章太炎、胡适、罗常培、冯友兰、陈寅恪等人都曾做客青岛大学。陈寅恪来山东大学讲学不止一次。1933 年,陈寅恪和冯友兰一起再次来到国立山东大学讲学并前往邹平参观梁漱溟主办的村治学院。

陈寅恪曾是周铭洗父亲的学生，还是许地山的好友。当时陈在清华大学国学研究院任导师，周铭洗回国后又在北京大学任教，据此推测，周铭洗结缘山东大学应与陈寅恪有关。

1932 年 9 月，周铭洗应国立山东大学校长赵太侔的邀请，受聘为外国文学系讲师，讲授英文课程。当时的国立山东大学人才济济，名师荟萃，学风严谨朴实。赵太侔校长倡导“兼容并包”“科学民主”的办学方针，积极延聘专家、学者来校任教，以提高学校的学术地位。

据周铭洗国立山东大学外文系的学生柳即吾回忆：我是 1931 年考入这个学校，于 1935 年毕业的学生……当时的名教授和名讲师，外文系有水天同、李茂祥、戴丽琳（美国人）、陈逵、周铭洗、郑成坤、赵少侯、葛其婉（德国人）、孙方锡、邓初（兼校医室主任）。据《国立山东大学教职员调查表（1936 年）》记载：周铭洗，湖南湘潭；履历，北平师大毕业，美国圣德助撒大学研究，北京大学外文系讲师；任职时间，1932 年 9 月。

时任外国文学系教授兼主任的是现代著名的散文家、学者、文学批评家、翻译家梁实秋。当时的外文系只有一个英国文学专业。除了本系课程以外，还承担全校的公共英文以及法、德、日等外国语的教学。据山东大学校史资料记载：外国文学系必修课程有 13 门，选修课程有 6 门，此外，还规定必修中文系课程 2 门，再加上毕业论文指导课，共计 23 门课程，78 学分。

周铭洗在外国文学系期间有学生三届共 129 人，其中 1930 级 44 人、1931 级 53 人、1932 级 32 人。目前有记录可查周铭洗教过的学生有柳即吾、蔡文显、王昭建、郭根、李子骏、丁金相以及梁实秋的妹妹梁绪琴等人。

1933 年 7 月，周铭洗离开国立山东大学，任职于青岛圣功中学。

青岛圣功女子中学由美国天主教在 1931 年筹办，校址位于德县路。圣功女中虽然是教会学校，但是校董会的董事长和校长都是中国人。林黄倩英任首任校长，美籍修女尤斯太拉任教务主任。课程以英文为主，选用美编课本，多以宣传宗教为内容，由美籍修女讲授。林黄倩英为江苏人，清华学堂特别官费学生，后留学哈佛，曾任职于上海基督教女青年会。

周铭洗于 1933～1934 年任青岛圣功女中校长，不仅教高等数学，而且还能教文学、英语，她毕生没有离开讲台。据她的学生金心回忆：1945 年，我考入青岛私立圣功女中。那时日本还没投降，及至开学时，这所由美国天主教于1931年开办的学校，恢复了由修女管理的局面。教我们初一英语的就是周铭洗先生。那时她已是修女，我们称她周修女。

周铭洗邀老舍到圣功作报告

周铭洗邀请老舍去私立圣功女子中学作学术报告。周铭洗是怎样与老舍相识的呢？周铭洗通过姐夫许地山结识了老舍。老舍是许地山最好的朋友，他们早在留学英国之前，就关系密切。1924年9月，老舍应伦敦大学东方学院的聘请到英国任教时，曾与许地山居住在一起，受许的影响开始写小说。老舍讲课之余，闲着没事，看许地山写小说，老舍馋，也写。

老舍的第一部长篇小说《老张的哲学》，就是在许地山的再三鼓励和直接帮助下创作出来的。正如老舍之子舒乙所说："许地山先生和老舍先生是好朋友。在某种程度上，许先生是后者的引路人和示范人。"

老舍曾通过许地山向齐白石求过一张《雏鸡图》。1933年，老舍在济南齐鲁大学教书的第三年，燕都古城里声名正隆的齐白石的画作，勾起他自幼以来对美好艺术的"馋虫"。此时许地山正居北京，而且与齐老相交频频。老舍"致信许地山，托他向齐白石买幅画"。

1934年周铭洗(前排居中者)与圣功教师合影

据李耀曦说，许地山早在20年代就与齐鲁大学结缘，每年暑假齐鲁大学都聘请他来讲学，那时他是燕京大学教授，正是 1933 年暑假许地山来齐鲁大学讲学时，便把齐白石所画的《雏鸡图》带到了济南。老舍夫妇如获至宝，从此，这张画便跟随老舍一生。

1933 年秋，周铭洗任青岛圣功中学校长后，有事要去济南，因人生地不熟，许地山便打电报给在齐鲁大学任教的老舍请求迎接。据老舍《敬悼许地山先生》一文中写到周铭洗。“你记得给我打电报，叫我到济南车站去接周校长吗？多么有趣的电报啊！知道我不认识她，所以你教她穿了黑色旗袍，而电文是：‘×日×时到站接黑衫女！’当我和妻接到黑衫女的时候，我们都笑得闭不上口啊。”就这样，由于许地山的关系，周铭洗与老舍及其夫人胡絜青相识于济南，后来成为终身挚友。

1934 年 8 月，老舍举家来到青岛，老舍任国立山东大学讲师、教授，胡絜青执教于市立女中(今青岛二中)。老舍到青岛后，信邀许地山、周俟松夫妇来青岛。周俟松曾回忆说：“我在 1934 年曾去青岛。许地山未同行，因那时他在印度，年底才回国。我也曾去老舍家，老舍与地山是老朋友，老舍曾写悼念地山的文章。”胡絜青回忆说：“周大小姐来了，住在周二小姐家中，也曾在我家住过，我曾陪周大小姐游览海滨公园(今鲁迅公园)。”因周大小姐来青，与周二小姐也交往多起来，这样老舍才去圣功女中做过一次讲演。胡絜青所指周大小姐是周俟松，周二小姐是周铭洗。

1934 年 10 月，老舍应周铭洗邀请赴青岛圣功中学作了题为《我的创作经验》的报告。老舍说：“觉得我会说笑话，是天生带来的。无从师承，我的创作里面，至少有一半占着‘会说话’的便宜。”“要想成为文学家，天才固然重要，工夫也是要紧的。现在中国，无伟大的作品出现，原因很多，而一般作家，受生活的逼迫，不能安心写稿，这也是原因之一。”

许地山虽然没有长期居住在青岛，但他与青岛的缘分却很深，他不仅多次来青岛，而且还在与老舍的通信中夸赞青岛是个好地方，利于创作。许地山在青岛时创作了小说《春桃》，还为青岛当时的圣功女子中学(今青岛七中)创作校歌。据周俟松回忆：圣功校歌是许地山作的，由周铭洗请托。在《青岛私立圣功女子中学季刊》中刊有该校的校歌：“东海浩荡兮，泰山高崇，圣功介其中。后枕山，前面海，景色优越无穷。壮哉，丽哉，我圣功……”

1949 年周铭洗离开青岛，后在美国继续从事教育工作。晚年专事向西方介绍中国文化，1984 年著书解析老子哲学，1986 年出版唐诗集，1996 年周铭洗在美国去世，享年 92 岁。

后记

2014年11月，笔者在翻阅校史资料时，无意中在《国立山东大学教职员调查表(1936年)》中发现了周铭洗这个名字，周铭洗是谁？为何要来山大？笔者带着疑问与好奇开始奔波于各档案馆，从档案文献、书籍资料中找寻关于周铭洗的历史资料；通过电话采访了青岛的研究员鲁海、翟广顺先生，听他们讲述了周铭洗与青岛的渊源，翟广顺先生还把他多年搜集的关于周铭洗在青岛的一组照片发给了笔者。

2015年春节之前，笔者又联系到了许地山、周俟松夫妇的外孙魏忠科先生，并与其进行了书信联系。魏先生收信后，电话联系了其舅舅周苓仲、朱文倜，在回信中证实了周铭洗晚年拜见邓颖超一事，并把邓颖超写给周俟松的信转发给了笔者。

寒假期间笔者还拜访了著名学者李耀曦先生，听他讲述了许地山、周铭洗与老舍的友情。利用假期笔者将搜集的资料集成了这篇小文，以示对周铭洗先生的纪念，同时对于提供帮助的魏忠科、鲁海、翟广顺、李耀曦诸先生深表谢忱！

（原载《山东大学报》2015年3月26日）

周学普在国立山大首译《哥德对话录》

笔者的书橱里珍藏着一本1937年商务印书馆初版、国立山东大学讲师周学普先生翻译的《哥德对话录》。该书是我国第一个中译本，所根据的原著版本也是最具权威和最早的，可谓有“原生态”的特色，也显示了别样的趣味和眼光。胡适曾在晚年谈话录中提到周学普译的《哥德对话录》，认为“这部书是值得翻印的”。

执教山东大学

1932年9月，国立青岛大学改名为国立山东大学，赵太侔任校长。1934～1937年周学普应赵太侔邀请执教山东大学外国文学系，任日文讲师。据《国立山东大学教职员调查表》（1936年9月2日）记载：“周学普，日文讲师（专任），别号‘企明’，京都帝国大学文学士，浙江大学法文讲师；到校年月1934年9月，月俸200元。”

周学普

时任外国文学系教授兼主任的是中国电影的先驱洪深，他是国立山东大学外文系第二任系主任。在山东大学，洪深开设了“英文”“英国文学史”“戏剧选读”“浪漫诗人”“莎士比亚”“戏剧概论”“大学戏剧”“小说选读”等课程。

当时的外国文学系只有一个英国文学专业。外国文学系课程，以英国文学为主，法、德或日文副之。关于英国文学除对英国之诗歌、戏剧、散文、小说分期作系统的研究外，还对莎士比亚、米尔顿、斯宝塞、兰姆各大家之作品单独设课程讲授。法文为外国文学系学生必选之，第二外国语为期三年，中国文学系课程，亦有数门为本系学生的必选以收互相参照研究之效。除了本系课程以外，还承担全校的公共英文以及法、德、日等外国语的教学。

外国文学系的教职员共8人。据1934年国立山东大学教职工名录记载：外国文学系主任洪深，教授为李茂祥、戴丽琳、赵少侯、葛其婉，讲师水天同、王国华、周学普等。

周学普担任第二外国语日文课程，当时外国文学系的第二外国语课程为法文、德文任选其一，开设日文为第二外国语课程的是中文系，开设时间两年，课程为一年级日文、二年级日文，共计16学分。1934年，徐中玉考入国立山东大学中文系，他是周学普的学生。晚年徐中玉曾在《学术乃渡筏　胞情融海峡》一文中回忆在山东大学的老师："过去只知有几位师友和老同学在台湾光复时前去任教，这就是抗战胜利后赴台工作的台静农、王哲安、周学普三教授，他们是我1934年在青岛山东大学时的老师，且都较熟。台老师教我《诗经研究》，王老师是王国维先生的弟弟，教过我两年英语，周老师是我的日语教授。"朱渝生在《怀念父亲朱世禔》一文中也提到了周学普："家父朱世禔是山东曹县人。1935～1937年就读于国立山东大学国文系，受业于台静农、叶石荪(叶麐)、周学普、颜实甫、老舍诸名师。"

陪萧军游崂山

周学普在山东大学接待了萧军，并与之同游崂山。1934年端午节的前一天，萧军和萧红到了青岛，在舒群的帮助下，住进观象一路1号。从此萧军、萧红与青岛结下了不解之缘，他们各自的代表作《八月的乡村》《生死场》都是在这里诞生的。

在萧军的生命历程中，有四次来到青岛。他第二次到青岛就是周学普为其安排住处，还与他同游崂山，并结为好友。1936年6月，萧红去了日本；8月初，萧军离开上海来到了青岛。据鲁海回忆："萧军拟来青岛从事写作。他接头了周学普，周为他在宿舍旁找了一间大屋子。当时的山东大学并无院墙，也分不出哪座屋子是在校内，哪座屋子是在校外，没有大白的界线……萧军说，周学普陪他去旅游了崂山。1934年，萧军、萧红在青岛的时候就憧憬崂山，这一次萧军实现了夙愿。”

没过多久，周学普回到了南方，萧军便独享了他那间位于二楼的单身教员宿舍，全无打扰地开始按部就班地实现事先制订的写作计划。萧军曾回忆道：“我到青岛，这次住在山东大学友人周学普的单人宿舍，正赶上放暑假，很清静。宿舍楼下有单杠、双杠、木马，还有200米跑道，我一个人常常从这头练到那头。”

在青岛，萧军在周学普宿舍创作了长篇小说《第三代》，还完成了《邻居》和《水灵山岛》两篇散文。

与学生季刊《刁斗》

1934年，国立山东大学外文系学生宋墨庵、柳乃瑞、李世昌、郭根等高班同学（三年级学生）成立了刁斗文学社，“以研究文艺，砥砺学术为宗旨”，编辑、出版《刁斗》文艺季刊，1934年3月出版了一卷一期，这是大型文学期刊，每期120～160页。《刁斗》第一卷出版了四期，第二卷出版了两期，后停刊。《刁斗》是纯文艺性质的文艺季刊，是当时在全国有影响的期刊，该刊内容主要为文学评论、创作和翻译作品。

为充实刊物的内容，学生还邀请教授撰写文章，梁实秋、老舍、赵少侯、周学普都曾在《刁斗》上发表过文章。1935年4月，在《刁斗》第二卷第一期上周学普翻译发表了列宁所写的论文《作为俄国革命之镜的托尔斯泰》，这在青岛是第一次全文发表列宁的经典之作。周学普在《刁斗》上还翻译发表了歌德的《牢狱》和自己创作的小说《浮士德本事》等文。

《刁斗》发行于1934年，共发行了6期，详细记录了当时国立山东大学文学思潮与创作的真实面貌，补充了文学期刊的空缺，为学校新文学的发展做出了积极贡献。

在山东大学任职期间，周学普还翻译发表了《德国的文学研究的沿革》《女性中心的沙龙生活》《高尔基的生涯和事业》《安特烈·纪德的路》等文。

翻译《哥德对话录》

周学普留学日本学习德国语言文学，归国后对翻译德国作家歌德的作品产生了浓厚的兴趣。在山东大学任职期间，他翻译出版了歌德的《浮士德》《赫尔曼与陀罗特亚》和《铁手骑士葛兹》等作品，还翻译出版了爱克尔曼所著的《哥德对话录》(1937 年 5 月初版，商务印书馆发行)。其中，周学普翻译的《哥德对话录》是中国最早的译本，直到 1978 年才有了朱光潜的新译本，惟书名改为《歌德谈话录》，两译本相隔已有 40 年。

周学普根据 1912 年柏林 FritzHeidel 书店书友丛书之 GerhardtMerian 编选本，利用 1936 年寒假，在一个月内完成了《哥德对话录》的翻译，于 1937 年由商务印书馆出版。周学普在《译者序》中道出了选择该版本的缘由："原书是数十万言的巨著，其中含有现今已被忘却的人物，书籍的批评，色彩学等的过于详细的说明，或太偏于专门的乏味的冗长的谈话等等，对于一般的读者，不免过于烦累。"因此，周学普的选本"简明扼要"。

周学普译《哥德对话录》

周学普为什么要译《哥德对话录》？他在《序》中写道："爱克尔曼所著的《哥德对话录》三卷是自从发表以来被视为研究哥德的珍贵的名著，与哥德的自传《诗与真实》同为研究哥德者必读之书。”周学普完全是因为“兴味上的关联”才来翻译这本《哥德对话录》的，他更愿意强调“哥德是莎士比亚般多方面的活动的伟人”。周学普在《序》中说：“我不揣简陋，于译成了哥德的《浮士德》和《铁手骑士葛兹》之后，因兴味上的关联，在前一个寒假的一个月内完成了这种翻译。”

周学普与朱光潜共话《哥德对话录》。1936 年 7 月 20 日，中华图书馆协会在青岛举行第一次年会，地点在山东大学。著名学者朱光潜是北京大学图书委员会的委员之一，来青岛参加了这次会议。周学普会晤了朱光潜，共同探讨了翻译《哥德对话录》事宜。朱光潜认为《歌德谈话录》是一本重要的著作，所以他于 1978 年也翻译了《歌德谈话录》。

周学普翻译的《哥德对话录》是选译本，注重呈现日常生活化了的歌德，使读者“仿佛和歌德晤谈，直接与其感情相接触，而察知其内在的生活”，周译本很好地保留了这一特色，因而显示出别样的趣味与眼光，给广大读者还原一个更真实的歌德。鲲西曾评价说：“每当我感到心中烦忧时，就想翻开周译本，随便看到哪一节都会让心情平静下来，犹如身临一股清泉那样沁人心脾。”周学普翻译的《哥德对话录》刚出版就赶上抗日战争爆发，书桌都难以安放，书亦随之默默无闻。

胡颂平在《胡适之先生晚年谈话录》一书中谈到了周学普的《哥德对话录》：

1961 年 2 月 7 日(星期二)，饭后，胡颂平向先生谈起，“最近读了周学普译的爱克尔曼的《哥德对话录》”先生说：“在我的《留学日记》里提起这本书。我以前读德文时读歌德的著作。”先生又说：“这部书是值得翻印的。”值得一提的是，上海教育出版社在歌德诞辰 250 周年之际，于 1998 年 9 月重新出版了周学普翻译的《哥德对话录》。

1937 年 10 月，周学普离开了山东大学。1946 年，应同乡许寿裳之邀到台湾，任台湾地区编译馆名著编译组编纂；1947 年编译馆撤废，转任国立台湾大学外国语言文学系教授。

（原载《山东大学报》2018 年 5 月 31 日）

梁实秋在山大开启译莎之门

2016年4月23日是莎士比亚逝世400周年。“凡是过去，皆为序章”(What's past is prologue)，习近平主席在访英期间就曾引用了莎士比亚的这句话。

莎士比亚

莎士比亚戏剧最早的白话文中译本，是田汉的《哈姆雷特》，发表在1921年的《少年中国》杂志上。之后，1926年张采真译《如愿》，1930年戴望舒译《麦克倍斯》。然而，在中国翻译莎士比亚的作品最具代表性的人物当数两人：一位是朱生豪，一位是梁实秋。朱生豪从1936年开始翻译莎士比亚作品，至1944年先后译有喜剧、悲剧、杂剧等31种，可惜他英年早逝，有若干历史剧和诗歌没有来得及翻译。梁实秋1930年开始着手翻译莎士比亚的戏剧，从1936年商务印书馆首次出版他翻译的莎士比亚戏剧7种，至1967年最终完成《莎士比亚全集》的翻译并出版，共历时37年。梁实秋是中国独自翻译《莎士比亚全集》的第一人。

众所周知，正是在国立青岛大学(两年后改为“国立山东大学”)，梁实秋开始了自己一生中最为人所钦仰，也是规模最为浩大的“工程”——莎士比亚全集翻译。在山东大学期间，他还创作了大量莎评文章，并把莎士比亚引进大学课堂，对于培养莎士比亚研究人才做出了贡献。

“先生”胡适倡导译莎

梁实秋翻译莎士比亚主要是由于胡适的倡议。如果说梁实秋这一辈子只崇拜过一个人，那么这个人一定是胡适；如果说梁实秋只对一个人感恩，那么这个人也一定是胡适。梁实秋在《怀念胡适先生》一文中写道：“胡先生长我十一岁，所以我从未说过‘我的朋友胡适之’，我提起他的时候必称先生，晤面的时候亦必称先生。”

胡适

梁实秋和胡适的交往应该是1927年在上海共同参加“新月社”期间。胡适是“新月社”的精神领袖，梁实秋是里面最年轻的参与者之一。梁实秋的夫人程季淑与胡适同乡，更加深了他们的友谊。梁实秋在《胡适先生二三事》中有一段话：“吾妻季淑是绩溪程氏，我在胡先生座中如遇有徽州客人，胡先生必定这样介绍我：‘这是梁某某，我们绩溪的女婿，半个徽州人。’”1930年9月至1934年8月，梁实秋执教国立青岛大学，任外国文学系主任兼图书馆馆长。其间，在胡适的建议和推动下，他开始翻译莎士比亚作品。

梁实秋原来对莎士比亚的认识也甚为有限，据梁实秋回忆：“我在清华读书的时候，读过《哈姆雷特》等几个戏，在美国读书的时候上过哈佛的吉退之教授的课，他教我们读了《麦克白》与《亨利四世上篇》，同时看过几部莎氏剧的上演。我对莎士比亚的认识仅此而已。翻译莎氏全集是想都不敢想的事。”

1930年，在中基会（即美国庚款委员会）召开的第六次年会上，设立了编译委员会，并聘请胡适担任该会的主任委员。编译委员会成立后，胡适倡导成立一个“莎士比亚的戏剧全集翻译会”。

1930年8月，胡适应校长杨振声邀请访问国立青岛大学。其间他应宋春舫邀请，住在宋家里，并有幸参观了其藏书楼“褐木庐”，遂提议梁实秋、闻一多译莎。梁实秋曾回忆道：“我记得藏书是以法文戏剧为主。所有的书都是精装，不全是 buckram（胶硬粗布），有些是真的小牛皮装订，烫金的字在书脊上排着队闪闪发亮。”“褐木庐”所藏莎士比亚原版戏剧书籍，也成为梁实秋翻译莎剧的第一手资料。

1931 年 1 月 24 日，胡适再次来到青岛，开始紧张筹划《莎士比亚全集》翻译的事务，并与杨振声、闻一多、梁实秋等进行多方面会谈，大致取得了共识。胡适在 1931 年 1 月 25 日的日记里也记载了当时情景：“船到青岛……闻一多、梁实秋来接……谈翻译 Shakespeare（莎士比亚）的事，畅快得很。”第二天，“与一多、实秋谈翻译 Shakespeare（莎士比亚）的事，他们都很热心”。他们连翻译的格式都议论了一番：“大致是决定用散文，但也不妨用韵文试译几种，如‘Tempest’（《暴风雨》）之类。”

初步拟定之后，梁实秋和闻一多着手拟定了译莎翁全集办法，决定由闻一多、梁实秋、陈通伯、叶公超、徐志摩五君组成翻译莎翁全集委员会，并拟请闻一多为主任；暂定五年全部完成（约计每人每半年可译成一部）。可惜，这项大工程最终没能如愿。实际上，此后大家都未能按原计划“译莎”，当年的暑假也未能在北平召开第一次年会。据梁实秋后来回忆：“通伯不肯参加，志摩在二十年十一月里就不幸逝世，公超、一多志不在此，结果只剩下了我一个人孤独地开始这漫长艰巨的工作。”

从英国购书，建起莎士比亚图书室

梁实秋之所以翻译莎士比亚的作品，一方面是对莎剧的酷爱，另一方面认识到确实有必要把它翻译到中国来。对于译莎，他从一开始态度就十分积极。梁实秋当时住在青岛鱼山路 7 号，他除了每周教 12 个小时课之外，就开始着手翻译。

因为当时国立青岛大学新创办，图书馆里的资料也很少，梁实秋曾说：“我开始的时候参考资料是如何的贫乏！我那时有的只是一股热心，我想愚公可以移山，我也一步一步地去做，做多少算多少，至少对于我自己是件有益的工作。”所以他兼任图书馆馆长期间，广泛搜集莎士比亚戏剧书籍资料，还亲自到上海为图书馆选购图书，建立了莎士比亚图书室。1931年3月26日，梁实秋复信胡适，其中写道：“译莎翁事在暑假前必定做出一点成绩，我已去买一批应用的书，现在还没来。”梁实秋还积极与英国一家旧书店建立了联系，经常购备一些平常不易见到的图书，仅《莎士比亚学会论文集》就弄到一大堆，这些印刷品相当陈旧，但内容极具价值。日积月累，图书室就收藏了很多莎翁著作，中文、外文的各种版本都有，且有许多珍藏本，在学术界闻名一时。梁实秋曾说：“我的收藏虽然还很寒酸，比起国内任何大学图书馆都还要壮观些。”山东大学图书馆也成为当时师生学习、研究莎士比亚的重要窗口。

梁实秋译莎虽不能逐字翻译，至少尽可能逐句翻译，绝不删略原文，同时还尽可能保留莎剧的特点。梁实秋译作的最早读者是他的妻子、女儿。她们读译作都感吃力，妻子程季淑建议改为流畅的中文，翻译得通俗些。梁实秋说：“不成，莎士比亚就是这个样子，需要存真。”另外梁实秋说：“原文多猥亵语，悉照译，以存其真。”他在翻译时不回避，不掩饰，更不删除，还雅以雅，还粗俗以粗俗，坚持“保持莎氏原貌”，以反映当时英国的风土人情。

另外，梁实秋在译莎时加注也是一大特点，加注还是胡适的建议。梁实秋说：“开始翻译时，我想不加注解而能使读者明了译文。译了几本之后，胡适先生要求我加注解。我就补加了。所以最初译的四五本注解较少，以后越加越多，前后并不一致。”莎剧具有丰富的文化内涵，梁实秋抱定“存真”的态度来翻译，力求将文化的再现达到最大值。但隔着文化分水岭，他只有借助更多的注释和字句，因而他的翻译中存在大量的欧化长句和注释，这对莎剧的考据和研究大有裨益。

梁实秋最早译成的《哈姆雷特》《麦克白》《李尔王》《奥赛罗》《威尼斯商人》《如愿》《暴风雨》在1936年5～11月陆续由商务印书馆出版。抗战期间他译了《仲夏夜梦》，抗战胜利后交商务印书馆，因通货膨胀，没有出版。抗战胜利后，他又译了《亨利四世》上、下篇，上篇在台湾的明华书局出版。1967年，梁译《莎士比亚全集》才最终完成出版，这是梁实秋对于中国文化杰出的贡献。

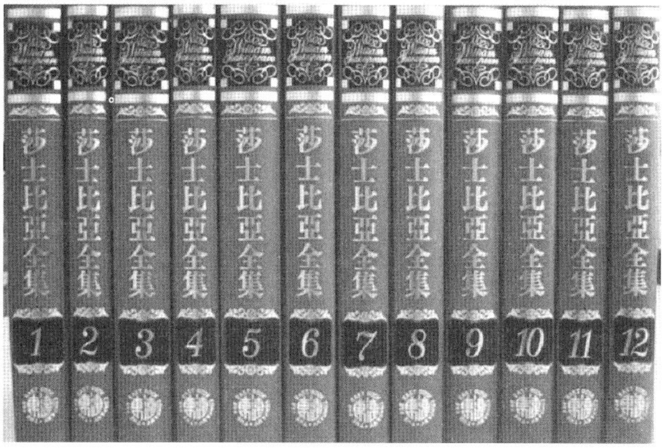

梁实秋译《莎士比亚全集》

夫人程季淑陪伴左右37年

梁实秋的妻子程季淑，是莎译漫漫长途中陪伴他、体贴他唯一之人。梁实秋在《槐园梦忆》中写道："我的莎士比亚翻译在这时候开始，若不是季淑的决断与支持，我是不敢轻易接受这一份工作的。她怕我过劳，一年只许我译两本，我们的如意算盘是一年两本，二十年即可完成，事实上用了我三十多年的工夫！"

梁实秋的妻子程季淑温柔贤惠，既有新女性的视野和知识，又有传统女性的贤惠与忠诚。贤惠的程季淑将一切事务打理得井井有条，梁实秋过得逍遥自在，很少操心家务事。正如梁文茜所说："我的母亲是他翻译工作的幕后支持者，她无怨无悔、任劳任怨地为父亲安排一个舒适安恬的家，让父亲可以致力于他的工作。"

在梁实秋翻译时长久伏案不知时刻，程季淑不时地喊道："起来！起来！陪我到院里走走。"她这是让梁实秋休息。每当梁实秋译成一剧，即将手稿交给妻子，程季淑便用纳鞋底用的锥子在稿纸边上打洞，然后用线钉缝成线装书的模样。梁实秋回忆说："我翻译莎氏，没有什么报酬可言，穷年累月，其间也很少得到鼓励，漫漫长途中陪伴我体贴我的只有季淑一人。"

1967年8月，梁实秋完成了37本莎士比亚全部戏剧作品的翻译，由台湾远东图书公司出版。为此，8月6日在台北举行了盛大庆祝会。会上，谢冰莹致辞时说:“莎氏全集的翻译之完成,应该一半归功于梁夫人。”世界画刊的社长张自英在画报上刊登程季淑的照片时也用文字注明说:“大家认为梁先生的成就,一半应归功于他的夫人。”

1967 年梁实秋、程季淑在《莎士比亚全集》出版庆功会上

在山大首开莎士比亚课

梁实秋在山东大学开设了莎士比亚课,他是把莎士比亚引入大学课堂最早的学者之一。1932 年 8 月,梁实秋为山东大学外文系三年级的学生首开莎士比亚课,该课程设置为 6 学分,分两年讲授。据《国立山东大学概览(1935 年)》记载:本学程讲述莎士比亚之生平、其时代及当时之剧场。选读剧本包括《哈姆雷特》《麦克白》《亨利四世》《皆大欢喜》《暴风雨》《奥赛罗》《李尔王》《威尼斯商人》《仲夏夜之梦》《朱利叶斯凯撒》《科利奥兰纳斯》等 12 种,每年讲授 6 种,轮流开班,故学生得连续学习两年,注重其特殊之词义及文法。

梁实秋为什么要开设莎士比亚课?1932 年 11 月,梁实秋在《介绍两种莎士比亚书目》一文中,分析了开设莎士比亚课程的重要性以及莎士比亚在国内的研究现状。他认为,莎士比亚是英国的国家诗人,所以研究英国文学而忽略莎士比亚，简直是探龙颔而遗骊珠。“一般人大概只是习闻莎士比亚的大名而莫测高深。一般大学之英文系学生用心读过莎士比亚作品六种以上者，恐不多见……在大学担任‘莎士比亚’课程的教授，虽不必即是莎士比亚专家，照理总该是对于此道路略窥门径，方能胜任愉快，而是否尽属如此，天知道！各大学图书馆藏有一套以上像样的《莎士比亚全集》的，已经算是很不错了，讲到研究的工具，比零稍多就是了。”

梁实秋在开设莎士比亚课之初，因翻译莎士比亚全集，对莎剧已经有了透彻的研究，再加上他搜罗了大量的莎士比亚研究资料，对课程开设所需的教材、各种参考书有充分准备，他选用的教科书为《莎士比亚选集》(克雷格版)。梁实秋的学生王昭建曾回忆说：“他讲课紧凑而从容，质高而量足。有组织有层次、语言精确、形象，给人以深刻的印象……讲授莎士比亚课，全面地讲了莎翁，精讲了他的主要剧作。”1934 年 6 月，外文系首届两名学生蔡文显、丁金相的毕业论文就是以莎士比亚戏剧为选题，并在梁实秋的指导下完成的；他的学生李子骏还在 1934 年创办的学生季刊《刁斗》上发表了论文《莎士比亚的悲剧之实质》。值得一提的是，受梁实秋的影响，蔡文显后成为英国文学及莎士比亚研究专家。

梁实秋晚年曾在《槐园梦忆》一文中写道：“青岛四年之中我们的家庭是很快乐的。我的莎士比亚翻译在这时候开始。”这项开始于山东大学的翻译莎士比亚全集工作，在梁实秋全部事业中所占地位太重要了，所以他终生都念兹在兹、始终不能释然于怀。他翻译《莎士比亚全集》不仅历时长、工程大，而且尚有鲜为人知的奇特经历。因此，山东大学对梁实秋来说有特殊的纪念意义，山东大学是成就他闻名世界的翻译家美名的滥觞之地。

（原载《齐鲁晚报》2016 年 4 月 21 日）

孙大雨与梁实秋交往轶事

孙大雨与梁实秋同为清华大学学友、“清华文学社”成员、“新月派”的诗友，彼此非常熟悉和了解。因翻译莎士比亚剧作，梁实秋聘孙大雨来青岛任山东大学外文系教授，后因译莎二人产生分歧。梁实秋认为应以散文体翻译，孙大雨则认为应以诗体翻译，二人互不相让，不欢而散。不过，梁实秋和孙大雨的分歧仅仅是因为对莎士比亚的认识和理解不同，并无个人的恩恩怨怨，所以他们在晚年都有所认识和反省。

孙、梁为清华学友

梁实秋是孙大雨的清华学长，也是“新月”同仁，彼此非常熟悉和了解。孙大雨(1905～1997)，原名孙铭传，浙江诸暨人。1922年秋，孙大雨进入北京清华学校高等科后不久，就加入以闻一多、梁实秋、顾一樵为骨干的“清华文学社”。梁实秋比孙大雨高三年级，是他的学长。

孙大雨同闻一多、梁实秋等“清华文学社”成员住在西单梯子胡同两间房内，朝夕相处。孙大雨晚年回忆说：“那时在清华校园里文学活动十分活跃，我们经常聚在一起讨论新文学的有关新问题，并在《清华周刊·文艺副刊》上发表诗文。当时我与闻一多讨论较多的是有关诗的格律问题，而与梁实秋议论的则是有关莎士比亚戏剧的翻译问题，尽管那时的见解还不成熟。”

梁实秋

孙大雨

孙大雨别号子潜，因此和社内的朱湘(号子沅)、饶孟侃(号子离)、杨世恩(子惠)三人，被闻一多称为诗坛“清华四子”。以后这四人又参与以徐志摩为首的“新月诗派”，故又被称为“新月四子”。

由于闻一多、梁实秋相继留美，《清华周刊·文艺增刊》一度停刊，后经孙大雨努力，于1924年10月17日复刊。梁实秋得知后，十分高兴，多次从美国寄来诗文发表以示支持。1926年孙大雨赴美国留学，曾先后在美国达德穆文学院和耶鲁大学研究院学习英国文学。在耶鲁，孙大雨沉迷在英美文学之中，特别是对英诗和莎士比亚情有独钟，他用自己节省下来的官费，购买了大量的英诗和莎士比亚原版剧作。他1930年回国，先后在武汉大学、北京大学等校任教。

1927年春，梁实秋与胡适、徐志摩、闻一多等人创办新月书店，次年又创办《新月》月刊，“新月派”的主要活动转移到了上海。徐志摩出任“新月派”诗刊《新月》主编，孙大雨是《新月》的重要作者之一。徐志摩在《序语》中说：“想斗胆在功利气息最浓厚的地处与时日，结起一个小小的诗坛，谦卑地邀请国内的志同者的参加，希冀早晚可以放露一点小小的光”。他更欣幸于“五年前的旧侣，重复在此聚首”。而这“五年前的旧侣”之中，就有刚回国的孙大雨。孙大雨的三首十四行诗则显赫地置于篇首。

孙大雨受聘执教山大

1930年4月，国民党政府任命杨振声为国立青岛大学校长，邀请了闻一多、梁实秋二人同到国立青岛大学执教。正是在国立青岛大学，梁实秋开始了自己一生中最为人所钦仰、也是规模最为浩大的“工程”——莎士比亚全集翻译。

1930年8月，胡适应国立青岛大学校长杨振声邀请访问青岛，期间提议闻一多、梁实秋翻译莎士比亚全集。1930年年底，中华教育文化基金董事会（即美国庚款委员会）开第6次年会，胡适拟订了一个计划，准备成立一个翻译莎士比亚全集的专门委员会，由闻一多任主任，成员有徐志摩、叶公超、陈源、梁实秋，共5人。然而，由于时局不靖，大多数成员未能按计划进行。

梁实秋原来对莎士比亚的认识也甚为有限，只在读书时读过《马克白》《亨利四世》等几个剧本，但他认为翻译莎剧乃极有意义。于是，梁实秋想完成此项事业，并力邀一些有实力的人才加入，以便早日完成莎士比亚全集翻译，遂想到了他的清华同学孙大雨。

孙大雨早在1931年就翻译了莎士比亚的一些剧作，其中有《黎琊王》（节译）、《罕姆莱德》（第三幕第四景），这些分别发表在徐志摩主编的《诗刊》第二、三期上。当时徐志摩对孙大雨的翻译就给以很高的评价，认为孙大雨的译笔矫健、了解透彻，“这是我们翻译西洋名著最郑重的一个尝试；有了他的贡献，我们对于翻译莎士比亚的巨大事业，应得辨认出一个新的起点”。

缘此，1933年8月孙大雨应国立山东大学外文系主任梁实秋之邀，从北平赴青岛任教。

因译莎起纷争

孙大雨到青岛后，住在登州路，离在鱼山的山东大学还有一段路。他讲授英国文学课，也从事一些翻译工作。授课之余孙大雨和梁实秋等学者，常到宋春舫的“褐木庐”，畅谈莎士比亚和英美文化。但在莎士比亚戏剧翻译问题上，孙大雨与梁实秋产生了严重的分歧。梁实秋认为应以散文体翻译，而孙大雨则认为应以诗体翻译，两人各抒己见，谁也说服不了谁。

宋春舫先生的藏书楼褐木庐

孙大雨晚年在《暮年回首——我与梁实秋先生的一些交往》一文中，回忆了山东大学期间与梁实秋就翻译文体之间的分歧："梁先生认为：莎剧有严谨格律的每行五音步的素体韵文（他称为'无韵诗'），用中文无法移植……他在实践上也是把莎翁有格律的戏剧诗译成了散文的话剧，尽管以梁先生的学养，他的散文译笔很不错，但毕竟与原作的风貌有所不符。当时，我就不同意他的观点，我认为可以找到中文的恰当形式去翻译莎剧的素体韵文。"孙大雨最后写道："既然莎剧原文大体上是用有格律的素体韵文写的戏剧诗或诗剧，那么译成中文也应当呈现他的本来面目，译成毫无韵文格律的话剧是不合适的，因为原文韵文行的节奏，语言流的有规律波动，若变成散文话剧，或莫名其妙的分行的散文的话剧，便丧失了原作的韵文节奏，面目全非了。"

孙大雨坚持用"音组"理论来解释莎剧诗行中的"音步"之说，力图展现出莎士比亚剧作的诗剧特质和独特意蕴。卞之琳为自己译的莎士比亚剧作说明时，特别指出：译者首先受益于师辈孙大雨以"音组"律译莎士比亚剧的启发，才进行了略有不同的处理实验。

由于对莎士比亚翻译理念和方式的不同，导致了梁实秋与孙大雨紧张的关系，加上孙大雨为人性格比较豪爽、粗犷、率直、固执。在课堂上孙大雨对梁实秋的散文体翻译提出了批评，这件事传到了梁实秋的耳朵里，最终导致一学期结束后，孙大雨没有接到聘书，离开了青岛。

梁实秋和孙大雨的分歧仅仅是因为对莎士比亚的认识和理解不同而引起的，并无个人的恩恩怨怨。所以他们在晚年都有所认识和反省。梁实秋晚年在《略谈〈新月〉与新诗》一文中写道：《诗刊》只出了四期，是在1931年左右刊发的。那时我和一多在青岛，《诗刊》的集稿由志摩一手包办……这时候还有一位孙大雨，他写诗气魄很大，态度也不苟且，他给《诗刊》写诗，好像还写过一首很长的诗，这该是第一首长诗的出现。孙大雨还译过莎士比亚的《李尔王》，用诗体译的，很见功力。孙大雨也曾回忆道："当时都是因为年轻，涉世不深，我在课堂上也随意批评了梁先生所认为的中文无法移植莎剧五音步素体韵文的观点，传入了他的耳内后，遂引起了梁先生的不快，于是有了学期结束后不再发给我聘书的结果。现在客观地来看这件事，只能归结于当时双方都是年少气盛的缘故。"

在青岛梁实秋就开始埋头翻译莎士比亚，到抗战前夕梁实秋共完成了8部，4部悲剧4部喜剧。1936年，商务印书馆开始出版梁译莎剧，到1939年，相继出版了《哈姆雷特》《马克白》《李尔王》等8部。1967年，梁实秋译《莎士比亚全集》才最终完成出版。孙大雨离开山东大学后，历任浙江大学、暨南大学外文系教授，中央政治学校英语教授兼主任。他自1935年用格律韵文翻译发表了《李尔王》后，还翻译了《罕穆莱德》《奥赛罗》《麦克白斯》《冬日故事》《暴风雨》《罗密欧与朱丽叶》《威尼斯商人》等8部莎士比亚剧作，成为我国著名的文学翻译家和莎士比亚专家。

（原载《齐鲁晚报》2016年2月25日）

法文翻译家赵少侯

赵少侯(1899～1978),浙江杭州人,文学家、翻译家、作家。1919年北京大学法文系毕业后留校任教,后到法国里昂大学留学。1931年8月应聘来国立青岛大学外国文学系任讲师,后晋升为教授。

赵少侯

赵少侯在国立青岛大学外文系开设的课程是第二外国语——法文。他曾留学法国,有很深的法语造诣,所开设的法文课很受欢迎,包括老舍也忍不住要跟着学,而且还要按时交作业。据老舍的学生章棣回忆:“舒先生求知欲很强。有一次赵少侯先生上法语课,我们发觉他也在旁听。后来他向别人说:‘学然后知不足,教然后知困。我要扎扎实实跟赵先生学法文,以便得到更多的知识。’他的这种好学精神,让我们对他更加尊敬。”赵少侯授课的同时,在1935年上半年还指导过4名外文系学生的毕业论文。赵少侯是老舍的朋友,二人相识于1934年秋,彼此结下了终生的友谊。两人都是满族人,同执教于国立山东大学文学院,共创《避暑录话》,合著《天书代存》,彼此为府上常客。

在国立青岛大学，赵少侯开启了他的法语传译之路，开始以一名翻译家的身份出现。授课之余，赵少侯于1932年开始发表译作，先后翻译出版了《迷眼的沙子》《山大王》和《恨世者》等作品，这应该是他从事翻译工作以来的第一批作品。梁实秋曾举荐出版赵少侯译作《恨世者》，于1933年致函出版家舒新城先生，热情介绍并具体建议先连载再出单行本。该书于1934年7月由南京的正中书局出版。梁实秋1933年致函出版家舒新城先生的信原文如下：

> 兹另包挂号寄上赵少侯先生译《恨世者》一稿。赵君系敝校法文教授，文学造诣颇深，在新月曾刊《迷眼的沙子》一册，在商务曾印《山大王》一册，均蒙好誉。彼现因需款，欲将此稿售与贵店。如蒙接收，可在明年贵店出版之《大中华杂志》逐期刊载，可印单本，作为世界名著丛书之一。此稿经弟校阅无讹，可为担保。稿费多少悉听酌裁，乞勿却为祷。

到了20世纪50年代，赵少侯的成果最为丰硕。他的译作除了一些长篇小说和莫里哀的剧本之外，以莫泊桑、法朗士和都德等作家的中短篇小说居多，其中，莫泊桑的中短篇小说选译了22篇，它们基本上都是集思想性和艺术性于一体的精品。

赵少侯不仅是翻译家，而且还是一位作家，在国立山东大学，他积极进行文学创作活动。1934年，外文系学生季刊《刁斗》创刊，赵少侯教授应学生邀请在第1卷第1期发表了他的文学评论论文《曾仲鸣著法国的浪漫主义》，在第2、3、4期上分别发表了他的评论文章《法郎士的真面目》《罗曼罗兰评传》和《法郎士论法国古代民歌》，还在第1卷第2期上发表了翻译文章《巴格节的红鸡蛋》。

1935年夏天，赵少侯和老舍、洪深等12位文人共创《避暑录话》，并在《避暑录话》发表了《无题》《旧都避暑记》《傻瓜》和《古都避暑记（续）》4篇文章。1936年夏，他和老舍还合著了长篇书信体小说《天书代存》，是《牛天赐传》的续集。

为了活跃学校的气氛，在教书育人之余，杨振声校长呼朋聚饮，三日一小饮，五日一大宴，豁拳行令，三十斤花雕一坛，一夕而罄；有时还结伴远征，自谓“酒压胶济一带，拳打南北二京”。杨振声和朋友们饮酒行令的风雅之事成为当时一大趣闻，他们也因此被称作“酒中八仙”。赵少侯是“酒中八仙”之一，黄际遇曾为其撰写一联：“芝草无芳，三年不笑；鲁酒之薄，一醉为艰。”赵少侯善饮，且酒量很大。据臧克家回忆：“青岛有个颇有点名望的餐馆，名叫厚德福，据说梁实秋先生就是它的股东之一，我们在这儿聚过餐。文友中，赵少侯先生酒量最大，家中酒罐子一个又一个。老舍先生也能喝几杯，他酒量不大，但划起拳来却感情充沛，声如洪钟。”黄际遇《万年山日记》中也多次提到与杨振声、梁实秋、赵少侯宴饮之事，如：“1932 年 10 月 19 日，晚赵少侯招实秋与予二人小饮可可斋，邀侣三五买醉小楼，是寒素寻欢较善方法。”“1934 年 5 月 18 日，晚实秋速客厚德福，席散偕少侯、茂祥缓步返寓斋。多食停胃，寝中不静。”

1936 年 10 月，赵少侯辞去国立山东大学教职，奔赴北京。中华人民共和国成立后，任人民文学出版社编辑。

梁实秋与沈从文

梁实秋在《忆沈从文》两篇短文中描述道："我记忆中沈从文瘦小而弱，身体很坏，脸色苍白，常常流鼻血，一流鼻血脸就更苍白了。""从文虽然笔下洋洋洒洒，却不健谈，见了人总是低着头羞答答的，说话也是细声细气。"

梁实秋与沈从文同为新月派同仁，曾同在中国公学教书，后到青岛两人又同在国立青岛大学（山东大学前身）任教，但是梁实秋和沈从文并无过深的交往，正如梁实秋所说："我和沈从文不很熟。"但沈从文在中国文坛上的地位，却不容梁实秋忽视。梁实秋在晚年曾写过两篇回忆沈从文的文章，寥寥数语颇令人唏嘘。

结识于文章结缘于"新月"

梁实秋是我国现代著名的散文家、学者、文学批评家、翻译家。他祖籍浙江余杭，1903 年 1 月出生于北京。1915 年夏，梁实秋考入清华大学，1923 年 8 月赴美留学，专攻英语和欧美文学，取得哈佛大学文学硕士学位。回国后，先后任教于南京东南大学、国立青岛大学（后改为国立山东大学）、北京师范大学。1949 年 5 月移居台湾，先后任台湾省立师范学院（1955 年 6 月 5 日改制为台湾省立师范大学）英语系主任、台湾省立师范大学文学院院长。1987 年 11 月 3 日病逝于台北。

沈从文 1902 年出生于湖南凤凰。作为 20 世纪中国文学史上屈指可数的文学大师之一，沈从文的学历并不像梁实秋那般耀眼。他 1917 年参加湘西靖国联军第二军游击第一支队，1918 年从家乡小学毕业后，随当地土著部队流徙于湘、川、黔边境与沅水流域一带，后正式参军。1922 年，脱下军装后的沈从文来到北京，他渴望上大学，可是仅受过小学教育，又没有半点经济来源，只能在北京大学旁听。1923 年，报考燕京大学国文班，未被录取，继续在北京大学旁听。

1924年，沈从文开始进行文学创作，撰写出版了《长河》《边城》等小说，他所独辟的“湘西世界”，是20世纪中国文学的永恒意象和美好的回忆之一。1931年，沈从文到青岛大学任教，全面抗战爆发后到西南联大任教，1946年回到北京大学任教，中华人民共和国成立后在中国历史博物馆和中国社会科学院历史研究所工作，主要从事中国古代历史与文物的研究。1988年病逝于北京。

沈从文

沈从文与梁实秋的结识源于文章

1925年10月～1926年10月，徐志摩主编《晨报副刊》。其间沈从文用笔名休芸芸投来小说稿，他用细尖钢笔书写，字体挺拔娟秀，深得徐志摩赞誉。当时，梁实秋也给《晨报副刊》写过稿子，与徐志摩有些交流。徐志摩将沈从文的小说稿拿给梁实秋看，梁实秋也便知道了沈从文其人。

1927年春，胡适、徐志摩、闻一多等人创办新月书店，次年又创办《新月》月刊，担任编辑的梁实秋与撰稿的沈从文成为“新月同仁”。梁实秋曾在《忆沈从文》一文中回忆起两人的初次结识：“后来我们办《新月》月刊，沈从文新长篇小说《阿丽思中国游记》在月刊上发表，每期写一万五千字。当时他很穷，来要稿费，书店的人说要梁先生盖章才行。沈从文就找到我家来了，他人很奇怪，不走前门按铃，走后门，家里的佣人把收据给我，我看是‘沈从文’，盖了章。后来我想下来看看他，但是他已经走远了。”

据史料披露，梁实秋对沈从文多少也有一些帮助。沈从文的短篇小说《我的教育》《牛》《灯》《绅士的太太》，文论《郁达夫张资平及其影响》等，都是梁实秋负责编辑《新月》时经手编发的。可以说这些作品的刊发，对于沈从文步入文坛起到了重要作用。

闲暇时，沈从文与梁实秋等同仁也经常聚集在新月书店。据余上沅夫人陈衡粹回忆：“新月的同仁如胡适、闻一多、梁实秋、徐志摩、邵洵美、饶孟侃、叶公超、沈从文、潘光显、罗努生(隆基)等等,每每聚集在书店里高谈阔论。”

共同执教中国公学

1928年4月,胡适任中国公学校长后,受其邀请,梁实秋任外国文学系教授。1929年8月,经徐志摩介绍,胡适同意,沈从文被聘为中国公学讲师,主讲大学部一年级小说习作、新文学研究等选修课程。他小学毕业,纯靠自学登上大学讲台,不能不说是一个传奇。如果没有徐志摩的力荐和胡适的胸襟,也许沈从文一辈子都进入不了大学的门槛。

沈从文不善言辞,在上第一堂课之前,他准备了丰富的资料。选他课的有20多人,但由于他在文坛上已崭露头角,许多人便慕名而来,台下坐满了黑压压的一片。众目睽睽之下,沈从文的脸憋得通红。就这样,他站在讲台前,久久说不出话来,足足僵持了10分钟。后来,预定1小时多的授课内容,他在10多分钟内便全部讲完。他只得拿起粉笔,在黑板上写道:“我第一次上课,见你们人多,怕了。”下课后,学生议论纷纷,这一轶事也传到了校长胡适耳朵里。胡适笑着说:“上课讲不出话来,学生不轰他,这就是成功。”

在中国公学教书期间,沈从文爱上了一位名叫张兆和的女生。张兆和来自姑苏,出身名门,刚从预科升入大学部英语系一年级,被人誉为“黑凤”,她是梁实秋的学生。据梁实秋回忆:“他班上有个女学生叫作张兆和,也是我的学生。沈从文喜欢她,写信给她,她没看,都放在一个匣子里。沈从文平时不太与人交往,追求张兆和不成时,曾要跳楼自杀,这是学校里的人说给我听的。张兆和不胜其扰,就把一满匣的信拿去给校长胡适,说你的教员写信给我,造成我很大的困扰。胡适问她预不预备回信?她说不回,胡适说,你不妨看看他的信,要不要交往?喜欢也可交往,不喜欢也不是太大的错。张兆和回家看信是写得真不错,开始交往,这就是现在的沈从文太太。”

张兆和

青岛共事生过节

1930年4月，杨振声被任命为国立青岛大学校长，在大学筹备期间，他亲自到上海去物色教师。杨振声通过闻一多认识了梁实秋，求贤若渴的杨振声深知梁实秋的学术造诣，所以立即邀闻一多、梁实秋二人同到青岛大学执教。他极力向闻一多和梁实秋推荐青岛，“上海不是居住的地方，讲风景环境，青岛是全国第一”，不妨“先尝后买”。

梁实秋后来回忆说：“他（杨振声）要一多去主持国文系，要我去主持外文系，我们当时唯唯否否，不敢决定。金甫力言青岛胜地，景物宜人。我久已厌恶沪上尘嚣，闻之心动，于是我与一多约，我正要回北平省亲，相偕顺路到青岛一觇究竟，再作定夺。”没想到，这一看立刻就认定了“这地方在天时、地利、人和三方面都够标准，宜于定居……一言以决，决定在青岛任教”。

暑假过后，梁实秋如期至青。随同他一起来的，还有夫人程季淑和长女梁文茜、次女（1933年不幸夭折）、儿子梁文骐。

梁实秋担任外文系主任兼任图书馆馆长，工作十分忙碌。那时候，年轻俊朗的梁实秋天天步行到校，身着中式裤褂和飘逸长袍，行走于崎岖小路，风神潇洒，旁若无人。除了教学，梁实秋更多的时间用在读书、写作和翻译上。

1931年8月，沈从文由胡适推荐也到了国立青岛大学任教，担任文学院中文系讲师，开设中国小说史和高级作文课程。与沈从文同时应聘到文学院的还有讲师赵少侯、游国恩、杨筠如、梁启勋、费鉴照。

沈从文与梁实秋又有了一年多的同仁之雅。其实，早在一年多前，杨振声就曾邀沈从文前去任教，沈从文接受了路费，却未能成行，而去了武汉大学。

此次到青岛后，沈从文租住在福山路国立青岛大学教师宿舍（今福山路3号）。沈从文曾回忆道：“房屋刚粉刷过，楼前花园里花木尚未栽好，只在甬道旁有三四丛珍珠梅，剪成蘑菇形树顶，开放出一缕缕细碎的花朵，增加了院中清韵风光。”《新月》杂志的主编叶公超来青岛，曾为他在楼前拍摄了一张照片。他说，这座小楼住着12个人，沈从文是讲师，有单独的房间。由于青岛比较潮湿，沈从文就给自己的居室起了个雅号“窄而霉斋”。

在青岛，沈从文因创作小说《八骏图》与梁实秋交往不密。沈从文创作《八骏图》的起因源于国立青岛大学的“酒中八仙”。当时杨振声为校长，每逢闲暇，便与闻一多、梁实秋、赵太侔、陈季超、刘康甫、邓仲存、方令孺等几位志同道合的教授聚集一堂，开怀畅饮。据梁实秋回忆，他们八位几乎是“三日一小饮，五日一大宴，豁拳行令，三十斤花雕一坛，一夕而罄”。由于性格不喜热闹，沈从文从不参与这样的宴饮，甚至还有点儿反感，他以此为素材创作了小说《八骏图》，对小说中的甲、乙、丙、丁等教授的生活予以讽刺。

《八骏图》里的八骏，指的是八位教授，他们有的是物理学家，有的是生物学家、哲学家、史汉学家、六朝文学专家等。小说说他们外表上“老诚”“庄严”，满口的“道德名分”，却与他们不能忘怀的世俗的情欲有着冲突。作品通过不同情节，揭示了他们道德观的虚伪性。由于他把笔伸向了教授家庭生活，又有些挖苦之意，因此引起了一些敏感人士的不满。沈从文在《八骏图》中影射的究竟是谁，历来众说纷纭，据美国汉学家金介甫先生考证，《八骏图》中有梁实秋、闻一多等人的影子。

因为有了这样一个过节，后来沈从文与梁实秋的关系并不十分融洽，但梁实秋却并未因此心存芥蒂。晚年，梁实秋在《忆沈从文》一文中回忆了当年与沈从文在青岛大学的那段难忘岁月，其中有一段话颇能说明梁实秋对沈从文的认识和了解：“从文一方面很有修养，一方面也很孤僻，不失为一个特立独行之士。像这样不肯随波逐流的人，如何能不做了时代的牺牲？”

后来，沈从文在《水云》中写道：“《八骏图》和《月下小景》结束了我的教书生活，也结束了我海边孤寂中的那种情绪生活。两年前偶然写成的一个小说，损害了他人的尊严，使我无从和甲乙丙丁专家同在一处继续共事下去。”

尽管与同事相处不洽，但沈从文在青岛却收获了爱情。1932 年夏天，沈从文终于得到了苦苦追求四年的张兆和的芳心，两人情定终生。之后，张兆和从苏州来到青岛，在青岛大学图书馆内编英文书目，也成了梁实秋的部下。

在青岛的这个时期，也是沈从文文学创作的一个高峰期，他在《忆青岛》一文中写道：“在青岛那两年中，正是我一生中工作能力最旺盛，文字也比较成熟的时期，《自传》《月下小景》，其他许多短篇也是这时写的，返京以后着手的如《边城》——也多酝酿于青岛。”

阔别多年笔忆往昔

1933 年 7 月，沈从文离开了国立青岛大学，与杨振声一起主编《大公报·文艺副刊》，还做杨振声的助手，一起编写国文教科书。1934 年 8 月，梁实秋在胡适和其父的多次催促之下，才依依不舍地离开了青岛，赴北京大学任教。

1938 年，梁实秋应教育部次长张道藩的邀请，参加了“中小学教科用书编辑委员会”，担任了任务最繁重的教科书组主任一职，主编一套抗战用的教科书，便拿来杨振声、沈从文编的国文教科书参阅。据梁实秋回忆：“书编得很精彩，偏重于趣味，可惜不久抗战军兴，书甫编竣，已不合时代需要，故从未印行。”

1938 年 11 月，沈从文任西南联大中文系教授。1946 年回到北京大学任教。1947 年 5 月，天津《益世报》社长刘豁轩计划在该报办一个小品副刊，他给沈从文去信，希望能邀请梁实秋主持。沈从文时任天津《益世报》的《文学周刊》主编，他连续给该报驻北平特派员秦晋两封信，其中一篇原文如下——

秦晋兄：

豁轩先生来信，拟请实秋先生编一小品特刊。一切办法如《文学》。弟本意或与兄同访实秋先生，促成其事。不幸日来因病倒下，呛血，近方发现，医嘱躺下再说，恐有半月方能离床。盼兄一访洽，务期其成。专颂

著安。

弟　沈从文　顿

五月一日

沈从文信中饱含着对梁实秋的友情、尊重和信任。梁实秋接受邀请主持了《星期日小品》副刊，自 1947 年 7 月 20 日创办，到 1948 年 1 月 11 日止，共 25 期，几乎每期都写了文章。

梁实秋晚年忆沈从文

1968年6月，身在美国西雅图的梁实秋翻览《中央日报》时，忽在6月9日的报纸上读到如下一则消息：以写作手法新颖、自成一格……的作者沈从文，不久以前，在大陆因受不了迫害而死。听说他喝过一次煤油，割过一次静脉，终于带着不屈服的灵魂而死去了。接着又说："出身行伍，而以文章闻名；自称小兵，而面目姣好如女子，说话、态度尔雅、温文……他写得一手娟秀的《灵飞经》……"

梁实秋凝视着报纸上的文字，又拿出一直珍藏着沈从文写给他的一封信，见信如面，遂忆起了沈从文。沈从文写给梁实秋的信原文如下：

实秋先生：

韦丛芜兄译有英国文学史、拜伦时代。据闻有数出不确处，你曾为改正过，他自己已改正了数点，很希望见到你所指出的误处，因此书行将连同另一部分付印。若能见到你，将可商酌处参考，实在感谢，他想你把那书（经你指出的）寄给他，他的住处是上海霞飞路泰辰里七号。若这事并不十分麻烦你，我想得到这书的他一定非常高兴。

从文 顿

梁实秋据此写了一篇《忆沈从文》，但又不敢完全相信报纸上的消息，故未发表。后来他读到聂华苓的《沈从文评传》，"好像从文尚在人间"。不由感慨道："人的生死可以随便传来传去，真是人间何世！"

梁实秋在《忆沈从文》两篇短文中，形象生动地对印象中的沈从文进行了描述："我记忆中沈从文瘦小而弱，身体很坏，脸色苍白，常常流鼻血，一流鼻血脸就更苍白了……印象中他是很孤独的，不与人来往，就是在房屋里拼命写东西。""从文虽然笔下洋洋洒洒，却不健谈，见了人总是低着头羞答答的，说话也是细声细气。"

梁实秋与沈从文年龄相仿，或是性情和个人志趣上的差别，交往不多，但从相别多年以后，梁实秋曾两次拿起笔写了回忆文章，件件往事依旧生动深刻，可见梁实秋对沈从文的这份友谊无法割舍。

（与陈巨慧合写，原载《大众日报》2017年6月7日）

“蓝血凌家”同胞兄弟的青岛情缘

凌道扬、凌达扬是同胞兄弟，出生于广东的“蓝血凌家”。20 世纪 20 年代他们先后与青岛结缘，凌道扬曾任胶澳首席林务官，是青岛林政建设、林政教育的奠基人，同时还创办了《青岛时报》；凌达扬则接连任私立青岛大学、齐鲁大学、国立山东大学英文教授，为山东大学的外文学科做出了积极贡献。

欧洲人谈及贵族总离不开“蓝血”二字。在广东布吉，有一个家族书香门第、诗书传家，被誉为“蓝血凌家”。该家族以中学为体、西学为用，180 年间家族四代人中，出现了几十位在政治、经济、科技、文化等领域产生过重要影响的人物，包括中国最早懂西方经济管理的会计师、教过光绪皇帝的国子监英文教师、毕业于耶鲁大学的广九铁路工程师。

凌道扬(1887～1992)，我国林学界泰斗，中国近代林业事业的奠基人之一。在凌道扬的人生驿站中，青岛是他重要的一个站点。凌道扬在《自传》中说：“青岛时期是我生命中的黄金时代。”

1914 年，凌道扬获耶鲁大学林学硕士学位回国，他是中国获得该学位的第一人。1920 年凌道扬任北洋政府山东省省长公署顾问。1922 年 12 月，青岛结束了 25 年德租日治的殖民统治，被辟为胶澳商埠。凌道扬出任接收林务主任委员，直接介入与日方的交涉。在接收之前，他就先下手为强，因为当时的日本浪人和日本侨民听说要交还给胶澳政府，便到处破坏林地，凌道扬在青岛组织了 40 多人的林警队，天天抓破坏树木的日本浪人，极大地保护了青岛的树木。

1923 年，胶澳商埠督办公署任命凌道扬为农林事务所所长。为了扩大造林面积，凌道扬恢复了李村苗圃，栽种树木，每年植树节期间无偿分给乡民种植。1923 年春发放树苗 137866 株，还扩大了路边的行道种植。他结合青岛空气湿润、雨量适中的气候特点，实施了山头绿化；另外还重新规划了青岛的公园，将其划分为第一到第六公园以及栈桥前园、天后公园、官舍公园、海滨公园、观海山公园等，并对公园内的配置和功能划分进行了细化。比如将第一公园（今中山公园）分为6个区域，开辟了小西湖等，市民有了更好的休闲旅游去处。

1922～1928年，凌道扬偕发妻陈英梅及长子凌宏璋、长女凌佩芬在青岛工作和生活了6年，其次子、次女分别在青岛降生，为这个小家庭增添了更多的欢乐。凌家在青岛的生活十分惬意，陈英梅任青岛私立文德女子中学的体育教师。凌家住在福山支路8号一栋庭院遍植嘉木的两层洋楼里，并与康有为比邻而居。凌道扬与康有为是广东老乡，自然多了一些交往。凌道扬经常会光顾康有为的"天游园"，并为其布置林木花卉，两人还会同游第一公园（今中山公园）赏花赏木。福山支路5号康有为故居"天游园"内的绿化以及花草树木的栽种，也是受到了凌道扬的影响。

1927年凌道扬与康有为在青岛留影

1923年7月24日，凌家的次女出生于青岛，康有为先生为其取名"佩馨"。鉴于两家的亲密关系，在凌佩馨周岁生日这天，康有为还专程送来了一枚戒指。凌佩馨周岁“抓周儿”礼，抓到的就是这枚戒指。

凌道扬在青岛家庭美满，事业上也是全面开花。凌道扬任林务局局长还兼任私立青岛大学教授，他的收入在当时的青岛应该不菲，此外还担任基督教青岛青年会总干事，并与上海滋美洋行青岛分行经理滋美满等人发起成立了“万国体育会”。万国体育总会位于青岛亚当斯大厦，下设网球、高尔夫等七八家俱乐部，还从事博彩性质的赛马。此外，凌道扬还在青岛建有酒厂和一座名叫海滨大厦的豪华旅馆。

而在私立青岛大学教书期间，凌道扬有一位特殊的同事，那就是他的胞弟凌达扬。

凌达扬

凌达扬（1894～1986），字廷显，他的学历一点不比哥哥逊色。1915～1920 年留学美国，先后在耶鲁大学和哈佛大学研究欧洲史及文学，获哥伦比亚大学硕士学位。回国后，1924 年经哥哥引荐，凌达扬任私立青岛大学英文教授。这样，凌家兄弟二人均受聘该校，成为私立青岛大学教职员中具有留美经历教师的佼佼者。特别引人注目的是，凌道扬学的是文学和林学，教的却是逻辑学，足见凌道扬之博学多才。

兄弟俩不仅在同一所大学教书，而且还在同一家报纸共过事。

凌道扬在青岛期间，和朋友合资买下了一份叫《青岛晨报》的英文报纸，据此创办了《青岛时报》。该报最初分中文版和英文版，中文版名叫《青岛时报》；英文版名叫《青岛泰晤士报》，由凌道扬的弟弟凌达扬任主笔。

《青岛时报》于 1924 年 9 月 1 日创刊，在当时青岛众多的报纸中，是比较有代表地位的。报社地址最早在旧青岛新泰路 1 号。1927 年后迁至兰山路 17 号。中文报纸由原来的两大张增为三大张，报纸销量由每日两三千份增至五六千份。除刊登新闻外，先后办有副刊“时报俱乐部”“青光”“窝窝头”等，同时还有“小朋友”“医学周刊”“世代家庭”等专栏。

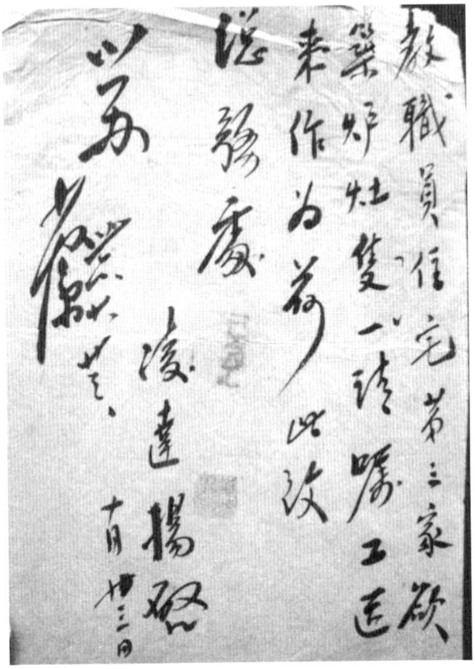
教職員住宅第三家欲
築爐灶一隻請囑工匠
來作為荷此致
總務處
凌達揚啓
十月廿三日

凌达扬手迹

1928年日本在济南制造了“五三惨案”，5月10日，青岛举行了大规模的反日示威游行，捣毁了日本驻青机构，《青岛时报》对此作了报道和评论，但是随之而来的是日本人的威逼压迫，让凌道扬一家不得不离开了青岛。由于战乱，时局不稳，私立青岛大学经费断绝，师生散去大半，学校不得不被迫停办。弟弟凌达扬也离开了青岛。

此后，哥哥凌道扬再少与青岛有交集，而凌达扬与山东的缘分却并未中断。

1935年，凌达扬应齐鲁大学校长林济青邀请，任齐鲁大学外国语文系教授兼主任。要知道，在凌达扬任职前，齐鲁大学的系主任和教师均是由传教士或他们的妻子兼职。

由于过去不重视英语，齐鲁大学一时很难提高新生的英文程度，以致入学新生的英文程度参差不齐，差距很大。凌达扬上任后就根据入学考试英语成绩的好坏，重新分班。程度好的可以选修二、三年级的英文课，程度差的则入不列级也没有学分的预备班。当时英文系所授课程为普通英文、英文作文、记叙文、泰西文学、英文小说、戏剧、新闻学等多种课程。

1936 年 7 月，凌达扬重回青岛。当时的国立山东大学在学潮中风雨飘摇，学者名流大多离去。这时的凌达扬临危受命，被林济青聘任为国立山东大学外国文学系教授，并担任第三任系主任。凌达扬到校后，把中国传统与西方文化做了一个很好的结合，开设了短篇小说、长篇小说、英语高级作文、现代文选等课程，每周十一学时。授课之余，他还指导了外文系第四届毕业生的毕业论文。抗战全面爆发之后，凌达扬随国立山东大学师生南迁到四川万县，直到 1938 年 3 月才离开国立山东大学。

兄弟二人，风雨一生，不变的却是他们与青岛剪不断的美好回忆。

（原载《齐鲁晚报》2018 年 8 月 13 日）

姜忠奎:烽火岁月中的国学名师

姜忠奎

姜忠奎是著名的经学家、语言文字学家、爱国学者,工书善画。1932年8月～1937年12月曾执教于国立山东大学中文系,同闻一多、丁山、游国恩、老舍、黄公渚等教授共事。姜忠奎离开山东大学后,于1940年春任北京师范大学教授,其间他多次拒绝出任伪职,以致1945年2月被日寇借故杀害。事件一出,山大人震惊,丁山联名22位山东大学教职员致信赵太侔,请求呈报教育部调查姜忠奎被害经过。

姜忠奎(1897～1945),字叔明,出生于荣成市石岛镇姜家疃一个书香门第。其父姜瑞甫于清光绪年间考取鸿胪寺序班,曾有圣旨令其为官,但姜父因感朝廷腐败并未出任,一直以教育为生,对书法亦颇有研究。

1916年,19岁的姜忠奎考入北京大学,师从著名经学家、史学家柯劭忞。值得一提的是,当时68岁的柯氏门下以20多岁的年轻人居多,这是一个令学界感叹的现象:一边入新式学校学习,一边拜在鸿儒门下从经史之学。受柯劭忞影响,姜忠奎后成为著名的经学家、语言文字学家。

1918年姜忠奎于北京大学中国文学系毕业后,被柯劭忞招入清史馆,任协修。1932年姜忠奎任北京大学讲师。

姜忠奎以研究《说文》名重一时,继而受到闻一多的礼聘,于1932年8月执教国立青岛大学,同闻一多、张煦、闻宥、游国恩、老舍、栾调甫、黄公渚等教授共襄盛举。梁实秋曾回忆说:“在中国文学系里,一多罗致了不少人才,如方令孺、游国恩、丁山、姜叔明(姜忠奎)、张煦、谭戒甫等。”

1932年9月,国民政府将国立青岛大学易名为国立山东大学,杨振声辞职，赵太侔继任校长，此时闻一多也因学生运动黯然离别。而此时的姜忠奎选择了与山东大学共进退，并没有离开国立山东大学。

姜忠奎在中文系讲授“文字学”“目录学”“儒家学说研究”等课程。文字学课程“取历代文学名著，依时代之次序，详细讲授之，务使学者对于我国文学之本身，得一较透彻较完整之概念。”姜忠奎要求每个学生都得撰写《说文解字》540 部的部首，他注重学生基本功的训练，这种教学方法学生自然学得扎实。

当时山东大学中文系学生整日“习诗填词”“点读古籍”。老师“文科无假日”，中文系学生更是“人人都夙兴夜寐，手不释卷”，寝室堆书如山，《说文解字》《广韵》等工具书几乎人手一册；每个学生不是写笔记，就是抄卡片，都有学习计划和钻研目标。臧克家、丁观海等都是姜忠奎的学生。

姜忠奎相貌堂堂，举止稳重，其论著、诗作、金石、书法等，无不为人称道，尤其篆书，曾有人誉之登峰造极，因此颇受学术界推崇。

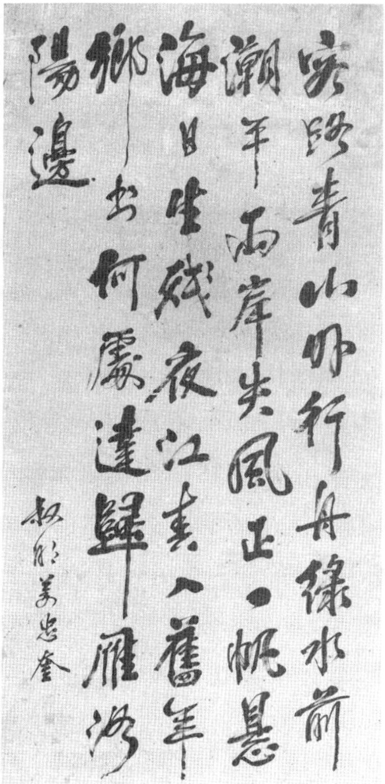

姜忠奎手迹

1936年3月,赵太侔因处理学潮失当和办学经费压力而辞去国立山东大学校长一职。随后,教育部下令由林济青代理校长。七七事变后,因战事波及了山东,11月国立山东大学被迫由青岛迁往安徽安庆,不久再迁四川万县。姜忠奎因两子两女之累,不便长途跋涉,日本侵占青岛后携眷回石岛老家避难。

1940年春,日寇侵占石岛后不久,姜忠奎举家迁往北京,任北京师范大学教授。在京期间,日寇汉奸王克敏曾多次游说,让姜忠奎任伪职,均遭到其断然拒绝。姜忠奎常对家人和学生们说:"我决不当走狗,更不能卖国求荣,成为民族的败类!"由于姜忠奎态度坚决,始终不屈服于日寇的压力,日寇在1945年2月逮捕并杀害了他,是年48岁。

姜忠奎因何遭劫?据学生张寿康回忆:"那年年前,我曾听说国学书院的王孝通君被日本宪兵队抓去,便劝先生躲一躲,但先生执意不肯。后来才知道,宪兵在孝通君处搜出了马列著作,还带走了一张有吕葵序、商玄微、吕秀常、王斌生、王孝通、李迪如诸君与叔明师在北海园内桥头照的一张相片(李迪如过年时已回沧州老家,幸免于难),日本宪兵按图索骥,逮捕了先生和其他国学书院四位同窗。"

1945年农历正月初六凌晨,日本宪兵队强行逮捕了姜忠奎。姜忠奎被捕后,著名学者郭则沄、夏蔚如、黄公渚等极力奔走营救均没有成功。谁知最后等来的却是姜先生被害的噩耗。

据记载,1946年2月10日,国民党军事法庭审判日寇宪兵队战犯中川正雄时,姜忠奎的学生李迪如出庭作证,要求指认姜忠奎被害一案,但因涉案的藤井已逃回日本,中川正雄被枪毙,此案再未深究。

1946年春,经国民政府教育部批准。国立山东大学在青岛复校,赵太侔再任校长。1948年姜忠奎之子姜厚粤在青岛遇到了丁山教授,谈起了其父遇害之事,丁山非常愤慨,积极寻找线索。9月份,姜忠奎在北京的5名学生联名致信国立山东大学,叙述了姜忠奎被害经过。丁山收信后,立刻联名萧涤非等22名山大教职员致信赵太侔,请求呈报教育部调查姜忠奎被害经过。信中写道:"本校前教授姜忠奎先生自青岛沦陷,初隐故园,继移北平,闭门讲学,不染敌伪,抗战胜利之年,为敌所害。至今骨骸未返,凶手未获。兹据姜先生弟子李迪如等来函，恳请本校代作，政府彻查正凶，以昭忠烈。”1948年10月11日，赵太侔致信教育部部长朱家骅，呈报抗战期间本校前教授姜忠奎先生被敌捕去未知下落乞赐鉴核转呈查究。

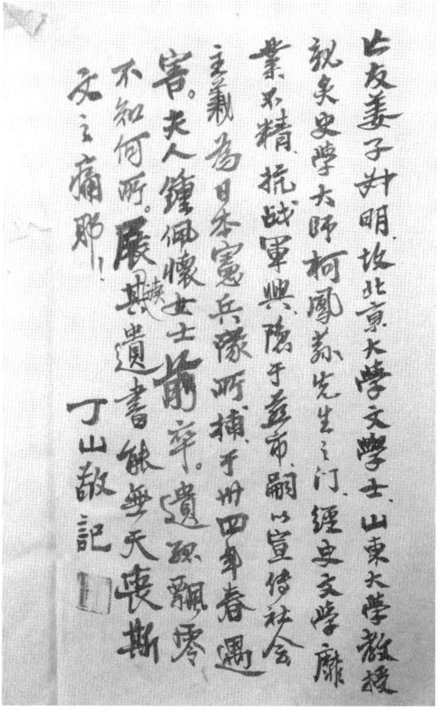
亡友姜子叔明，故北京大學文學士、山東大學教授，執元史學大師柯鳳蓀先生之门，經史文學靡業不精。抗戰軍興，陷于益市，嗣以宣傳社会主義為日本憲兵隊所捕，于卅四年春遇害。夫人鍾佩懷女士前卒，遺孤飄零，不知何所。展讀其遺書，能無天喪斯文之痛耶！

丁山敬記

丁山先生作于姜忠奎所著书籍的手迹

不久，朱家骅将所查结果电令国立山东大学：“呈件均悉仰收，该教授被敌逮捕经过及其生平忠贞事迹分别缮具送部再凭核，特此令件存。”

国立山东大学分别于10月16日、19日致函李迪如、丁山以及青岛同学会，报告了姜忠奎被日寇逮捕经过和其忠贞事迹。通过赵太侔、丁山等人积极处理，姜忠奎被日寇所害事由，虽然最终没有定论，但足见山东大学友人对姜忠奎被害的极度愤慨和对此案的热切帮助。

在姜忠奎生前的居室，曾挂有对联云：“苟全性命于乱世，不求闻达于诸侯。”这副对联清楚地表明他在日伪时期的心境和坚决反对日军侵华的政治态度。

（原载《齐鲁晚报》2019年7月4日）

山大秘书长刘本钊先生

刘本钊(1892～1968),字康甫,号远哉,祖籍山东蓬莱大辛店西许家沟。祖父刘贤宝教过御学,王埣为其学生之一。父刘汪浩为优等廪生,进士及第,曾为东北柳河知县。刘本钊早年在北京朝阳大学学习法律,1920年赴朝鲜大学留学,1923年回国任北洋政府外交部主事,其间主编北京蓬莱同乡会的《蓬莱旬刊》。1928年夏,杨振声从中山大学到北京出任清华大学教务长,推荐刘本钊担任清华大学会计科长。

刘本钊

1930年9月,杨振声到国立青岛大学后,又邀刘本钊到青岛担任国立青岛大学会计科主任、出版科主任与秘书长等职。在1931年5月16日的校务会议上,他被推选为训育委员会委员,委员会由赵太侔、黄际遇、刘本钊、谭天凯、梁实秋五人组成。

梁实秋回忆:“刘本钊……小心谨慎,恂恂君子。患严重耳聋,但亦嗜杯中物。因为耳聋关系,不易控制声音大小,拇战之时呼声特高,而对方呼声,他不甚了了,只消示意令饮,他即听命倾杯。”黄际遇在《万年山日记》中记载了刘本钊与“酒中八仙”宴饮之事:“1932年10月11日,下午泽丞、智斋、毅伯、康甫来谈。晚应曾省之招饮顺兴楼。终饭局无解臣谈柄,杯箸酒烟而已，九时抵寓；1932 年 11 月 23 日，科学馆工程师董大西来约今晚宴于厚德福。晚宴与实秋、涤之、康甫、更生、咏声、王君同席，皆健于饮者。藏钩传令，不觉纵饮。更生同至书室弈二局，余亦因之罢读，漫游醉睡之乡。”

1932 年，国立青岛大学易名为国立山东大学。杨振声辞职回北京后，刘本钊一直在国立山东大学工作。1936 年初夏，刘本钊为了防止生活因战事再起而陷入困境，安排其夫人董琳带着女儿光荣、光耀、光礼、光仪、光昆和儿子光鼎、光鼐迁回老家蓬莱，行医度日。

1937 年抗日战争爆发后，刘本钊辗转至昆明西南联大，与杨振声及女儿杨蔚、儿子杨起，以及汪和宗、萧乾等人一起住在北门街蔡锷旧居，后沈从文携张兆和、张允和、张充和等也搬入。刘本钊到昆明不久，便担任西南联大常务委员会秘书。西南联大设立叙永分校后，杨振声担任分校主任，刘本钊父女也随同到四川，任分校秘书。

抗战胜利后，国立山东大学于 1946 年开始复校。受校长赵太侔的邀请，刘本钊返回青岛工作，从 8 月起担任山东大学秘书主任，随后又被推选为法制委员会、校章制定委员会中的重要成员之一。在山东大学工作期间，刘本钊出席了历次校务会议，参与各项重要问题的讨论与决定，在复校工作中做出了极为重要的贡献。

1949 年青岛解放前夕，刘本钊与丁西林一家一起离开青岛，搭船赴台。据刘本钊说，他曾约赵太侔和刘次萧一同搭船离开青岛，但未能成行。到台湾后，刘本钊应梅贻琦邀请到新竹清华大学工作，直至退休。1968 年，在台湾逝世，享年 76 岁。

刘本钊一生涉猎极广，尤精于金石字画之品评鉴赏。他在书法方面的造诣很高，其楷书和行草书都有极深的功力。他一生一直想当一名记者，却始终未能如愿。尽管如此，他也始终与报刊有着密切的关系。在 1915 年办《小京报》时，先生就开始写京剧述评，是中国最早的一批京剧评论家之一。随后，长期在北京、青岛、昆明以及台北各高校工作，并从事写作，写下了千余篇文章，其中有京剧述评、杂文、历史小品等，曾用“远哉”“远斋”“康夫”“铁君”等笔名在各报刊上大量发表。可惜著作大多因战争等历史原因而散失殆尽，仅在台湾写的一部分保留下来，亲自定名为《台墨残痕》，分为“梨园逸话”和“小品与杂文”等部分。

侠肝义胆　古道热肠

——国立山东大学校医邓仲纯纪事

邓仲纯即邓初，生于1888年，安徽怀宁（安庆）人，出身于翰墨世家。邓仲纯，是一个侠肝义胆、古道热肠之人，陈独秀赠他篆联："我书意造本无法，此老胸中常有诗。"邓仲纯和陈独秀从小一起长大，情同手足。早年邓仲纯与邓以蛰随陈独秀一起留学日本，回国后邓仲纯与陈独秀一起撒传单闹革命。陈独秀晚年更是得到邓仲纯的持续帮助。

20世纪30年代初，邓仲纯与山东大学结缘，应杨振声邀请来到青岛，任职于国立青岛大学（山东大学前身），任校医兼外文系日文教员、讲师，1937年七七事变离开国立山东大学。短短七年，他与杨振声、赵太侔、梁实秋、老舍、洪深、台静农等文人学者常相谈叙，友情笃深。

陈独秀

邓仲纯

与陈独秀的至纯友谊

邓仲纯的父亲邓蝇侯为陈独秀的老师，邓氏兄弟与陈独秀从小一起长大，情同手足。历史上安徽怀宁方氏邓氏陈氏三家为几代世交。

邓仲纯少时秉承家学，1908年他与邓以蛰随陈独秀一起留学日本。在东京，邓仲纯与陈独秀、苏曼殊三人同住一间小房。陈独秀和章士钊在正则英语学校学习英文，同时到早稻田大学学习法国等西欧文化。邓仲纯到千叶医科大学学医，除在校上课外，几乎与陈独秀形影不离，彼此友情深厚。

1911年邓仲纯与邓以蛰学成回国。邓仲纯回国路过杭州时，专程到陈独秀任职的杭州陆军小学堂，与陈独秀小聚数日。陈独秀赠篆联："我书意造本无法，此老胸中常有诗"，并寄诗一首："垂柳飞花村路香，酒旗风暖少年狂。桥头日系青骢马，惆怅当年萧九娘。"

回国后，邓以蛰进清华大学执教，后为著名哲学、美学教授，与时在同济大学的宗白华有"北邓南白"之称。1917年1月，陈独秀任北京大学文科学长后，邓仲纯经常到陈处学习新思想，畅谈革命。

1919年6月11日晚上，邓仲纯和安徽老乡胡适、高一涵陪同陈独秀到北京前门外新世界游艺场散发《北京市民宣言》。1920年2月，陈独秀赴上海继续从事宣传马克思主义，创建中国共产党的活动。邓仲纯不久辞去内务部差事，又从事医学工作。此后，陈独秀与邓仲纯，一个忙于革命大业，跌宕起伏，命运坎坷，毁誉不一；另一个则停止政事，忙于生计，开办医院，治病救人。两人爱国为民是一致的，但联系仅在亲友，兴趣只是书诗。

1937年抗日战争爆发后，邓仲纯携全家从青岛逃难到四川江津。在邓鹤年叔侄帮助下，他于江津城内黄荆街83号开办延年医院。

1938年8月3日陈独秀应邓仲纯邀请从重庆到江津，受到其持续帮助。邓仲纯把陈独秀一家接到延年医院，住在一起。他待陈独秀如兄长，同食宿，共悲欢。邓仲纯从此便成了陈独秀的义务保健医生兼通讯员。

陈独秀晚年结识的朋友台静农，曾是邓仲纯在青岛山东大学结识的朋友。台也是在邓仲纯家结识陈独秀的。据台静农回忆：陈独秀知道"我这一天会由重庆来，他就在这儿（邓初家）等我，这使我意外和惊喜，他一到江津城，我就想见他，弥补了我晚去北京不能做他的学生的缺憾，现在他竟在等着我，使我既感动又惊异，而仲甫先生却从容笑谈，对我如老朋友一样”。陈、台两人此次见面即订忘年交，实缘于邓仲纯。

国立山东大学任校医

1930年杨振声出任国立青岛大学校长，请邓仲纯任校医，邓举家到青岛，和杨振声住楼上楼下。

梁实秋晚年在《忆杨今甫》中回忆说：“今甫在校长任上两年，相当愉快。校长官邸在学校附近一个山坡上的黄山路，他和教务长赵太侔住楼上，一人一间卧室，中间是客厅，楼下住的是校医邓仲纯夫妇和小孩，伙食及家务均由仲纯夫人负责料理”。

邓仲纯不仅医术精湛，而且还精通日文并酷爱中国古诗文。他虽是一名校医，但与诸位名教授常相谈叙，不仅是他们的保健医生，而且还是他们知己好友。教授们有什么疾病或到校医院找邓诊病拿药，或请到家中诊治。据黄际遇在《万年山中日记》记载：邀邓仲纯视疾，非用泻剂而已，竟日粥食，以半饿方疗之，亦颇奏效……今日仍素食，诣校医邓仲纯受药，服之。

邓仲纯深厚的家学渊源使他对古典文化有着独特的了解，况侠肝义胆，古道热肠，这一点尤为老舍所赏识，交情日深。那时，老舍每染小疾，辄来医务室，请邓仲纯为他诊治。每至季节轮替之时，他都会提醒老舍注意调养，并赠一良方。

“酒中八仙”一见如故

文人与酒，一向渊源深厚，在20世纪30年代的青岛也不例外。当时在国立青岛大学教学的学者们，教学之余都喜欢到位于黄县路7号杨振声的住处喝茶谈诗，煮酒论文。经常手中拿着一个大烟斗的杨振声也“总是热情接待，不是端出咖啡，就是沏上清茶”。邓仲纯和杨振声、赵太侔又同住一楼，往来甚密。再加上他和杨振声、梁实秋、赵太侔、陈季超、刘康甫、方令孺、赵少侯等学者教授意气相投，过从甚密，教学之余，便是饮食喝酒。

邓仲纯他们在杨振声校长带领下，三日一小饮，五日一大宴，猜拳行令，30斤购一坛花雕酒，一夕便一饮而尽。有时在顺兴楼抑或厚德福。还自拟一副对联："酒压胶济一带，拳打南北二京。"

1934年秋，洪深、老舍、叶石荪先后应赵太侔邀请到国立山东大学任教。邓仲纯又同赵太侔、老舍、赵少侯、洪深、台静农、叶石荪、萧涤非等文学教授形成了新的饮酒圈子。

黄际遇在《万年山中日记》中记载了邓仲纯和赵太侔、老舍、洪深一起畅饮之事。"1934年10月5日。少侯约同柬招太侔夫妇、洪浅哉、唐凤图、李仲珩、舒舍予、水天同、毅伯、达吾、仲纯诸友七日晚饮于寓庐。夜浴。"这是邓仲纯与初来山东大学的老舍第一次聚饮，从此便结下了不解之缘。

1936年夏，赵太侔、赵少侯和老舍等均辞别山东大学，但老舍并没有离开青岛。初秋，台静农加盟山东大学，与邓仲纯、老舍一见如故，饮酒乐甚。

台静农在《我与老舍与酒》一文中说："直到现在，我想到老舍兄时，便会想到苦老酒。有天傍晚，老舍忽然跑来，说有一家新开张的小馆子，卖北平的炖羊肉，于是同石荪、仲纯两兄一起走在马路上，我私下欣赏着老舍的皮马褂。"

抗战胜利后邓仲纯应赵太侔的邀请又来青岛，后到青岛市人民医院任院长。1956年去北京与女儿一起生活，1959年在北京病逝。

（原载《齐鲁晚报》2014年12月18日）

曾与梁实秋共事的李方琮

李方琮(1883～1958),化学家、海洋学家。字锦章,山东荣成人。1903年考入官立山东大学堂,1909年正科毕业,后留学英国。回国后,先后执教山东省立农业专门学校、山东省立矿业专门学校。1922年以中方主任委员的身份参与青岛农事试验场接收。1923年4月获任胶澳商埠督办公署外交秘书,1926年5月任商埠外交科长。1930年8月执教国立青岛大学外文系,后任青岛观象台海洋科科长、青岛水族馆馆长、青岛图书馆馆长等职。济南解放后,任山东师范学院(现山东师范大学)化学系教授、山东省政协委员。一生工作涉及教育、天文、海洋等领域,曾出资筹建青岛市水族馆和产艺馆。逝世前,将一生收藏的1万余册中外文书籍全部捐献给山东师范学院图书馆。

青岛水族馆开馆初期李方琮(后排中)与全体职员合影(前排左为宋春舫,前排右为蒋丙然,后排左为刘靖国,后排右为朱祖佑)

李方琮1883年出生在荣成。1898～1902年，在家塾读书，受其业师鞠思敏熏陶，崇拜宋儒程朱学派，专心研讨旧学。1903年，李方琮考入济南的山东大学堂。山东大学堂也是今山东大学的前身。

进入山东大学堂后，李方琮第一年在济南泺源书院内上课，第二年学堂在济南杆石桥修建了2700多平方米的新校舍，同年冬迁入新址，改名为山东高等学堂。在山东大学堂他除了学习经学外，还学习了社会科学、自然科学和外语。课程方面有国文、英文、德文，还有算术、理化、历史、地理等课目。毕业后，李方琮于1909年赴英国留学，先后在伯明翰大学获文学学士，利兹大学获理科学士、化学硕士学位。回国后，于1919年执教山东省立农业专门学校，任英文教员；1920年8月，任山东省省立工业实验所所长，并兼任山东省立矿业专门学校教师，讲授英文、无机化学及定性定量分析等课程。山东省立农业专门学校和山东省立矿业专门学校，也均是山东大学前身。1914年山东大学堂停办后，师生分别转入法政、工业、农业、商业、矿业、医学六个专门学校。这六个专门学校，接纳了官立山东大学堂停办后的人员和财产，1926年山东公立六个专门学校合并，在济南建了省立山东大学。李方琮在农专执教1年，在矿专执教3年，他为两所专门学校的发展做出了贡献。

山東大學堂開校教職學員合影

山东大学堂开校教职学员合影

1922年12月，青岛结束了25年德租日治的殖民统治，被辟为胶澳商埠。12月10日，北京政府外交总长王正廷代表中国政府接收青岛主权，李方琮与童子才、徐世襄、戚运机、王天伟、程立、孔达、王超、孔祥熙、郭珠泉等作为接收委员参与了青岛主权的接收。1923 年四月，李方琮被任命为胶澳商埠督办公署外交秘书。在华夏收藏网上有一张 1923 年由首任胶澳督办熊炳琦签发的《任命状》(第二〇四号)：

任命李方琮为本公署外交秘书此状。熊炳琦，1923 年 4 月 27 日，("胶澳商埠督办关防"章)，监印时维屏，核对娄珩玉。

1924 年 3 月李方琮辞职，再赴济南执教济南矿业专门学校，讲授英文课。1925 年，李方琮经同学侯延宝介绍重回青岛，任胶澳商埠局外交科科长。

李方琮任命状(图片来源：华夏收藏网)

1930 年 8 月，经教育局局长陈命凡介绍，李方琮到国立青岛大学外文系执教，讲授英文课。当时外国文学系主任是梁实秋，李方琮成了梁实秋的同事，他到校时已 49 岁。因年龄的原因，和梁实秋交往并不多，他只管认真备课、潜心读书。胡适的日记中记载，胡适曾向李方琮借书，并同杨振声、梁实秋等人聚饮。1931 年 1 月 25 日，胡适乘日轮"奉天丸"抵青时，杨振声、闻一多、梁实秋等故旧好友到码头迎接。随后，胡适住进金口路上由宋春舫投资建设的万国疗养院。其间，胡适应杨振声邀请到青岛大学演讲，曾向李方琮借书。1 月 26 日，胡适在日记中写道："因金甫要我在青岛大学讲演，'文化史上的山东'，故今晚我到李锦章(李方琮)家去借了几本《史记》《汉书》，翻了半点钟，记下几条要用的材料。"就是这些材料，胡适完成了讲演的准备，"回寓所写演稿到一点多始睡"。

梁实秋晚年在《青岛故人两相忆——忆适之》一文中说，胡适的演讲"就地取材，实在高明之至，对于齐鲁文化的变迁，儒道思想的递嬗，讲得头头是道，孜孜不倦，听众无不喜欢。当晚青岛大学设宴，有酒如渑，胡先生只得赶快从袋里摸出一只大金指环给大家传观，上面刻有'戒酒'二字，是胡太太送给他的"。胡适也在日记中记载了与梁实秋、李方琮饮宴之事："今午吃酒尤不宜，故醉倒了李锦章、邓仲纯、陈季超三人，锦章(李方琮)甚至跪在地上不起来。”这也许是李方琮与梁实秋等“酒中八仙”唯一的一次饮宴。

1931年5月，李方琮离开国立青岛大学，先后任青岛观象台海洋科科长兼任青岛水族馆主任，主要研究海洋学、海滨生物及海洋生物。1938年任青岛水族馆馆长；1942年任青岛市图书馆馆长；1946年任山东师范学院教授，讲授英文文学；济南解放后，参加华东大学学习，任教育学院教授；1950年因华大和教育学院分开，转入山东师范学院理化系，任教授，讲授有机化学。1958年在济南逝世，享年75岁。

（与陈巨慧合写，原载《大众日报》2017年6月7日）

侯宝璋与老舍的金兰之谊

中国病理学先驱侯宝璋与文学巨匠老舍之间有一段延续多年的金兰之谊。20世纪30年代，他们结缘于济南的齐鲁大学，同为《齐大季刊》编委；抗日战争爆发后，他们相聚四川华西坝，虽不共事，但友情渐深；抗日战争胜利后，同被美国国务院邀请前去讲学，一为访问学者，一为“文化使者”；晚年他们相会于北京，成为终生挚友。

结缘济南齐鲁大学

侯宝璋(1893～1967)，著名病理学家、医学教育家。侯宝璋幼承家学，有“神童”之誉，聪颖过人，过目成诵。1918年，侯宝璋入齐鲁大学医学院学习。1920年，侯宝璋毕业后留校工作。在齐鲁大学医学院工作期间，侯宝璋成绩卓著。1926年，侯宝璋先后到美国芝加哥大学和德国柏林大学深造。1932年回国后，侯宝璋与老舍、谢疑远、陈文彬、栾调甫、郝眪衡等6人兼任《齐大季刊》编辑委员会委员，在此期间侯宝璋结识了老舍。

老舍20世纪30年代
在齐鲁大学留影

老舍曾两次执教齐鲁大学，一次是1930年7月至1934年7月，另一次是1937年抗日战争爆发前。1930年初，老舍结束了英国伦敦大学东方学院的教职后，返回祖国。当年7月，接受齐鲁大学的聘书，任国学研究所文学主任兼文学院教授，并主编了《齐大月刊》。

《齐大月刊》是由齐鲁大学文学院、理学院和医学院于1930年10月创办的一个综合性刊物，编辑部由文、理、医三学院各派两名教师和两名学生任编辑委员，老舍到齐鲁大学任教后，被选派为编辑部主任，主持该刊的编辑和出版工作。1932 年《齐大月刊》在出满两卷（每卷 8 期）后便更名为《齐大季刊》。

老舍（二排右二）与齐大文学研究会会员合影

老舍在任编委期间曾向侯宝璋借书。侯宝璋珍藏着一本英国作家兼音乐家劳伦斯·豪斯曼著的《阵亡英人的战函》一书。该书于 1930 年由英国格兰茨出版公司出版，是为了让生者牢记第一次世界大战期间，英国丧生的 800 多万同胞所著。老舍得知后便向侯宝璋借来此书，选译其中的几封信，取题名为《几封信》，分别发表于 1932 年 4 月、6 月出版的《齐大季刊》第 2 卷第 7、8 期上。

老舍在齐鲁大学创作了不少儿童文学作品，写好之后就讲给齐鲁大学教职工的孩子们听。侯宝璋的次子侯健存当时正在济南读小学，他就常听老舍讲故事。侯健存曾回忆：在齐鲁大学幽静的花园里，才华横溢的老舍先生常给他们几个满脸稚气的孩子讲故事，孩子们听得入神了，欢喜了，先生回家后便挥就一篇佳作；孩子们若是分了神，不爱听，过几天再讲，人物情节准有改动。

1934 年，侯宝璋获罗氏基金资助赴伦敦大学热带病研究所留学并进行研究工作，老舍与同年赴国立山东大学任教。这一年他们相继离开了齐鲁大学。

相聚蓉城华西坝

1935年侯宝璋回国后即任齐鲁大学医学院病理系教授、主任。1937年7月，老舍再次接受齐鲁大学聘书，回到文学院工作。他们再一次在齐鲁大学共事。

不久，抗日战争全面爆发，为了国家利益和抗日大局，也为了齐鲁大学的荣誉，侯宝璋毅然决定与齐鲁大学共进退，到达四川成都后，侯宝璋一度代理齐鲁大学医学院院长，兼任华西协和大学病理系教授、系主任，中央大学医学院病理系教授。

1935年编译部齐大同仁欢送施尔德回国休假（前排左一英格尔、左二为江清、左三施尔德、二排左二侯宝璋）

老舍在济南沦陷的前一天，告别妻儿，挤上南区的最后一趟火车，只身前往武汉参加抗战，自此离开齐鲁大学。侯宝璋与老舍两人虽不再共事，但交谊未受阻隔。

老舍在1938年成立的"中华全国文艺界抗敌协会"中担任负责人——总务部主任。之后，又转到蓉城，住在了侯宝璋家里。老舍说，他到成都办事，就住侯先生家中，——"侯宝璋先生给我在他的客室里安了行军床"。在1942年的《青蓉略记》里，老舍对此事所述甚详：

看书：在蓉，住在老友侯宝璋大夫家里。虽是大夫，他却极喜爱字画。有几块闲钱，他便去买破的字画；这样，慢慢地他已收集了不少四川先贤的手迹。这样，他也就与西玉龙街一带的古玩铺及旧书店都熟识了。他带我去游玩，总是到这些旧纸堆中来。成都比重庆有趣就在这里——有旧书摊儿可逛。买不买的且不去管，就是多摸一摸旧纸陈篇也是快事啊。真的，我什么也没买，书价太高。可是，饱了眼福也就不虚此行。

侯宝璋闲暇之余，到旧书店和古玩铺购买“古董”成了他自得其乐的癖好。老舍曾为侯宝璋赠诗一首：“余钱买字画，斗室傲云烟；心悦为珍品，神游乐自然。”并于诗后题道：“又我（侯宝璋字）兄与予有同嗜，余钱辄换字画，悦心则取，不以真伪年代多自萦绕。”

同赴美国讲学

抗日战争胜利之初，美国国务院邀请中国一批知名学者赴美讲学，包括老舍、曹禺等人，侯宝璋也在其内。侯宝璋和老舍一为访问学者，一为“文化使者”。当时，侯宝璋作为知名的医学科学教育家和对中国医学史有造诣的专家，赴美各大学进行讲学，交流中美文化。老舍在美国华盛顿大学、斯坦福大学、哈佛大学等知名高等学校进行了演讲，题目是：《中国现代小说》《中国抗战文学》等。

一年后，侯宝璋又赴英国讲学，老舍则在纽约定居，在纽约83西街118号租了两间公寓房，过着一种既紧张又孤独的写作生活，一边写小说，组织翻译中国抗战文学，一边关注着国内的战况。

1948年，侯宝璋受聘于英国教育部，成为第二次世界大战后香港大学第一任华裔病理学教授兼系主任。

老舍（右三）在香港接受侯宝璋教授（右二）宴请

1949年,老舍接受周恩来总理的邀请,结束美国之旅归国。10月13日老舍乘"威尔逊总统号"轮船离开旧金山,经檀香山、横滨、马尼拉到达香港。到香港后,住在了香港大学侯宝璋家中。老舍曾回忆:下船好几天了,我还觉得床像是在摇晃。海上的颠簸使我的坐骨神经痛复发了,到现在几乎还无法行走。香港大学又在山上,每次出门都给我带来极大的痛苦。我在此地已待了十天,仍不知何时才能回到北京。此地有许多人等船。北上,所以很难搞到船票。看来,我还得再待上一段时间,我没法从这里游回家去。

老舍在侯宝璋家中静养了24天,"好容易,得到一张船票!"登上北上的小客轮经仁川抵达塘沽港。12月12日回到久别的故乡北京。

晚年相会北京

老舍回国后,其作品在美国出版事宜的信函、汇款,也均是从美国寄给香港大学侯宝璋,再由他转北京老舍接收。

原来老舍回国前,写给美国代理人劳埃德的最后信件,寥寥几行字,只为留一个通讯处,方便他到了香港,还能接到邮件,其中指定的收信人就是侯宝璋。

老舍回国之后,写信给劳埃德,请他寄来500美金用于买房子。他在1950年2月27日信里说:"我的家眷将要从重庆回到北京,我得给他们准备房子。北京现在又成了首都,想要找一处合适的房子既贵又困难。如果您能给我寄500美元到香港,再由侯先生(侯宝璋)转寄给我,我将非常高兴。"足见,老舍对侯宝璋交情信任之深。

1952年侯宝璋将次子侯健存由香港大学送回内地工作。侯健存放弃香港大学良好的工作和生活条件,只身一人回到北京,进入中央卫生研究院(中国医学科学院前身)工作。他回国后,便与大学时的恋人、在上海同济医院工作的刘冬生喜结连理。老舍和夫人胡絜青即作主婚人,又代表远在香港的侯宝璋夫妇,祝愿他俩天长地久,幸福美满。

侯宝璋在香港大学任教多年,后来受周恩来总理鼓舞,于1962年回到北京,出任中国医科大学副校长。当时正值中国内地经济最困难时期,侯宝璋携带一批先进科研仪器设备由香港回到北京,并带回多年收集的珍贵实验标本及数百份图片资料,由他一手建立起了当时国内最先进的分子病理学实验室。

侯宝璋回国后，周总理给他安排在了中组部阜城门内的一套四合院内居住。当时老舍住在东城区乃兹府丰盛胡同10号的一个普通的四合小院。闲暇之余，侯宝璋常约老舍一起去琉璃场欣赏字画和“淘”古董。他们度过了最祥和的时光。值得一提的是，侯宝璋将毕生收藏的文物先后分五批尽赠国家故宫博物院珍藏。

1966年“文革”开始，周总理数次打电话要侯宝璋待在家里，以便接受“十六条”的保护。可侯宝璋的挚友老舍跳了团结湖，他的三个儿子均被批斗，如此的打击让70余岁的老人心力交瘁，1967年春因心肌梗塞悄然离世。

（原载《齐鲁晚报》2016年1月14日）

臧克家与梁实秋的师生情

人生永远追逐着幻光，
但谁把幻光看作幻光，
谁便沉入了无底的苦海。

这是1930年臧克家以国文98分、数学零分被山东大学破格录取的考生——臧克家的杂感。正是由于这三句杂感，打动了慧眼识才的闻一多先生，确定了他的人生道路，造就了世纪诗魂。

虽然说臧克家是国立山东大学中文系第一届学生，得益于闻一多、王统照、萧涤非、沈从文、游国恩、丁山等诸位大师们的教诲提携，但他与山东大学外文系首届主任梁实秋也有着不解之缘，有着一段很深的师生情缘。

闻一多、梁实秋任教国立青岛大学

1930年"国立山东大学"的前身——"国立青岛大学"成立，校长是"五四"时期老作家杨振声先生。杨振声民主办学，风度翩翩，请来的大批教师都是学术、文化界一时才彦。1930年，臧克家以臧瑗望的名字考入国立青岛大学外文系。外文系当时只有一个英国文学专业，除了本系课程以外，还承担全校的公共英文以及法、德、日等第二外国语的教学。据1933年教职工名录档案中记载，外国文学系主任为梁实秋，教授有陈逵、罗文柏、戴丽琳、赵少侯、葛其婉，讲师王国华、郑成坤，1934年教职工名录档案中记载外国文学系主任洪深，教授为李茂祥、戴丽琳、赵少侯、葛其婉，讲师水天同、王国华、周学普等。

梁实秋

1930年4月，闻一多和梁实秋应杨振声的邀请，一同到国立青岛大学执教。梁实秋后来回忆说："他要一多去主持国文系，要我去主持外文系，我们当时唯唯否否，不敢决定。金甫力言青岛胜地，景物宜人。我久已厌恶沪上尘嚣，闻之心动，于是我与一多约，我正要回北平省亲，顺路到青岛一觇究竟，再作定夺。"没想到，一看立刻就认定"这地方在天时、地利、人和三方面都够标准宜于定居……一言以决，决定在青岛任教。"

梁实秋在外文系开设了"英文""欧洲文学史""戏剧入门""英国文学史""莎士比亚""文艺批判"等课程，还担任了其他系的公共英语课。

据臧克家回忆："记得，1930年我考入国立青岛大学(后二年改为山东大学)，入的是您做主任的英文系。您面白而丰，夏天绸衫飘飘，风度翩翩。"臧克家对梁实秋先生的莎士比亚研究印象也颇深。

臧克家入学外文系，后转入中文系

臧克家是如何从外文系转入中文系的呢？入校后，臧克家学中文的兴趣比学英文的兴趣更大，申请转中文系。在国立青岛大学，学生可以转院或转系，那是首任校长杨振声的一贯主张。

当时，想转到中文系的人太多，全被拒绝了，当臧克家忐忑不安地站在闻一多先生身旁自报姓名时，闻先生十分高兴地接纳了他，并告诉他记得他的《杂感》。据臧克家的同学蔡文显的儿子蔡宗周在《梁实秋书赠的条幅——记梁先生与蔡文显的一段师生情谊》中写道："记得父亲生前说过……臧克家原先入学是英文系，同父亲同系，后根据臧克家的要求，经闻一多同意调到了中文系就读。"

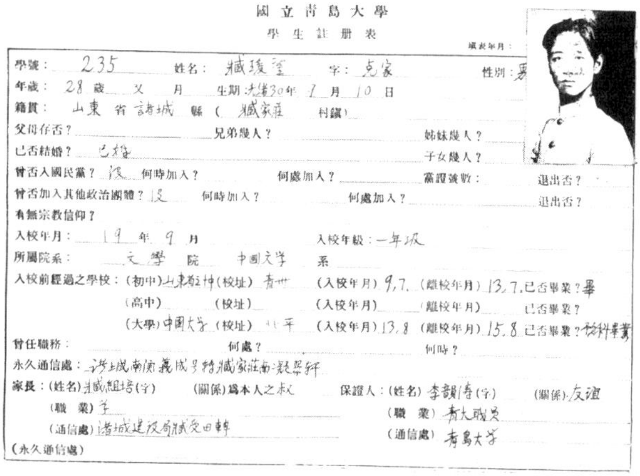

國立青島大學
學生註冊表

塡表年月：
學號：235 姓名：臧瑗望 字：克家 性別：男
年歲：28歲 又 月 生期：光绪30年 1月 10日
籍貫：山東省諸城縣（臧家莊 村鎮）
父母存否？ 兄弟幾人？ 姊妹幾人？
已否結婚？已婚 子女幾人？
曾否入國民黨？没 何時加入？ 何處加入？ 黨證號數： 退出否？
曾否加入其他政治團體？没 何時加入？ 何處加入？ 退出否？
有無宗教信仰？
入校年月：19年 9月 入校年級：一年级
所屬院系：文學院 中国文学系
入校前經過之學校：(初中)山東省立十中(校址)青州 (入校年月)9.7.(離校年月)13.7.已否畢業？畢
(高中) (校址) (入校年月) (離校年月) 已否畢業？
(大學)中国大学(校址)北平 (入校年月)13.8 (離校年月)15.8 已否畢業？预科畢業
曾任職務： 何處？ 何時？
永久通信處：诸城南関義成号转臧家莊南瀛翠轩
家長：(姓名)臧组培(字) (關係)爲本人之叔 保證人：(姓名)李韻涛(字) (關係)友谊
(職業)学 (職業)青大職員
(通信處)諸城建設局臧受田轉 (通信處)青島大学
(永久通信處)

臧克家(臧瑗望)在国立青岛大学的注册表

从此，臧克家成为闻一多先生的学生，一名诗的学徒。

臧克家转到中文系后，除了学好功课外，就是向闻一多先生和他的诗学习。闻一多和梁实秋是同学，又是最要好的朋友，往来甚密。再加上梁实秋又是臧克家的英文老师，这样一来，臧克家与梁实秋也建立了很深的师生情谊。

20 世纪 20 年代末，梁实秋和鲁迅在上海滩发生了激烈的论战，震撼了整个中国文坛。有一次在课堂上，有的同学问梁实秋与鲁迅笔战一事，他笑而不答，用粉笔在黑板上写上四个大字："鲁迅与牛。"同学们莞尔而笑，梁实秋神情自若。这情景，给臧克家的印象很深。直到 20 世纪 80 年代末，还有人对梁实秋在国立青岛大学兼任图书馆长时撤除鲁迅著作一事问臧克家，他回答说："我想不会的，也是不可能的。"就这事臧克家为梁实秋作了最好的证言。

臧克家为梁实秋写出"邀请信"

1933 年臧克家的第一部诗集《烙印》出版，梁实秋很快就以《烙印》为题写了评价文章，并对臧克家"不曾因同情心的热炽而抛弃艺术的立场"表示了赞赏。

臧克家著《烙印》封面

20 世纪 80 年代初，梁实秋从香港给臧克家寄来两本书，这两本书是梁实秋的《偏见集》和《游美杂记》。臧克家在《致梁实秋先生》一文中回忆道：

“忽然收到从香港寄来的一个大卷，很费劲地把它拆开，原来是您的大著！这真是出乎我的意料，真有点又惊又喜。可惜下面寄出的地址写得不清楚，而且被我拆成碎片，想回信也无处投寄了。从插页上看，您和师母登山涉水，游兴甚浓，心宽体壮，只是头白了。”

1987年，当臧克家得知了台湾同胞到大陆探亲的消息后，于11月3日写下《致梁实秋先生》一封信，信中这样写道：“实秋先生，我特别想念您。自从1934年，我山东大学毕业离开青岛之后，隔山隔水，睽违已有五十三年之久了。人不见面，思念却难断。您的行踪，偶尔从新闻报道中得到星星点点，这也聊慰我情……我虽步履蹒跚，但愿意奉陪您，游览颐和园，荡舟北海上，参观规模宏伟的新落成的北京图书馆，互相扶持登上八达岭，纵目长城，如果精力充沛，可以看看这几年出土的珍贵文物，特别是秦始皇的兵马俑。我可以陪您吃吃东来顺的涮羊肉，全聚德的烤鸭……来吧，来吧。”梁实秋先生于1987年11月3日在台北逝世，生前没有看到这封信，巧合的是臧克家写完信的时间与梁实秋逝世的时间为同一天，这可以说，是臧克家送给梁实秋最后最真挚的礼物。

赵太侔、赵少侯、孙大雨、洪深都曾是臧克家的外文老师。臧克家在山东大学八十周年校庆时，曾写过一篇情真意切的祝词《我的祝辞——庆祝母校校庆》，表达了自己1930～1934年在母校读书期间对老师的崇高敬意，其中写道：“文学院长兼中文系主任是闻一多先生。英文系主任兼图书馆馆长是梁实秋先生，他是研究莎士比亚的，山东大学图书馆关于莎士比亚的著作在全国来说也是有点名气的……戏剧家赵太侔先生都曾教过我，赵先生教过我英文，后来做了国立山东大学的校长……至于文艺方面，我毕业前后到山东大学教过书的有老舍、洪深、王统照、赵少侯、孙大雨诸位先生，这几位先生都是我的文艺前辈，后来成为亲密的朋友。”

臧克家与梁实秋的这段渊源和师生情，如丝如缕，那缩在心头的情感的彩绳，即使时光流逝，即使主人仙逝，又怎能扯得完呢！

（原载《齐鲁晚报》2014年7月17日）

一幅手迹一本书　四载师生一世情

——梁实秋与蔡文显的一段师生交往

蔡文显(1911～1984),字致平,江西省金溪县人,国立青岛大学外文系首届学生,受业师梁实秋学术思想和人格魅力的影响,成为著名学者、翻译家。1984年秋天,梁实秋在广州暨大任教的长女梁文茜,专程到广州中山医学院看望因患肝癌住院的蔡文显,并带来了梁实秋从台湾经美国转来的两件礼物:一是梁实秋亲笔书写赠蔡文显的宣纸手迹;另一是在台湾出版的回忆录《槐园梦忆》。一副手迹和一本书,映照出两人一辈子的师生情。

近日,笔者走进蔡文显长子蔡宗夏的寓所,听他讲述了他父亲与梁实秋的往事。

师生结缘　有书为伍

梁实秋对青岛有种特殊而真挚的感情。1930年4月,国民党政府任命杨振声为国立青岛大学校长,在大学筹备期间,他到上海力邀闻一多、梁实秋到青岛大学执教。暑假过后,梁实秋如期而至。

梁实秋担任外文系主任兼任图书馆馆长,工作十分忙碌。那时候,年轻俊朗的梁实秋天天步行到校,身着中式裤褂和飘逸长袍,行走于崎岖小路,风神潇洒,旁若无人。除了教学,梁实秋更多的时间用在读书、写作和翻译上。

1930年6月,蔡文显毕业于江西省立八中高级部,同年9月以优异成绩考入国立青岛大学(山东大学前身)外国语文学系,成了梁实秋的首届学生。

蔡文显入学后勤奋好学,在班上成绩拔尖,又是学校的网球运动员,打得一手好球,深得梁实秋赏识。蔡文显来自江南乡间,家境素属贫寒,求学费用均系仰赖亲友之帮助及江西省教育厅之津贴。梁实秋了解到这一情况后,在1931年帮助其申领校助学金50元。1932年当梁实秋又了解到蔡文显家遭匪祸,家境寥落,其全家收入仅足糊口,已无余力担负其求学费用,即将面临辍学时，随安排他到图书馆半工半读，每月20元，一直拿到了毕业。

梁实秋讲课内容丰富，分析透彻、精辟，旁征博引，纵横中外，从不照本宣科、空谈理论，往往结合自身的创作实践，深入浅出，生动明白，深得学生们喜欢。梁实秋也曾回忆说："我所讲课只要听之者不是根本不听，总能得其梗概，稍加钻研，必可臻于深刻。"虽然他极为爱护学生，遇到寒暑日总会特别关照提醒同学们，但对待成绩分数又十分严格，他常说"轻画分数，才是教师的失职"，蔡文显深深被老师的气度、学识和恪尽职守的执教风格所折服，致使晚年还能记忆起梁师所授课程。缘此，蔡文显便渐渐地出入梁实秋的办公室，在认真求知的浓烈气氛中不断拓宽知识，受益匪浅。

蔡文显对梁实秋讲的莎士比亚研究颇感兴趣。梁实秋在校期间的另一成就当属对《莎士比亚全集》的翻译。在梁实秋的影响下，蔡文显的毕业论文就是以莎士比亚的著作《哈姆雷特》为选题，以"The Hamlet Problem"（哈姆雷特的问题）为题，在梁实秋的指导下完成的，并得到了80分的高分。当时梁实秋兼任图书馆馆长，他喜爱英国大戏剧家莎士比亚的作品，因而那时的青岛大学图书馆收藏莎翁著作最多，中外文各种版本俱全，且有许多珍藏本入藏。蔡宗夏回忆说：我父亲的书房一直很整洁，所有的图书都分门别类排放，每一本书都没有破损的痕迹。父亲的藏书多是一些莎士比亚、狄更斯的英文原版书籍。

在梁实秋的精心培育下，蔡文显成为国立山东大学外文系最优秀的学生之一。1934年7月，蔡文显学完了所有课程。经综合评定，蔡文显得了第三名，获得了一支派克钢笔、一个皮包和一块手表，是以时任山东省政府主席韩复榘的名义发的奖。

三径初成　鱼山路窄

"三径初成，鱼山路窄"指的即是梁实秋的寓所。第一年，梁实秋一家住在鱼山路4号，第二年搬到7号（即如今的鱼山路33号），均坐落在秀美的小鱼山。

"风飙起，叹花红柳翠，散落如云"。据梁实秋回忆，"赁屋于鱼山路七号，房主王君乃铁路局职员，以其薄薪多年积蓄成此小筑"，梁实秋曾要求房东在院子里种一些树木，房东竟拉来两车树秧，种下六棵樱花，四棵苹果，两棵西府海棠，把小院挤得满满的，每逢花季，枝繁叶茂。"第二年即开始着花，樱花都是双瓣的，满院子的蜜蜂嗡嗡声……

在青岛期间，梁实秋的家庭生活大多时候是快乐的，他的性格开朗乐观，谈吐风趣，极受朋友们的欢迎，而家庭的和乐美满、程季淑的贤惠能干，使他们的家几乎成了朋友的乐园，经常是座上客满。渐渐地，蔡文显也从梁实秋的办公室走到了他的家里去，而且成了常客。他们师生一起观赏花开花落的娇艳海棠，谈文说艺，把盏畅饮。

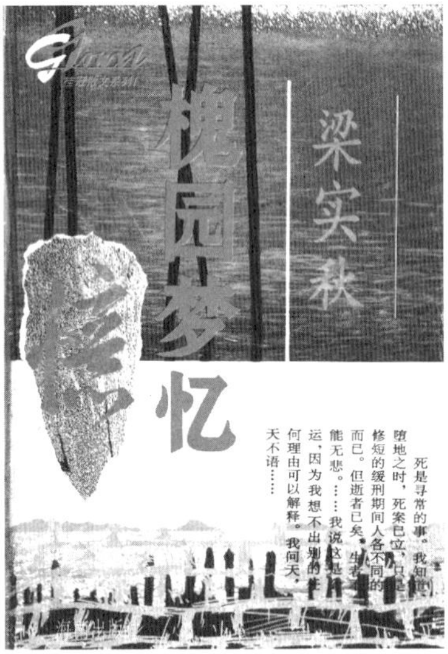

梁实秋著《槐园梦忆》封面

四年的师生生活，朝夕相处结下了笃深的情谊。梁实秋在《槐园梦忆》一书中写道：我们的家座上客常满，常来的客如傅肖鸿、赵少侯、唐郁南都常在我们家便饭，学生们常来的有丁金相、张淑齐、蔡文显、韩朋等。我从北平订制了一个烤肉的铁炙子，在青岛恐怕是独一的设备，在山坡上拾捡松枝松塔，冬日烤肉待客皆大欢喜。

外文系首届学生有 44 人，其中还有臧克家、柳即吾、唐月萱、王林和梁实秋的妹妹梁绪琴等人。蔡文显与臧克家是同学，彼此友情深重。蔡文显曾回忆："臧克家原先入学是英文系，后根据臧克家的要求，经闻一多同意调到了中文系就读。臧克家在校时写了许多新诗，出版了诗集《烙印》，被誉为'青年诗人'。"20 世纪 80 年代初，蔡文显到北京开会，曾到臧克家寓所拜访，当谈起闻一多、梁实秋等先生，谈起大学的件件往事，两位老人都兴味很浓。

1934 年 9 月，蔡文显作为国立山东大学第一批毕业生，离开青岛后考取了北京的清华大学研究院，学英国文学专业，因为成绩优异还得了每年 360 元的奖学金。此时，梁实秋应胡适之邀到了北京大学任教。蔡文显在清华大学读书时，住在清华园学生宿舍“新斋”178 房，同房间有中文系闻一多的学生、爱写新诗的彭丽天。彭丽天 1931 年考取国立青岛大学中文系，1934 年，经闻一多教授引荐，转清华大学中文系就读。

蔡文显有时间就去梁实秋在北平内务部街 20 号（现为 39 号）的寓所拜访，梁实秋曾鼓励他好好学习，待毕业后引荐到北京大学外文系执教。在此期间，他还经常去拜访时在清华大学任教的闻一多和游国恩两位老师。1935 年，中美庚子赔款留学考试，蔡文显报考留美公费生戏剧学科，考了第二名，第一名是孙晋三。但因抗日战争爆发，非但留学未行，本打算到梁实秋任主任的北京大学外文系执教也成了泡影。

1937 年，蔡文显在清华研究院的毕业答辩请了在北京大学任外文系主任的梁实秋参加。就在七七事变，人心惶惶之中，蔡文显取道天津回到南方，这也是他与梁实秋最后一次会面。

万水千山　魂萦梦绕

晚年在台湾的梁实秋对于青岛怀有特殊的眷恋之情。“雁来也，看捎来尺素，天远如邻。”20 世纪 80 年代，梁实秋陆续与留在中国大陆的长女梁文茜、儿子梁文骐取得联系。1982 年 6 月，梁文茜也前往美国西雅图，如愿与梁实秋团聚，圆了梁实秋 30 年来的心愿。

梁文茜千里迢迢捎来了蔡文显写给梁实秋的信。梁实秋捧在手里看了又看，不尽老泪纵横。“万水千山，魂萦梦绕，何日游湖去采蓴。”见信如面，梁实秋手捧蔡文显的信，再次迸发了对青岛的眷恋。他随拿起蘸满浓情的笔，一气呵成，写就了这首字字含情的词。梁实秋多想以老迈的双足再去踏寻青年的足迹，领略那海滩风情，同蔡文显等学生到小西湖去采摘莼菜和友人把盏畅饮。

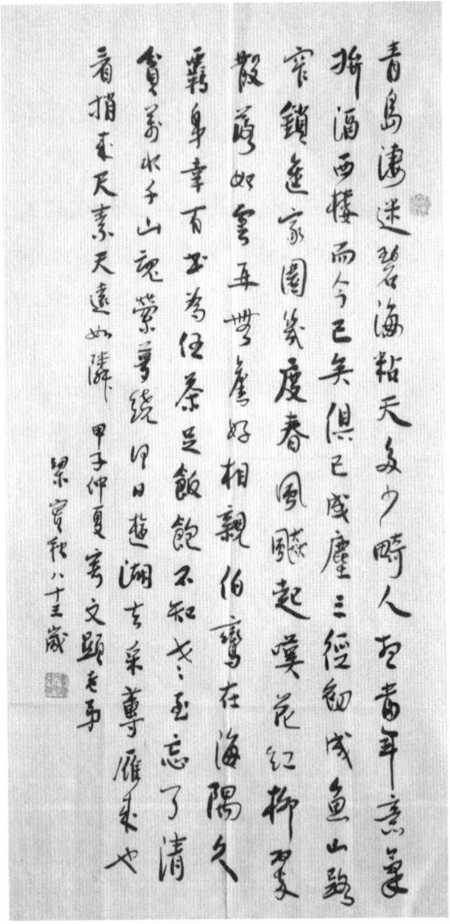

1983 年梁实秋写给蔡文显的手迹

当 1987 年 10 月台湾当局放宽到大陆禁戒后，梁实秋大喜，计划到大陆探亲。但 11 月 3 日，梁实秋因突发心脏病逝世，未能重返大陆，再来青岛，奈何世事沧桑，难以如愿。正如梁实秋在《忆青岛》一文所写：“我在青岛居住四年，往事如烟。如今隔了半个世纪，人事全非，山川有异。悬想可以久居之地，乃成为缥缈之乡！噫！”

蔡文显后来成为著名学者、教育家、翻译家，这和梁实秋的精心培养是分不开的。蔡文显一生从事英美文学的教学和研究，对英国文学史、莎士比亚、小说和戏剧的研究有很深的造诣。他先后在江西临川中学、厦门大学、中山大学、江西中正大学、南昌大学和广州外国语学院任教，1981 年被国务院批准为英语语言文学界首批8位硕士生导师之一，20世纪80年代培养了我国第一批英语语言文学硕士，为国家培养了大批外语专门人才。

晚年蔡文显在看书

“梁实秋先生送给父亲的书和字，他在弥留之际稍有气力和精神就拿出翻读，这书这字陪伴父亲走完了人生的最后一段旅程，这书这字见证了他们的师生友谊。”蔡宗夏说。“魂萦梦绕……天远如邻”，正所谓君子之交淡如水，蔡文显与梁实秋二人的交往完全建立在纯粹的师生情谊上，虽然远隔千山万水没有鸿雁传书，却有无尽的思念和永远的记忆。

作者手记

雁来也，看捎来尺素。

抗日战争之前，梁实秋可算是闻一多交往最密切、最知心的挚友了。他们是清华同学；又曾经同在美国科罗拉多大学学习，并同住一室；他俩一同参加大江学会，参加在美国的戏剧演出；后来又一同在国立青岛大学任教。众所周知，臧克家先生是闻一多先生的得意门生，那么谁是梁实秋先生的高徒呢？他在青岛培养的学生有没有发扬他的治学传统，成为外国文学以及研究莎士比亚的研究专家呢？

近年来，笔者带着这个问题，一直在苦苦找寻，找寻……终于找到了蔡文显先生，他是梁实秋先生在国立青岛大学外文系的首届学生，受梁实秋的影响，后成为知名学者、翻译家和莎士比亚研究专家。

值得庆幸的是在去年的11月，通过多方联络，笔者联系上了蔡文显先生的二儿子蔡宗周先生，并与其进行了书信联系。今年暑假，笔者又赴北京采访了蔡文显先生的长子蔡宗夏先生，听他讲述了蔡文显与梁实秋的师生往事。

在蔡宗夏寓所客厅的东墙上，悬挂着梁实秋赠其父亲的手迹，内容是梁实秋为纪念与蔡文显的友谊撰写的一阕词，兹将全文（原文无标点）录出如下：

青岛凄迷，碧海粘天，多少畸人。想当年意气，拼酒西楼；而今已矣，俱已成尘。三径初成，鱼山路窄，锁进家园几度春。风飙起，叹花红柳翠，散落如云。再无旧好相亲，伯鸾在海隅久羁身。幸有书为伍，茶足饭饱；不知老至，忘了清贫。万水千山，魂萦梦绕，何日游湖去采蓴。雁来也，看捎来尺素，天远如邻。

甲子仲夏寄文显老弟 梁实秋八十三岁

“这幅字是1982年我父亲特意向梁实秋索求的。当时父亲听说梁先生的长女梁文茜在广州暨南大学任教，通过多方打听联系上了梁文茜。正巧那年梁文茜要去美国西雅图探亲，看望她父亲梁实秋。我父亲遂给恩师梁实秋写了一封信，在信中汇报了自己的学习工作情况，并向梁实秋求字，此信特请梁文茜转交给了梁实秋。”蔡宗夏回忆说。

后来，笔者将梳理的《蔡文显与梁实秋的一段师生交往》一文，用电子邮件发给了蔡宗夏先生，请他指正。在回信中，蔡宗夏写道：“拜读了您的大作，我都感动得热泪盈眶……家父平生为人处世谦逊低调，很少同子女谈及他的个人经历，从不宣扬自己的学术成就。父亲的青年时代许多史实，鲜为我辈知悉。不言而喻，这其中也有历次政治运动的因素，使他视往事如烟，不愿多谈吧。

“通过同张老师的畅谈，我得以知悉父亲及其与青岛山东大学的恩师、同窗和名流的趣闻逸事，更增加了我对父亲的尊敬，我和弟妹们都为我们有这样品学兼优，勤奋进取，忠诚教书育人事业的父亲而骄傲……”

笔者收到蔡宗夏先生写来的邮件甚是感动！蔡文显先生与梁实秋先生的这段师生情谊，是真挚而富有感情的，能够挖掘梳理他们师生故事，是笔者的荣幸和自豪！山东大学梁实秋等诸位先生和他们的勤奋好学的学生们，奠定了山东大学20世纪30年代的辉煌，他们都是山东大学的骄傲，我们应铭记和发扬！

（本文得到山东大学外国语学院赵洪太教授悉心指导，原载《齐鲁晚报》2015年11月19日）

国立青岛大学学生运动中的梁实秋与王林

在国立青岛大学
读书时的王林

20世纪30年代的大学，学业和政治注定是冲突的，也正是在“九一八”后，偌大一个中国，找一处安放平静的书桌的地方已是不易，何况汹汹人流的大学。作为一个在校读书的大学生，是不问国事而在学校安心读书呢？还是积极投身于这场“爱国救亡”学生运动呢？这也成了当时国立青岛大学（山东大学前身）的学生与学校当局严重对立的起因。

这一时期的国立青岛大学共发生了三次学潮，这三次学潮中，梁实秋因为担任着外文系主任的职务，又是校务会议的主要成员，理所当然地成了学校当局的坚定维护者。梁实秋的学生王林是国立青岛大学首任党支部书记，自然成了学生运动的组织者、领导者。那么他们师生一个作为学校当局的支持者，一个作为学生运动的领袖，在这三场学生运动中他们之间究竟发生了怎样的故事呢？

梁实秋执教国立青岛大学

梁实秋（1903～1987），中国现代文学史上著名的理论批评家、作家、英国文学史家、文学家、翻译家，主要作品有《文艺批评论》《雅舍小品》《英国文学史》《英国文学选》等，并翻译有《莎士比亚全集》。

1930年4月，国民党政府任命杨振声为国立青岛大学校长，在大学筹备期间，他亲自到上海去物色教师。在上海杨振声通过闻一多认识了梁实秋。求贤若渴的杨深知梁的价值，所以立即邀闻、梁二人一同到青岛大学执教，他极力向闻一多和梁实秋推荐，“上海不是居住的地方，讲风景环境，青岛是全国第一”，不妨“先尝后买”。梁实秋后来回忆说：“他要一多去主持国文系，要我去主持外文系，我们当时唯唯否否，不敢决定。金甫（杨振声）力言青岛胜地，景物宜人。我久已厌恶沪上尘嚣，闻之心动，于是我与一多约，我正要回北平省亲，相偕顺路到青岛一觇究竟，再作定夺。”没想到，这一看立刻就认定了“这地方在天时、地利、人和三方面都够标准宜于定居……一言以决，决定在青岛任教。”

暑假过后，梁实秋如期而至。随同他一起来到的，还有夫人程季淑和两个女儿梁文茜、梁文蔷，儿子梁文骐。一家租住在鱼山路 7 号一栋二层小楼。

上任伊始，梁实秋十分重视师资队伍建设，赵太侔、谭葆慎、郭斌和、宋春舫、罗文柏、赵少侯、陈逵、孙大雨、李茂祥、费鉴照、袁振英、周铭洗等一批曾留学欧美且年富力强的专家学者执教外国文学系。

当时外国文学系只有一个英国文学专业，法、德、日、三国语言，都是作为第二外国语而开设的。外国文学系必修课程有 14 门，包括“古犹太文学”“希腊神话”“美散文选读”“英散文选读”“英国文学史”“英诗选读”“戏剧选读”“英国散文选读”“小说选读”“莎士比亚”“西洋文学批评史”“欧洲文学批评史”“现代欧美文学”“浪漫诗人”等。选修课程有 6 门，分别为“英语会话”“民谣学”“欧洲文学思潮”“欧洲文学概论”“高级法文”“专题研究”等。此外，还规定必修中文系 2 门课程，再加上毕业论文指导课，共计 23 门课程，78 学分。外文系所开设的课程在当时可以和中国著名高等学府的外文系相媲美。

据梁实秋的学生王昭建回忆：“梁先生年方 28 岁，精通外文，却从不穿西装，梁先生上课，永远踏着铃声进教室，下课铃声未停，就已步出课堂。梁先生的理论是：上课，一分钟也不能浪费；课间休息是学生的，一分钟也不容侵占。梁先生给我们开过‘戏剧入门’‘莎士比亚’‘弥尔顿专题’‘英国文学史’和‘欧洲文学批评’等课程”。

臧克家也曾回忆：“记得，1930 年我考入国立青岛大学（后二年改为山东大学），入的是您做主任的英文系。您面白而丰，夏天绸衫飘飘，风度翩翩。”臧克家对梁实秋先生的莎士比亚研究印象也颇深。

梁实秋在外文系开设了“英文”“欧洲文学史”“戏剧入门”“英国文学史”“莎士比亚”“文艺批判”等课程，还担任了其他系的公共英语课。他讲授《戏剧入门》，着重讲了西洋戏剧的代表作，系统全面地讲了西洋戏剧的发展史；

“莎士比亚”课，全面地讲了莎翁，精讲了他的主要剧作；“弥尔顿专题”课着重讲了《失乐园》长诗；“英国文学史”和“欧洲文学评论”课，他在讲课中对某些警句或难懂的辞句，译解深透恰到好处。

梁实秋除了担任教学和外文系的行政职务外，他还兼任学校图书馆馆长。由于翻译莎士比亚著作，图书馆收藏的莎翁著作也很多，中文的、外文的各种版本都有，且有许多珍藏本入藏，还补购整套西洋定期刊物如英国的Contemporary Review，Fortnighty，Nine－teenth Century，美国的Current History，Foreign Affairs，该图书馆也因此名扬全国。

学生运动中的王林和梁实秋

王林（1909～1984），原名王弢，现代著名作家，河北省衡水县人。1927年他在北平的今是中学上学，是该校共青团的支部书记。1930年5月，因组织领导全校学生总罢课而被开除学籍，之后又被国民党以“共产党嫌犯”的罪名关押了一个多月，终因无证据释放。释放后，正巧看到国立青岛大学的招生广告，于是没有等到毕业，就报考了国立青岛大学外文系。7月末，国立青岛大学新生录取榜发布，王林榜上有名。

8月上旬，王林到国立青岛大学外文系报到，成了梁实秋的学生。他考入国立青岛大学后转为中共党员，是国立青岛大学的第一任党支部书记。

1931年冬，王林（右二）和同学在国立青大校园合影

国立青岛大学自成立至1932年，共发生三次学潮，这三次学潮中，梁实秋因为担任着外文系主任的职务，又是校务会议的主要成员。梁实秋和闻一多都是杨振声请到国立青岛大学的，与杨振声的关系非常密切，于是总是处于风口浪尖上，成为学生反对的目标。

作为学生的王林，虽然从内心里敬佩梁实秋先生的真实才学，但由于"政治理念"不同，王林对梁实秋先生的一些做法深为反感。

开学不久，学校当局发现有的学生是用假文凭报考录取的，怀疑这部分学生在中学时代因"闹学潮"而被开除学籍，所以没有正式毕业文凭，如果留在校内将形成"隐患"。于是突然宣布：凡用假文凭考进来的学生一律剥夺学籍，勒令退学。但是，当时情况有些特殊，一是这样的学生很多，几乎一半以上；二是这些学生认为，既然能考进来，就说明有这个能力，就不应该让他们退出学校。

王林对此事极为不满，认为很多同学是冤枉的，与梁实秋发生了冲突。第二天上课时，梁实秋在课堂上说学生们这次罢课不民主，学生纠察队专横，侵犯复课学生的人权、自由等等；又说校方处理这次学潮如何民主、公平等等。此时，王林立刻站起来进行反驳："民主、公平个啥？被开除的100多名同学，有的既不是用假文凭考进来的，有的在通过罢课时并没有举手，更不是纠察队员，可是竟被学校开除了！我是纠察队长，带纠察队员劝阻复课的同学上楼的是我，我反倒没有被开除，这是民主、公平吗?!"梁实秋大吃一惊，目瞪口呆地看着王林，半晌才说出话来："你，你坐下！可别再嚷嚷了，漏网的不再追究，冤枉的也不再收回，大家心平气和地研究学问吧！"

其实，梁实秋听到王林的反驳与自述，还是以老师爱才的宽厚之心，将此事压了下来，也使王林得以继续在国立青岛大学求学。

1931年九一八事变爆发，民族矛盾空前尖锐。而此时的中共青大支部在王林的领导下，总结第一次罢课斗争经验的基础上，更加积极组织领导抗日救亡运动。以杨振声为首的学校当局对学生的爱国主义运动不甚理解，认为学生只有读书成才，将来才能救国，所以采取说服、劝服的办法。

在校务会议上，校长杨振声提出：青岛环境特殊，学生爱国不应超出学校范围。在会上，梁实秋介绍国民党政府向"国联"申诉的情况，并说"今非昔比，国联的调查仲裁定能使公理战胜强权"，不赞成学生涌向南京请愿。这当然是梁实秋的幻想，血气方刚的青年学生对这种态度自然不满，遂爆发了第二次学潮。

据《郭根日记》记载：会场上形成两个阶级，一方是教职员，一方是学生，教职员不主张请愿，学生是非去不可，于是决裂了，教职员全体退席，学生却坚持下去。

王林在支部的领导下，积极发动学生南下请愿。10 月 1 日晚，王林与俞启威组织成立了反日救国会，11 月 30 日，通过了罢课请愿的决议，并组建了一支 179 人的请愿队伍，在 12 月 2 日抢上火车赴南京请愿。俞启威（1912～1958），又名黄敬，祖籍浙江绍兴。1930 年初冬，俞启威进入国立青岛大学做旁听生，与王林住同一宿舍，关系甚好。1931 年暑假，俞启威考入国立青岛大学物理系，后经王林介绍加入了党组织。这次大规模学潮中，俞启威被推举为理学院的中队长，与王林、许星园、李林、杨翼心、魏少剑等共同领导学生赴南京请愿。

12 月 4 日下午，蒋介石迫于压力，在中央军校礼堂以“训话”名义接见了请愿团。此后，请愿团于 6 日返青。

为了迅速恢复校园秩序，在校长杨振声主持下，国立青岛大学召开了一次校务会议。梁实秋在《忆国立青岛大学》一文回忆道：我们这一代人在五四时代都多多少少参加过爱国运动，年轻人的想法我们当然是明了的，但当前的形势与五四时代不同，所以平津学生纷纷罢课结队南下赴京请愿，秩序纷乱，我们就期期以为不可……在校务会议中，我们决议开除为首的学生若干名，一多慷慨陈词，以为这是“挥泪斩马谡”，不得不尔。

此时的闻一多和梁实秋都站在了校方的立场上。不料，学校的处理引起强烈反弹，校长杨振声和闻一多、梁实秋成为学生们攻击的主要对象。有个条幅上写着：“驱逐不学无术的闻一多！”梁实秋认为，“不学无术”四个字加在闻一多身上，真是不可思议。学生们还在黑板上画了一只乌龟一只兔子，旁边写着“闻一多与梁实秋”。闻一多很严肃地问梁实秋：“哪一个是我？”梁实秋回答：“任你选择。”

1932 年春季，国立青岛大学因“学分淘汰制”引发了第三次学潮。当时，教育部出台了《大学学则》，规定全年学程有三门不及格或必修学程有两门不及格者，令其退学。学生们认为，时局不靖，爱国第一，学校如此压迫学生，目的是反对学生从事爱国运动，于是群起反对。学生通过罢课开展斗争，并引发了“驱逐教授事件”。同年 6 月，学生分别发布了《驱闻宣言》和《国立青大全体学生否认杨振声校长并驱逐赵畸梁实秋宣言》，公开驱逐杨振声、赵畸（赵太侔）、闻一多、梁实秋等教授。这次学潮影响很大，南京国民政府教育部下令解散国立青岛大学，驱赶学生离校。解散令震惊了坚持罢课斗争的学生，他们纷纷离校回家。学校风声鹤唳，形势十分紧张。青岛市政府派保安队进校“维持秩序”，并派特务到学校搜捕学运领导人王林等，迫使学生离开学校。王林与俞启威、张福华等坚持留在校内，继续编辑罢课专刊。

有一天，王林正准备去印刷厂时，国民党便衣特务突然包围了国立青岛大学。情况十分紧急！王林便迅速从后窗跳出，由今红岛路上山逃走。王林离开了学习生活了近两年的国立青岛大学，逃往上海，在上海第二纱厂做工。

这年夏天，杨振声被迫去职，闻一多也因精神受到很大伤害而辞职离开青岛，国立青岛大学易名为国立山东大学，赵太侔任校长。

梁实秋并没有因学潮运动而离开国立山东大学。他潜心教学之外，更用心地进行莎士比亚翻译工作，这项宏大的跨文化工程历时37年方告完成。他在青岛期间还翻译了《职工马南传》和《西塞罗文录》。

1934年，胡适发来一份电报说：“梁实秋先生主持山大外文系三年成绩显著已有基础。现北京大学外文系亟待梁先生来此帮助，恳请暂时借用两年……”就以此措辞将梁实秋拉往北京大学。就在他离开山东大学的前夕，外文系全体学生在青岛奇园饭店为他饯别，从此离开了青岛。

王林在《抗战日记》中忆恩师梁实秋

王林是梁实秋在国立青岛大学外文系的学生，又是三次学生运动的组织、领导者，他没有因为“政治理念”的不同而彻底否定了梁实秋。据王林《抗战日记》(1944年8月10日的日记)中记载：数年前，黄敬曾说我受梁实秋的影响很不小。我当时尚不服气。今天反省起来，受影响确实不是小的。由梁而朱光潜，于是对资产阶级一套唯心论艺术论，接受得真不少——当然其中未必都是反动的一部分，好的遗产也有。然而艺术与政治、非政治观点、人性观点、艺术自由观点，却是直接从他们那学来的。

据《国立青岛大学学生注册表》记载，王林在国立青岛大学两年所学课程为“一年级英文”“一年级日文”“英文作文”“英国史”“二年级英文”“二年级日文”“二年级英文作文”“英诗入门”“戏剧入门”等20门课程，其中“一二年级英文”“英国史”“戏剧入门”等课程是梁实秋教授的，可以说：梁实秋是对王林授课时间最长的一位老师，也是对王林影响最大的老师之一。

故此，王林确实是从梁实秋先生那里学到了很多“好的遗产”的东西，而正是这些“好的遗产”，影响了王林的一生，为他日后的文学创作奠定了基础。王林从1934年开始发表作品。1954年加入中国作家协会。著有长篇小说《腹地》《站起来的人民》《叱咤风云》，话剧剧本《火山口上》，中篇小说《女村长》，短篇小说集《十八匹战马》，主编并参加编写《花开第一枝》等。中华人民共和国成立后王林历任天津市总工会宣传部部长，天津市文联、中国作协天津分会副主席，天津文化局顾问。

梁实秋是位爱国的文人。据梁实秋的女儿梁文茜回忆：父亲自离开大陆30多年来未能到北京看看，实在是遗憾。但父亲是爱国的。抗战时，他是国民参议员，不怕危险，到抗日前线视察，鼓励将士抗战。后来到了美国，有人要他入美籍，他始终不愿，只拿个绿卡……当年父亲听到闻一多先生被暗杀的消息时，他正在与朋友下围棋，一时激动，拳击棋盘，一只棋子掉到破地板缝里，再也没有抠出来。

王林生前还一直珍藏着梁实秋的《莎士比亚的马克白》和《莎士比亚的奥赛罗》两部译书。时日变迁，但在王林的心中，永远也没有忘记恩师对自己的终身教诲，正如中国人说的那句老话：“一日为师，终身为父。”

（原载《齐鲁晚报》2015年7月16日）

20世纪30年代山大外文系学生季刊《刁斗》

捧着陈的泛黄、字迹模糊的、掉碎纸渣的国立山东大学刁斗文艺社1934年1月1日出版的《刁斗》第一期，敬畏之情油然而生。这是山东大学外文系学生自己组织的刊物，在20世纪30年代组建这样一个社团，出版倾向于“为人生艺术”的期刊，着实让人感到亲切和鼓舞。2014年1月1日正值《刁斗》创刊80周年，特撰写此文，以示纪念。

1934年，国立山东大学外文系学生宋墨庵、柳乃瑞（柳即吾）、李世昌、郭根、吕少恒、李子骏等高班同学（三年级学生）成立了刁斗文学社，“以研究文艺，砥砺学术为宗旨”编辑、出版《刁斗》文艺季刊，1934年3月出版了一卷一期，这是大型文学期刊，每期120～160页，《刁斗》第一卷出版了四期，第二卷出版了两期，后停刊。《刁斗》是纯文艺性质的文艺季刊，是当时在全国有影响的期刊，该刊内容主要为文学评论、创作和翻译作品。

国立山东大学“刁斗文艺社”出版的《刁斗》季刊封面

《刁斗》季刊首期在《发刊辞》中写道："内心底表现，便是在我们刊印这个刊物终极的旨趣……忠实于人生，忠实于艺术，是我们写东西时所持的态度。"《刁斗》正是以这种独特的文学理念与主张，活跃了学生的创作热情和学术氛围。外文系的学生柳即吾在《刁斗》发表了小说《横死》《雹》，剧本《加特林在霍利亨》《一兵士》《白乾酒》等作品。郭根发表了论文《论"短篇小说"故事之进展》《普罗文学》和小说《血的买卖》《斗争》《夏天最后一朵花》以及译作《美国同路人问题》等作品。宋默庵发表了论文《文学之哲学底基础》《现代苏格兰的诗》和书评《王了一译都德的沙弗》等作品。李世昌发表了论文《浯兹浯斯》，翻译剧本《搓草绳》《她的条件》《梅夫》等作品。李子骏发表了论文《莎士比亚的悲剧之实质》《屠格涅夫创作底艺术》，小说《玫瑰姑娘》等。外文系学生还翻译了很多作品，如田端峯的《锁着的箱子》，朱宝琛的《古希腊玉屑》，周小鸥《火坑》《又成了泥鳅》，唐明《寄天上的玛丽》，等等。

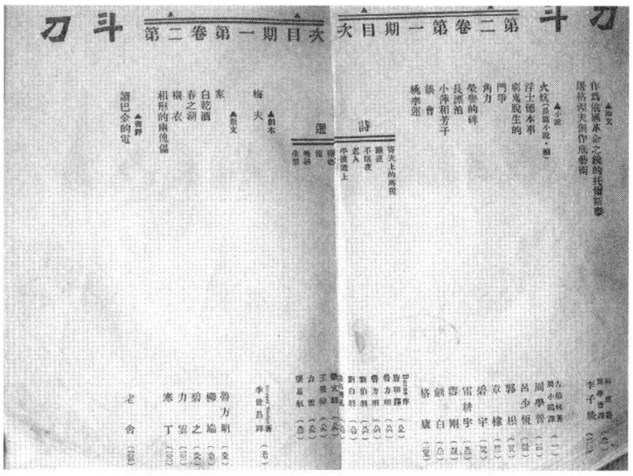
刁斗　第二卷第一期目次

▲論文
作為俄國革命之鏡的托爾斯泰
屠格涅夫創作底藝術

▲小說
火坑（長篇小說·續）
浮士德本事
榮譽的碑
小萍和芳子
桃李運

詩
寄天上的瑪麗
不眠夜
老人

▲劇本
梅夫

▲散文
白乾酒
春之湖

▲書評
讀巴金的電

《刁斗》二卷一期目次

为充实刊物的内容，学生还邀请教授撰写文章。外国文学系的教授赵少侯、梁实秋，讲师周学普，中国文学系的教授老舍等都曾在《刁斗》上发表过各类文章。《刁斗》第一卷第一期发表了赵少侯教授文学评论论文《曾仲鸣著法国的浪漫主义》；第一卷第二期发表了梁实秋教授的论文《阿迪生论幽默》、赵少侯教授的评论文章《法郎士的真面目》与他的翻译文章《巴格节的红鸡蛋》；第一卷第三期发表了赵少侯教授的《罗曼罗兰评传》；第一卷第四期刊登了赵少侯教授的论文《法郎士论法国古代民歌》、老舍关于创作经验的论文《我的创作经验》，第二卷的第一期刊登了周学普翻译，列宁著的论文《作为俄国革命之境的托尔斯泰》和创作的小说《浮士德本事》，还刊登了老舍的书评《读巴金的〈电〉》。虽然《刁斗》是学生们组织的期刊，但得到了赵太侔校长以及外文系教授们的支持，由学校补贴部分费用办的，也就是说，外文系学生们所取得的文学成就正是得益于教授们的深刻影响。

《刁斗》发行于1934年，共发行了6期，详细记录反映了当时国立山东大学文学思潮与创作的真实面貌，补充了文学期刊的空缺，为学校新文学的发展做出了积极贡献。

刁斗文艺社主创人员宋墨庵、李世昌，大学毕业后，不知去向；另两名主创人员柳即吾、郭根简介如下：

柳即吾原名柳乃瑞，1909年农历8月12日出生于山东昌邑一个农民家庭，读小学时期，正值“五四运动”，深受新文化和爱国主义思潮的影响和推动，自少年时代起即向往光明、追求进步。1928年“五三”惨案后，不满蒋介石的独裁统治，参加了国民党改组派，积极从事反蒋运动。1929年率先在昌邑创办了女子小学，为妇女教育和妇女解放事业贡献了力量。1930年反蒋斗争失败后，为躲避国民党右翼势力的迫害，逃往北京考入宏达学院，后转入国立青岛大学外文系学习。1935年国立山东大学大学毕业后，先后在文登中学、潍县县中任教。1949年解放战争胜利后，到济南三中任教，曾任语文教师，语文教研组长，外语教师，至1975年离休。

郭根（1911～1981），又名良才，笔名木耳、焦尾琴，山西定襄人。早年读书于北京师大附中，热爱文学和写作，思想进步。1931年考入国立青岛大学外文系，期间参加了“北方左联”“反帝大同盟”等活动，后成为著名记者和报人。郭根在外国文学系学了“小说入门”“戏剧入门”“英诗入门”“莎翁”“浪漫诗人”“英日俄法德文学概论”“圣经”“古典神话”“西洋文学批评诗”“传记文学研究”“希腊悲剧”“英文演说”“维多利亚时期散文与诗”“英国戏剧研究”等课程，并师从梁实秋教授作的毕业论文。郭根热衷于体育运动，还是青岛大学对球队（排球队）主要成员之一，曾多次参加华北运动会。中华人民共和国成立后，相继担任《人民日报》资料室副主任、《文汇报》副总编、山东大学中文系副教授、人民出版社编辑、山西师范学院（后为山西大学）中文系副教授。著有《百年史话》《云岗散记》《一代报人邵飘萍》等。

（原载《山东大学报》2014年1月1日）

国立山东大学首届毕业典礼

近日，笔者在翻阅山东大学校史资料时，在 1934 年 6 月 25 日的《国立山东大学校刊》中，发现了《本校举行第一届毕业典礼》一文，这件珍贵的校史资料，揭开了国立山东大学首届毕业典礼的盛况："本大学本届毕业试验，已于本月十四日举行完毕。毕业学生共计 53 人，毕业布告在案。本校成立历经四载，此次为第一届毕业，故于考试结束后，即着手筹备第一届毕业典礼。典礼日期为 6 月 23 日上午九时……各来宾及全体教职员学生，均先后入场。后由体育部宋主任(宋君复)领导毕业生，整队而入，全场掌声大起。各毕业生男着黑色制服，女着白色长服，整洁素雅……校长致辞，并代表王教育部长(王世杰)致训词，勉励毕业同学于毕业后，本着在校努力吃苦求学之精神，为国家社会效力。继请沈市长(沈鸿烈)授毕业证书，各毕业生分系依次领受证书，秩序极为严肃。"

名流云集　俊才荟萃

1929 年 6 月 3 日，我国著名教育家蔡元培力主将国立山东大学迁至青岛复校。他多次称："青岛之地势及气候，将来必为文化中心点，此大学关系甚大。"在私立青岛大学的基础上接收国立山东大学，被改名为国立青岛大学，杨振声为首任校长。1932 年 9 月，国民政府将国立青岛大学易名为国立山东大学，杨振声辞职，赵太侔继任校长。

1930 年 8 月，国立青岛大学在青岛、济南两处招考一年级新生 176 人(后经甄别考试实际录取 92 人)。9 月 21 日，举行开学典礼。

杨振声、赵太侔都毕业于北京大学，后又分别考取官费留学美国哥伦比亚大学。他们效法北京大学"兼容并包""科学民主"的办学方针，广聘专家学者，使国立山东大学成立之初，就形成了阵容整齐、水平较高的师资队伍。文科有闻一多、梁实秋、黄敬思、张煦、老舍、洪深、丁山等知名教授；理科有黄际遇、蒋德寿、任之恭、曾省、汤腾汉、刘咸、童第周等教授；另有杜光埙、游国恩、沈从文、傅鹰等，可谓群贤毕至，盛极一时。这些专家教授在教学研究中认真，勇于创新，使学校的学术空气日益高涨，教学质量不断提高。

国立山东大学首届毕业生臧克家在山东大学80周年校庆时，曾写过《我的祝辞——庆祝母校校庆》，表达了自己1930～1934年在母校读书期间对老师的崇高敬意："文学院长兼中文系主任是闻一多先生。英文系主任兼图书馆馆长是梁实秋先生，他是研究莎士比亚的，山东大学图书馆关于莎士比亚的著作在全国来说也是有点名气的。中文系教师先后教过我的有《楚辞》研究专家游国恩先生、张怡荪先生……还有萧涤非先生，沈从文先生，方令孺先生，著名文学家丁山、闻宥先生，戏剧家赵太侔先生都曾教过我，赵先生教过我英文，后来做了国立山东大学的校长。文学院之外，我也忘不了具有学者风度的理学院院长黄际遇先生，学校请章太炎先生来校讲演，他一直负责招待。化学系的汤腾汉先生，生物系的曾省先生，都是著名的学者。

国立山东大学非常重视教学工作，把教学放在首位。由于师资力量较强，水平较高，再加上教授们工作勤奋，态度诚恳，诲人不倦，教学质量甚好。如杨振声、梁实秋、洪深、老舍等教授讲课，内容充实，分析深刻，富有时代气息、生动感人，引起学生广泛兴趣。汤腾汉、童第周、黄际遇、曾省、傅鹰等教授讲课，既有科学先进性，又经过反复实验，有自己的创见，使学生大受启发。1933年秋入读山东大学化学系，一年后又转学清华的何炳棣回忆说："当时汤腾汉的定性分析实验课，从工序到难度都超过清华，傅鹰的普通化学课也比清华的普通化学高明得多。"

首届毕业生淘汰率42%

国立山东大学对学生学业的管理一向极为严格，采用了学分淘汰制，而且，淘汰率相当高。国立山东大学第一届学生92人，毕业时53人，淘汰率为42%。据王淦昌回忆："30年代国立山东大学的学风，较为严谨笃实。教授一律担任课堂教学，效果显著，或可符合'名师出高徒'之谚语。对学生要求很严格，注重质量，实行学分淘汰制，所以学生都肯勤奋攻读，刻苦上进，形成浓郁的学习风气。"理科学生不是采标本，就是做实验，出来教室就进实验室；文科学生也整日"习诗填词""点读古籍"。

国立山东大学的考试制度，分为临时试验、学期试验和毕业试验三种。毕业试验，亦须在会考试场（大礼堂）举行，并由毕业试验委员会办理。毕业试验委员会由教育部指派校内教授及校外专家学者组成，校长为委员长。第一届考试委员会，除本校校长、教务长、秘书长、各院院长、各系系主任之外，还邀请了严济慈、何思源等参加。

据黄际遇在《万年山日记》记载："1934 年 6 月 15 日。下午开毕业考试委员会，审定及格者五十五人（实际毕业五十三人。国文学系十八人，外国文学系十一人，数学系九人，物理学系四人，化学系八人，生物学系五人）。"由于学校平时对学生学业管理极严，考试时又有严格的规定，使得学生平日无不兢兢业业，刻苦用功。尽管如此，仍有不少人不能毕业，从而造成很高的淘汰率。"学生在好而不在多，与人数的多寡无关"。杨振声离平赴青就职时，傅斯年曾对他说："只要你能领导两三个学生走上学问的正路，也便不虚此行了。"

沈鸿烈给毕业生前九名发奖

1934 年 6 月 23 日，国立山东大学举行了第一届毕业典礼。6 月 14 日，毕业试验结束后，即着手准备毕业典礼，由理学院院长黄际遇任总招待。据黄际遇在《万年山日记》中记载："1934 年 6 月 23 日。今晨举行毕业典礼，谬膺总招待之职，及早出巡礼堂招待室等处布置。九时众宾莅止，行礼如仪，锡训词者：陈隶泰、沈成章、何仙搓、张某（张竹溪）、赵校长及余。午聚餐图书馆，征逐为劳，丑尽方归。"

因来宾众多，因恐拥挤，特在操场搭一宽大彩棚为会场。不料是日阴雨连绵，遂临时改于学校大礼堂举行。礼堂正中为主席台，左为新闻记者席，右为教职员席，台前为记录席。座位前数排为来宾席，中为毕业生席，在校同学均坐最后。从《本校举行第一届毕业典礼》一文中可知，国立山东大学赵太侔首先致辞，他勉励毕业同学于毕业后，本着在校努力吃苦求学之精神，为国家社会效力。随后青岛市市长沈鸿烈为 53 名毕业生授毕业证书，各毕业生分系依次领受证书；并代山东省主席韩复榘奖给毕业生前九名，每人皮包一个，自来水笔一支，金手表一只。计第一名丁金相（外文系）、第二名赵幼祥（化学系）、第三名蔡文显（外文系）、第四名薛傅泗（中文系）、第五名高哲生（生物系）、第六名曾在因（化学系）、第七名冉昭德（中文系）、第八名王聿相（数学系）、第九名许振儒（物理系）。依次颁给后，沈鸿烈还颁给前三名丁金相、赵幼祥、蔡文显书籍多种。以上学生领奖时，无不喜形于色，极感兴奋。

发奖后，陈立夫、何思源、张竹溪、沈鸿烈、黄际遇等相继致辞，对于毕业学生勖勉有加。最后毕业生代表蔡文显代表致答辞。

据蔡文显的儿子蔡宗周回忆说："60 年代我还见过父亲在山大毕业时发的包和笔呢！包是带按扣棕色的公文包，自来水笔实际上就是一支钢笔，很粗大，是咖啡色，父亲发的金表没见过。父亲对在山大毕业时发的包和笔很珍爱，生前一直珍藏在身边，由于我多次搬家两件宝物已不知去向了。"

除了以上受表彰的学生外，第一届毕业生还有臧克家、丁观海（丁肇中父亲）、梁绣琴（梁实秋的妹妹）、王昭建等，后大多成为国内外知名的专家学者，由此可以窥见国立山东大学的教学质量。臧克家曾回忆说："30 年代，青岛是一个荒岛，'国立青岛大学'成立之后，在文化、教育等方面，立刻发出了耀眼的光芒，为全国文化界、知识界所注意。"国立山东大学第一届学生圆满毕业，开启了山东大学教书育人的新篇章，迎来了黄金时期。

据悉，毕业典礼后各来宾及教职员以及毕业生至科学馆前摄影留念。只可惜，笔者在山东大学图书馆、校史馆都没有找到国立山东大学第一届毕业合影这张照片，甚为遗憾。

国立山东大学科学馆

（原载《齐鲁晚报》2016 年 7 月 3 日）

下编　余音绕梁

1946年春，国立山东大学在青岛复校，赵太侔再任校长。复校后设文、理、工、农、医五个学院。1949年6月2日，青岛解放，军管会接管学校，华岗任校务委员会主任（后任校长）。王统照和杨向奎分别担任中文系和历史系系主任。1950年春，由于王统照即将调任山东省文化局领导职务，中文系和历史系合并为文史系，杨向奎任文学院院长兼文史系主任。1950年下学期文史系又分为中文系和历史系，吕荧任中文系主任，杨向奎任历史系主任。1951年5月，华岗校长创办了《文史哲》，作为学术研究的阵地，以开展学术民主和百家争鸣的风格在国内“开风气之先”。此时，冯沅君、陆侃如、高亨、萧涤非、黄孝纾先后执教山东大学中文系，时称“五岳”。五位先生同在山东大学中文系中国古典文学教研室任教，共同接力分段讲授“中国文学史”课程，高亨先生讲授“先秦文学”，陆侃如和黄孝纾先生讲授“汉魏六朝文学”，萧涤非先生讲授“隋唐文学”，冯沅君先生讲授“宋元明清文学”。这一时期他们开始招收研究生，为国家培养了最早的一批古典文学专业人才。五位先生长期执教山东大学，悉心培育人才，对古典文学学科发展影响深远，如余音绕梁，不绝于耳。

抗战胜利后山大在青岛复校

今年的10月25日，是抗战胜利后山东大学在青岛复校70周年。抗战岁月，国立山东大学内迁停办，失却大师，解散学生，损失之大、破坏之重、影响之深是无法估量的。抗战胜利后，山东大学复校，山东大学的文脉得到了延续和发展……20世纪30年代是山东大学历史上的辉煌时期，诸多大师、名家聚集于此，在全国高校中独具特色，但日本侵华战争打破了这种辉煌。1937年7月7日，日本帝国主义发动卢沟桥事变，开始了全面侵华战争，不久，北平、天津相继沦陷，日军过了黄河，侵犯山东，山东大学不可避免地受到战争的影响。全校当时有文、理、工3个学院8个系，约500名学生。校长由林济青代理。

1937年11月，教育部下令山东大学内迁，原定先至西安，经请示批准，改迁安庆，择定菱湖公园为校舍。林济青组织全校师生分批南下，在仪器、图书等迁徙中花了很大精力。在奉令之初，山东大学即将所有仪器、图书、标本、文卷及办公用品等分别制箱，共计1000余件分三批运出。第一批257箱运至西安，旋又转运万县(宜昌)；第二批837箱运至浦口，因南京失陷，全部丢失；第三批16箱运至汉口，转运万县。

时任山东大学事务科的王云浦后来曾回忆说："本校开办后十年经杨、赵(杨振声、赵太侔)两校长以仅有之经费，艰苦节约，尽量添置，及接收山东省立专校之财产，除运赴西安之小部分外，余均化为乌有，损失之重，在国立大学中，无与伦比。"

1937年暑假结束时，返校的学生不过一百余人，还不到全数的一半。按照教育部的内迁命令，随迁的师生于11月离开青岛。山东大学学生与几位助教同行，冒着敌人飞机的袭击，历尽千辛万苦，迁至四川万县。1938年3月，山东大学在万县石竹轩搭席棚作临时课堂，准备上课，仅上课几天，教育部电令解散。

在万县学生全部送入中央大学，教员被分到国立编译馆担任临时编译工作，职员则分别遣散。图书、仪器、机械分别暂交国立中央图书馆、国立中央大学、国立中央工业职业学校保管使用。1938年6月，教育部下令免去林济青代理校长职务。至此，国立山东大学停办，师生校友星散流离。

抗战期间南迁到四川万县的山东大学部分师生合影

抗战胜利后，以汤腾汉为代表的山东大学校友，以发展教育、不忍母校长期中断之热诚，自动组成"国立山东大学校友会复校促进委员会"，奔走呼号，并请杨振声、赵太侔前任校长及党政名流联名致电，共同向国民党政府请求在青岛迅速恢复山东大学建制。经多方努力，国民政府教育部决定恢复山东大学，并于1946年1月委派教育司司长赵太侔再任山东大学校长，负责复校事宜。

复校伊始，困难重重，一切需要重新开始。因为学生早已并入中央大学，教师在战乱中散落在全国各地自谋生计，原先的校舍变成了美国兵营。赵太侔曾回忆说："在校舍方面，原有的大学路校产不能收回，仅利用几处敌产日本中小学暂维现状，而在图书仪器方面，原有的大部分已经损失，所收回的只是一小部分残余，从国外购买，因为外汇和运输的麻烦，更是诸多困难，现在仅能利用这已有的少数仪器图书作为师生研读之工具。再说到已经应聘的先生许多不能如期到校原因，就是因为他们原有的事业和责任，一时不能赶快卸却，又加上交通也成问题，因此复校工作就受了很大的影响，虽说是复校，实际上等于创办。"

赵太侔上任后，亲自出面向驻青美军讨还被占校舍，重新规划设置专业，运用各种关系聘请国内外名师。收回校舍是复校中最急迫、最关键的工作。青岛沦陷后，国立山东大学校舍被日本人占用，胜利后又被美军接收作兵营。为此，赵太侔致电曾在美国学习和工作达八年之久，时在岭南大学任教的周钟岐教授到重庆,聘为总务长,先期去青岛,办理收回校舍事宜。

周钟岐回忆收复校舍时曾说:"四月间我们刚到青岛时,连两三位同事住宿办公的地方都有了问题。若为1000余学生一二百教职员的住宿设法,当时实在不知应该从何处着手……我们想为校长找一所住的小房子也办不到,所以他在旅馆内住了一个多月。"

出席国立山东大学复校纪念典礼的嘉宾与师生合影

周钟岐与驻青美军频繁交涉,据理力争,且在青岛的《民言报》上发表:"山东大学复校工作已筹备就绪,一俟美军让出校舍,即可开学上课"的新闻消息。美军迫于公众舆论的压力,又怕受到世界舆论的指责,乃先行交出一部分校舍。赵太侔6月到青岛,亲与驻美军司令柯克谈判,又陆续收回一批校舍,勉强开学。

校舍收回后,赵太侔立即向曾经在山东大学任教的教师发出复聘邀请,希望他们尽快返校。同时向许多著名教授、学者发出邀请,希望他们加盟山东大学。当年赵太侔亲自动笔给各位知名学者发聘书,在山东省档案馆里,留存着厚厚一摞,有上百封之多。赵太侔的爱才惜才是显而易见的。

徐中玉在《两次在山大的回忆》一文中写道:"山大复校时,中文系仍把丁山、黄孝纾、萧涤非三先生请回来!其他系仍把童第周、曾呈奎、郭贻诚、王恒守、秦素美、王普、李茂祥等能够请回来的先生都请回来了。"

当时应聘的著名教授、学者有几十人,除朱光潜因病、老舍出国中途辞聘之外,其他均在1946年秋和1947年春到校。赵太侔邀请的都是当时中国最顶尖的学者。当时苏联邀请郭沫若、丁西林去讲学,美国邀请老舍、曹禺去讲学,这四位大家称得上是中国学界的泰斗。赵太侔邀请丁西林来青担任理学院院长,老舍担任文学院院长,因为老舍一时来不了,赵太侔就先兼任文学院院长,为老舍虚位以待。

复校后国立山东大学由于聘到高水平的师资队伍,不但促进教学、科研的提高,而且还为20世纪50年代的山东大学创造了一个兴旺发达的黄金时代。

图书仪器是办学的重要设备。山东大学奉命复校后，即在重庆成立办事处，派曲继皋等职员赴中央大学及中央图书馆等处洽商收回图书仪器，至1946年10月底始运回青岛，总计仪器60余箱，图书90余箱。60余箱仪器多已残损，无法使用；90余箱图书，计有西文书3398册，线装书5166册，此即是学校唯一的教学设备。

当年秋季，山东大学除在青岛招生外，还在北平、南京、上海、西安、成都、重庆、济南七地设立招生办事处，报考的学生共5871人，经过初试和复试，录取本科学生518人、先修班学生185人。

国立山东大学于10月成立了临时校务会，并于21日上午9时，召开复校后首次校务会议。临时校务会主席：赵太侔，委员：蒋右沧、郭贻诚、王国华、王恒守、樊翕、高哲生、童第周、周钟岐、何作霖、王普、勾福长等教职员组成，议定了开学典礼及《国立山东大学校刊》复刊等事宜。

10月25日上午9时国立山东大学举行开学典礼，这是时隔10年之后的第一次开学典礼。《国立山东大学校刊》在11月13日刊载了开学典礼的盛况："是日天气晴和，骄阳送暖，全体师生五百余人，于热烈之氛围中，齐集大礼堂，参与开学典礼。礼堂布置，整齐肃穆，讲演台上，置讲桌一张，敷以洁白桌布，配以绿绒座椅两把，极为清新，绕讲台边沿，排列秋菊数盆，红白相间，尤饶雅趣。礼堂座位分三列，左为全体教职员席，中右列为全体学生。赵太侔校长致训词，对本校历史沿革及学生期勖，甚为详尽殷切，语重心长，庄严中肯。继由周总务长（周钟岐）报告复校筹备经过，最后由教授公推代表王贯三（王统照）先生致训词，对于学生选择院系方面，为详细之说明甚受听众欢迎。演毕，宣告散会。"

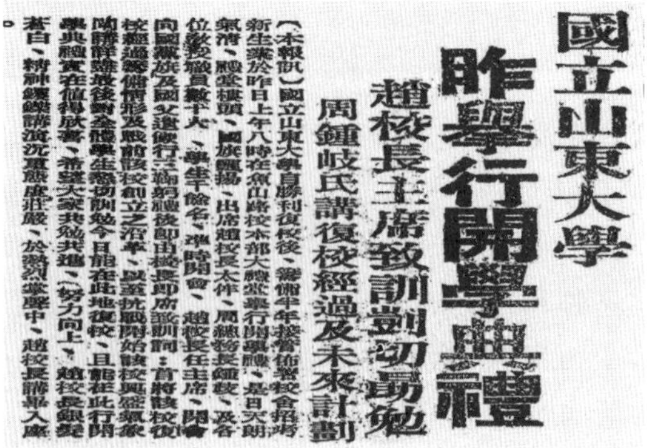

國立山東大學
昨舉行開學典禮
趙校長主席致訓剴切勗勉
周鍾岐氏講復校經過及未來計劃

（本報訊）國立山東大學自勝利復校後、籌備半年接管佈置校舍招考新生業於昨日上午八時在魚山路校本部大禮堂舉行開學典禮、是日天朗氣清、禮堂樓頭、國旗飄揚、出席趙校長太侔、周總務長鍾岐、及各位教授職員數十人、學生千餘名、準時開會、趙校長任主席、開會向國旗及國父遺像行三鞠躬禮後即由校長即席致訓詞：首將該校復校經過籌備情形及戰前該校創立之沿革、以至抗戰開始該校興盛氣象陷時詳難最後對全體學生懇切訓勉今日能在此地復校、且能在此行開學典禮實在值得欣喜、希望大家共勉共進、努力向上、趙校長銀髮蒼白、精神矍鑠講演沉重態度莊嚴、於熱烈掌聲中、趙校長講畢入座。

《军民日报》登载国立山东大学开学典礼盛况

开学后，由于新生报到最后期限未到，远道考区新生尚未到齐，各科实验设备也未整理到位，再加上部分教职员还未到校，为使到校学生便于补习，经临时校务会议议决，先开设国文、英文、数学三门课，于11月11日起开始上课。

12月4日，国立山东大学召开临时校务会议，议决12月16日正式上课，并议决成立复校庆祝委员会，推王贯三、刘康甫、王哲安为委员，王贯三为召集人。经筹备会积极筹备及校友会热烈协助，12月28日上午9时，国立山东大学举行复校庆祝纪念大会。青岛市市长李先良、秘书长徐人众、国民党青岛市党部委员刘巨全、青岛警备司令部政治主任林祥光等各机关团体首长30余人及该校教职员学生千余人出席。

《国立山东大学校刊》登载了复校纪念大会盛况：是日瑞雪缤纷，寒风刺骨，但来宾冒寒参加者甚为踊跃，来宾及本校全体师生千余人，齐聚大礼堂，举行典礼。赵太侔致开会辞，对本校复校筹备经过及今后计划，阐述颇详。李先良致辞，就山东大学与青岛之关系上提供两项希望：(一)山东大学应负起充实青岛内容之使命，提高青岛之文化水准，并扶助本市工商业之发展；(二)希望山东大学之研究工作与地方各部门之推广工作配合一致，密切联系。继由市党部刘委员金钰等人众及海训团林主任祥光致辞，语多勖勉。再有本校教职员代表童第周致辞，希望本校完成造就人才研究学术之使命，社会对于从事教育者应予以鼓励，尤希望新同学发扬过去优良的校风并光大之，出语幽默，博得掌声不少。最后由校友代表祝楣致辞及罗秀荷、郑柏林两女士代表校友向校长献纪念旗，至十一时礼成。

赵太侔在开学典礼的讲话中誓言要倾其智慧和力量办好学校，其中说道："我们须知道一个学校的存在，一定有他的需要和特性，本校在种种方面来说，都应该成为一个完全大学，依照地区形势看，北至平津，南至京沪，西迄汴洛，在这广大的区域范围内，众多的学生绝对需要一个完备的大学，以供他们的研读，在这一个唯一的国立大学。"

复校后，经请示教育部同意，设立文、理、工、农、医五个学院共十四个学系。即：文学院，分设中国文学系和外国文学系；理学院，分设数学系、物理系、化学系、动物学系、植物学系、地质矿物学系；农学院，分设农艺学系、园艺学系、水产系；工学院，分设机械工程学系、电机工程学系；医学院，设有医学系。另外还附设一个大学先修班和高级护士学校。各学院学生修业年限为四年，其中工学院五年，医学院六年，实行学分制和必修制、选修制。

教务长杨肇燫，总务长周钟岐，文学院院长赵太侔（兼），理学院院长丁西林，工学院院长丁履德，农学院院长李善勤，医学院院长李士伟。中文系主任杨向奎，外文系主任郑成坤，数学系主任李先正，物理系主任郭贻诚，化学系主任刘椽，动物系主任童第周，植物系主任曾呈奎，地矿系主任何作霖，机械系主任丁履德（兼），电机系主任樊翕，土木系主任许继曾，农艺系主任陈瑞泰，园艺系主任盛诚桂，病虫害系主任李文庵，水产系主任朱树屏。另设海洋生物研究所，童第周、曾呈奎分兼正副所长。

赵太侔还计划筹备一个五年计划，从 5 个学院扩充为 6 个学院，由 14 个学系增加至 30 个学系，充分显示了他竭尽全力办好山东大学的一片苦心。

赵太侔非常重视海洋学科的建设与发展，他在复校纪念大会的致辞中说："一个大学，固然有一般的完整性，同时也要注意他的特殊性。山东大学实在有他可以特殊发展的地方。在环境方面，直接受山东半岛之特殊物产及青岛工业特别发展的影响，有值得进行特殊研究工作之处。所以在我们工学院方面，计划设立造船工程及矿冶工程两系，在农学院方面，我们已设立水产学系。其次便是青岛天然环境，与海洋有密切联系，所以我们计划设立海洋研究所。关于海洋的物理、气象、生物地质都是我们研究的对象。这些都是地域上特殊条件，足以供我们研究的地方。"复校后，国立山东大学创办了国内第一个本科水产学系，并于 1947 年 2 月成立了海洋学系并附设海洋研究所，为中国的海洋科学做出了贡献。

国立山东大学复校后，经过几年努力，已经形成学科齐全、师资力量强大、教学设施完善的综合性大学，为 20 世纪 50 年代形成"文史见长""生物学科中国最好" "海洋学科远东第一"的美誉奠定了基础。

（原载《山东大学报》2016 年 10 月 26 日）

俞大缜写给赵太侔的信

近日，笔者查阅山东大学校史资料时，发现了北京大学俞大缜教授写给曾两任国立山东大学校长赵太侔的一封信。这封信揭开了俞大缜与赵太侔一段鲜为人知的往事。而这封信的历史背景是在抗日战争胜利不久，各大学都在恢复时期，优秀人才成为争夺对象。赵太侔接手山东大学校长之后，立即向曾经在山东大学任教的教师和许多著名教授、学者发出邀请，希望他们加盟山东大学。

俞大缜写给赵太侔的信原文如下：

太侔：

我已经到北大来了。刚到即去找了杨金甫先生，经前只闻名而未见过面的，我告诉他，我不到山大去，太侔也许会怪我，他毫不犹豫地说：一定会怪你的！我说我希望他能原谅我，他又很坦白地说恐怕很难！我听了非常难过。幸而在重庆时我曾经向你说过有不来的可能，否则我的良心更要责备我了！我请杨先生写信给你，因为我实在没有勇气。不知他到底写了没有？也许他太忙早已将此事忘记了。我想来想去还是自己写罢，我不爱说谎话，同时也不愿意 make excuse。只有请你原谅！何时到北平来？很想和你谈谈。匆此问候。

俞大缜启

(1946 年)十月十四日

这封信涉及三个人：赵太侔、杨金甫、俞大缜。太侔校长，即山东大学校长赵太侔(1889～1968)。历史上赵太侔曾两度出任山东大学校长，一次是抗战前 1932～1936 年，另一次即胜利后 1946～1949 年。这封信即赵太侔第二次任国立山东大学校长之时俞大缜所写。

赵太侔

赵太侔与俞大缜是何时相识的呢？1936年3月，赵太侔因处理学生运动失当和办学经费的压力，辞去校长职务，先去北平艺术专科学校任职，七七事变后辗转到达重庆，一直在教育部所属部门任职。

抗日战争胜利后，山东大学于1946年1月复校，国民党政府复令赵太侔为校长。抗战胜利不久，各大学都在恢复时期，优秀人才成为争夺对象。赵太侔接手山东大学校长之后，立即向曾经在山东大学任教的教师发出复聘邀请，希望他们尽快返校。同时向许多著名教授、学者发出邀请，希望他们加盟山东大学。抗日战争时期赵太侔在重庆，任职于教育部，应该说对重庆的师资情况非常了解。赵太侔可能就在这一时期结识了俞大缜。

俞大缜，浙江绍兴人，生于1904年。她曾就读于南京金陵女子大学，1934年留学牛津大学，主修英国文学、英国戏剧，1936年毕业获文学硕士学位。1937年与妹妹俞大絪一起回国，在重庆沙坪坝中央大学外文系任教授，俞大缜讲英国文学史，俞大絪讲英国小说和英国诗歌。1946年到北京大学西语系任教授，长期从事英语语言文学教学工作。

从信中可知，赵太侔应该是任山东大学校长后，亲自赴重庆登门聘请俞大缜，俞大缜应该是接受了邀请。据国立山东大学教员名册中(1947年1月份)记载：外国语文系主任，李茂祥，教授(已到)；教授，俞大缜(重庆沙坪坝、中央大学)；教授，王国华，兼先修班主任；讲师，方敬。可见赵太侔已将俞大缜列为国立山东大学教员了，可惜俞大缜没到山东大学，而是和妹妹俞大絪一起去了北京大学。

其实赵太侔与俞大缜还有亲戚关系，俞大缜是赵太侔夫人俞珊的姑姑。俞珊出身山阴俞氏，家世显赫。俞大缜的父亲俞明颐和俞珊祖父俞明震是亲兄弟，俞珊的父亲俞大纯和俞大缜的哥哥俞大维皆为民国时期政府官员。俞珊早年就读于上海国立音乐学院。1929年由田汉邀入影剧演出团体南国社，不久因主演王尔德名剧《莎乐美》而声名鹊起，次年主演田汉改编的《卡门》。1933年12月，与时任国立山东大学校长赵太侔结婚。

杨振声

信中所提杨金甫先生，即杨振声，是新文学运动初期涌现出的重要小说家之一，杰出的教育家。1930 年，杨振声由南京国民政府任命为国立青岛大学校长。

杨振声与赵太侔交情很深。杨振声来青岛后住在黄县路的一座二层小楼里，他与赵太侔住同一个楼，往来甚密。梁实秋后来在文章中写道："校长官邸在学校附近一个山坡上的黄山路（今黄县路），他和教务长赵太侔住楼上，一人一间卧室，中间是客厅，楼下住的是校医邓仲存夫妇和小孩。"

杨振声善饮，由于他的提议，赵太侔、闻一多、梁实秋、方令孺等八人每周末都聚于中山路一带的顺兴楼或厚德福，薄暮入席，深夜始散。

1932 年春，国立青岛大学发生全校性的罢课、罢考和驱逐校长、驱逐教授的事件。教育部指令国立青岛大学进行"甄别"整理，同意原校长杨振声辞职，任命赵太侔为校长，并将国立青岛大学改名为国立山东大学。

杨振声辞职之前，为了国立青岛大学的稳定和发展，写了三封信分别给赵太侔、吴之椿和梁实秋。在给梁实秋的信中，杨振声写道："劝太侔为校长，之椿为教务长，再辅以吾兄机智，青大前途，定有可为。"

正是赵太侔与杨振声的这段渊源和友情，俞大缜到了北京大学后，即找到同在北京大学任教的杨振声，请他给赵太侔写信，以求赵太侔原谅。杨振声给赵太侔写信没有，赵太侔原谅俞大缜没有，笔者不得而知。赵太侔是爱才惜才之人却是显而易见。正是赵太侔广揽人才，才为山东大学组建了一支高水平师资队伍，当时应聘到山东大学的有王统照、陆侃如、丁山、萧涤非、丁西林、童第周、朱树屏等知名学者。短短两三年，山东大学由原 5 个学院 8 个系，扩充为 8 个学院 16 个系，为山东大学的建设和发展奠定了基础。

俞大缜写给赵太侔的一封信，充分显示了赵太侔求贤若渴办好山东大学的一片苦心，可惜俞大缜没有来！

（原载《齐鲁晚报》2014 年 11 月 13 日）

宋君复电请罗念生加盟山大

罗念生是我国著名的学者、教授，是享有世界声誉的古希腊文学翻译家。1948 年 4～8 月，他应好友宋君复介绍，执教国立山东大学外国语文学系，在山东大学留下了弥足珍贵的印记。

罗念生(1904～1990)，四川威远人。1929 年毕业于清华大学，后赴美国留学，1934 年回国后在北京大学任教。1937 年 7 月抗日战争爆发，他只身绕道香港到达成都，经杨振声介绍到了四川大学外文系任教，教英文。

罗念生

宋君复

宋君复(1897～1977)，中国近代体育史上的著名体育教育家，浙江绍兴人。1916 年，以优异成绩考取公费留学美国，毕业后，因感我国体育之幼稚，又进入美国麻省春田学院专攻体育。回国后，执教于蕙兰中学，从 1926 年起，历任沪江大学、沈阳东北大学、山东大学、北京体育学院体育系主任、教授。

作为我国奥林匹克运动的先驱，宋君复曾两次执教国立山东大学。第一次是 1932～1937 年，1931 年日本占领东北，东北大学迁址后，宋君复来到青岛，出任国立山东大学体育系主任，1937 年抗日战争全面爆发，宋君复离开山东；第二次是 1946～1949 年，宋君复再次出任山东大学体育系主任。在山东大学执教期间，分别于 1932 年、1936 年和 1948 年征战第十届、十一届和第十四届奥运会，成为旧中国唯一一个参加过三次奥运会的人。现在中国海洋大学（原国立山东大学校址）的鱼山校区运动场外伫立着的石碑“一九三六年第十一届奥运会中国体育代表团运动员训练场旧址”即为对其的纪念。1937 年抗日战争爆发，11 月国立山东大学由青岛迁往安徽安庆，不久再迁至四川万县。1938 年春山东大学在万县复课，不久教育部下令“暂行停办”。1938 年，宋君复受聘国立四川大学任体育组主任、教授，主持体育工作达 8 年之久。正是在四川大学，罗念生结识了宋君复。在抗日战争中，罗念生、宋君复随四川大学辗转于峨眉、成都等地，任教期间，二人多有来往，友谊渐深。

抗日战争胜利后，国立山东大学于 1946 年 1 月复校，国民党政府复令赵太侔为校长。当时各大学都在恢复时期，优秀人才成为争夺对象。赵太侔接手山东大学校长之后，立即向曾经在山东大学任教的教师发出复聘邀请，希望他们尽快返校。1946 年暑假后，宋君复一家三口坐船由上海到青岛，再次执教山东大学，任体育卫生组主任。

外文系原聘郑成坤教授为系主任，半年后，因赴美国夏威夷大学讲学，系主任由许桂英教授代理。1947 年外文系教授只有许桂英 1 人，另有副教授 4 人，讲师 5 人。外文系急需引进知名学者，建立高水平的师资力量来提高教学质量。1948 年 2 月，在一次校务会上，宋君复向赵太侔举荐了罗念生。

当时罗念生已在湖南长沙大学任外文系教授。1948 年春，山东大学开学之际，宋君复经过多方联络，终于联系上了罗念生，并寄去了国立山东大学的聘书。聘书原文如下：兹聘罗念生先生为本大学文学院外国语文学系教授，月薪 600 元，聘期，（民国）三十七年二月一日起至本年七月三十一日。

罗念生经过考虑决定到山东大学任教。宋君复即发电报邀其加盟山东大学，电文如下：“湖南长沙大学罗念生兄，盼速来青，何时起程，请电告。弟，君复。三月二十日（1948 年）。”

罗念生接电报后，因怕祸及战事，复电询问青岛安否。宋君复呈电文报赵太侔审阅。赵太侔审阅后，速让宋君复回电："罗念生青市甚安速来。宋君复。"

1948年4月，时年44岁的罗念生举家经上海到青岛山东大学外文系任教授，随他同来的还有妻子马宛颐和两个儿子锦鳞、锦波，住在青岛合江路第二教授公舍一号。

罗念生到山东大学后，学校已开学，他立即投入到了紧张的教学中去。罗念生讲授英文和英国文学史课程。他国学深厚，中外对比，再加上他风度儒雅，讲课引人入胜，深受学生欢迎。赵太侔惜才爱才，曾多次邀请罗念生代系主任，并于聘期期满前拟好了聘书，只可惜罗念生未允。

为什么罗念生没有续聘山东大学呢？罗念生曾回忆说："在山大时，曾替宋君复在伪海军学校代教英文约两个月，并且看过招生试卷，对考生进行口试。当时革命运动正高涨，我意识到这是一件危害革命的事，但因为在青岛别无兼课机会，为生活而不择手段，现在回想起来很后悔。青岛当时已成孤岛，我害怕该地解放时发生战斗，于是年8月由赵诏熊介绍到清华大学任外语系教授"。

罗念生离开山东大学后历任于清华大学外语系、中国科学院文学研究所、中国社会科学院外国文学研究所。毕生从事希腊文学研究，硕果累累，译著和论文共计1000多万字。

（原载《齐鲁晚报》2015年7月9日）

王统照与山东大学

王统照(1897～1957),字剑三,笔名息庐、容庐,山东诸城人,现代作家、诗人。王统照自小读私塾,1913年考入济南省立第一中学。1918年考入北京中国大学英国文学系,1922年7月,他大学毕业,留校任教。自1926年3月开始,王统照定居青岛观海二路49号,先后在此居住近30年,在这期间他与山大解缘。20世纪30年代虽未在山东大学任教,但他扶植国立山东大学学生臧克家走上文学创作道路,并资助其出版《烙印》。王统照曾被邀到国立山东大学代课和做学术讲演;还与老舍、洪深、赵少侯等山东大学教授共编《避暑录话》。1946～1950年,王统照担任山东大学教授,其间曾任中文系主任。

王统照

20世纪30年代,青岛是个荒岛,"国立青岛大学"成立后,校长杨振声师承蔡元培,效法其"兼容并包"的办学方针,请来的大批教师都是学术界、文化界一时之彦,闻一多、梁实秋、黄际遇、黄敬思、沈从文、游国恩等名家纷纷前来任教,青岛在文化教育等方面立刻发出了耀眼的光芒。

1932年国立青岛大学易名国立山东大学，校长杨振声辞职，由赵太侔接任。赵太侔延续杨振声的办学方针，又聘任老舍、洪深、张煦、丁山、王淦昌、童第周、曾呈奎等一大批专家学者，师资阵营更为整齐，学校声誉日隆，蜚声海内。

1926年3月，王统照因母亲病逝回到青岛。7月，他去北京，辞去了中国大学教授的职位，回青岛后，先后在青岛铁路中学、市立中学(今青岛一中)等学校教书。1929年9月1日，王统照创办了《青潮》文学月刊，并任主编。

国立青岛(山东)大学创办后，王统照与闻一多、梁实秋、洪深、老舍、沈从文等教授学者多有来往，他们经常在青岛观海二路49号聚谈，他的小屋，几乎每日宾客满堂，他们在开辟着青岛新文化的绿洲。

就读国立青岛大学的臧克家，就曾得到过王统照的教诲和扶植。臧克家常去王统照寓所，聆听他谈诗说文。他的第一本诗集《烙印》，就是由王统照和闻一多各出20块大洋助其出版的，该诗集由闻一多作序，王统照做发行人。臧克家曾这样回忆："我和剑三交往，开始于1929年，在青岛。青岛观海二路四十九号，有座小楼，这寓所就是他的家。观海路，地势耸然，居高临下，俯观大海，水天一色。那时，他在市立中学教书，后来又在国立山东大学兼过课。他在观海二路寓所的两间小小会客室里，接待过闻一多、老舍、洪深……诸位先生，我和吴伯箫同志更是他的座上熟客。剑三为人热情、敦厚、谦逊、诚挚。他的思想并不激进，但能与时俱进；待人接物有点谨慎，但富有诗人气质。他对中国古典文学，对外国文学，修养很深。他爱好美术，写一笔好字，为侪辈所赞许。"①"我的另一位老师是王统照先生，我经常捧着诗去向他求教。他重友谊，真诚待人，对我这个后进，鼓励、扶掖，不遗余力，是《烙印》的鉴定者、资助者，又是它的出版人。可以这么说，没有他就不大可能有这本小书问世。"②

1935年王统照与臧克家在上海合影

---

① 臧克家：《剑三今何在？》，赵明顺、刘培平主编：《战士·学者·诗人——臧克家先生百年诞辰纪念文集》，山东大学出版社2005年版，第424页。

② 臧克家：《祖国万岁母校千秋——山东大学百年校庆纪感》，赵明顺、刘培平主编：《战士·学者·诗人——臧克家先生百年诞辰纪念文集》，山东大学出版社2005年版，第544页。

1935 年 7 月，王统照与老舍、王亚平、孟超、洪深、赵少侯、王余杞、杜宇、李同愈、吴伯箫、臧克家、刘西蒙等 12 位文人夏居青岛，以文会友。他们在《青岛民报》上合办副刊《避暑录话》，此期刊是同人性周刊，于 7 月 14 日正式创刊，每周一期。王统照是《避暑录话》最热心的支持者之一，共发表了 7 篇文章，分别是：在创刊号上发表的短诗《你的黑手》，在 7 月 21 日第 2 期上发表的《黄昏阵》，在 8 月 4 日第 4 期上发表的《星空下》，在 8 月 11 日第 5 期上发表的《蜀黍（高粱）》，在 8 月 18 日第 6 期上发表的《失了影的镜子》，在 9 月 1 日第 8 期上发表的《枯草》，在 9 月 8 日第九期上发表的《夜行》。这 7 篇诗文后来都收入《夜行集》和《青纱帐》中。

星期一　民國二十四年十二月九日　第一版

國立山東大學週刊

中華郵政特准掛號認為新聞紙類

每星期一日出版　國立山東大學週刊社

第一百三十五期

本刊價目：每份大洋一分，外埠郵費另加

要目：本校佈告　校長室佈告　十二月二日紀念週　化學生物四年生論文題決定　國文學會舉行學術講演　系隊足球賽行完畢　籃球隊首次出戰男勝女敗　體育部選定足球校隊　星際航行學（李曉舫先生講）　圖書館新編西文書目　圖書館新編中文書目　書報介紹　上海開成硫酸廠實習報告（未完）

佈告

國立山東大學佈告　第八六號
本月十日，為青島接收紀念日，照章放假一天。此佈。
中華民國二十四年十二月七日

校長室佈告　長字第五七號
茲將本校第四三次校務會議議決案，公布如左：
議案：核定本年度第一期一年級學生國文英文成績獎學金分配額暨辦法案。
決議：（一）國文英文成績合併計算最高者定額四名：范績成（化學系），楊錫珍（外國文學系），莊鴻玉（化學系），郁憲章（土木工程系），每名獎金十五元；國文成績進步最速者定額三名：沈敬齡（外國文學系），楊雲泉（數學系），王復基，畢國禮（土木工程學系，二人成績進度相同，合發一名獎金），每名獎金十元；英文成績進步最速者定額三名：毛愫蓀（外國文學系），汪茂常（化學系），周炎（機械工程學系），每名獎金十元。
（二）本獎學金於舉行紀念週時頒發之。
中華民國二十四年十二月七日

校聞

十二月二日紀念週
李曉舫先生講「星際航行學」
上星期一（二日）上午九時，本大學在大禮堂舉行本學期第十一次總理紀念週。黃院長主席，宋錫波司儀。行禮如儀後，主席介紹物理系教授李曉舫先生作普通學術講演，講題為「星際航行學」。旋李先生即登台講演，至十時許講畢，禮成散會。李先生講詞題長，另在紀錄欄分期刊登。

化學生物四年級生畢業論文題已決定
本大學各系四年級學生畢業論文題，均已先後決定。數學，物理兩系業誌上期本刊。茲將化學，生物兩系各生之論文題，照錄於后：

化學系
學生姓名	論文題	指導者
蘇思德	照相用感光乳劑之研究	陳之霖
侯煥成	花生油氫化用觸煤之研究	陳之霖
賀振凡	江西陶磁土性質之研究	鄒德輝
徐廷荃 朱紹白	改良博山陶磁之研究（二）	鄒德輝
宋作君 張懷新	Glutamic Acid	王祖蔭
王淑秀	紫花苜母草之研究	王文中
彭其昌	煤炭中有效成分之研究	王文中
張明新 陳紀成	Preparation, Composition and Efficiency of different Fertilizer.	石坦因

生物系
學生姓名	論文題	指導者
曲漱蕙	二分之一之蛙類背唇之感應能力	童第周
金大任	原線期以前雞胎之發長能力	童第周
陸新球	譯 G. R. De Beer: An Introduction to Experimental Embryology.	童第周
佟元俊	譯 F. A. E. Crew: Sed Determination.	童第周
鄺鴻璋	譯 G. R. De Beer: Embryology and Evolution.	童第周
周瑛	中國圓扇藻之形態及分類的研究	曾呈奎
崔友文	青島第一公園桃李蘋果梯木害蟲的調查及研究	林紹文

國文學會舉行學術講演
主講者：新文藝作家王統照先生
講　題：悲壯精神與文學的表現
本大學國文學會於上星期六（十一月三十日）晚七時半，假科學館大講堂舉行第五次公開學術講演。主講者為新文藝作家王統照先生，講題為「悲壯精神與文學的表現」。按王先生對新文學造詣極深，著作甚多，為國內知名之新文藝作家。該會得知王先生現留青島，特敦請來校作學術講演。是晚雖陰雨朦朧，而往聽講者仍達三百餘人，足徵一般對文藝之愛好。屆時由主席略作介紹後，王先生即登台講演。首將悲壯二字之含義，廣徵博引，加以解釋；然後根據心理學，將悲壯精神與文學的表現之相互關係，詳為闡述，聽衆極感興趣。至九時半始講畢而散。聞該會第六次講演，已請定中文系教授游澤丞先生担任云。

體育部選定足球校隊
推李百鍊為隊長呂彥俊為幹事
本大學本年度足球校隊選手，業經體育部選定李百鍊等十五人。並於上星期五（六日）午後十二時半，召集各選手在體育館開成立會。當經推定李百鍊為隊長，呂彥俊為幹事；並規定每星期二三下午四時為正式練習時間，星期六對外作一次友誼比賽，俾日有進步，以便參加青島市冬季足球錦標賽云。茲將各選手姓名錄后：
隊長：李百鍊
幹事：呂彥俊
隊員：張歸瑞　蔡遇仲　李百鍊　林鳳鎂　成作鈞　劉興宗　程複時　劉仁厚　賀振凡　呂彥俊　郭學鈞　陳錫恩　何文祥　劉官　張運昌

本校兩籃球隊首次出戰男勝女敗
男隊以三十比十七勝群泰
女隊十三比十七敗於聖功
青島市本年度冬季籃球錦標賽，已於上星期日（一日）開幕。因匯泉體育場地濕，改借本校體育館舉行。八時半開賽，首戰為本校男隊對群泰，由張紱才君担任裁判。上半時雙方勢均力敵，幾分相差甚微。下半時本校聲勢大盛，頻頻中的。總結果為三十比十七，本校首戰大獲勝利。第三場為本校女隊對聖功，由張漱

王统照讲演盛况载于《国立山东大学周刊》1935 年第 135 期

这一时期，国立青岛（山东大学）大学为了发扬学术民主，活跃学术氛围，学校曾把每星期一的“总理纪念周”的集会定为学术演讲时间，聘请学校、院系负责人及校外一些著名专家、学者来校讲学和作学术报告。1935年10月8日，国立山东大学成立国文学会，该学会以中国文学系学生为主。成立会选举徐中玉、陶绍武、朱钻高等9人为理事。国文学会也效仿学校的学术演讲，每两星期请本校教授或校外学者举行学术讲演一次。11月30日晚七时，是国文学会的第五次学术讲演时间，王统照应国文学会同学的邀请，来到山东大学科学馆大礼堂举行学术讲演，讲题为《悲壮精神与文学的表现》。1935年12月9日，《国立山东大学周刊》刊载了这次讲演盛况：

> 按王先生对新文学造诣极深，著作甚多，为国内知名之新文艺作家。该会得知王先生现留青岛，特敦请来校作学术讲演。是晚虽阴雨朦胧，而往听讲者仍达三百余人，足征一般对文艺之爱好。届时由主席略作介绍后，王先生即登台演讲。首讲悲壮二字之含义，广征博引，加以解释；然后根据心理学，将悲壮精神与文学的表现之相互关系，详为阐述，听众极感兴趣。至九时半始讲毕而散。

1936年王统照赴上海主编《文学》，抗日战争爆发后，他在上海从事编辑和写作，宣传抗日。在这期间，王统照曾任暨南大学教授、开明书店编辑。

1946年10月25日，国立山东大学在青岛复校，赵太侔再任校长。赵太侔邀请老舍担任文学院院长，因其在美国讲学一时无法返还，赵太侔就先兼任文学院院长，虚位以待老舍归来。1947年春，应赵太侔的邀请，王统照来到青岛，担任国立山东大学文学院教授。朱朗在《王统照先生在青岛》一文写道：“一个阳光艳丽的中午，我去访王统照先生，他回来了，给这孤寂枯燥的岛上添上不少生趣，现在山东大学教书。”①1947年5月底，山东大学学生举行“反内战、反饥饿、反迫害”大游行示威活动，王统照大力支持这一运动；接着学生被逮捕、遭毒打，他愤而辞职，离开山东大学。

中华人民共和国成立后，山东大学又聘王统照出任中文系主任，他愉快地重返校园，为人民执教鞭。“经军代表同意后，学生代表张世伦、姜振华、

---

① 朱朗：《王统照先生在青岛》，《益世报》1947年6月5日。

董国楹、吕慧娟等来到观海二路四十九号，诚恳地请求王统照再做他们的导师。"①

1949年秋，王统照在山东大学开设了"小说写作"与"中国新文学史"两门课程。据吕家乡回忆："开学后不久，中文系师生召开迎新会，王统照先生担任主持人。王先生给我的第一印象是身材不高、略瘦，行动敏捷，戴着一副深度近视镜。他穿一件蓝色干部服，不断地站起坐下、上台下台，经常放声开朗地笑。"②"王统照先生给高年级讲授'小说写作'，给我们新生讲授'中国新文学史'。这门课程是教育部规定新开的，既没有课本，也没有讲义。王先生每次讲课虽然总拿着几张纸片，也不大看，真是漫无边际，随兴所之。"③

王统照主持中文系工作后，提倡厚今薄古，古为今用，在加强文史教学、突出文史特长方面，他做了有益的工作。王统照虽然执教山东大学时间不长，但他的师德教风与人格魅力，默默地影响着一代又一代的青年学子。

1950年夏，王统照调离山东大学，就任山东省文化局副局长(后为局长)，行前他推荐文学评论家吕荧继任中文系主任。1957年11月29日，王统照病逝于济南。

王统照虽然在山东大学任职不长，但是他和一大批曾在山东大学任教的著名教授，如闻一多、老舍、梁实秋、洪深、陆侃如、冯沅君以及其他学者教授一起，使这一齐鲁文化之邦的最高学府更加名扬中外，在山东大学历史记忆中熠熠闪光。正如著名作家郑振铎在《忆王统照先生》一文中写道："他在山东大学做教授的时候，乃是一盏明灯，照耀着学生们向光明大路走去。"④

---

① 刘增人：《王统照传》，北京十月文艺出版社2000年版，第376～377页。

② 吕家乡口述，张洪刚、于静波整理：《大师云集　高山仰止——吕家乡追忆他在山东大学求学时代的先生们》，《山东大学报》2019年9月25日第27期。

③ 吕家乡：《风雨人间情》，山东人民出版社2016年版，第231页。

④ 郑振铎：《郑振铎自述》，安徽文艺出版社2013年版，第255页。

吴富恒的哈佛往事

4月，山东大学举行了首届吴富恒励志奖学金颁奖典礼，吴富恒的女儿吴明明女士专程来参加颁奖典礼。作为1979～1984年间山东大学的掌门人，吴富恒是我国大学校长中第一位获得哈佛大学荣誉法学博士称号的学者。在典礼仪式之后，笔者采访了吴明明女士，听她讲述了吴富恒与哈佛大学有关的诸多往事。

吴富恒(1911～2001)，山东大学原校长，河北滦县人。1935年，吴富恒毕业于北京师范大学英语系，在该校附中担任英语教员。吴富恒潜心于英语教学工作，还参加了由清华大学教授瑞恰慈和瞿孟生创办的中国正字学会，宗旨是研究和推广基本英语。瑞恰慈慧眼识才，对吴富恒这个温文尔雅、清贫正派又积极工作的年轻人十分欣赏。

作为英国文艺理论家、批评家，瑞恰慈一生到中国六次，数度准备长居中国，虽然世事沧桑未能如愿，但是他在中国“居住”了五年半，对中国可谓一往情深。

抗战开始，北平沦陷。瑞恰慈回伦敦，后受聘于哈佛大学。吴富恒经天津到达了昆明。瑞恰慈虽然和吴富恒远别万里，但心中仍念念不忘这位温文尔雅、好学上进的中国青年，所以，他一到哈佛，就全力举荐吴富恒，又为他申请到奖学金，给他铺平了游学哈佛的道路。

1940年夏天，经过瑞恰慈积极引荐，吴富恒获得洛氏基金会的研究生奖学金。瑞恰慈电告吴富恒，叫他速到哈佛大学留学。

吴富恒接到电报，非常高兴。他漂洋过海，负笈远游，抵达波士顿，在哈佛大学开始了留学生活。

瑞恰慈治学甚严，而且学贯中西。当时，他的门生弟子很多，有英国、意大利、阿根廷等国的。对于吴富恒这位亲自挑选的学生，瑞恰慈当然要多一点偏爱，不但让他吃“大锅饭”，而且还定时给他开“小灶”，个别辅导、讲解、答疑，其他研究生在艳羡之余，忍不住要说话了："吴富恒，我们真忌妒。瑞恰慈怎么那么照顾你！"

吴富恒在美国学习期间，正是抗战的艰苦时代。富于爱国思想的中国留学生，对祖国的抗战十分关怀，想为抗日尽点力气。吴富恒同哈佛中国学生会主席周一良发起举行中国思想讲演会，请瑞恰慈讲《孟子》，请赵元任讲"中国学"，意在向美国朋友宣传中国文化，宣传抗日。

1941 年 12 月，吴富恒获哈佛大学硕士学位，本来他可以攻读博士学位，也有人介绍他留在美国工作。"国家兴亡，匹夫有责"，此时的中国正在日本铁蹄的蹂躏之下，吴富恒虑及祖国的前途，一心想用所学的知识为祖国培养人才，他义无反顾地放弃了继续读博士的机会。他的美国朋友甚至于他的美国房东都理所当然地劝他拿博士学位。他们都觉得这个诚实、厚道、好学的中国青年很可爱，功亏一篑太可惜了！

吴富恒的选择，受到了瑞恰慈的赞赏。在瑞恰慈看来，勇气和志气更为可爱。这一点，吴富恒没有后悔，瑞恰慈也未为此而惋惜。

1942 年，吴富恒搭上了一艘开往中国的荷兰货轮，取道印尼、新加坡、缅甸返回昆明。1951 年来到山东大学，历任山东大学教授、外文系主任、文学院院长，1979 年任山东大学校长。

吴富恒（右一）与瑞恰慈夫妇

1979 年，吴富恒得知瑞恰慈夫妇来京后，专程到北京接恩师到山东大学访问。5 月 24 日至 6 月 1 日，瑞恰慈夫妇在济南、青岛进行了一系列参观访问。这次山东大学之行，给老人留下了深刻印象，对于自己学生主持的近万人的大学取得的成绩给予了高度评价。当时瑞恰慈水肿病已很严重，靠利尿剂维持，回国不久就去世了。当吴富恒得知瑞恰慈逝世的消息后，心情十分悲痛，禁不住老泪纵横。

吴富恒出身外文系，长期致力于英美文化的介绍与研究，为促进中外文化交流做出了重大贡献。早在 1963 年，吴富恒发起创建了山东大学全国美国文学研究室，并任研究室主任，这是我国高校中第一个美国文学研究机构。在吴富恒的主持下，山东大学在对外交流及开拓国内美国文学研究方面，走在了中国高校的前列，受到了母校哈佛的重视与褒奖。

1982 年 6 月 10 日，吴富恒赴美国波士顿出席了哈佛大学学位授予仪式，接受了名誉博士证书，成为中国大学校长中第一位获得这一崇高荣誉的学者。

吴富恒在美国大学接受名誉法学博士学位证书

久负盛名的哈佛大学，每年遵例要向若干国际名流、政界要人颁授荣誉博士学位，这是令世人羡慕的一种殊荣。授奖仪式前，讲究礼仪的吴富恒教授特地询问过董事会："我要不要穿规定的服装？""您不穿！"哈佛大学董事会的人忙说，"就您一个中国人，也是一个特色呢！"

上台领奖时，吴富恒一身藏青色的中山装，发如银丝，目似朗星，温文儒雅，极有气派却又谦恭有礼。他身为中国人，获此殊荣，实在是所有中国人的骄傲。

哈佛大学德莱克博克校长对吴富恒作了很高的评价："中国山东大学校长吴富恒为复兴'文革'后的大学发挥了主要作用。吴一直促进和国外的教育交流，特别是和美国文学文化界学者的交流……"哈佛大学授予吴富恒的名誉法学博士证书上也写着："在危险的年代里，这位爱国的教育家坚持标榜教育和学术，把它作为建设一个强大的、富有生命力的社会的基础。"

（原载《齐鲁晚报》2017 年 5 月 14 日）

山东大学历史上的“五岳”

2020年9月10日，山东大学文学院在知新楼A座8楼精心设计了“冯陆高萧黄”五岳主题图片展览。整个展览围绕冯沅君、陆侃如、高亨、萧涤非、黄孝纾五先生在古典文学方面所做出的贡献，共展出图片资料52幅，包括五位先生的个人生活工作照片、代表著作、手稿书信等。该图片展从设计到布展共历时近6个月，每件图片经过认真筛选，并配精致原木相框，相框左下方另配文字说明，整体布置庄严雅致，凸显了百年文院的文化底蕴。

20世纪50年代起，中国古典文学名家冯沅君、陆侃如、高亨、萧涤非、黄孝纾在山东大学执教时称“五岳”

文学院院长杜泽逊教授说：“我看到冯沅君先生的旧体诗稿；陆侃如先生在作家出版社再版《中国诗史》的时候全部重写的手稿一大摞；高亨先生著作多而大都是高难度。还有毛主席致高亨的信，只有几句话，却寓意深刻，文采斐然。萧涤非先生《汉魏六朝乐府文学史》出版后，他在字里行间密密麻麻做的订补；黄孝纾先生的《周礼》选注、《晋书》选注、《周秦金石文选评注》《两汉金石文选评注》《玉台新咏》选注、《欧阳永叔文》选注、《钱谦益文》选注、诗词骈文创作、书法、篆刻、绘画。看了这些，钦佩，仰慕。”

20世纪50年代起，冯沅君、陆侃如、高亨、萧涤非、黄孝纾先后执教山东大学中文系，时称“五岳”。五位先生同在山东大学中文系中国古典文学教研室任教，共同接力分段讲授“中国文学史”课程，高亨先生讲授“先秦文学”，陆侃如和黄孝纾先生讲授“汉魏六朝文学”，萧涤非先生讲授“隋唐文学”，冯沅君先生讲授“宋元明清文学”。这一时期他们开始招收研究生，为国家培养了最早的一批古典文学专业人才。五位先生长期执教山东大学，悉心培育人才，对古典文学学科的发展产生了深远的影响。

“五岳”最长者为高亨先生，他生于1900年7月，是文学史家、语言文字学家、古文献学家。高先生初名仙翘，字晋生，吉林双阳县人。1924年考入北京大学，1926年清华国学研究院毕业。历任东北大学、河南大学、武汉大学、齐鲁大学、西北大学教授。1953年经陆侃如和冯沅君先生引荐，任山东大学教授。

高亨先生是研究先秦文学和文字学、训诂学的著名学者。早年在清华国学研究院师从王国维、梁启超两位大师，一生笃志于弘扬中国传统学术，成就斐然。高先生对《周易》《尚书》《诗经》的研究有不少创见，出版了多部著作。高亨先生的周易研究现在还是一座高峰，其中《周易古经今注》和《周易大传今注》两部著作，为学界所推崇。高先生到山东大学后，又焕发了学术青春，不断有新作推出，旧作也得以修订再版。这一时期先后出版了《墨经校诠》《诸子新笺》《文史述林》《诗经今注》《古字通假会典》等著作。1956年高亨先生、陆侃如先生和黄孝纾先生三人合作还出版了《楚辞选》。

高先生不仅学术上硕果累累，而且在教书育人上也投入了极大的精力。他负责中文系本科基础课、选修课的教学工作。1956年高先生开始招收培养研究生。同年10月，高亨先生和冯沅君先生各招收了1名四年制副博士研究生，同年他还招收了1名二年制研究生。1961年又招收了4名三年制研究生。高先生在培养的过程中，要求研究生，要脚踏实地地学，论点要有根据，要能批判，明辨是非，分析主题思想和艺术特征。当时高先生有大量的科研工作要做，平日足不出户，惜时如金，但为了青年后学的成长，不惜付出大量的时间和精力，为学生逐字批改作业，认真解答问题，指导论文写作。他把教好每一个学生，看作是自己的重要职责，看作是培养塑造新文化人才、新的学术人才的基本途径。

1963 年 10 月下旬，高亨先生赴北京参加中国科学院召开的哲学社会科学部委员会扩大会议。11 月 16 日，高先生受到毛泽东主席的接见。高亨先生在《自传》中写道：

在一个客厅里，接见了我们，毛主席和我亲切握手，他问我："你是研究哲学、研究文学呢？"我说："我那样也没研究好。"他说："很好。"我说："主席过奖。"他说："你的《老子正诂》，我早就看过了，写得很好。"我说："主席过奖。"接见之后，国家领导人与参加会议的全体人员合照了一个相。会议闭幕后，我回到济南，我给主席写了两封信，又把拙著《周易古今通说》《周易杂论》《墨经校诠》《诸子新笺》以及读主席诗词所写的《水调歌头》一词寄去献给主席。

不久，高先生收到毛主席回信。"高亨先生：寄书寄词，还有两信，均已收到，极为感谢。高文典册，我很爱读。肃此，敬颂安吉！毛泽东 1964 年 3 月 18 日。"

黄孝纾先生生于 1900 年 8 月，福建闽侯县人，是诗词骈文作家、文学史家、书画艺术家、古文献学家。黄先生字頵士、匑厂，号公渚，后以黄公渚为名。父黄曾源是清光绪十六年（1890）进士，翰林院编修。黄先生幼承家学，1912～1914 年就读于青岛赫兰大学。1924 年始受聘于沪上刘承幹嘉业堂藏书楼，在上海与陈三立、冯煦、朱祖谋等，结成"沤社"，作诗填词，活跃于文坛。又与汤涤、陈曾寿、夏敬观、叶恭绰、黄宾虹等组成上海"康桥画社"，在国画界享有盛誉。钱基博先生在他的《现代中国文学史》中将黄孝纾先生列为骈文四大家之一，确立了他在骈文史上的地位。1936 年 8 月，黄孝纾先生应赵太侔邀请任国立山东大学中文系教授，讲授"古今体诗及习作""词及习作""汉魏六朝文及习作""唐宋文"等课程。

1946 年起黄先生寓居青岛，长任山东大学中文系教授，曾任中文系主任，讲授"目录学""楚辞""汉魏六朝文学"等课程。黄先生 1956 年和 1960 年共招收了 3 名研究生。据黄先生的研究生冯能保回忆："由于黄先生有深厚的文学艺术修养和丰富的创作经验，并且教学认真负责，所以他讲授文学作品，不仅指出文学艺术的发展规律，而且能把优秀作品的韵味、内在奥秘传达出来，深受同学们欢迎。”

黄先生治学广泛，著作很多，除他的诗文创作专集《蒴厂文稿》《劳山集》外，还选注有《玉台新咏》《欧阳永叔文》《黄山谷诗》《钱谦益文》《周礼》《晋书》《周秦金石文选评注》《两汉金石文选评注》《司马光文》等九种普及性著作，收入王云五、朱经农主编的《学生国学丛书》。

冯沅君先生生于1900年9月，是现代作家，文学史家。冯先生原名淑兰，字德馥，笔名淦女士、沅君，河南唐河县人。1922年毕业于北京女子高等师范学校国文系，1927年毕业于北京大学国学门，1935年在巴黎大学文学院获博士学位。历任金陵女子大学、复旦大学、中山大学、武汉大学、东北大学教授。1947年夏，她与陆侃如先生应赵太侔的邀请，任职山东大学，曾担任山东大学副校长，一级教授。

陆侃如先生生于1903年11月，文学史家。陆先生原名侃，字衎庐，江苏海门县人。1926年毕业于北京大学中文系，1927年毕业于清华国学研究院。1935年在巴黎大学文学院获博士学位。历任燕京大学教授兼中文系主任、东北大学文学院院长兼中文系主任，1947年夏任职山东大学，曾担任山东大学副校长，《文史哲》编委会主任，一级教授。

冯沅君和陆侃如两位先生，到山东大学前就已经是全国知名教授了。1953年高教部给全国教授评级，陆先生为一级教授，冯先生为二级教授，高亨先生为二级教授。1956年冯先生升为一级教授。

陆侃如先生讲授“中国文学史”课程，他思维敏捷，才华横溢，讲课内容丰富生动，板书清晰漂亮，非常受学生欢迎。冯先生担任基础课中国文学史的教学，还开设戏曲研究和陆游研究等专题课。冯先生讲课扎实，事先准备好充足的卡片，上课时先在黑板上写好提纲，然后照着卡片一张张地慢慢讲解，学生在下面记笔记很容易，所以也很受欢迎。

冯沅君先生1955年开始招收研究生，先后培养了9名研究生。陆侃如先生1959年开始招收研究生，先后培养了5名研究生。冯沅君先生对研究生培养工作非常认真负责。当她一接收研究生之后，即制订好研究生的培养计划，包括研究生整个学习阶段的总计划和每学年、每学期的具体计划，甚至每周都有进度计划。为了不使进度拖延，一般是要求研究生提前完成学习进度来保证计划的实现，并根据计划开出主要阅读书目、参考书目，有时还把自己的旧作和札记拿出来给研究生阅读。陆侃如先生以渊博的知识和丰富的教学经验，不断完善教学内容改进教学方法，担负着对青年教师和研究生的培养工作。他采用个别辅导、共同合作和举办讨论班的教学方式，为山东大学培养了一批古代文学的研究人才。

冯沅君教授一生从事古典文学研究，主要成就在古剧研究方面。《古优解》《古剧说汇》是她的卓越研究成果。受教育部委托，1956 年冯先生主编了《中国文学史教学大纲》；随后同林庚先生又主编了《中国历代诗歌选》。

冯沅君先生曾先后担任全国人民代表大会第一、第二、第三届代表，山东省妇女联合会副主席，山东省文联副主席，山东省人民委员会委员等职。

陆侃如先生是我国著名的文学史专家，主攻隋唐以前的文学史，尤以《楚辞》研究闻名海内外。陆先生早在 1923 年，也就是在北京大学求学的第一年就出版了《屈原》一书。1927 年又出版了《宋玉》，奠定了他在楚辞研究界的地位。1931 年陆先生和冯先生合写了一部研究中国诗歌历史的名著《中国诗史》。1933 年又合作出版了《中国文学史简编》。《中国诗史》和《中国文学史简编》这两部巨著，在国内外产生过重大影响。陆先生在山东大学重新修订了《中国诗史》和《中国文学史简编》。在此基础上，又新著《中国古典文学简史》。陆先生还出版了《中古文学系年》和《陆侃如古典文学论文集》，并与牟世金合作出版了《刘勰与文心雕龙》《文心雕龙译注》《刘勰论创作》等著作。

1949 年青岛解放后，陆先生任山东大学图书馆馆长、校务委员会副主任委员。1951 年春，被任命为山东大学副校长，又陆续兼任《文史哲》编委会主任、校科学研究委员会主任，并当选为山东省人民代表。1953 年后，又相继担任全国政协委员、全国文联委员、全国作协理事等职。

萧涤非先生生于 1906 年 11 月，是文学史家。萧先生原名忠临，江西临川县人。1926 年考入清华中文系，1933 年清华大学研究院毕业，任教于山东大学中文系，后任教于四川大学、西南联合大学。1947 年重回山东大学任教，历任中文系主任、山东大学副教务长、《文史哲》副主编、校学术委员会及学位委员会副主任、中国唐代文学学会会长等职。

萧涤非先生在杜甫、乐府、文学史研究方面有杰出贡献，被誉为卓越学者、一代宗师、乐府及唐诗研究的权威。萧先生在清华研究院的毕业论文《汉魏六朝乐府文学史》即获黄节先生的极高赞赏。这篇论文经修订后，于1943年由中国文化服务社出版，被誉为“最佳之乐府通史”。萧涤非先生是海内的杜甫研究第一人，早在20世纪四五十年代，萧涤非先生就对杜甫研究有一个长远规划。1956年萧先生的《杜甫研究》出版，该书是新中国成立后较早一部全面论述杜甫的研究著作，代表了当时杜甫研究的最高水平，在学术上产生了积极影响。他的《汉魏六朝乐府文学史》《杜甫诗选注》《乐府诗词论薮》《解放集》《读诗三札记》《皮子文薮》等书，均获得学术界的好评。

1961～1963年，萧涤非受中共中央宣传部和国家高等教育部委托，与游国恩、王起、季镇淮、费振刚等教授合编《中国文学史》。该书是新中国建立后第一部系统地运用马克思主义的观点论述中国文学发展史的重要著作，是大学文科通用教材，荣获1987年国家教委颁发的“高等学校优秀教材特等奖”。1978年，萧涤非先生受人民文学出版社委托，担任《杜甫全集校注》主编。《杜甫全集校注》工程浩大，历经十余年未竟。直到1991年3月，即萧先生去世前一个月，他仍在一字一句地审校。

萧先生从1956年就开始招收研究生，“文革”后又成为首批硕士研究生导师。1983年9月，山东大学开始招收文学博士生，萧先生成为中华人民共和国成立后第一批文学博士生导师，当年他招收了李从军、林继中两名博士研究生，两名人分别在1985年和1986年，以优异成绩毕业，成为我国第一批古典文学专业博士生。萧先生执教山东大学时间长，治学严谨，教学认真，为山东大学培养了一批古代文学的研究人才。

以“冯陆高萧黄”为代表的五岳是山东大学古典文学专业的奠基者和开拓者，共同绘制了山东大学“文史见长”的办学特色。五岳主题展，重现了五位学术大师的高雅风范，令观者无不肃然起敬，仰之弥高。今年正值高亨、黄孝纾和冯沅君先生诞辰120周年，特写此文，以示缅怀！

（原载《山东大学报》2020年9月30日）

毛主席复信山东大学高亨教授的经过

他从1950年考入国立山东大学，到毕业后留校任教直至退休，几乎全部的人生都与山东大学密切相连："每次进出山东大学的校门，望着校门上毛主席手书的校名，我就会想起高亨先生……我曾亲耳聆听高先生讲过毛主席在中南海接见他的经过；毛主席复信高亨，我见证了高先生收信的过程；1967年'文革'期间毛主席安排高先生到北京工作，又是我接的宣传部电话通知……"近日，山东大学外文系教授、今年88岁高龄的赵洪太先生在其家中，向笔者讲述了与高亨先生相关的诸多往事。

经陆侃如帮助　高亨执教山东大学

高亨与陆侃如曾同在清华大学研究院学习，高亨比陆侃如高一届，后来又同在东北大学任教，有同学同事之谊。中华人民共和国成立后，高亨回家乡吉林到师专任教，1952年土改运动中，高亨家被划为地主，家庭财产被全部没收，全家九口人被扫地出门，再加上有个亲戚在中华人民共和国成立前曾任国大代表，工作没有了，生活来源也没有了，也没有住的地方。高亨只得写信向陆侃如求助。山东大学当时有四位曾在东北大学任教的教授：陆侃如与冯沅君夫妇、杨向奎和赵纪彬。1946年山东大学在青岛复校时，杨向奎应赵太侔校长之邀最早来到了山东大学，先后担任山东大学中文系教授、主任，历史系主任，文学院院长等职。1947年杨向奎又把陆侃如、冯沅君夫妇积极引荐到了山东大学。陆侃如此时任山东大学副校长兼图书馆馆长。陆侃如在信中得知了高亨的情况后，便寄去了路费，积极引荐他到山东大学任教。1953年8月，高亨一家九口人从吉林到大连，由大连坐船到了青岛。高亨到青岛的时候，家贫落魄。举一个例子来说吧，他的鞋与其说是穿着的，不如说是绑着的，鞋帮和鞋底是分开了的，没有办法，用绳子把鞋帮和鞋底绑在一块，这才艰难到了青岛。来了以后，陆侃如赶快安排住所，高亨没有行李，更别说家具了。陆侃如又安排人到青岛的破烂市买来衣服、被褥、家具等用品。高亨自此便定居山东大学，教书育人。

高亨在中文系任教授，月薪240元。冯沅君、陆侃如、高亨、萧涤非就是山东大学历史上的"冯陆高萧"四大教授。高亨讲授"先秦文学"，陆侃如讲授"汉魏晋文学"，萧涤非讲授"隋唐文学"，冯沅君讲授"宋元明清文学"。他们四位恰好形成了中国古代文学的一个完整体系。

高亨教书严肃认真，一丝不苟。但是教学之外，高亨比较谨慎，很少与人交往，很少参与教学以外的活动，深居简出，用现在的话说就是一个"宅男"。他是一个做学问的人，习惯晚上读书，困了就睡，醒了就读书，不管是半夜还是两点，只要醒了就读书，这个习惯一直到去世。

高亨在山东大学曾任古典文学研究室副主任、校学术委员会委员等职。1956年7月，高亨与冯沅君同时被聘为副博士研究生导师。

听高亨讲述毛主席接见经过

1957年高亨被中国社科院哲学研究所聘为兼职研究员。1963年10～11月，中国社科院哲学社会科学部第四次委员会（扩大会议）在北京举行。高亨应邀参加了会议，并在会议期间受到毛泽东主席的接见。

我和高亨先生的交往主要是在九三学社山东大学支社的活动。1953年6月，九三学社青岛分社成立，陆侃如任主委，后来高亨和我也参加了九三学社。1963年冬高亨回济后，在九三学社山东大学支社的会上，他向我们讲述了毛主席接见他们的经过。

那是11月16日的晚上，在北京参会的大家接到通知，今天晚上大家不要出去，有活动，待命。大家等着，很冷，那时候暖气不是很好，没事干，在那儿等着，也发困。到了十点多吧，就让大家准备，检查一下身上，水果刀、打火机之类的东西不要带。大家很纳闷，什么都不让带，打火机、水果刀也不让带，干什么？上车后宣布了："今晚毛主席要接见大家！"

此话一出，大家立刻就兴奋了，一点睡意也没了。在中南海一个客厅里，毛主席接见了高亨、冯友兰、范文澜、刘大年等与会学者。毛主席接见时，中央宣传部副部长周扬对他们作了介绍，毛主席一一握手。介绍到高亨时，周扬说："这是山东大学的高亨教授。"这时毛主席开口说："久仰大名，你写的有关中国古代哲学的书，我看过，多有新见。"高亨听到毛主席的夸奖非常激动，一时不知怎么说好。毛主席又问："高先生现在研究什么？"高亨说："现在讲授先秦文学，也研究先秦文学。"毛主席说："先秦哲学也可以研究嘛，也是要研究的。"

接见后，周扬对高亨说："毛主席爱看你的书，回去后选几本，我转交给毛主席。"回济后，高亨遵照周扬的嘱咐，把自己写的《诸子新笺》《墨经校诠》《老子正诂》《周易古经今注》《文字形义学概论》《周易杂论》6 种书一同寄中宣部，由周扬转呈毛主席。由于没有接到回信，高亨心里一直惦记着。

1964 年元月，《人民日报》在第一版发表了毛主席的十首诗词。山东省组织部分文科教师，在山东宾馆进行学习讨论。高亨在会上朗诵了他写的歌颂毛主席及其诗词的《水调歌头》一词。这首词还刊登在了山东大学刊物《文史哲》1964 年第 1 期上。高亨又写信给毛主席并寄上他写的《水调歌头》：

掌上千秋史，胸中百万兵。眼底六洲风雨，笔下有雷声。唤醒蛰龙飞起，扫灭魔焰魅火，挥剑斩长鲸。春满人间世，日照大旗红。

抒慷慨，写鏖战，记长征。天章云锦，织出革命之豪情。细检诗坛李杜，词苑苏辛佳什，未有此奇雄，携卷登山唱，流韵壮东风。

毛主席复信高亨

毛主席回信了！说来也凑巧，毛主席来信被送到了山东大学南院宿舍传达室，那时来往的信件、杂志都在传达室。我家住 1 号楼，离传达室很近，当时我正去传达室取信。这封信是通过中共山东省委送来的，信送到后需要本人签收。信差送到后找高亨签收，我让传达室的丁大爷到 3 号楼把高亨喊来。这个信封大约得有 10 厘米宽 30 厘米长，信封上毛笔书写"送山东大学高亨先生"，署名发信人为"康生"。

高亨签收信时，我就在他身边。他当场就把信撕开了，撕开之后里面还有一个信封，信封上有一个红颜色长方形的框，上面写着：青岛山东大学高亨先生北京毛寄。高亨一看，毛主席的信，哎呀这高兴啊！捧着信就回家了。

毛主席的来信是用毛笔直行写在宣纸上的，笔锋奇绝、力道遒劲，信上写道：

> 高亨先生：寄书寄词，还有两信，均已收到，极为感谢，高文典册，我很爱读。肃此，敬颂安吉！
>
> 毛泽东一九六四年三月十八日

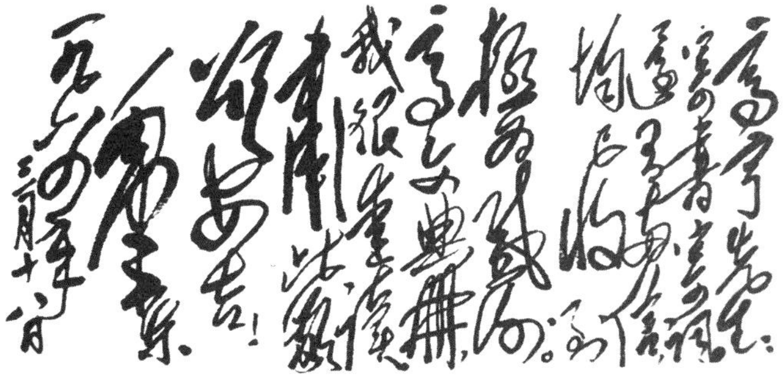

1964 年 3 月 18 日，毛主席写给高亨的信件

这封信，在毛主席写好后两三天就送到了济南。信封上地址写的是“青岛山东大学”。山东大学的校址当时是在济南，为什么毛主席写的是青岛呢？山东大学 1958 年 10 月以前在青岛。毛主席写青岛山东大学缘于《文史哲》杂志。1951 年山东大学开始创办《文史哲》杂志，我是《文史哲》唯一的学生编委。《文史哲》是每期都送中央转呈毛主席的，《文史哲》杂志是毛主席的案头读物。我想，毛主席仍然留着当年的记忆，在 1964 年仍然写“青岛山东大学”。毛主席写给高亨的信封上的这四个字——山东大学，也就成了现在学校门上的 4 个大字。

毛泽东致高亨函封

毛主席安排高亨到北京

1966年"文革"开始后，高亨同许多教授一样，被迫停止工作，接受批判并参加体力劳动。到了1967年夏天，毛主席指示让高亨到北京，就是要把他保护起来。当时叫高亨到北京的电话还是我接的呢！传达室有部公用电话，来电话了，丁大爷耳朵有点背，听不太清。正好我下去了，叫我接电话，我就接了。

"山东大学新校宿舍？你告诉高亨，让他准备准备上北京。""要高亨上北京，你哪里啊？""我宣传部。""谁说的啊？""戚本禹（中央文革小组成员），你告诉他，就不用他来接电话了。直接告诉他让他准备准备过两天去北京。""怎么去呢？""等着安排。"

1967年8月，在毛主席直接干预下，高亨被借调到北京，住在中华书局，后又由文化部安排一个住处。高亨调至北京后，专门从事古代学术研究工作，先后出版了《商君书注释》《诗经今译》《老子注释》等著作，还修订出版了《周易古经今注》，这些成就的取得与毛主席的关爱密不可分。1986年2月2日，高亨先生病逝。

"高文典册"出于晋朝葛洪的《西京杂记》中："扬子云曰：廊庙之下，朝廷之中，高文典册用相如。"毛主席信中用"高文典册"一语指称高亨的著作是经典，那是十分高的评价，这对后来确立高亨在全国学术界的地位，无疑起了权威性的作用。

（原载《齐鲁晚报》2017年3月26日）

赵洪太:我与吕荧先生的交往

赵洪太

2019年3月5日是当代文艺理论家、美学家、翻译家吕荧先生逝世50周年纪念日。为了深切缅怀吕荧先生,近日笔者采访了吕荧先生在山东大学的学生赵洪太教授,听他讲述了他与吕荧先生的故事。1950年8月,吕荧先生应华岗校长邀请到山东大学任中文系教授兼主任,主讲“文艺学”课程。赵洪太此时考入山东大学外文系俄文专修科,成为中华人民共和国成立后山东大学首批俄语专业学生。赵洪太入学后,成了吕荧先生的文艺学课代表,在这期间和吕荧先生多有接触,结下了深厚的师生之谊。

吕荧

吕荧(1915～1969),原名何佶,安徽天长人。吕荧是进步教授,翻开他的历史,可以清楚地看到他的进步足迹。吕荧于1935年考入北京大学历史系,读书期间即参加“一二·九”爱国运动;抗战爆发后,参加中华全国文艺界抗敌协会。1939年到昆明西南联大复读,参加党的外围组织“群社”,并开始翻译普希金的长诗《奥根·奥涅金》。1949年4月,经由香港去北京参加了首届全国文代会,之后到大连作协从事工人文艺活动。他精通俄、英、德文,对普希金、高尔基等作家及苏联文学史、文艺理论和美学等学科均有很深的研究。

吕荧是由孙思白引荐到山东大学的。当时山东大学中文系主任王统照奉调赴任山东省文联主席,吕荧便接替他任中文系主任。孙思白比吕荧大两岁，他们有同学之谊，曾同在西南联大读书。孙思白于1934年夏考入北京大学史学系，翌年因参加“一二·九”运动而休学，后被派回鲁西北聊城地区工作，任范筑先将军秘书，在这期间加入了中国共产党并长期参与党的地下工作。1940年他至昆明西南联大复学并加入“群社”。1946年抗战胜利后，山东大学在青岛复校，孙思白应校长赵太侔邀请任山东大学中文系讲师，主讲中国通史。

孙思白与吕荧是西南联大的同学，曾一起参加校内进步社团“群社”活动，毕业后他们经常有书信来往。1950年孙思白向王统照推荐了吕荧，后吕荧经华岗校长邀请来山东大学任教，同年8月吕荧从大连来到了青岛。我几乎和吕荧同时进入了山东大学。此前，我读了青岛图书馆和文化馆的一些哲学书籍，艾思奇的《大众哲学》是我的最爱。出于对马列哲学的浓厚兴趣，为了方便阅读俄语原著，我便报考了山东大学俄文专修科。我的数学考了零分，物理化学分数是个位数，语文、政治、历史、地理考得很好，以不低的总分成绩，考入了山东大学。

吕荧身材细高，脸庞白皙而清癯，戴着一副深度近视镜。他给山东大学中文、外文、历史系学生上文艺学课。他上课是在一个大教室，听课的学生很多，走道上都站满了人。他身体虚弱，讲课声音很低，给他配备过扩音器，由于扩音器不稳定，效果不好，就不再用了。吕荧每堂课都准备讲稿，我是外文系文艺学的课代表，学生的作业由我收齐后送到他金口路的家中，等批完后我再取回发给同学。

吕荧先生批改作业非常认真。当时中文系文艺学的课代表是李希凡，他在吕荧的鼓励下写了一篇作业《典型人物的创造》，经吕荧修改推荐到《文史哲》上发表(1951年第4期)。这是《文史哲》创刊后发表的第一篇学生论文，在学生中引起不小的轰动。

华东大学与山东大学合校后，原华东大学中文系的学生合进来，他们较多地学习了马列主义基本知识，革命性强，政治嗅觉敏锐。有人对文艺学讲授内容有意见，1951年11月的《文艺报》(第5卷第2期)发表了中文系资料员张祺的文章《离开毛主席的文艺思想是无法进行文艺教学的》一文；后又发表了李希凡、吕家乡等学生写的读者来信(分别见《文艺报》第5卷第3、5

期），批评吕荧在文艺理论教学中有脱离实际和教条主义倾向。此时全国正在进行高等学校教师思想改造运动，中文系要在学校大众礼堂召开文艺学课教学座谈会，对吕先生的教学提意见。

华岗校长听到汇报后，向当时中文系负责人邵平指出三点："第一，会场布置标明'文艺理论教学座谈会'为横批；第二，会议由文学院吴富恒院长主持；第三，发言时防止乱戴政治帽子。"

性格耿直倔强的吕荧，对《文艺报》1951年11月以来（第5卷第2、3、5期）以读者来信形式发表的批评难以接受，给《文艺报》发去一信，作了说明并列出了已向教育部上报的文艺学讲授大纲。发表在《文艺报》读者来信栏目：

第一章艺术的起源；第二章什么是文学；第三章文学的阶级性；第四章文学的特性；第五章文学作品的内容和形式；第六章文学作品的创作；第七章文学作品的种类；第八章文学的创作方法（此章现拟并入第六章）；第九章社会主义的现实主义；第十章新中国的人民文学。

这个教学大纲是根据教育部的《课程草案》拟定的，它的目的是要经过本课的学习使学生对革命文艺理论有基本的认识，建立马列主义的文艺观点及理论体系，明确写作及文艺活动的方向和道路（此大纲已报教育部）。

吕荧的说明没有得到理解和认可。他很不满意，于1952年初不辞而别，离开了山东大学。

吕荧离开山东大学的时候，要我晚上帮忙送他去火车站。他要带一个很大的柳条编的箱子，里面装的全是书，非常重。我觉得挺奇怪，便说："吕先生，你休假带这么多书干嘛？"他说："我这些书从来随身不离。"他也没详细讲要到哪里去。我找了一辆人力车把行李送到火车站。到了火车站他去买了客运票，我去办理行李托运。一大箱子书太重了，我怕行李箱弄坏了，拿绳子把行李箱捆了又捆，办好了托运，把吕荧送走了。1952年2月开学后，吕荧没回学校，后来才知道他不回来了。

吕荧离开山东大学，可能是住在上海老朋友耿庸处，坚持不回山东大学任教。华岗校长只好帮他安排工作，让他去北京找冯雪峰。吕荧与冯雪峰早相识，后他在冯雪峰任社长的人民文学出版社工作，任高级翻译员。在此期间，他参加了文艺界正在进行的美学大讨论，并卓然成为“主观派”美学代表人物。

1953年夏，吕荧到青岛避暑，学校给他在信号山路安排了一间房子。这一年我在山东大学毕业并留校任教，就住在文学馆二楼（与历史系办公室斜对门）。一天中午我外出了，下午回到学校，刚上楼，臧乐源（当时华东大学与山东大学合并后在历史系任辅导员）看见我说：“吕荧先生来找你，你不在，他在历史系办公室看报纸等你一个多小时，走了。”我随后去找吕荧，一起到东方菜市的小餐馆吃了饭。

这年夏天，萧军应山东大学外文系方未艾邀请来青岛休假。1928年方未艾和萧军同时考入东北陆军讲武堂，方未艾在骑兵队，萧军在炮兵队，后来又同在《国际协报》副刊任编辑，吕荧与萧军1938年在山西临汾民族解放先锋队中相识。吕荧和萧军、方未艾互有来往，这次在青岛故友重逢后便经常聚会，有时到海边散步或到海滨游泳。

一次，方未艾、萧军和我约吕荧先生到海水浴场散步，我到吕荧住处去请他。到了那里，发现他正在给自己针灸，全身扎了很多针，他说：“你等十分钟，我针灸完就走。”他针灸完收好针，换了衣服，还拿着件风衣，衣服兜里特意装了一个小寒暑表。吕荧身体很虚弱，需看着温度表穿衣服，温度低就赶紧披上风衣，温度高就把风衣脱下来搭在手臂上，我跟他开玩笑说他是俄国作家契诃夫笔下的“套中人”。海边散步后，我们几人一起到小餐馆吃了饭。

1952～1956年连续几年，苏侨陆陆续续离开我国。有位住在栖霞路的苏侨叫彼得罗夫，他是建筑设计师，家里有一批书要处理。方未艾从青岛市政府外事处处长毕晴帆处知道了此事，吕荧喜欢书，听说后就想去看看，打算买一些回来。

毕晴帆、吕荧、方未艾和我一起到彼得罗夫家去选书。毕晴帆这个人讲中文口吃，讲俄文很流利。彼得罗夫的书房在二楼，书柜很高档，一间大屋三面墙都立着大书柜，大部分书都是皮装烫金封面，非常漂亮。吕荧俄文水平很高，他和方未艾负责选书，我负责登记书名。有一套《普希金全集》，我记错了一个字母，吕荧看见了，他提醒我一个字母写错了，我立即改正过来。

彼得罗夫看我们真想买书，把书价抬得很高，因此没有成交。吕荧说："青岛就山东大学有这么一个俄语专业，这些书都还是十月革命前出版的，很难买到，价值很高。"后来吕荧建议毕晴帆以文化遗产为由把书保护起来，整体由青岛市政府外事处买下来送给山东大学图书馆。这些书后来怎么处理的，我就不知道了。

1955 年 5 月 22 日，中国文联、作协的联席扩大会议讨论开除胡风的问题时，吕荧竟在会上替胡风喊冤，当场遭到一致的驳斥，被赶下台，并受到隔离审查，长达一两年之久。

1957 年 12 月 3 日，《人民日报》刊发了吕荧《美是什么》一文，并在文前加了编者按：

本文作者在中华人民共和国成立前和胡风有较密切的来往，当 1955 年胡风反革命集团被揭露，引起全国人民声讨的时候，他对胡风的反革命面目依然没有认识，反而为胡风辩解，这是严重的错误。后来查明，作者和胡风反革命集团并无政治上的联系。他对自己过去历史上和思想的错误，已经有所认识。我们欢迎他参加关于美学问题的讨论。

我看到报纸非常高兴，"编者按"很可能是毛主席亲自校阅的，吕荧终于没有问题了，为他恢复了名誉。1966 年"文化大革命"开始后，吕荧被投进劳改农场。1969 年 3 月 5 日，他在河北省清河县的劳改农场去世，那年他只有 55 岁！

吕荧为人正直，待人真诚，对工作认真负责，很有才华。他一介文弱书生，终生刚直不阿；他热爱中国共产党，坚持马列主义理论，明辨是非，不顾及对己身之利害；他热爱文艺，在美学与文艺理论上有较高素养，系中国当代文艺学建设和美学研究的先驱人物，领风气之先，对苏联文学亦有较深研究，可惜英年早逝，没能为国家做更多的工作。

（原载《山东大学报》2019 年 3 月 27 日）

丁山先生三次执教山东大学

丁山先生是我国著名的史学家、古文字学家，是20世纪享有盛名的一代学术大师。他学问博大精深，著作宏富，就甲骨文与金文研究来说，是继罗振玉、王国维之后的第二代学者。起初，他侧重于古文字、音韵方面的研究，20世纪20年代末转向甲骨文考释，所作《说文阙义笺》《数名古谊》《释梦》等专著及论文，对于甲骨文的发展做出了重要的贡献。后来，他受顾颉刚的影响潜心于商周历史与文化研究，将甲骨文、金文的考释融汇其中，视野宽阔、见解敏锐，富有探索精神，形成了自己独特的风格。著有《吴雷考》《新殷本纪》《商周史料考证》《甲骨文所见氏族及其制度》《中国古代宗教与神话考》等。他曾在1933年8月至1935年7月、1937年8月至1937年11月、1947年8月至1952年1月三次执教山东大学。

一

丁山(1901～1952)，原名丁增熙，字山父，又名丁丁山，安徽和县人。1924年他考取北大研究所国学门研究生，师从沈兼士学习文字学、音韵学。1926年经沈兼士推荐，丁山任厦门大学国学院助教，结识了顾颉刚、张亮丞、林语堂、鲁迅等诸多学者。

丁山

1927年1月16日，鲁迅离开厦门任教广州中山大学。1927年8月在鲁迅推荐下，丁山到了中山大学任教，讲授文字学、尔雅、训诂学。1929～1932年，丁山任中央研究院历史语言研究所专任研究员，在这期间参与《安阳殷墟发掘报告》的编辑工作。1932年夏，丁山任教中央大学，讲授“中国文学史”“商周史”“古器物研究”等课程。

1933年8月，丁山应赵太侔邀请来到青岛，任国立山东大学文学院专任教授。丁山在《四十自叙》中写道：“山大，在青岛，为东亚避暑胜地，风景亦极明瑟。课余饭后，海滨徘徊，荡涤烦恼不少。”[①]

20世纪30年代是山东大学发展史上的第一个“黄金时期”。1928年5月，国民党政府教育部筹办国立山东大学。在筹备过程中，蔡元培先生力主将国立山东大学设在青岛，取得教育部长蒋梦麟的同意，国民政府教育部指令将国立山东大学筹备委员会改为国立青岛大学筹备委员会。1930年5月，国民政府任命杨振声为校长，国立青岛大学正式成立。1932年9月，国民政府又下令将国立青岛大学改名为国立山东大学，赵太侔任校长。

杨振声、赵太侔两位校长采取“兼容并包，科学民主”的办学方针，选贤任能，汇聚人才，山东大学出现了名师荟萃、鸿儒辉映的盛况。臧克家在山东大学80周年校庆时，写过一篇祝词《我的祝辞——庆祝母校校庆》，表达了自己1930～1934年在母校读书期间对老师们的崇高敬意，其中写道：

> 文学院长兼中文系主任是闻一多先生。英文系主任兼图书馆馆长是梁实秋先生，他是研究莎士比亚的，山大图书馆关于莎士比亚的著作在全国来说也是有点名气的。中文系教师先后教过我的有楚辞研究专家游国恩先生、张怡荪先生……还有萧涤非先生、沈从文先生、方令孺先生，著名文字学家丁山、闻宥先生，戏剧家赵太侔先生都曾教过我，赵先生教过我英文，后来作了国立山东大学的校长。[②]

当时与丁山同时聘到山东大学的还有讲师萧涤非、彭啸咸、贺祖笺。彭啸咸、贺祖笺均毕业于北京大学。萧涤非毕业于清华大学研究院，经恩师黄节教授力荐，赵太侔亲自审查了萧涤非的毕业论文《汉魏六朝乐府文学史》，决定聘其为中文系讲师。山东省档案馆珍藏着一张《国立山东大学聘书》：

> 兹聘丁山先生为本大学教授，月薪叁百陆拾元。

---

① 丁山：《四十自序》，《中国文化》2017年第1期，第308页。

② 参见樊丽明、刘培平主编：《我心目中的山东大学》，山东大学出版社2005年版，第191页。

萧涤非先生为本大学讲师，月薪壹百陆拾元。

此订

校长 赵(太侔)

自廿二年起至廿三年七月三十一日①

当时山东大学中文系主任为张煦教授，教授有丁山、闻在宥、姜叔明、讲师游国恩、沈从文等。② 张煦(1893～1983)即张怡荪，现代著名藏学家、语言学家。1932年9月，他接替闻一多任中文系主任，讲授“国文”“楚辞”“韩昌黎文”“文学专家研究”等课程。1936年夏离开国立山东大学，后致力于《藏汉大辞典》的编写工作。

1934年考入国立山东大学中文系的徐中玉曾这样回忆当年山东大学教授的教学风格。他写道：

> (中文)系主任张煦给我们讲庄子，四川人，讲授得非常生动。听说他在北京大学读书时，有次与别人辩论老子，极得梁启超赞誉。姜忠奎先生也是北京大学出身，听他讲文字学，有板有眼，似很传统，却含有新意。丁山先生是古代史专家，给我们讲中国通史，上课只带几支粉笔，滔滔不绝，他来自当时的中央研究院。游国恩先生已出版过楚辞研究专著两种，思路清晰细密，循循善诱，我们很爱听他的课。闻宥先生的语音学，中外汇通，我无意于训诂、音韵之学，对他的课仍有相当兴趣……老舍先生则是来自齐鲁大学的著名小说家，我听过他开的“小说做法”与“欧洲通史”两门课。③

王碧岑也曾这样回忆国立山东大学：

---

① 《丁山、萧涤非国立山东大学聘书》，现存山东省档案馆。

② 《本校聘定各学系教授讲师助教》，《国立青岛大学周刊》(第二版)1932年9月12日。“本校本学年各学系教授讲师助教等，除有三数人尚在接洽中，大多数均已聘定，并皆国内学术界知名人士。现各位先生以开课在即，多已陆续到校。兹觅得名单一纸，刊登如左：中国文学系教授兼主任张煦，教授丁山、姜叔明、闻在宥，讲师游国恩、沈从文。……”

③ 徐中玉：《大学时代的老师们》，朱大建主编：《上海作家散文百篇》，上海文汇出版社2002年版，第23～24页。

在教学风格和方法方面，有的出神入化，如张怡荪先生讲授《庄子》，有的考订翔实，如游国恩先生讲授《楚辞》；有的善于启发学生思考，又敢于提出个人的独到见解，如丁山先生讲授中国通史；还有的谈吐虽幽默，但教学态度却十分严肃，如老舍先生讲授文学概论和小说作法。[①]

1933年9月20日，国立山东大学举行新学期开学纪念及开学式，丁山任教文学院中国文学系，讲授"国文""中国通史""尚书""古器物学"[②]和"周易"[③]等课程。中国通史课程依时代之先后，叙述我国历代政治、经济之变迁，典章制度之兴，文化之升降，民族之分合，以及国际纠纷，地理沿革等。挈其纲领，辨其因果，培养学生研究国史之兴趣。课程暂分两年讲授，前半起于史前，截止南北朝，后半起自隋而终于现代。[④] 古器物学课程"取旧日金石等类之信而有征者，及晚近出土之器物，排比而阐发之"[⑤]。

丁山回忆说："山大内容，比较单纯，学风亦最淳朴。"[⑥]丁山所授课程，建立在坚实的科学研究基础之上，范围广泛，内容精深，论点明确，阐述透辟，自成体系，富有独特见解，对学生很有启发。丁山特别注意培养学生独立钻研的精神，他要求学生读古书时不看或尽量少看前人的注释，避免为旧说所囿，让古人牵着鼻子走。他对学生在生活上关怀备至，在学习上又严格要求。在此期间，他培养了臧克家、丁观海、韩连琪、王碧岑、徐中玉、弓英德、张振泽、冉昭德等一批硕彦。1932年9月考进山东大学的韩连琪，在校学习成绩优异，曾多年受业于丁山先生之门，并深受其青睐。丁山曾有意留他担任自己的研究助手和接班人，但由于种种原因未能如愿。韩连琪的毕业论

① 王碧岑：《值得欣慰和自豪的回忆——记国立山东大学三十年代的学习生活》，山东大学校史编写组编：《山东大学校史资料》1982年第3期，第42～43页。

② 《本学年各系所开学程》：《国立山东大学周刊》（第二版），1934年9月17日。

③ 《本学期各系新添学程多门》：中国文学系，学程：周易；担任教员：丁丁山；应修年级：中四选修。学程：谢康乐诗；担任教员：萧涤非；应修年级：中四选修。（《国立山东大学周刊》1935年2月25日）

④ 参见《国立山东大学一览》1935年版，第32页。

⑤ 《国立山东大学一览》1933年版，第70页。

⑥ 丁山：《四十自序》（1940年4月15日），《中国文化》2017年第1期。

文《殷商金文汇编》，就是在丁山先生的指导下完成的。丁山还指导韩连琪编辑完成了《殷周金石文字汇编》，不幸抗战爆发，原稿因辗转迁移，不幸遗失，未得出版。张振泽曾回忆说："二、三年级，古文字学是丁山先生讲授，同时有姜叔明先生的《说文》研究、闻在宥先生的声韵学和古器物学，我综合诸门，觉得古文字学更有意义。在学习中，我写了《释帝》一文。丁山先生以为尚佳，后来登在学校期刊《励学》上。……四年级毕业论文，丁先生给我的题目是《周官探源》。《周礼》一书，前人说是周公致太平之书，郭铭文而补苴之。我用了一年的工夫，只写成了一个《两周列国职官表》(附考)十余万字。此稿后被山东教育厅索去，抗战爆发，不知下落。这算是我在大学里写的第四篇论文。"[①]丁山的学生唐德刚、朱玉湘回忆道：

> 丁先生善于发现学生特长，加以因材施教，鼓励学生独立思考，发表自己的见解；对学生平时关怀备至，在学业上却要求十分严格。他要求学生一字不苟地、系统地读书，并分类搜集资料；写作札记，研究问题要"读书知之"，而不要"翻书知之"；还教育学生要循序渐进，踏实勤奋学习，勇于探索思考。他自己以身作则，做出榜样。他性格耿直，光明磊落，回答学生问题，坦率表达自己的观点，不怕冒犯某些名家或"大人物"。丁山教授治学严谨，写作勤奋，成绩显著。[②]

丁山还指导了1932级其他7名学生的毕业论文，分别是：庞泽波的《墨子中古史》、李长冀的《左氏与国语》、李繁訚的《诗序辩正》、帅鸿勋的《义礼酒器研究》、舒连景的《说文古文疏证》、弓英德的《宋代著录金文汇编》、张震泽的《周官探源》。[③]

① 《张振泽自述传》，高增德、丁东编：《世纪学人自述中国现当社会科学家传略》(第四卷)，北京十月文艺出版社2000年版，第164～165页。

② 《丁山与古文字学、古史学研究》，徐承伦：《安徽近现代历史与人物论集》，安徽大学出版社2009年版，第505页。

③ 参见《国立山东大学周刊》1935年1月28日。

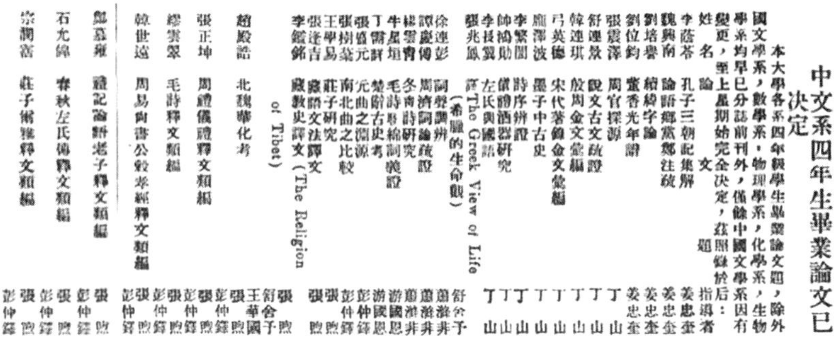

中文系四年生畢業論文已決定

本大學各系四年級學生畢業論文題，除外國文學系，數學系，物理學系，化學系，生物學系均早已分誌前刊外，僅餘中國文學系因有變更，至上星期始完全決定，茲照錄於后：

姓名	論文題	指導者
李蔭蒼	孔子三朝記集解	姜忠奎
魏興南	論語鄭黨鄭注疏	姜忠奎
劉培譽	緯緯字論	姜忠奎
劉位鈞	董香光年譜	姜忠奎
張震澤	周官探源	丁山
舒連景	說文古文疏證	丁山
韓連琪	殷周金文彙編	丁山
弓英德	宋代著錄金文彙編	丁山
龐澤波	墨子中古史	丁山
李繁闓	詩序辨證	丁山
帥鴻勛	儀禮酒器研究	丁山
李長賀	左氏與國語	丁山
張兆鳳	譯The Greek View of Life（希臘的生命觀）	舒舍予
徐連彭	詞聲調辨	蕭滌非
譚慶傳	周濟詞論疏證	蕭滌非
楊雲青	冬青詩研究	蕭滌非
牛星垣	毛詩鄭箋綿詞箋證	游國恩
丁實許	楚辭古史考	游國恩
張為元	元曲之淵源	彭仲鐸
張樹棻	南北曲之比較	彭仲鐸
王學易	莊子研究	張煦
張逢吉	楚辭文法譯文	張煦
李鑑銘	藏教史譯文（The Religion of Tibet）	
趙殿誥	北魏華化考	
張正坤	周禮儀禮釋文類編	
繆實槃	毛詩釋文類編	
韓世遠	周易尚書公穀孝經釋文類編	
鄭慕雍	禮記論語老子釋文類編	
石允綽	春秋左氏傳釋文類編	
宗潤寰	莊子爾雅釋文類編	

張煦　舒舍予　王華國　張煦　彭仲鐸　張煦　彭仲鐸　張煦　彭仲鐸　張煦　彭仲鐸　張煦　彭仲鐸　張煦　彭仲鐸　張煦　彭仲鐸

1935 年 1 月 28 日《国立山东大学周刊》刊载的中文系四年级学生毕业论文及指导教师情况

丁山在山东大学执教期间开始写《由陈候因资敦铭黄帝论五帝》[①]《宗法考源》[②]《由三代都邑论及民族文化》[③]等著作。丁山先生的《由三代都邑论及民族文化》是他这一时期的代表作之一。该文“（民国）廿三年九月初稿，十二月增订于青岛山大”，丁山先生附于文末的这句小注，是使我们亲切地触摸到了山东大学历史学科早期成长的年轮。[④] 丁山还在 1934 年 5 月出版的国立山东大学《文史丛刊》第一期上发表了《辨殷商》一文。丁山曾这样回忆此时的学术研究：

> 自从 1934 年开始整理古史中的世系问题，发表《由陈候因资敦铭黄帝论五帝》之后，继续研究神话问题、民族问题，很想将明堂五帝及五帝佐所以构成的系统作全面解释。因为生活不能安定，虽有所得，无从下笔。[⑤]

除了教书、写作，丁山在青岛生活得也很惬意。在此期间经其三舅夫妇

---

① 丁山：《陈候因资敦铭黄帝论五帝》，《中央研究院历史语言研究所集刊》1934 年第 3 期。

② 丁山：《宗法考源》，《中央研究院历史语言研究所集刊》1934 年第 4 期。

③ 丁山：《由三代都邑论及民族文化》，《中央研究院历史语言研究所集刊》1935 年第 5 期。

④ 参见王育济：《我们的学术年轮》，《山东大学百年学术集萃》（史学卷），山东大学出版社 2001 年版，第 404～405 页。

⑤ 参见马昌仪选编、叶舒宪主编：《中国神话学百年文论选》上，陕西师范大学出版总社有限公司 2018 年版，第 436 页。

介绍，与陶梦云女士结婚。他还结识了赵太侔、张煦、姜叔明、黄际遇、梁实秋、洪深、游国恩、萧涤非等山东大学友人，并成为知己好友。

二

1937 年 8 月，丁山应国立山东大学校长林济青邀请再次执教国立山东大学中文系。1936 年，由于学生抗日救亡运动不断高涨，赵太侔受到教育部的指责，地方政府拒绝拨给资金经费。在政治和经济双重压力之下，赵太侔校长感到“力不从心”，向教育部提出辞职。6 月 27 日，教育部训令，赵太侔辞职照准，同时洪深、老舍、赵少侯、张煦等教授亦先后辞职离校。7 月 9 日，教育部下令由林济青来校代理校长。1936 年 12 月 21 日，台静农在致胡适的信中提及了当时国立山东大学的情况：

> 生本年度原系仍留厦大，惟因今春在厦，身受湿热甚重，常为疾病所苦，适有友人在山东大学，遂来此充一专任讲师。山东大学校长为林济青氏，省政府委员，曾任教会齐鲁大学校长，此次长山东大学，闻系韩主席保荐。此校无文学院，仅有国文、英文两系，全校学生 400 余人，国文系学生 60 余人。[①]

林济青（1886～1960）又名林则衣，山东莱阳人，近代学者和教育家。1906 年潍县广文学堂毕业，后被保送赴美国留学，1910 年获哥伦比亚大学文学士。归国后赴陕西高等学堂任英文教习，后被委任外交司长之职。1912 年又派往美国留学，1917 年获里海大学工程学硕士。归国后任齐鲁大学讲师、教授等职。1924 年任私立青岛大学教务主任。1929 年，任齐鲁大学文理学院院长兼任校长，后任山东省政府委员。1936～1938 年任国立山东大学代理校长。

山东大学当时有文、理、工 3 个学院 8 个系，一些知名教授相继离校，各学院院长和系主任也大都换人。林济青重整旗鼓，多方延揽人才，挽留知名

① 参见黄乔生主编：《台静农来往书信》，《台静农全集》，海燕出版社 2015 年版，第 12 页。

学者，补齐各院系师资，多方筹措办学经费，恢复正常教学秩序，还添建了化学馆。当时中文系主任为施畸教授，还有姜忠奎、闻在宥、栾调甫、颜实甫、黄孝纾、台静农、丁观海等许多名家、学者。

1937 年 7 月 7 日，日本发动卢沟桥事变，开始了全面侵华战争。不久，北平、天津沦陷，日军过黄河侵犯山东，山东大学不可避免地受到战争的影响。丁山回忆了当时到山东大学的情景：

> 不幸，倭寇侵凌，于七七变动卢沟桥事变，又于八一三发动淞沪之战，从此烽火大地，世界至今遂无宁土。余于是时亦，厌弃薄书生活，于九月间冒吴淞江岸之兵火而回青岛，复任山东大学教授。抵校之时，适因战事紧急，而停课。回首昔年，赵太侔先生长校时，师生一体，水乳交融，弦诵之声，海涛競壮，真不胜感慨系之！①

1937 年暑假结束，返校的山东大学学生不过 100 多人。11 月教育部下令山东大学内迁，原定先至西安，经校请准，改迁安庆，又迁至四川万县。1938 年 3 月，山东大学在万县石竹轩搭席棚做临时课堂，上课仅几天，教育部电令解散。

在万县的学生被全部送入中央大学肄业，教员被分到国立编译馆担任临时编译工作。1938 年 6 月，教育部下令免去林济青代理校长职务。至此，国立山东大学停办，师生校友星散流离。

三

1946 年 1 月，国民政府教育部委派教育司司长赵太侔再任山东大学校长，负责复校事宜。复校伊始，赵太侔立即向曾经在山东大学任教的教师发出复聘邀请，希望他们尽快返校。同时向许多著名教授、学者发出邀请，希望他们加盟山东大学。当年赵太侔亲自动笔给各位知名学者发聘书，在山东省档案馆里，留存着厚厚一摞，有上百封之多。赵太侔爱才惜才之心显而易见。

---

① 参见丁山：《四十自序》，《中国文化》2017 年第 1 期。

徐中玉在《两次在山大的回忆》一文中写道："山大复校时，中文系仍把丁山、黄孝纾、萧涤非三先生请回来！其他系仍把童第周、曾呈奎、郭贻诚、王恒守、秦素美、王普、李茂祥等能够请回来的先生都请回来了。"

1947 年 9 月，丁山应赵太侔的邀请第三次执教山东大学中国文学系。丁山在 10 月 10 日的日记中写道：

> 于九月十九日，携春登华联轮，廿一晨登青岛岸。初寓欧阳路山东大学第二公社，后迁鱼山路第一教授公舍。背山面海，有花木之胜，且距课室不百武，生活虽苦，精神甚安！故即完成"中国通史简编之批判"。[1]

中国文学系自 1946 年复校先后任教的教授有十多人，他们是：王统照、陆侃如、冯沅君、赵纪彬、丁山、杨向奎、萧涤非、黄孝纾、李笠、叶瑛、严效复、孟云桥等。

中文系根据学生旨趣，按文学和经史两组教学，文学组开的选修课程有：楚辞、杜甫诗、清真词、李义山诗、小说史等。经史组选修课程有论语、国史选读、中国文化史专题研究、语音学等。各科导师为：

> 经史导师：丁山　杨向奎　王仲荦
> 诸子导师：赵纪彬
> 辞章目录学导师：黄孝纾　萧涤非　刘次箫
> 戏曲导师：冯沅君
> 文学史导师：陆侃如　冯沅君
> 文字音韵学导师：丁山　刘念和　殷焕先
> 文艺创作导师：舒舍予　冯沅君　孙昌熙[2]

中文系不仅师资水平高，而且还有明确的教学目的和要求。教学目的：养成学生对于中国文化之了解；能做高深学术之研究；培养创作能力。

路遥教授回忆：

---

① 参见《丁山日记》，国家图书馆出版社 2018 年版，第 621 页。

② 国立山东大学出版组编：《国立山东大学概览》，1948 年，第 8 页。

> 丁山专长于夏、商、周三代古史与甲骨文、金文的研究，于是杨向奎先生就请他来讲授“中国史”这门课，自己讲授“群经概论”。丁山的研究属于“中国古史”中最难的部分，可惜的是他因患肺病于1952年1月就去世了。他未逢及全国大学院系大调整时期，所以不存在属于哪一级教授职别的问题，但大家都认为他是最有学术功底的知名教授。①

此时，丁山先生的研究重点放在古史方面，他把古文字与铭辞的考释融汇于其中，注意论述的完整性与系统性，形成了自己独特的风格。他先后创作了《邲其卣三器铭文考释》②《甲骨文所见氏族及其制度》③《商周史料考证》④《地理与中华民族的盛衰》⑤等论著。《地理与中华民族的盛衰》出版后曾在《文化先锋》《新书月刊》刊发了书讯：山东大学教授丁山所著《地理环境与中华民族的盛衰》一书，由大中国图书局出版，日内即可问世，全书5万余言，从地理的观点说到数千年来中华民族盛衰之故，议论精阙，多发前人所未发。⑥ 地理环境足以决定人类社会的发展，国力强弱全视生产动力的多寡。国立山东大学教授丁山先生本其历年研究所得，以地理的观点说明数千年来中华民族盛衰之故，中心问题既已抉出，全史脉络自然贯通。书分三十七章，条理分明，文辞流利。⑦

---

① 2019年3月27日，笔者专访路遥教授。

② 《邲其卣三器銘文考釋》，《文物周刊》1947年第1～40期。

③ 《甲骨文所见氏族及其制度》，丁山于1947年1月写于上海，1948年6月修正于青岛国立山东大学，1956年由科学出版社出版。

④ 《商周史料考证》，丁山于1949年1月8日写于青岛国立山东大学，1960年由龙门联合书局出版。

⑤ 《地理与中华民族的盛衰》，1948年7月由中国图书局出版。

⑥ 《文化先锋》1948年第8卷第11期。

⑦ 《新华月刊》1948年第2期。

丁山先生(二排左一)与史语所同仁合影

1949年6月,青岛解放后,山东大学即归中国人民解放军管理。同年9月中文系分出历史系,杨向奎、赵纪彬、丁山转为历史系任教。1949年底,王统照来山东大学把中文、历史两系合为"文史系"。不到一年,王统照又被调离山东大学,任山东省教育局局长,由此又恢复了中文、历史两系。历史系主任是杨向奎,而中文系主任则由吕荧教授担任。

中华人民共和国成立前,丁山曾冒着风险阅读过马克思的《资本论》。新中国成立,他欢欣鼓舞,更加如饥似渴地阅读马列著作。尤其是他在读过恩格斯的《反杜林论》与《家庭、私有制和国家的起源》两书以后,表示深受教益,就联系中国历史的实际,写了《姓与氏》《半亚血族群婚制—媵》等论文。他决定从事《中国古代宗教与神话考》的撰写,还计划撰写《商周史》的前编稿。该书从1949年9月动笔,到1950年冬完成了52万字的初稿。可惜,天不假年,丁山因早年患病未能根治,于1952年1月18日在青岛英年早逝,年仅51岁。

值得一提的是,丁山先生逝世后,他的妻子陶梦云将所藏之书及著作手稿分三次悉数捐赠山东大学图书馆,仅1952年一次捐赠就达5000多册。据徐承伦记载:

丁山生前藏书与友人的来往书信及名人所赠字画共有几十箱,丁山逝世后被运回和县老家。1954年长江洪水暴发,部分图书遭水毁。1957年,山东大学派人到和县丁家联系，运走有价值的图书50多箱。[1]

山东大学图书馆现存藏书钤印有“曾在丁山处”“丁山”“丁山之鉢”“丁山之珎”。杜泽逊教授回忆说：

> 山东大学历史系丁山教授，早在民国年间就成了藏书家，深于藏书之道，身后藏书多归山东大学图书馆。我曾见过丁山先生藏书多种，《逸周书》中《王会篇》有先生眉批甚多，还有《说文解字五音韵谱》明刻本，书衣有先生手跋。印象最深的是《水经注》。这是《四部丛刊》本，白纸印，两函，密密麻麻从头到尾用红笔过录了王国维的校，连王国维印章也描下来，那是20世纪30年代在北平图书馆做的，真是令人钦佩，其中也缀有不少丁山先生自己跋语，这部书原在普通书库，我建议图书馆提入善本。丁山先生在藏书上盖有多方印章，其中一方为“曾在丁山处”，就是说，宝贵的书籍在他那里只是旅途的一站，匆匆的过客，他还要长久地传下去，却不见得在自家子孙手里。[2]

综观丁山先生30年的学术生涯，可谓学于北京大学，盛于中央研究院历史语言研究所，成于山东大学。他三次执教山东大学，为学校的初创发展以及20世纪50年代形成“文史见长”的办学特色做出了积极贡献。

---

① 参见徐承伦：《丁山与古文字学、古史学研究》，《安徽近现代历史与人物论集》，安徽大学出版社2009年版，第506页。

② 杜泽逊：《买书、藏书与治学》，王兆成主编：《历史学家茶座》（总第八辑），山东人民出版社2007年版，第122页。

高兰："钢铁的喉咙"向侵略者怒吼

高兰是抗战时期著名的诗人、朗诵家，通过朗诵诗号召民众起来保卫国土；他又是20世纪50年代山东大学的五位名教授之一。

2014年6月29日是现代文学史家、朗诵诗人高兰先生(1909～1987)逝世27周年纪念日。抗战时期，高兰通过朗诵诗号召人们起来保卫国土，赶走侵略者，被尊称为"钢铁的喉咙"，是抗战诗歌史上的代表性诗人。在20世纪50年代的山东大学，他则和冯沅君、陆侃如、萧涤非、高亨被称为"冯陆高萧"五位名教授。

"叫喊"出来的诗歌

高兰，本名郭德浩，生于1909年10月11日，黑龙江瑷珲人。他幼年丧父，家境贫寒，为接受新文化、新思想，1921年进入黑龙江省立第一师范学校读书。

高兰

高兰的学生、山东大学文学与新闻传播学院教授张志甫告诉笔者，先生在黑龙江读书时，就喜欢冰心的诗文。1928年考入燕京大学国文系后，便师从于冰心。正是冰心严格的治学精神，别具一格的指导方法，将他引上诗人的道路。

1931年，九一八事变爆发。正读大三的高兰，有家不能归，顺遂心意参加了南下请愿及抗议活动。高兰原本热衷于晏殊、晏几道们"花间词"的研读，从南京请愿归来后，他放下了对"二晏"的研究，在郭绍虞和郑振铎的指导下，改为研究亡国君主和词人李煜的命运和作品，借古喻今，撰写了一部《李后主评传》。在序言中，他坦言，这本书"意借李煜的亡国之痛激励国人奋起抗日”。

大学毕业后，高兰到北平义勇军指挥部秘书处工作，正式投身到抗日的洪流中。他用新诗宣传抗战救国，与冯乃超、锡金等人一起探讨诗歌朗诵问题，开始进行创作实践。

“高兰的朗诵诗与其说是写出来的，不如说是叫喊出来的！”张志甫说，1937年卢沟桥的枪炮声把高兰从迷茫中惊醒，他的诗一改往日的沉郁而变成愤怒的呐喊，并倡导朗诵诗，把朗诵诗变成号角，用活的语言作民族解放的歌唱。

1937年10月19日，各地文艺工作者云集武汉，纪念鲁迅先生逝世一周年。著名电影、话剧演员王莹在纪念大会上朗诵了高兰的诗《我们的祭礼》。这不但是一首悼念诗，而且还是一首动员人民大众起来抗战的鼓动诗。这期间，高兰的朗诵诗，一发而不可收，先后写下《我的家在黑龙江》《展开我们的朗诵诗歌》《迎一九三九》《夜行》《咱们，立下最后的誓言》等诗篇。

在《我的家在黑龙江》一诗中，他写道：“就在那山岗！那雪野！那冰川！那高粱红了的青纱帐！一个，两个，十个，百个，千个，万个……抬起了头！挺起了胸膛！放下了锄头犁耙，拿起了所有的刀枪！卷起了沙漠的狂涛，卷起了雪海的巨浪，燃烧起反抗的野火，燃烧起争生死的火光！把奴隶的命运，把奴隶的枷锁，一起都交付给了抵抗！他们流血，他们死亡！但是他们，父亲死了，儿子补上！丈夫死了，妻子填上！他们要用血，他们要用肉，他们要用光荣的创伤，筑起铁壁铜墙，保卫自己的家乡！”

在《给姑娘们》中，他写下“我们只有誓死抵抗，希求真正的民族解放”的诗句，鼓励自己的同胞们，包括那些从未走出过闺房的少女们，都能够走下绣楼，换上戎装，拿起刀枪。

出于自我保护的目的，他开始使用“高兰”这个笔名。“先生的笔名是有来由的。一天，他写完报告文学《记天照应》，突然望见墙上挂着的苏联作家高尔基与法国作家罗曼·罗兰的合影。先生很喜欢这两位大家的作品，他由此深受启发，从而各取其名字中的一字起名‘高兰’，以示自勉之情，这是先生第一次用此笔名。”张志甫说。

1938年2月，高兰的第一部诗集《高兰朗诵诗集》出版，同年夏天又出版了第二部诗集《高兰朗诵诗》。

血雨腥风下的朗诵

1938年，武汉失守后，高兰来到重庆。那时的重庆，弹片横飞、炮火弥漫、血雨腥风。在高兰等人的倡导下，朗诵诗运动蓬勃开展起来。诗人们纷纷走上广场、街头、集会、舞台，用高亢的声音朗诵自己的诗歌作品，鼓舞起群众坚持抗战的斗志。

高兰朗诵自己的作品，也朗诵郭沫若、闻一多、马雅可夫斯基等诗人的作品，是当时著名的朗诵家。

高兰的同事、山东大学文学与新闻传播学院教授吴开晋说，抗战期间，高兰最为著名的一首朗诵诗，是悼念他夭折女儿的《哭亡女苏菲》。1941年3月，高兰七岁的爱女苏菲（小名小鱼）患上了疟疾，颠沛流离的他用尽了自己仅有的家财，也没能救活这个可怜的小女孩，含苞待放的小花蕾夭折了。高兰痛不欲生，含泪把她葬在重庆歌乐山下。

女儿的不幸离世，让高兰在悲痛之余陷入深重的思考，女儿的命运不正是那个年代里许许多多流亡家庭的命运吗？次年春天，在纪念小女去世一周年时，高兰含泪写下了这首题为《哭亡女苏菲》的长诗。

“你哪里去了呢？我的苏菲！去年今日，你还在台上唱‘打走日本出口气’！今年今日啊！你的坟头已是绿草凄迷！孩子啊！你使我在贫穷的日子里，快乐了七年，我感谢你。但你给我的悲痛是绵绵无绝期呀，我又该向你说什么呢？……”饱含深情的诗文，细腻而缠绵地抒发了一个慈爱而无助的父亲对孩子的深切悼念和愧痛之情，反映出抗战时期，广大人民群众饥寒交迫的痛苦生活。

血与泪凝成的诗篇，很快被广为传诵。当时许多学校的孩子都把这首诗作为诗歌朗诵的保留节目，每次朗诵时，听众都眼含热泪。高兰后来曾回忆说，他的朗诵诗中，被朗诵次数最多的就是《哭亡女苏菲》。在他被邀请朗诵的许多次中，印象最深的一次是在中央大学的朗诵。那次朗诵中，全场人为之泣下，不少人竟失声恸哭，纷纷上台簇拥着也是泪流满面的高兰。

还有一次，高兰和诗人光未然一起到北平师范大学参加文艺集会，应邀在操场上向全校师生朗诵《哭亡女苏菲》。可朗诵了不到一半，就因特务捣乱，熄灭了电灯。黑漆漆的操场上，学生们群情激奋。两名学生手持红烛，伴在高兰身边，为他提供光亮，直到他朗诵完毕。

置身山大　潜心育人

1951年3月，高兰随华东大学迁到青岛，华东大学与山东大学合并后，他便留在山东大学任教，先后担任中文系副主任、主任。此时，他写诗不多，把主要精力投入到中国现代文学史和诗歌专题的研究工作中。

尽管身体不好，但高兰上课从不坐着，坚持站着上课。他常说："当老师就是要付出，就是要付出劳动不辞辛苦。学生每天有很多课，我上课也就一两次，站着上课有何不可？老师尊重学生，学生就会尊重老师，学生尊重老师也就是尊重知识。师生互相尊重，就能产生求知的气氛。"

做起学问来，高兰更是一丝不苟，无一字无来历，无一字无出处，学术态度非常严谨。吴开晋回忆说："我是1978年来到山大任教的，和高兰先生在同一教研室工作。在他的提议下，设立了全国第一个现代诗歌硕士点，一起教授硕士研究生。他讲授'现代诗歌'，我讲授'当代诗歌'。高兰先生授课时，贯穿了他古今融会、中西贯通的教学方法，令人印象深刻。"

身为知名的大学者，高兰却非常谦和，平易近人，毫无教授、学者的架子。1979年，在郭沫若逝世一周年之际，张志甫陪同高兰参加郭沫若研究学术讨论会。当时来自全国各地的著名学者、教授、学术名流云集四川。"当先生介绍我时这样说道：'这是山东大学张志甫老师。'当时我只是山东大学的一名普通青年教师，没想到先生会这样介绍我，我感动极了。"张志甫回忆。

20世纪70年代，高兰夫妇与张志甫（右一）在梅园新村合影

高兰晚年因患糖尿病，腿上有脉管炎，行动极不方便。可是学生组织诗歌会、朗诵会经常请他参加，他总是有求必应，应了就一定到现场。一次，山东大学中文系组织诗歌朗诵会请高兰参加，那天外面下着大雨，考虑先生的身体状况，张志甫建议高兰天气不好就别去了。可高兰说："答应了的事，怎么会不去呢？学生有要求，要尽力去满足，天不好我们就早点走吧！"张志甫只好搀着高兰到达会场。"那时学生们只要见见先生就很满足，可是先生总要朗诵一段，尽量满足学生。"

高兰酷爱京剧，20世纪50年代山东大学在青岛时，他就组织起爱好京剧的师生，在办公楼地下室拉京胡，敲锣打鼓唱京剧。他能唱老生、花脸两个行当，也经常参加学生们的京剧活动。"主任驾到"，他就唱一段《王佐断臂》和《铡美案》，一招一式颇有范儿。有时他还辅导同学学一些戏剧知识，为此还曾带同学去看"茂腔戏"。有著名京剧演员到青岛演出时，他也会带领学生一起去看。1954年，高兰同山东大学师生在山东大学大众礼堂共同出演了京剧《苏三起解》，广受师生欢迎。

高兰对京剧有浓郁的感情。晚年住院时，他的病房窗台上就摆着他与著名女花脸齐啸云的合影。

"我的家在黑龙江"

时代风云变幻，高兰的人生也随着时代经历了若干次跌宕起伏。1957年"反右"运动中，高兰被错划为右派分子，从此被打入冷宫。不能教学，不能再朗诵诗，也不再敢说话。1966年，他在"文革"中被抄家、关牛棚，受到严重冲击。

据吴开晋回忆，"文革"结束之后，他调入山东大学中文系后，与高兰时常谈心。谈起"反右"和"文革"中所受的苦难时，先生比较沉默，既不诉苦，也不怨恨，总是很宽厚、很平静、很简单地说过去的事情。说到自己劳动改造的日子，他也是总说别人的好话，"实际上，工人阶级和贫下中农们对我都很不错的，有位老贫农看我热爱毛主席诗词，劳动又肯卖力，就对我说：'老高，好好干吧，干好了我提拔你当贫下中农！'听了这话我都流泪了……。"

"高兰先生谈到抗战时期，说看到共产党为国家民族利益而奋斗的史实，就渴望加入共产党，但未能实现。说到现在他说：'现在不同了，许多事情都想清楚了，我还能不能在晚年争取入党呢？'我把先生的愿望深深记在了心里，如实向党组织作了汇报，校系二级领导格外重视。我把组织上欢迎他入党的态度转告给他，他欣喜异常。”1982年，73岁高龄的高兰加入了中国共产党，了却了一辈子的夙愿。在入党的当日，他激动地写下了《入伍吟》：“莫道桑榆晚，发白心愈坚。有幸终入伍，矢志效春蚕。”

晚年生活中，高兰对诗歌朗诵仍然念念不忘，抱病重编了《高兰朗诵诗选》《诗的朗诵与朗诵的诗》两部书。

张志甫说：“1987年，先生的糖尿病已到晚期，一天抱着被子从病床上掉了下来，我赶紧扶起，‘先生您怎么了?’‘我去校对我的书稿去！’为此，我跑出病房大哭了一场，我知道这是先生的遗愿，我和中文系的同事想尽办法将《高兰朗诵诗选》样本从印刷厂取来，送到先生手上时，他虽已不能说话，但双唇还在吃力地颤动着，接过书静静放在自己身旁。”

6月29日，一代朗诵诗人高兰离开人世，享年78岁。在整理先生遗容的时候，张志甫将《高兰朗诵诗选》样本书，装进了他的口袋。四个月后，《诗的朗诵与朗诵的诗》由山东大学出版社出版。

然而，令张志甫遗憾的是，自1931年九一八事变后，高兰就再也没有回过老家。

“我的家在兴安岭之阳，在黑龙江的岸上！江北是那辽阔而自由的西伯利亚，江南便是我生长的家乡。”高兰在《我的家在黑龙江》一诗中写下黑龙江一年四季的壮美风光，散发着黑龙江大地泥土的芳香，把家乡写得十分迷人、可爱。他无时无刻不眷恋着自己的故乡，尤其在晚年，这种思乡之情更强烈。

张志甫说：“先生不止一次地告诉我想回老家看看的想法，我曾经承诺，在先生身体允许的情况下，一定陪先生回家，满足他的愿望。有一年我和先生曾任教的黑龙江大学取得联系，提议在黑河召开高兰诗歌讨论会，黑龙江大学积极支持，并希望高兰先生到会，为他回家乡创造条件。但由于健康原因，先生回故乡看看的愿望终未能实现。”

（与陈巨慧合写，原载《大众日报》2014年6月25日）

华大并山大　大学忆可追

解放初期跨入大学校门，经历华东大学与山东大学合校，臧乐源、臧乐安、赵洪太是亲历者。

“解放区的天是明朗的天，解放区的人民好喜欢！”1949 年 2 月，唱着这首歌，臧克家的儿子臧乐源与臧乐安兄弟俩，从诸城老家来到了济南，进入华东大学，成了解放初期第一批大学生。

臧乐源（王世翔摄）

赵洪太（王世翔摄）

“解放，把你也给解放了！”1950 年 8 月，数学考了零分的青岛考生赵洪太，赶上了中华人民共和国成立后的好时候，以不低的总分成绩，考入国立山东大学。

1951 年 3 月，华东大学与山东大学合并，臧乐源、臧乐安与赵洪太成了同学。臧乐安与赵洪太，同在俄语专业学习；臧乐源与赵洪太，毕业后留校，更是成了同事。

解放初期跨入大学校门，经历华东大学与山东大学合校，同在外文系俄语学习，他们三人是亲历者，更是历史的创造者。2014 年 1 月 6 日，记者来到山东大学中心校区宿舍，对臧乐源、赵洪太进行了采访，并电话采访了在北京的臧乐安，听他们口述那段热血激昂的历史。

解放初期第一批大学生

“1949 年 1 月，我和弟弟臧乐安，从上海回到诸城县西南乡臧家庄。村里写介绍信，又推到区里、县里。当时华东区教育厅设在益都，我们又找到益都，最终获得推荐，可以考华东大学。”生于 1929 年 8 月的臧乐源，回忆起 65 年前的入学经历，仍然印象深刻。经过层层推荐，臧克家的两个儿子，臧乐源、臧乐安兄弟，获得了华东大学的考试资格。

1948 年 6 月，为革命发展培养干部，在华东局领导下，华东大学在潍县成立。1948 年 9 月 24 日，济南解放，华东局指示华东大学迁往济南。11 月中旬，华东大学迁来济南，招收中学毕业或大学肄业的学员。1949 年，从山东、江苏、浙江等地广泛招生，规模逐渐扩大，臧乐源与臧乐安就在这时进入了华东大学。

“‘为人民服务’，这就是考试题。”臧乐源说，那时的考试并不复杂，随后他和弟弟来到济南，分到社会科学院一部二班。

“1949 年 10 月 1 日，我们借住在齐鲁大学校园里，举行了升旗仪式，庆祝新中国的成立。”臧乐源与臧乐安参加了这次庄严的升旗仪式。

不同于臧家兄弟，赵洪太考取国立山东大学的经历，则颇有个性色彩。

生于 1929 年 4 月的赵洪太，与臧乐源是同龄人。中学时候，家在青岛的赵洪太，就读遍了青岛各图书馆的哲学书籍。艾斯奇的《大众哲学》，是赵洪太的最爱。出于对马列哲学的浓厚兴趣，考虑到学习俄语方便读原著，赵洪太报考了山东大学俄文专修科。

“我的数学是零分！”回忆起 1950 年的入学考试，赵洪太记忆犹新，“物理化学是个位数，语文、政治、历史、地理考得很好。”

“解放，把你也给解放了！”到学校报到时，赵洪太才发现，注册科的老师，竟是中学数学老师张育瑾。要知道，在中华人民共和国成立前，只要有科目考零分，学校就不予录取。张育瑾对赵洪太又气又爱，还帮他减免了讲义费和损失预偿费。1950 年 8 月，赵洪太进入当时在青岛的国立山东大学俄文专修科学习。

华东大学与山东大学合并

“每三天吃一天白面，中间两天吃窝窝头。”回忆起华东大学的校园生活，臧乐源印象深刻，“华东大学是供给制，吃饭穿衣，都是军队待遇。每个季节，还会发必备品。夏天发蚊帐，冬天发被褥。每个月发肥皂、毛巾、牙刷、牙膏等生活用品。”

“去得早回得晚，一吃就吃七八碗，伙食委员见了红了脸。”臧乐源对伙食委员聂殿喜印象很深。同学顾中凯饭量大，大家还给顾中凯编了这个顺口溜。“一个月有10%的细粮，也就是三斤。每到吃细粮的日子，大家都很高兴。”

“来个赤脚运动！不要发鞋子了！”在华东大学，每几个月发一双鞋子，臧乐源与同学们觉得有些浪费，还曾倡议为国家节省节俭。

“1950年夏天，黄河发大水，我们都去抢险，把裤子的裤口扎起来，装满沙子去加固河坝。1950年3～5月，我们还参加了济南郊区的土改。”参与劳动，是臧乐源在华东大学的重要记忆，“在齐鲁大学住的时候，还参与修了青年路，推小车、搬石头、刨地。一边唱歌一边干：‘解放区的天是明朗的天，解放区的人民好喜欢……’”

虽然生活上有保障，但是华东大学在济南并没有固定校舍，学生们借住在齐鲁大学及几所中学。随着中学恢复开学，华东大学的校舍问题更加紧张，后决定迁去青岛，与山东大学合校。1950年年底，华东大学迁到青岛，分在黄台路和太平角。

“听说华东大学来青岛，要与山大合校，我非常热情，骑着自行车就去了太平角。”作为学生的赵洪太，那时候“身兼五职”，文学院院务委员会委员、外文系系务委员会委员、系学生会副主席、系图书馆管理员、俄文班班长。“我们座谈了一个下午，互相介绍情况。在他们食堂一起吃饭，晚上还有小联欢。”回来后，赵洪太还做了黑板报，写上“欢迎华大同学来”。

“20世纪50年代初，实施委员会治校，我作为学生代表，是学院和系里委员之一，学院和系里开会，我都要参加。有时候上着课，工友来敲门叫我开会。教室是四排，我坐在最后一排，靠近门口的地方，也方便开会。”回忆起那时的学生年代，赵洪太神采飞扬。

1951年3月19日，在山东大学的操场上举行仪式，华东大学与山东大学正式合校。

一段俄语学习热

1950年5月，华东大学根据全国高等教育会议精神，设政治、文学、史地、艺术、俄文五个系，可以自愿报名。同在社会科学院一部二班的臧乐安、臧乐源，也一起考虑分系。

“一天晚饭后，宿舍同学就在一起商量转系的事。有位同学提议说，谁如果学会了俄语的卷舌音‘p’(打嘟噜)，谁就转到俄文系。于是宿舍同学就开始练习卷舌音。我弟弟很快就学会了，他们就选了俄语系。我对俄语不感兴趣，就选了政治系。”回忆起这一幕，臧乐源记忆深刻。

“我们如饥似渴地学习俄语。每人都有一个记单词的小本，从不离身，从早到晚，跟随我们到教室、会场、食堂，就连上厕所也不丢下，这对学俄语起了很大作用。”时至今日，臧乐安还清晰地记得，同学们借助单词小本学习俄语。

“我的老师金诗伯，他是俄籍犹太人。1948年任教于华东大学，很受学生喜欢。1951年合校后，他和学生徐世琳结了婚，后来还加入了中国籍，加入了中国共产党。”这是臧乐安对俄语老师金诗伯的回忆。

合校后，臧乐安的恩师金诗伯，也成为赵洪太的恩师。“那时候，国家提倡学俄语，1951年寒假，学校为理工科老师开办俄语班。当时我还是学生，系里推荐我和金诗伯，给化学系老师上课。我们搞比赛、出单词本，有的老师一小时能记住100多个单词。”

进入三年级，赵洪太是金诗伯“阅读”课的课代表，“我向金老师建议，以联共党史为上课材料。我做单词表，刻版印刷后，发给同学们阅读。每周五将疑难问题给金老师，周六课上作解答”。

作为当时《文史哲》杂志的学生编委，赵洪太与华岗校长关系密切。“《文史哲》的编委会，华岗也经常来，房间很小，最多能坐下十个人，我是唯一的学生代表。”凭借良好的俄语底子，赵洪太经常翻译苏联发表的哲学文章，“华岗常看我的翻译材料。由于《文史哲》是双月刊，往往不等我的翻译作品发表，别的刊物就抢先了，华岗也觉得很可惜”。

1951年，臧乐源留校工作，臧乐安则转入哈尔滨外专学习。1953年，赵洪太留在了外文系工作，直到退休。

“告别了家乡和家人，西伯利亚，我们的故乡……”一首《西伯利亚人》，是解放初期大学生的共同记忆。赵洪太低沉悠扬的歌声、臧乐源清晰条理的总结中，我们的采访结束了，思绪却留在了那段红色记忆中。

（与王新蕾合写，原载《大众日报》2014年1月12日）

悠悠山大情　拳拳报国心

——纪念国际友人金诗伯先生百年诞辰

吴富恒、陆凡回忆说："从一位外国人到中国人民的朋友，再到中国革命队伍中的好同志，最终成为中国无产阶级先锋队的一名光荣的队员，金诗伯同志走了这样一条漫长而艰苦的路程。他勇敢地走了过来。他胜利地走了过来。"

2014年9月21日是著名国际友人、著名学者、山东大学教授金诗伯先生百年诞辰纪念日，为深切缅怀其为中国革命事业和教育事业做出的贡献，特写此文以示纪念。

金诗伯、徐世琳夫妇结婚三十周年

金诗伯原名萨姆·金诗伯，于1914年9月21日生于俄罗斯赤塔。他一岁随父母来到中国，由满洲里、哈尔滨而上海。1932年在上海震旦大学肄业；1947年3月从上海到解放区烟台，参加了革命工作，任英文报编辑，外事教员;1948 年 10 月至 1951 年 2 月,在华东大学俄文系任教;1951 年 3 月至 1985 年 6 月,在山东大学外文系、公共外语教研室执教,先后晋升为讲师、副教授、教授,硕士研究生导师,并担任外文系俄语教研室主任,山东大学公共外语教研室主任。1953 年金诗伯加入中国籍,同年加入了中国民主同盟;1984 年 11 月,他光荣地成为一名中国共产党党员。金诗伯因病于 1993 年 10 月 4 日在济南逝世,享年 80 岁。

热爱中国　投身革命

金诗伯在家中排行老三,是唯一一个在苏联出生的儿子。由于他是犹太人,常受到同龄小伙伴的冷遇和歧视。1918 年金诗伯一家来到哈尔滨。1923 年,父亲生意碰壁,迫使金诗伯一家人到海参崴另谋生计。1926 年举家迁往上海。父母为了让他在上海学到地道的英语,先后把他送到西童中学和工部局中学上学。尽管当时的旧中国风云变幻,他仍专心致志地勤奋学习。在上海,金诗伯读完高中。1932 年在震旦大学肄业,他精通俄语、英语、法语,曾在外国人经营的企、事业中做过科员,当过文书,做过编辑。

九一八事件、伪满洲国建立、游行……在上海他耳闻目睹了腐败无能的国民党反动派的黑暗统治和帝国主义在中国的侵略行径,经历着中国的沸腾与起落。中国当局的软弱与退让令上海面临被日本侵占的状况。但上海军民齐心合力抵抗日寇,打响了上海保卫战。金诗伯见证了中国人民在战乱中水深火热的生活,也愈发敬佩与同情中国人民。从 1927 年到 1932 年上海保卫战结束的这五年里,金诗伯对整个中华民族有了成熟的看法。他在书中写道:我对中国人民更加敬佩,更加同情,这都是事实。

金诗伯的老同学维克多和德国女共产党员安娜,对他的革命生涯起到了启蒙作用。当时金诗伯为生计所迫做生意,却也不甚顺利,因一次编辑工作见到老同学维克多,相谈甚欢。通过维克多,他了解到当时苏联国内的情况,懂得了一些浅显的道理。

1946 年夏天,他认识了德国共产党员安娜。在她那里,他又结识了中国共产党上海办事处的负责同志,从而了解了解放区的许多情况,产生了对解放区的向往。经过深思熟虑,他决定投奔解放区,为中国人民的革命事业出把力。

1947年3月14日，35岁的金诗伯经中共上海办事处高干姚仲明介绍，乘联合国救济总署的船到了解放区烟台，同年夏天参加革命工作，并把中国当成他的第二故乡。从此，他和地方干部同吃农家饭，共穿粗布衣，以战友和同志的关系享受着革命大家庭的快乐。

在烟台解放区，他从事翻译工作，辅导同志学外语，担任《烟台英文日报》社编辑。他忘我工作，不断接受新思想，适应新生活。《烟台英文日报》由胶东行署外事特派员办公厅主办。该报出版后，还随联合国救济总署的船只运往香港，对于宣传中国共产党主张，介绍解放区情况，发挥了一定作用。

结识吴富恒、陆凡夫妇

金诗伯与山东大学原校长吴富恒、陆凡夫妇有着46年的友情。他们相识于1947年3月，同船从上海到烟台解放区，到华东大学，再到山东大学。他们从相识到成为朋友，从朋友到成为同志，彼此友情深重。

金诗伯与吴富恒、陆凡是在出行的船上认识的。当时吴、陆二人随中共代表团的两位同志从上海撤退到山东烟台解放区，偶然了解到金诗伯要到解放区参加革命，便对这个谦逊踏实、精力充沛的外国人产生了好感。

到解放区后，吴富恒、陆凡被分配到外事办公厅所属的《烟台英文报》报社工作。后来，金诗伯也到了英文报社帮助工作，就这样吴富恒夫妇与这位热情率真的革命友人渐渐熟络起来，不知不觉成了朋友。

三人约定互相教授“俄文”和“中文”。吴富恒会俄文，但是陆凡不会。有一天，金诗伯找到吴富恒夫妇，让他们教他中文，陆凡爽快地答应了。她说，富恒会俄文，我不会，我教你中文，你得教我俄文。从那时起陆凡开始跟金诗伯学俄文，而陆凡便教他学中文。

陆凡给金诗伯起中文名字。当时金诗伯还没有中文名，他拜托陆凡帮他想一个。陆凡经过一天的思考，译出了“金诗伯”这个名字，并告诉他：“金”是金属之冠，希望他意志坚定；“诗”是诗歌；“伯”是对年长人的称呼，“金诗伯”这三个字就是有坚强意志的年长的诗人。金诗伯听了很高兴，不断地练习说“金诗伯”这三个字，并且让吴、陆二人教他写这三个字。陆凡还用肥皂给他刻了一个图章。

在大分散的时候，因为金诗伯是外国人，需要特别掩护，所以和吴富恒、陆凡夫妇分开了一段时间。1948 年，金诗伯从潍坊奉调到华东大学任教。这时，吴富恒在济南军管会教育组工作。1949 年 4 月，陆凡也从胶东调到华东大学，他们三人又在一起工作了。

在华东大学，金诗伯严格要求自己，不愿享受组织上给他的任何优待，过着和华大师生一样的供给制生活。他身穿绿军装，吃的是食堂伙房，住的是一间普通的房间，里面只有一张单人床，一张书桌，一把椅子和一个小书架。

1950 年 5 月，华东大学成立了俄文系。俄文系教职员总共五名：金诗伯任教授、何封任系主任、陆凡任助教、陆军为政治辅导员、年青干事王士信负责学生的生活。学生 43 人，分成 6 个小组。俄文系根据培养目标和师资条件，拟定教学计划和课程纲要，规定“马列主义”“新民主主义论”“时事研究”“教育概论”“自然科学概论”“国文”“俄文”“体育”8 门为各系共同必修课。俄文系课程为“讲读及文法”“会话”“苏联现代戏剧选读”“作文”“读报”“苏联名著选读”“应用文”“翻译”“俄文速记及打字”“俄文教学法”，共 10 门。金诗伯认真授课、批改作业。他严格要求自己，也严格地要求学生。

1950 年冬，华东大学从济南迁到青岛。1951 年春，华东大学与山东大学合并。华大俄文系并入山东大学外文系。金诗伯负责俄语专业，他除了教原来俄文班的学生外，还教新生的讲读课，陆凡则教新生的语法。吴富恒担任了文学院院长兼外文系主任。

1951 年以后，金诗伯和吴富恒、陆凡夫妇都在山东大学教书育人。后来吴富恒担任了山东大学校长，忙于学校的行政工作，金诗伯和陆凡同在山东大学外文系任教。“我们三人不能像过去一样地一起在田间劳动，一起在课堂上课，一起在灯下聊天了。但是还是经常见面，经常谈话的。”吴富恒、陆凡在《风雨同舟四十年》一文回忆道。

金诗伯与吴富恒、陆凡夫妇的这段友谊也算是山东大学史上的一段佳话吧！

悠悠山大情 拳拳报国心

悠悠山大情。金诗伯自1948年秋，被安排到华东大学教书以来，就把教书育人当作自己的终身事业。他从1950年在华东大学教授43名俄语系的学生到1981年他送走的51名“尖子班”学生全部出国深造，40余年的教学生涯，为国家培养了大批俄语人才。

金诗伯热爱教育事业，数十年如一日，坚持在教学一线，讲授英语、俄语多种类型的课程，先后担任过“俄语专业一至五年级的实践课”“俄语修辞学”“俄语听力课”“俄语会话”“翻译”等课程以及各类俄语教师进修课程；担任过“英语提高班快速阅读”“口语课”“写作课”等课程以及山东省高校教师进修班英语课等。

金诗伯教学经验丰富，对教学工作精益求精，在山东省教育界享有盛名。他教书育人，治学严谨，奖掖后学，深受广大师生的敬重和爱戴。他精通俄语、英语、法语，但他并不满足自己已有的渊博知识，为了教好学生，他钻研教学法，阅读心理学书籍。他那坚实的外语语言基础和灵活的教学方法，使他开设的词汇课、讲读课及修辞课等课程成为学生最爱听的课。他严于律己，秉公办事，多次被评为校级先进工作者和优秀教师。直到他年逾古稀、离休之后，仍带病指导研究生的学习，帮助校内外中青年作者审订外文书稿，为繁荣我国的教育事业忘我地工作着。

金诗伯在指导研究生

科研成果丰硕。金诗伯素以“分秒必争”为座右铭。在繁忙的教学之余，他挤时间从事科学研究，结出了丰硕的成果。他结合教学工作进行了大量的教材编写工作，曾撰写和翻译俄语实践课各类教材，参加了《俄语疑难用法辞典》的编写工作。他的译著有《共产党宣言一百周年》《诗与真实》《美学中的自然主义》《水浒梗概》《元帅外交家》《趣味英语》等。他的著作《我在中国的六十年》，深受国内外读者的欢迎，在国际文化交流中产生了深远的影响。

金诗伯曾担任全国公共外语教学研究会常务理事、山东省高校外语教学研究会名誉会长及山东省世界语协会顾问、山东大学外语评审委员、《俄语疑难用法辞典》编委会顾问、中国国际友人研究会顾问，是山东省政协第五、六届委员。

1984 年 10 月，金诗伯被授予高教连续工龄 25 年的奖章和高教连续工龄 30 以上的奖状。他在自传中这样描写获得这一荣誉的心情：“我手捧奖章和奖状，思绪万千、心情激昂。我衷心感谢党对我——一个外国出生、外国血统的知识分子的信任；感谢党交给我教育青年一代的崇高而光荣的任务。”

矢志不渝　晚年入党

长期的中国革命实践使金诗伯看到了中国共产党的伟大、英明、正确，认定了“没有共产党就没有新中国”这条真理，产生了加入中国共产党的强烈愿望。

1951 年在华东大学，金诗伯用英语写了第一份入党申请书，申请书由陆凡译成中文后交给了当时教务长余修。后来余修告诉金诗伯说因为他还不是中国公民，所以入党问题不能解决。

1953 年金诗伯申请加入中国籍，获周恩来总理亲自批准。当时，他就立下爱党爱国的誓言：“我的一切都是党和人民给予的；同样，我能付出的一切也应当是给党和人民的。”他积极要求进步，主动靠拢党组织，1957 年，他向党组织递交了第二份入党申请书，表示了自己要做一名共产主义战士的决心。在党领导全国人民度过了三年困难时期之后，他又第三次向党组织递交了入党申请书。

在十年动乱时期，金诗伯作为一名高级知识分子，特别是曾为外侨、亲友仍在国外的大学教授，更是在劫难逃。他被关进“牛棚”，受尽冲击和凌辱，但丝毫没有动摇拥护共产党、热爱社会主义中国的信念。十一届三中全会以后，他看到了党又恢复了实事求是的优良传统，党的知识分子政策在落实，党为人民描绘了四个现代化的宏伟蓝图。1981 年 12 月和 1982 年 7 月，他又向党组织递交了自己的第四、第五份入党申请书。终于在 1984 年 11 月，山东大学党委广泛听取了党内外同志的意见，根据党员标准和金诗伯的一贯表现和要求，批准了他的入党申请。

金诗伯在入党的当日写下了《决心为共产主义事业奋斗终生》的入党感想，他说：“这是我几十年来的理想和奋斗目标，我对共产主义和共产党的信念没有变，我已下定决心为党的事业奋斗终生。”

长者虽逝，生命永存。金诗伯虽是一位加入中国国籍的外国人，但他对中国、对中国共产党的感情深重、真挚、纯洁。他的一生无愧于是对祖国、对人民、对党无限热爱的一生。金诗伯先生为发展党的教育事业贡献了毕生的精力，他的名字将永远载入中国现代外语界学术史册。

我们永远缅怀敬爱的金诗伯先生！

孔令仁：山大的俄文情缘

近几年，外国语学院正在编纂院史，笔者作为编写组成员，通过采访老教授和到各档案馆、校史馆搜集着学院的历史资料。2014 年 5 月，笔者在采访山东大学原外文系赵洪太教授时，得知他和孔令仁教授都曾是山东大学俄文系的首届学生。带着对先生的敬仰和尊敬，我走进其寓所采访了孔令仁教授，听她讲述了 20 世纪 50 年代初在山东大学学习俄文的那段鲜为人知经历。

漫漫求学路

孔令仁先生是孔裔近支 76 代孙，亦即颇有名气的“孔八府”嫡系传人。山东大学著名教授，社会活动家，山东曲阜人，1924 年生。1937 年抗日战争后，先后就读于重庆南开中学、昆明西南联合大学、清华大学，1947 年在清华大学历史系毕业；1950 年 8 月到山东大学成了俄文班的旁听生，1953 年在俄文班毕业后，分到山大历史系任教，先后晋升为讲师、副教授、教授；1954 年又在北京大学进修了中国近代经济史。

孔令仁

1937 年孔令仁在上海市立必德小学毕业，并当选了上海市的模范生。小学毕业，七七抗日战争爆发，随父母举家搬迁到重庆，就读于南开中学。“到了重庆，母亲想让我在南开中学读书，于是母亲带我找到了教务长，教务长说学校已开学，并且英语已开课怕我跟不上，母亲告知我在上海读小学时就已经学英语了，并荣获了上海模范生，就这样校方接收我进入了南开中学。”孔教授回忆说。

南开中学校纪极严，初中生按童子军编制，男生一律光头，女生头发长不能过耳。“当时我扎着两条大辫子，教务长说上学可以，必须把辫子剪掉，那时有学生向校方提议，学生表现是看学习成绩，不是看头发，就这样我的辫子才没被剪掉。我也就成了全校唯一留辫子的女生。”孔教授至今对剪辫子一事记忆深刻。

在重庆南开中学读了两年，1939 年，因父亲调到昆明工作，孔令仁转到昆明天南中学。“1940 年我在天南中学毕业的那年暑假，参加了联大剧团的《雷雨》公演，我扮演了剧中的四凤，我父母都很支持，演出很顺利，场场满座。”谈起《雷雨》的演出，孔教授兴高采烈。

1940 年暑期过后，孔令仁先后到昆明天祥中学、西南联大先修班学习；1942 年考取了昆明国立西南联合大学，就读于历史系。

抗日战争胜利后，1946 年秋季原组成西南联大的北大、清华、南开三校各自返京、津复校，在联大就读的学生可凭个人志愿任选一校继续学业，但是不能跨系。孔令仁选了清华大学历史系，1947 年毕业。毕业后回到青岛，一直没找到合适的工作。

解放之初，各方面都急需懂俄语的人才，为此，山东大学外文系于 1950 年 8 月，成立了俄文专修科，学制三年，毕业授予大学本科文凭，并在青岛的报纸上做了招生通告。1951 年 2 月，俄文专修科改为俄语专业。“我看到招生通告后，就到山东大学去报名，孰料招生人说，你已经在清华大学历史系毕业了，不收已经大学毕业的学生，经再三争取，才允许我在俄文班当个旁听生，就这样我又成了山大俄文班的学生。”孔教授回忆了她报考山东大学俄文班的经历。

山大学俄文

孔令仁、赵洪太、李子宾、刘淑凤等 20 多名学生成了俄文班首届学生。“父亲知道我在山大学俄文后，非常高兴，到书店给我买了十几本俄文书籍，其中有《资本论》。他鼓励我说，俄语是世界上很好的语言，你要认真好好学，你把这些书都看懂了，俄语学习就毕业了！”孔教授回忆了父亲支持她学俄语的往事，家里人对她都很支持，虽是个旁听生，但和班上其他同学一样，不仅学习俄文，而且还随班学习了所有的课程，班上所有的活动她都参加。“孔令仁待人诚恳、热情，学习刻苦用功，丝毫没有名门望族的那种架子和傲气，记得班上还有一位旁听生，他就没坚持下来，而孔令仁坚持下来了，并且成绩优秀。”她的同班同学，山东大学原外文系赵洪太教授说。

作为学生的赵洪太，那时候“身兼五职”，文学院院务委员会委员、外文系系务委员会委员、系学生会副主席、系图书馆管理员、俄文班班长。“我们如饥似渴地学习俄语。每人都有一个记笔记的小本，我们把老师讲的内容记下来，同学之间相互传阅，孔令仁记得内容最全，同学们都是争着传抄，这对学俄语起了很大作用。”时至今日，赵洪太教授还清晰地记得同学们传抄笔记学习俄语的往事。“我们学习俄语，还成立几个学习小组，一个小组3～5人，我和李子宾、刘淑凤分在一组，活动地点就在我家青岛路1号，课后我们三人经常在我家一起练习阅读和口语，学习小组对学习起到了一定的作用。”孔教授回忆了俄文班成立学习小组学习俄语的事。

当时，山东大学外文系系主任是梁希彦教授，担任第一届俄文班的教师有方未艾、金诗伯、曾宪溥、杜鲁珍娜、罗西尼娜、马卡洛娃等人。

方未艾，1950年迁居青岛，任山东大学外文系副主任、俄语教研室主任。“方未艾老师为人正派，宽厚实在，俄语造诣很深，但不擅长教课。他教授俄语语法课程。”孔教授说。“我的老师金诗伯，他是俄籍犹太人。1951年11月，他和学生徐世琳结了婚。他教学认真，对学生要求极为严格，很受学生喜欢，有时我也到他家请教问题，他像接待客人一样接待我。”“课外的时候见到我，就用俄文和我交流，我如果用俄文回答两句，他会非常高兴，他告诉我俄文要多说多练，不要怕丢人。”这是孔令仁对俄语老师金诗伯的回忆。

进入三年级，赵洪太是金诗伯俄语阅读课的课代表，“我向金老师建议，以联共党史为上课材料。我做单词表，刻版印刷后，发给同学们阅读。每周五将疑难问题给金老师，周六课上做解答。”

他还说：“那时候，国家提倡学俄语，1951年寒假，学校为理工科老师开办俄语班。当时我还是学生，系里推荐我和金诗伯给化学系老师上课。我们搞比赛、出单词本，有的老师一小时能记住100多个单词。”

当时授课的苏籍女教师杜鲁珍娜，她是青岛苏侨协会的会长，她教授俄语讲读课。“她对学生亲切、热情，经常请我到她家做客，她鼓励我，学语言就要大胆说，不要怕出错，学习上有问题随时去找她。”孔教授回忆了与杜鲁珍娜的师生情。

1952年冬，得知杜鲁珍娜要回国的消息，同学们都不舍，找来校摄影记者拍了一张合影以示纪念，这张照片孔教授一直珍藏。

1952年冬，孔令仁(二排左二)和苏籍教师杜鲁珍娜(一排左二)及俄文班学生在一起

“杜鲁珍娜老师给我印象最深，她淳朴、善良、好客，待我们学生就像亲人一样，我们都喜欢上她的课。有次去她家做客，她儿子还送给我一本俄语辞典呢，在辞典扉页上工整地写着：‘赵洪太同志留念’。”赵洪太教授说。

在俄文班最有意义的活动就是每周三晚上和青岛苏侨协会的青年在一起联谊。“当时杜鲁珍娜是青岛苏侨协会的会长，学校专门派了一辆卡车，来回接送我们。我们班是个特例，每周三晚饭后，全班就在宿舍门口等车，去参加联谊活动。每次去活动苏侨协会都准备一些点心、咖啡招待我们，和苏侨协会的青年一起跳交谊舞、唱苏联歌曲、用俄语交流，大家无拘无束，玩得尽兴。”赵洪太想起在青岛苏侨协会活动时的情景，兴致勃勃。

1952年冬，苏籍教师杜鲁珍娜、罗西尼娜、马卡洛娃先后回国了。“令仁是个干什么都很认真的人，她学习刻苦、认真，当时在山东大学注册组有孔令仁的全部成绩，竟然名列第四！”孔令仁的丈夫94岁高龄的由其文教授，谈到孔令仁在俄文班的学习，很自豪地说。就这样，孔令仁在中华人民共和国成立后又上了一次大学！

1953年7月,孔令仁、赵洪太和第一届俄文班学生顺利毕业。毕业后,孔令仁、赵洪太被分别分到山东大学历史系、外文系任教,他们又成了同事。

相识华岗校长

1951年春,济南华东大学迁到青岛并于山东大学,华岗任校长兼党委书记。华岗重视全校的马克思列宁主义学习,他每周为师生讲授"辩证唯物论"等政治理论课,提高师生员工的思想和理论水平。"我每堂课都认真听讲,仔细记下笔记,正是因为我记笔记认真,结识了华岗校长。"孔教授回忆起与华岗校长结识的情景,仍历历在目。当时华岗校长上大课,有人做记录,可每次看记录,华岗校长都不满意。有人向华岗校长推荐说,孔令仁是西南联合大学、清华大学的毕业生,现在又学俄文,何不让她试一试呢?因为当时华岗上的辩证唯物主义和历史唯物主义政治理论课,都是俄文原著翻译过来的,华岗同意了。

一天晚饭后,孔令仁走在去青岛中苏友好协会参加联谊活动的路上,这时过来一辆轿车,在她前面停下了。"你是孔令仁吧?""我是孔令仁,华校长好!""你去参加联谊活动吗?""是的。""上车吧!"

上车后,华岗说:"我知道你,你是清华大学毕业的学生,听说你学习很好,笔记做得也好。""谢谢校长夸奖!"华岗把让孔令仁上大课做记录的事告诉了她,孔令仁说:"我试试吧!"就这样每次华岗为师生上政治理论课的时候,孔令仁成了记录人之一。华岗对孔令仁做的记录很满意,就这样她结识了华岗校长。

由于孔令仁在校表现优异,山东大学决定聘她任教。当时历史系和外文系的领导都争着要她,安排到历史系还是外文系,领导意见不一。最后华岗说:"孔令仁是清华大学历史系的毕业生,历史是她的本行,俄语可作为她治学的工具。"这样,孔令仁就到了山东大学历史系,成了一名教师。

伉俪情深　白首偕老

结婚50周年叫金婚,结婚60周年叫钻石婚,那结婚66周年叫什么婚呢？六六大顺钻石婚！2014年10月12日是孔令仁、由其文教授结婚66周年纪念日，一早笔者手捧鲜花再次到山东大学中心校区教工宿舍采访了孔令仁、由其文教授，并为他们送上祝福。走进寓所，孔令仁、由其文夫妇悠然地坐在沙发上品茶、读报，读书看报俨然已成为他们生活的一部分。从他们灿烂的笑容中，透露出对生活、对婚姻、对家庭的满足。

由其文教授94岁，鹤发童颜，精神矍铄。他举止端庄，风姿优雅，颇显绅士风范。他是著名学者，山东大学经济系教授，山东省人民政府参事。

孔令仁教授90岁，满头银发，神采奕奕。她身穿长裙，皮鞋一尘不染，手镯、手表点缀得当，银发也一丝不苟地拢起，颇显端庄大方。

谈起婚姻，由其文、孔令仁夫妇幸福满满。由其文说，我和令仁1944年相识于昆明国立西南联合大学，她在历史系，我在经济系，在一次舞会上我俩相识后，彼此一见钟情。从那以后，我们从校园里的偶然相逢，到图书馆中的不期而遇，再到课堂上为求知伴读……彼此从同学到朋友，从朋友成为恋人。毕业后两人先后在青岛银行工作。1948年10月12日，由其文、孔令仁在家人的安排下青岛完婚。如今已相识70年，结为伉俪也有66年了。

在66年的岁月里，由其文、孔令仁夫妇亲身体验了无数次时代风云的变幻——抗战、中华人民共和国成立、反右、“文革”、改革开放，其人生也随着时代经历了若干次跌宕起伏，但他们一直患难与共，相濡以沫。谈起这些，孔令仁说，都是过去的事了，现在我们生活的不是很好吗？前半辈子我们分居了20多年，后半辈子我们在一起了。我俩身体还算健康，精神一直愉快，我们要更多地相随相伴，更长地相携相挽。

在采访的过程中，热情地招待，举手投足之间尽显儒雅之风，两位老人的乐观开朗给笔者留下了很深的印象，这也许就是他们长寿的秘诀吧。

风雨同舟66载，他们用实际行动诠释着对“爱”的理解与尊重。

（原载《山东大学报》2014年10月29日）

熠熠生辉的文史学家

——路遥追述他在山东大学求学时的先生们

路遥，原名吴松龄，1927 年生，福建福州人。山东大学终身教授，著名历史学家，海内外公认的义和团运动史和民间宗教史研究权威专家，山东大学历史学科义和团史研究学术奠基人。1947 年考入山东大学中文系，1949 年转入新成立的历史系，1951 年毕业后留校任教至今，一直从事中国近代史的教学与研究。近日，笔者采访了路遥先生，听他讲述了在山东大学的求学经历。

路遥先生向笔者介绍他的著作（庄欣欣摄）

考入国立山东大学

1937 年卢沟桥事变之后，山东大学是抗日战争中苦苦支撑的 13 所国立综合性大学之一。11 月，国立山东大学由青岛迁往安徽安庆，之后再迁往四川万县，次年教育部下令“暂行停办”，失却大师，解散学生，损失之大、破坏之重、影响之深是无法估量的。好在抗战胜利后的山大人，以加倍的热情申请复校，赵太侔再任校长，知名学者王统照、陆侃如、冯沅君、黄孝纾、丁山、赵纪彬、杨向奎、萧涤非、丁西林、童第周等纷纷应聘来校任教。复校后的国立山东大学拥有高水平的师资队伍，不但促进了教学、科研水平的提高，而且还是为20世纪50年代山东大学的第二次辉煌打下了坚实基础。

我是1947年8月考入山东大学的，是山东大学复校后的第二级学生。我考上山东大学中文系实属偶然。为什么报考山东大学呢？我是在福建省福州高级中学读的高中，有一位与我非常好的同学名叫高洁，家住在上海，其父高光佑曾任国民党海军“中建”号舰长，冬天常把兵舰驻泊在青岛。我到上海报考时，就住在他家里。其父得悉我们二人都准备报考，遂极力建议一定要把报考山东大学放在首位。一是青岛乃“东方的瑞士”，气候好、景色美；再则他的军舰每年都要停留在青岛。为此，我和高洁顺从其意，在上海报考时也把山东大学增加上了。当时山东大学文科只有中文系和外文系。高洁原在上海的中学读书，基础打得牢，又因英语好，考入了外文系，他能考取实为必然。我则不然，初、高中均在福州中学，而且两次跳级，数理基础也很差，我对自己能考上山东大学十分愕然。

1946年8月山东大学复校，设立文、理、工、农、医五个学院共14个系。文、理、农学院学生修业年限为4年，工学院5年，医学院6年，实行学分制、必修制和选修制。1947年8月我乘海航来到了青岛，一走进位于鱼山路的山东大学校舍，首先映入眼帘的是挂在办公大楼两侧墙壁上的著名教授名单，一边是文科的，一边是理科的，理科名单中的第一个是理学院院长丁西林，文科这边的第一个是文学院院长老舍。能在这位知名作家和名师领导下的中文系学习，让我感到莫大的荣幸。开学之后，我想亲睹一下大师的风采，可多日都见不到，后来才得悉他在美国无法按期回国。1946年复校时的中文系主任是谁，我至今还不清楚。1947年山东大学聘请了杨向奎任中文系主任。

青岛解放前，国立山东大学只招了三级学生，文、理两学院的学生人数不多。我所知的中文系1946级考取了36名，1947级考取了28名；但都没有如数报到，1946 级缺 18 名，1947 级缺 17 名。拿外文系来说，1946 级录取 50 名，到了 1947 级仅录取 28 名。而理学院的数学、物理、动植物、地矿系都仅录取了十几名，化学系多些，有 20 多名，所以未出现中文系取多录少的情况。这是我存有当时的校刊为依据的。当时我的宿舍在校本部鱼山路山东大学体育馆内，因宿舍不足，我们这一级文、理几个系的学生都住在这个体育馆的大房间里。二三十张架子床（两层的单人床），两张床靠墙用布围起来隔成一个小房间。这一年我刚满 20 岁，在青岛开启了我的大学生活。

我的任课先生们

我对大学时代的那些老师们印象深刻，他们专长不同，性格各异，多有令人敬仰的风范。我珍藏着一张 1947 年 11 月入校后不久在学校操场上拍摄的“国立山东大学中国文学系两届师生合影”。当时我还穿着西装呢！

1947 年 11 月国立山东大学中国文学系师生合影

那时候的中文系是学校教授最多的一个系。冯沅君教授没有参加这次师生合影。冯沅君、陆侃如二位先生住在青岛鱼山路 3 号山东大学教授宿舍 3 号楼，需上坡才能到校本部，从校本部下来到这里（合影地点）还有很多台阶要走，我猜因为冯沅君是“解放脚”，上下石头台阶走路不便，所以没有参加合影。

山东大学于1946年复校，校方聘谁来当中文系主任，我问过许多人，都说不清。最近刚看到《山东大学(青岛)人物志》这本书，其中《王统照小传》中记载着王统照于"1946年秋应聘任山东大学中文系教授"，并未提及他为中文系主任。那时他来山东大学刚刚一年，1947年5月底山东大学学生举行"反内战、反饥饿、反迫害"大游行示威活动，他大力支持这一运动；接着学生被逮捕、遭毒打，他愤而辞职离开山东大学。据此，可以看到从1946年秋～1947年夏，这一时期的中文系主任在山东大学档案中是没有记载的。

这一时期的中文系，先由黄孝纾教授暂代主任。他早在1932年赵太侔任国立山东大学校长时就被聘入山东大学。1946年山东大学复校后，又被赵太侔校长聘来任教。1947年8月，赵太侔聘请杨向奎先生为中文系主任。当时中文系所开的主要课程如下：一是"中国文学史"，由陆侃如、萧涤非、冯沅君分段讲授；二是"中国通史"，由丁山讲授；三是"群经概论"，由杨向奎讲授；四是"哲学概论"，由赵纪彬讲授；五是"文字学"，由殷焕先讲授；六是"音韵学"，由刘念和讲授；七是"目录学"，由黄孝纾讲授；还有"中国地理通论"与"大学语文"课，分别由赵殿诰、刘本炎讲授。

丁山先生，他早在1930年国立山东大学时期由杨振声任校长时就被聘为教授。1947年山东大学复校后，亦受赵太侔之聘回到山东大学。我考入山东大学后，得悉他是山东大学最有名望的教授之一。丁山专长于夏、商、周三代古史与甲骨文、金文的研究，于是杨向奎先生就请他来讲授"中国史"这门课，自己讲授"群经概论"。丁山的研究属于"中国古史"中最难的部分，可惜的是他因患肺病于1952年1月就去世了。他未逢及全国大学院系大调整时期，所以不存在属于哪一级教授职别的问题，但大家都认为他是最有学术功底的知名教授。

我当时最感兴趣的是"中国文学史"，对"目录学"也很愿意听，尽管黄先生讲课不生动，但我仍然把他的讲授内容一一记录下来。有一次他特约我到他家(位于青岛市观海路)，我如约而去。他告诉我他祖籍也是福建，我听了感到很惊讶，他的口音毫无福建腔。因都是福建籍，彼此就拉近了距离。在此次交谈中，他还问我："你知道为什么被山大录取吗？"我说："不知道，因数学考得很差，不知为什么会被录取？"他立即说："对，你数学是不行的，当时是我录取了你。”我问：“系主任不是杨向奎先生吗？”他说：“是，但录取是在暑假，他还没到校。我录取你，是因你的作文是用文言写成，我在阅卷中给了高分，弥补了你数学分的不足。这一级有3名学生文言写得不错，你是其中一个。写最好的是史纪言，是中文系唯一拿奖学金的新生。”我听了之后，感谢不已。在交谈中，他还向我提出一个要求，能否把我在他讲课时的记录借他一阅？这是因为他每次讲课都不写讲稿，仅靠记忆口述。我坐在第一排，对他的讲授作了完整的记录。我欣然答应，后来我又重抄了一本，留自己使用。他的讲课多将目录学与版本学结合起来讲，虽然讲得不生动，有些枯燥，我依然很感兴趣。

当时山东大学中文系讲课最受学生欢迎的是陆侃如先生，他思维敏捷，内容丰富生动，我们都非常愿意听他的“中国文学史”。这门课当时是由三位先生讲授，陆侃如讲先秦两汉部分，萧涤非讲魏晋南北朝、唐、宋部分，冯沅君讲元代和以后部分。

冯先生讲课先在黑板上写提纲，然后便拿起卡片一句一句慢慢地讲解，从量上来看并不多，也没有多余的话，每次上课我都能把冯先生所讲的内容认真记下来。冯先生很关心对后学的培养，据我了解，她很看好1946级的颜振遥，可是毕业时，颜振遥被分配到东北一所中学当老师了。1947级的学生中，她对我的印象不错，因为我的座位一直在第一排，认真听各位先生的讲课，且记录详尽，给老师留下了好印象。1949年6月2日青岛解放，9月山东大学历史系成立，我转到了历史系。冯先生得悉后，有一次见到我说：“你为什么不告诉我一声就到历史系了？”我无言可答，只好诚挚地向她道歉。

陆侃如、冯沅君两先生是什么时候来到山东大学的呢？杨向奎先生在其《忆往》一文中提道：“山大教授中有几位是从三台东北大学来的，中文系的陆侃如、冯沅君，历史系的赵纪彬、丁山都是。40年代中期，我们在三台时朝夕相处，尤其是丁山先生，我们是三次同事。”

萧涤非先生讲课很慢，口齿特别清楚，大家也都愿意听。有一次，他讲六朝文学谈到了《文心雕龙》，出了一道作业题，让同学课后做。他看了我的作业后向我说：“你入学才一年，怎么会有这样的解释？”我说：“这是抄了范文澜的见解。”他说：“对，我一直买不到这个注本。”我向他说我有这本书。我很喜欢六朝时的骈体文，在高中三年级时，就喜欢读江淹（字文通）的

"赋",还给自己起了别名:"吴松龄(路遥的原名),字仰淹。"这本书是我于1947年初福州高级中学毕业时,在福州的开明书店购到的。我得知被山东大学中文系录取后,乘海航时随身只带了这套《文心雕龙》注释本。这本书设计得比较别致,是两个板夹起来,中间穿一条线拴住。萧先生很喜欢,但到处买不到,向我提出能否借他一阅?我说你怎么看都行。大概有半年左右,他问我这书是多少钱买的,想把钱给我。我欣然把书送给了他,只希望他今后能指导我。如果我不到历史系,继续在中文系的话,留校后我肯定会进行《文心雕龙》的研究了。还有高亨,也是很知名的教授,但因他是在20世纪50年代初被聘来山东大学的,就不列在"解放前"的山东大学教授来叙述了。

1946年山东大学恢复办学后,文科只有中文、外文系。聘请来中文系的教师队伍,实以文、史、哲三个领域的教授组成,所以中文系实是文、史、哲学科的结合。杨向奎、丁山都以研究中国古代史见长;赵纪彬则是研究哲学,以中国哲学、思想史见长。杨向奎先生比冯沅君、陆侃如等先生年轻一些,他经杨振声推荐,受聘至青岛山东大学任中文系主任。他原应讲的是中国古代史,但却让丁山主讲中国古代史,自己主讲"群经概论",这也属于他的专长之一,他是中国史学大师顾颉刚的大弟子。

赵纪彬先生讲的是"哲学概论"。他的课堂并不生动,但每次讲课都有一些旁听者。他所讲的哲学,当时并未表明是辩证唯物论,只是标识"新哲学",讲课内容多以唯心论作为批判对象。久之,有进步学生告诉我,赵先生有个别名叫"纪玄冰"。我这一听,便对他肃然起敬。啊!原来他就是与侯外庐合著《中国思想通史》的作者之一,这本书在进步学生中影响颇大。

亲历历史系创办

历史系的成立是从中文系分出来的。1949年6月山东大学解放后,山东大学即归中国人民解放军管理。赵纪彬系因早期有参加过共产党的经历,且又是山东大学有名望的教授之一,自然成为军代表所依赖的主要人物。历史系的成立就是由赵纪彬提出,经与杨向奎协商,后经军代表认可,由赵纪彬任历史研究所所长,杨向奎为历史系主任。历史系即于当年秋招生,我亦于此时转入历史系。

关于华岗为什么会来山东大学，我也知道一些。华岗此前受共产党中央委派，赴香港进行统战工作。1949年8月，他奉调回北平安排新的工作。他在香港搭上一艘外国轮船赴上海，然后再赴北平报到。可船到上海港即遭国民党飞机轰炸，于是就转程赴青岛。这时的青岛军管会主任是向明(曾同华岗于17年前被国民党囚禁于青岛李村监狱)，派车来接他。向明得知华岗的病情后，动员华岗先留在青岛养病，中央的手续由他去办。此时山东大学已归军管，向明考虑到山东大学很缺文教界的人才，就劝华岗留下来。在向明的指示下，山东大学军代表罗竹风前往拜访华岗，华岗接受了邀请。山东大学新成立了校务委员会，华岗被推举为校委会主任。1951年3月，华东大学与山东大学正式合并，成立新的“山东大学”，教育部任命华岗为山东大学校长。

华岗到山东大学后，头一件事就是给全校师生上大课。他所讲的“社会发展史”，是旧大学从未有的课程。他以马列主义深入阐释了社会历史规律性的发展过程，从而极大地启发了广大师生的政治觉悟，让大家逐渐接受了马列主义的理论。这是华岗来山东大学后的一大重要业绩。

华岗深感作为一个综合性大学，特别是对文科而言，没有一个能反映研究成果的平台，是不易得到发展的，他参与创办了《文史哲》刊物。华岗过去(1938年)曾受中共中央任命为《新华日报》总编辑，当时正是从第二次国内革命战争转变到抗日战争时期，毛泽东提出要抓两件大事：一是办学校培养革命干部，二是办报纸宣传党的主张。华岗深受这一方针的指导与影响，因此他主持山东大学后，便想到必须创办一个刊物来提高山东大学的知名度，这个想法得到曾任中文、历史两系主任的杨向奎的大力支持。但新山东大学刚刚成立，没有经费支撑，杨向奎提出建议，从各位教师(除了吕慧娟、葛茂春和我三个刚留校的助教外)的工资中自愿捐出一部分充当经费，这立即得到了众教授的支持。刊物定什么名称？照常理说应冠以“文史”为名，因山东大学自成立以来，一直仅有中文、外文二系，到1949年中华人民共和国成立后才从中文系分出历史系，继而在1949年底，王统照来山东大学把中文、历史两系合为“文史系”。不到一年，王统照又被调离山东大学，任山东省教育局局长，由此又恢复了中文、历史两系。历史系主任仍是杨向奎，而中文系主任则由新聘来的吕荧教授担任，吕荧是研究美学的；而以研究哲学思想史见长的赵纪彬却于此时离开山东大学。所以参与筹办并定名这份刊物为“文史哲”，是由华岗、杨向奎共同商议的。

大约是在新山东大学成立后的两三年内，文史两系由于原齐鲁大学的文科合并入山东大学，再则有新聘的其他院校的教授加入，师资队伍得到了很大扩充。这时中文系的吕荧因故离校，由华东大学来的高兰代理。不久，又有高亨、殷孟伦、关德栋等教授的聘入，壮大了教师队伍。继之，人们对山东大学中文系就有了“冯陆高萧”四教授的美称。他们四位恰好形成了中国古代文学的一个完整体系，即高先生的先秦文学、陆先生的汉魏六朝文学、萧先生的唐代文学、冯先生的宋元明清文学。

而历史系同一时期也新增了许多教授，最早加入的是黄绍湘（女），曾留学美国，讲授美国史，但一年后就离开山东大学了；后经杨向奎之手聘入的有童书业（中国古代史）、陈同燮（世界古代史）；经华岗聘入的有吴大琨、赵俪生两位年轻的知名教授；从华东军政委员会转来的郑鹤声（中国近代史）、黄云眉（明史）；齐鲁大学并入的张维华（原齐鲁大学哈佛燕京学社，秦汉史与明清史）、莫东寅教授、韩连琪副教授、徐绪典副教授。还有几个如许思园、袁寿椿教授以及本校的王仲荦教授、卢南乔副教授、孙思白副教授，计有12位教授、4位副教授。1952年经全国院系大调整后，被定义为二级教授的有1名，三级教授的有7名。

正如中文系有“冯陆高萧”之称一样，历史系有“八马同槽”之说，他们是：杨向奎、童书业、张维华、郑鹤声、黄云眉、王仲荦、赵俪生、陈同燮。“冯陆高萧”与“八马同槽”共同开创了山东大学文史见长的办学特色。

创办《文史哲》，对于山东大学文史学科的发展有重大的推动作用，特别是历史系又因此汇聚了好几位专长中国古代史的教授。除杨向奎主任原已属于“古史辨”学派外，还引进了顾颉刚大师最得力的弟子童书业，原就在山东大学的王仲荦以及张维华、吴大琨等。在华岗宣讲的“社会发展史”的指引下，杨向奎、童书业二人立即接受马列主义的观点，检验他们原所接受的“古史辨”派观点，杨向奎即以“中国古代社会性质”为主题，与童书业合作不断在《文史哲》上刊文。由此又吸引了外校学者向《文史哲》投稿，加入对中国古代社会性质的探究，再进而对中国古代历史分期进行讨论。对于前者的探究，是对中国古代社会性质究竟经历了哪几种社会生产方式的更替；而后者是讨论中国奴隶社会制与封建社会制各开始于何时;到后来发展为对“亚细亚生产方式”的讨论;对中国古代社会发展的争论,又引申到对中国社会历史发展动力的探究。对“中国农民战争史”的研究,则是由赵俪生首开其端。

杨向奎曾这样回忆《文史哲》的创办,他说,从1947年他担任中文系主任起,就想创办一个刊物,“也许是受了我的老师顾颉刚先生的影响,顾先生到一个地方一定办一种刊物”。可以确定是由于杨向奎先有这一想法,然后又与赵纪彬相商。因1949年9月山东大学成立“历史系”,同时也成立山东大学历史研究所,由赵纪彬任所长,由赵纪彬夫人李慎仪(李希凡的姐姐)任秘书。这两个办公室设在文学馆楼东头的上下层,所以赵纪彬、杨向奎两人常一起工作。杨向奎乃是研究“文史”,而赵纪彬则侧重于“哲”,《文史哲》之定名当由两人商议而得,这其中更是少不了华岗的大力支持。

华岗校长也是在历史学领域做出了突出贡献的知名教授。早在20世纪三四十年代他所撰的两本著述:一是《1925—1927中国大革命史》出版于1931年,二是《中国民族解放运动史》出版于1940年。前一本书得到了毛泽东的肯定,说它“收集了许多宝贵材料,是一本好书”;后一本是著述近百年来中国遭受帝国主义侵略而沦为半殖民地半封建社会,并因此激起民族解放斗争的历史。据此华岗将鸦片战争、太平天国运动、中法战争、甲午中日战争、戊戌维新、义和团运动以至五四运动等几大事件成体系地串在一起写成教材,深受欢迎。在中华人民共和国初期,他的这本著作被不少大学作为教材。

我还记得,在华岗被教育部正式任命为山东大学校长前,他任山东大学校委会主任期间,还以历史系教授身份为历史系学生讲了一次课,择定的内容就是“义和团运动”。当时我即将毕业,毕业分配时我又被留在历史系当助教。1960年召开全国性的义和团讨论会之际,史学界期望山东大学能挑起对义和团研究的重担,我就是这样走上了义和团研究的道路。

(原载《山东大学报》2019年6月26日)

大师云集　高山仰止

——吕家乡追忆他在山东大学求学时的先生们

为了纪念青岛解放一周年拍摄的“一九五〇山大文史系‘六二’师生合影”，照片中有冯沅君（第三排左四）、王统照（第三排左五）、骆宾基（第三排左六）、孙思白（第三排左七）、刘泮溪（第三排左八）、卢振华（第三排左九）、高剑秋（第三排左十）、殷焕先（第三排左十一）、杨向奎（第三排右十）、童书业（第三排右九）、赵殿诰（第三排右七）、萧涤非（第一排左三）、孙昌熙（第一排左四）等诸先生。

吕家乡，1933年生于江苏沛县。1952年毕业于山东大学中文系，现为山东师范大学教授，有论著《诗人·诗潮·诗艺》《品与思》《从旧体诗到新诗》，散文集《一朵喇叭花》《温暖与悲凉》《人间风雨情》等。曾获山东省社科成果奖、齐鲁文学奖散文奖等多种奖项。

吕家乡教授珍藏着一帧“一九五〇山大文史系‘六二’师生合影”，这张照片是为了纪念青岛解放一周年拍摄的。照片中有冯沅君、王统照、骆宾基、孙思白、刘泮溪、卢振华、高剑秋、殷焕先、杨向奎、童书业、赵殿诰、萧涤非、孙昌熙等诸先生。近日笔者专访了山东大学中文系1949级校友吕家乡教授。吕教授拿起这张珍贵的照片,追忆了他在山东大学求学时的先生们。

一

1946年春,国立山东大学在青岛复校,赵太侔再任校长。复校后设文、理、工、农、医五个学院。1949年6月2日,青岛解放,军管会接管学校,华岗任校务委员会主任(相当于校长)。王统照和杨向奎分别担任中文系和历史系系主任。1950年春,由于王统照即将调任山东省文化局领导职务,中文系和历史系合并为文史系,杨向奎任文学院院长兼文史系主任。1950年下学期文史系又分为中文系和历史系,吕荧任中文系主任,杨向奎任历史系主任。1952年春吕荧离开青岛,高兰接任中文系主任。

1949年夏我考入山东大学,是中华人民共和国成立后山东大学的第一届人民大学生。入学前我在徐州刚上高中三年级。徐州解放以后,我在《新徐日报》上看到了招生广告,山东大学到徐州招生,并承诺考上之后,会向家庭困难学生发放助学金。当时我父亲病逝,家里困难,看到山东大学有助学金政策就报考了。

当时我没有高中毕业,就拜托校长写了证明,以同等学力的资格报名考试。考试比较简单,因为我高三的物理、微积分都没学,就不敢报理工,考了文科。数学、物理的考题简单,很容易就答出来了,语文只考作文,作文题目是《评美国白皮书》。那时候刚解放,之前毛泽东连续写了好几篇关于《白皮书》的评论,就把这个作为政治教材。因为当时学校还没有组织统一学习,只知道个大概,于是硬着头皮写了1000多字。我以为考砸了不可能录取。过了一段日子,一天下午我和同学一块打完篮球,在学校的汲水井旁冲澡。这时一个同学告诉我说:"你考上山东大学了。"我以为他在开玩笑。他接着说,录取名单都在《新徐日报》登出来了。我赶紧去找报纸,报头旁边就刊登了山东大学在徐州的录取名单,一共录取了20余人,里面果然有我的名字。

当时山东大学校址在青岛海滨,设文、理、工、农、医五个学院,学生共计1000多人。文学院分中国文学系、历史系、外国文学系。那时山东大学实行军管制，王哲、罗竹风、高剑秋等人组成军管小组，我们称呼他们军代表。山东大学成立了校务委员会，由丁西林、华岗先后任校务委员会主任，代行校长职务。

入学后不久，我进入中文系学习。我这一级同学有 15 人，后来从水产系转来 1 人，从齐鲁大学合并进来 5 人，从华东大学合并进来 1 人，到 1952 年毕业时还有 16 人。因此，合影中我们文史系的学生其实不算多。学校的助学金分一、二、三等，根据每个人陈述自己的家庭困难情况评定。凭学校的助学金，我顺利完成了学业。

那时候山东大学政治热情很高。我入校时候已经是九月了，校园里整日敲锣打鼓，气氛热烈，老师也好，同学也好，都是一片欢腾——确实有解放了扬眉吐气、欣欣向荣的感觉，再加上我入学以后不久，很快举办开国大典，所以校园内一片欢庆的气氛。

当时上下级之间、师生之间可以说亲密无间。解放之初，许多提法都很新鲜，例如“批评与自我批评”，“像空气和水一样”，“上下级之间也是同志关系”，“同志关系比什么关系都亲”等。那时流行的苏联歌曲，其中这样唱道：“我们骄傲的称呼是同志，它比一切尊称都光荣。”所以师生之间，还有我们和军代表之间，甚至和华岗校长，相处起来都觉得非常融洽，没什么隔阂。我们一旦对哪位老师，甚至对军代表有意见，都可以毫无顾虑地提出来。

二

每当我拿起这张 1950 年山东大学文史系的师生合影，思绪就会回到师从先生们时的情景。我记得王统照先生当时教现代文学史，冯沅君和陆侃如先生教中国文学史。冯陆夫妻两人打接力，陆侃如教唐朝以前部分，冯沅君教唐朝以后部分，每人讲授一个学期。孙昌熙、刘泮溪先生教写作实习，罗竹风先生教大学语文，黄孝纾先生教选修课楚辞选。最初，选修楚辞选课程的大概有六、七个人，不过黄孝纾的口音很难懂，再加上解放初期对古典文学不够重视，所以最后没有几个人听课了。有一次，教室里就只剩下我自己。我一看其他同学走了也想跟着走，但是又想，我再走了没人怎么办，就坚持到上课结束。殷焕先先生没有给我讲过课，他是研究汉语的。他在解放初期，就开始做方言研究。我印象很深的是，他把我们新入校的同学带到办公室，拿出一个小本，让我们按家乡方言读上面的文字，他认真地把注音写下来。

开学后不久，中文系师生召开迎新会，王统照先生担任主持人。王先生给我的第一印象是身材不高、略瘦，行动敏捷，戴着一副深度近视镜。他穿一件蓝色干部服，不断地站起坐下、上台下台，经常放声开朗地笑。老师们有的致辞讲话，有的表演节目，其中丁山先生讲话我印象很深。丁山研究甲骨文，平时喜欢穿一件大褂。

1947级同学王建，自编自演了个节目，把陆侃如、冯沅君的故事编了进去，其中有两句“陆侃如冯沅君，一江苏一河南，千里姻缘一线牵”。冯陆两先生听了和我们同学一起哈哈大笑。我唱了一首《沂蒙山小调》，当时我个子矮，穿的是家里面给我缝的土气衣裳，一看就知道是个农村来的孩子。迎新会后冯沅君、陆侃如把我叫到跟前说，“你唱《沂蒙山小调》，家是沂蒙山吗？”我说：“我家不是沂蒙山，是江苏沛县。”冯先生问：“你是汉刘邦的老乡？”我回答说是。她又问我：“你老家还有刘邦的古迹吗？”我说：“我虽然是沛县人，可是我从来没到县城去过，县城离我家30多里路。”迎新会后和冯陆两先生的这番谈话，是我对他们的最初印象。

陆侃如、冯沅君先生接力给我们讲授“中国文学史”。他们两个人讲课的风格不一样，陆先生讲课比较潇洒。他讲了一个学期，说从下学期开始，是冯先生给你们讲。冯先生讲课认真投入，有非常详细的讲稿，是用毛笔竖着写的，上面还有多处修改的地方。有时候讲起具体作品，冯先生就很有感情地读给我们听。比如说“渭城朝雨浥轻尘”，她按照“三叠”的方式朗诵了一遍，语速很快，像绕口令一样。还有一次讲到明代散曲家王磐的《咏喇叭》，冯先生又朗诵又表演又赏析，我至今还记得她眉飞色舞的神态。

1951年，华东大学合并到了山东大学。一天学校召开动员大会，余修在大会上做主持，各学院的代表发言。童书业先生迟到了，他穿着一件酱色大褂，从山东大学北门晃进了会场。进来之后也不急着坐下，而是东瞅瞅西看看，寻找座位，后来就坐到冯沅君旁边了。童先生从口袋里掏出一把五香花生米，让冯先生尝尝，她摆摆手谢绝了。

过了没几天，我和几个同学上冯沅君先生家里去约稿。当时山东大学校刊办了个副刊叫《新文学》，我是编委。我们到了冯先生家里，当时陆侃如没在家，冯先生主动和我们聊天。冯先生给我的感觉就是这样，非常地朴实，对学生非常地亲切，一点架子都没有。

王统照先生给我们讲授“现代文学史”。这是一门新课，没有课本也没有讲义。他上课就拿着几张纸片，想到哪里讲到哪里。他亲自经历过那一段历史，讲起来就很有趣。在课堂上，他谈冰心的作品和风采，讲五四运动时怎么火烧赵家楼，讲《新青年》的影响和泰戈尔访华等。有一次他根据自己的见闻，讲了鲁迅的作品和他的音容笑貌、性格习惯。后来讲到鲁迅去世时，他自己如何为鲁迅扶灵送葬。王统照讲课虽然不系统，但挺有趣，同学们都爱听。每次课我都认真做了笔记，保存了数年。改革开放后，田仲济先生要编王统照文集，听说我听过王统照的课，就想借那本笔记看看，可惜笔记早没了。

当时刚刚解放，老师们都很兴奋，愿意跟上这个新时代，同时也有些茫然。课怎么讲？开课就有点忐忑不安。大学语文没有课本，到底选哪些做教材？王统照就请来军代表罗竹风开设大学语文课。刚开始别的年级和外系的同学都慕名来听，教室里挤满了人。几堂课以后，大家对罗代表的课有了意见。以后，他上课逐渐改观，而且过两周让我们写一次作文，批的作文非常认真，又有总批又有眉批。记得有一次，我在作文上写道：“……我这不是浪费人民的小米吗？”他在旁边写了这样的批语：“你这样说太严重了。”他的平易谦和的态度博得了同学们的敬爱。

三

赵太侔先生中华人民共和国成立前任山东大学校长，中华人民共和国成立后担任外文系教授，他没给我上过课。华岗校长给我上过课，除了给全校上政治大课，讲授社会发展史、辩证唯物主义与历史唯物主义之外，我还听过几次他给历史系讲的民族解放运动史课。华岗校长讲课几乎不带讲稿，但讲课内容丰富，逻辑严密，敢于创新。

我认识华岗校长，是开学后不久的事情。一天我正在办公楼前，这时华岗坐着车来办公室上班。那个时候我并不认识他，不知道这是校长。他从车里出来，忽然看到我，就笑着走过来。我当时又矮又小，穿的还是农村的衣裳，大裤腰的棉裤。华岗问我，你是学生吗？哪个系的？从哪里来啊？我一一回答，他兴致勃勃地和我交谈。这时候司机来喊他，他拍着我的肩膀说："好好学，闰土的后代也上大学了！"后来他给我们上大课，我才知道他就是华岗校长。

1951 年 5 月，华岗校长创办了《文史哲》，作为学术研究的阵地，以开展学术民主和百家争鸣的风格在国内"开风气之先"。从 1952 年开始，华岗校长提出在中文系开设"鲁迅研究"课，并在他的倡导下，他与孙昌熙、刘泮溪、韩长经四人，开设了全国首创的"鲁迅研究"课。他有一篇《鲁迅思想的逻辑发展》，就是他几次讲课的讲稿。

华岗对鲁迅是发自内心的敬佩。1949 年，为纪念鲁迅逝世 13 周年，他以笔名"林石父"写了纪念文章《为敌为友了了分明》，发表在《山东文艺》上。华岗对鲁迅感情深厚的原因，我后来才知道。1950 年暑假期间，文、农学院的部分同学参加山东省农村暑期经济调查，我到淄博地区调查。在欢迎会上，淄博地委书记告诉我们，他和华岗校长很熟，因为一块坐过国民党的监狱。华岗在监狱里面写了一篇文章，通过关系送出去，交到鲁迅手里。文章还没有发表，鲁迅就给他送去了四十块银元的稿费。接到鲁迅给他的钱以后，华岗还请他们在监狱里打牙祭。

改革开放以后，我给《鲁迅全集》编辑室的包子衍写信，向他求证这件事。包子衍给我提供了一些华岗和鲁迅交往的线索。他说，根据《鲁迅日记》和日本内山完造的一篇文章，华岗在山东省监狱期间，夫人葛琴曾得到鲁迅资助前去探监。

1952 年夏，华岗校长从医院请假，参加了我们的毕业典礼。他勉励我们，有工作的地方就有战斗和创造，有同志的地方就有友谊和欢乐，扬帆远航吧，要准备战胜征途上的风险浪恶。

华东大学合并到了山东大学，原在华东大学任教的高兰，合校后任中文系副主任。我在上初中的时候，老师曾选了高兰的一首诗《我的家在黑龙江》给我们朗诵，因此印象很深刻。

童书业先生是杨向奎先生在1949年8月引荐来的，到山东大学历史系担任教授。我刚到青岛、还没有开始上课的时候，就对他有了印象。童先生有个习惯，喜欢自己一个人到海边去散步。虽然他还没有给我们上课，但在校园经常看到他。他喜欢穿一件破旧的酱色大褂，可以说是他的标志性服装。后来我选了童先生的宋史研究课。他上课最喜欢引用恩格斯的著作《家庭、私有制和国家的起源》，一段一段地背诵，并且说明出自第几页。再就是讲起宋朝的税收变化，顺口就能说出一大串数据。我很佩服童先生的博闻强记。

童先生在学术上记忆力惊人，但在现实生活中，他的记忆力又特别差。当时王麦庵是童先生宋史研究课的课代表，经常和童先生联系。有一天，王麦庵到童先生家里面谈了一些事，然后两个人一起回到了学校。童先生去图书馆查材料，王麦庵就在图书馆前面的橱窗看报。一会儿童先生从图书馆出来，大声喊王麦庵："那个同学，你是不是文史系的？"王麦庵说是。童先生便对他说："你回去告诉王麦庵，我下星期上课时间要改一下。"王麦庵说："我就是王麦庵，刚从您家里出来呀。"

四

吕荧先生1950年5月由大连来到青岛，任中文系主任。他给一、二年级开文艺学课，给三、四年级开俄苏文学史。当时刚刚解放，许多先生积极在课程中运用马克思主义，不过还不怎么熟练。不过，吕荧讲文艺学就没有这个问题。他不但有马克思主义文艺理论的深度和系统性，还结合古今中外的文学名著，作出评点和阐发，我们听得特别过瘾。

吕荧先生做了系主任以后，指导中文系的学生成立了"新文学研究会"，每隔一两周在校刊出版副刊《新文学》。我是新文学研究会的召集人，还是文艺学的课代表，经常去吕荧先生家请教问题。吕荧自己带两个女孩住在青岛，一个七岁一个五岁，另外请了个女保姆。他住的地方在海滨，离山东大学很近，我经常到他家。我和吕荧一共接触一年多，上他家就跑了100多次。他对学生很负责，指导学生很亲切。每次我把习作拿给他看，他都认真地提修改意见。

我没有听过杨向奎先生授课，但是在校园里经常见他。杨先生衣着讲究，经常呢服革履，衣冠楚楚。1950年春他任文史系主任，我和他有了具体的接触。一年级下学期，孙昌熙先生给我们上写作实习课。几周后，有同学对孙先生的讲课有意见，要求换老师。有一天，杨向奎找我们三个学生代表谈话。听完之后，杨向奎说："你们的意见，我一定好好考虑，但是你们对孙先生要有进一步的了解。"过几天以后，他又找我们谈了一次话，拿了孙先生发表过的一些论文、小说、散文。他说："孙先生在大学期间就发表了一些文学作品，毕业以后是朱自清先生的助教。他讲课也没几次，你们相互之间就要有一个适应的过程，是不是？你们先不要换老师，让他再讲一段时间试试看。"杨先生这么一说，我们才知道孙先生毕业于西南联合大学，在校学习期间，常在重要报刊上发表小说及散文，他毕业后还常在《文艺春秋》上发表作品等。事后，孙先生对我们的鲁莽无礼并不介意，教学渐入佳境。

刘泮溪先生和孙昌熙先生私人关系很好，但是性格完全不同。孙先生平时嘻嘻哈哈，性格比较开朗；刘先生很拘谨，说话细声细气。两位先生接力给我们上写作实习课，谁在前谁在后我不记得了，孙先生后来还给我们上过现代文学作品选。

我入校时，赵纪彬先生是山东大学校务委员会副主任，给我们讲辩证唯物主义与历史唯物主义课。他喜欢穿件长袍，上课既不拿讲稿又不拿卡片。我记得有次他讲斯大林《联共党史简明教程》的一章，斯大林认为辩证唯物主义的方法是辩证的，观点是唯物的。而赵纪彬对斯大林的说法不以为然，认为这样说太机械了。他有时一边讲课一边思考，讲着讲着突然就停住了，好几分钟不说话。然后会突然嘿嘿一笑，连珠炮似的接着讲下去。1950年，赵纪彬离开山东大学，被任命为平原省政府副秘书长、省政协副主席。

还有萧涤非先生。他在中华人民共和国成立后作了一首旧体诗，有两句流传很广："自从解放后，喜看头上天。"他这首旧体诗在校刊上发表，我印象很深。我们三个《新文学》的编辑到萧先生家里约稿，他那天穿了一件运动服，好像刚刚参加体育锻炼回来，浑身汗淋淋的。我觉得很奇怪，毕竟平时萧先生脚步沉稳，不苟言笑，怎么也不像个运动员。他便说，你们觉得奇怪吗？我当年可是足球健将。他拿出照片给我们看，我们这才知道他上大学时候是华北足球队的球员。二年级下学期他给我们开设杜甫研究课，上课感情饱满，备课认真，把概述和具体作品赏析结合起来，很受欢迎。有一次讲杜甫的“暮投石壕村”，他说：“暮投石壕村，假如不用这个‘投’字，能换成什么字？你们想一想。”最后我们换来换去，在情味和音韵上均不如“投”字好。

我毕业后和萧涤非先生还有一些接触。1956年萧先生的《杜甫研究》出版，我立即购得拜读，给他写了一封长信，谈了我的读后感。萧先生书中强调杜甫是“人民诗人”，而当时有的苏联文学批评家反对给古典文学家贴上“人民性”的标签。我就在信中对萧先生说，我这有一篇最近翻译过来的文章，说要慎用“人民性”这个词。之后萧先生回信，说已看到这位苏联学者的文章，不尽赞同。至于对诗人杜甫的评价，一直坚持从作品实际出发，称呼他为“人民诗人”是经过深思熟虑的。

除了以上先生们授课外，一年级中文系还有一门自然科学概论课，每周的三节课以讲座形式连上，课堂在科学馆的阶梯教室。自然科学各专业的著名教授轮流给我们开设，记得主讲者有杨肇燫、何作霖、郭贻诚、刘椽、曾呈奎、丁履德诸先生。他们讲课深入浅出，各有特色，给我留下了深刻印象。我们那一级的文科大学生，只上了三年，就因国家急需人才，于1952年暑假提前一年毕业了。

中华人民共和国成立初期的山东大学，真可谓大师云集，高山仰止。我在大学时代，能够听到这些有真才实学的著名学者的教诲，是我的幸运。这些先生们各有各的个性，各有各突出的才能，也各有各性格上的特点。但他们都有鲜活的文化个性，都有令人敬仰的风范。最可贵的是，这些先生纯真朴实，没有架子，绝不装腔作势，又对学生百分百地亲近。如今这些先生都已仙逝，我从内心里怀念他们。

（吕家乡口述，张洪刚、于静整理，原载《山东大学报》2019年9月25日）

赵洪太教授回忆《文史哲》杂志的创办经过

"1951年,历史系系主任杨向奎,征得华岗校长同意,筹办了《文史哲》杂志社。这是一份同仁刊物,请华校长出任社长,陆侃如任副社长,杨向奎承担执行编辑的任务,现在可以叫作总编辑或编辑部主任,负责杂志全面的工作,那时《文史哲》没有明确的编辑职务名称,编辑工作由文学院相关教师分担,到时候参加编辑部的会议。《文史哲》有时收到译稿,我当时负责译稿的审改工作。担任这项工作,没有任何报酬。忙不过来时,还由历史系勤工俭学的学生张泰兴帮助,他念译文,我看原文,边看边改,改过后,他负责抄清,交编辑部刊出。编辑部召开会议时,陆先生也来。在文学院院务会议和杂志编辑部会议上,我是最年轻的,常发言,跟陆先生等老教授就比较熟悉了。我在《文史哲》负责译稿审改工作,一直到1958年。此后,1958年10月3日,这份同仁刊物,在学校迁移到济南以后,就改变了性质,成为学校主管的刊物。"《文史哲》创办70周年之际,笔者专访了赵洪太教授,听他回忆了《文史哲》杂志的创办。

赵洪太教授接受采访

张洪刚(下称“张”):赵老师您好!感谢您接受采访。您从1950年考入国立山东大学,到毕业后留校任教直至退休,几乎全部的人生都与山大密切相连。您1950年考入青岛山东大学俄文专修科,成为俄文专业的首届学生。听说在学生时代您“身兼五职”,文学院院务委员会委员、外文系系务委员会委员、系学生会副主席、系图书馆管理员、俄文班班长等职。您大学时代就认识了华岗校长,请您谈谈与华校长的交往情况。

赵洪太(下称“赵”):读大学前,我就读遍了青岛各图书馆、文化馆的哲学书籍。艾思奇的《大众哲学》是我的最爱。出于对马列哲学的浓厚兴趣,考虑到学习俄语方便读原著,我报考了山东大学俄文专修科。1950年8月,我进入当时在青岛的国立山东大学俄文专修科学习。认识华校长,是很早之前的事情了。我入学之前曾去过山东大学,那时候就知道他。那时华校长在青岛养病,以教授的名义在山东大学讲课,当时他在二校门进来小树林那里讲《社会发展史》,一个礼拜讲一次,但我没有全听。1949年末1950年初学校成立校务委员会,选华岗当主任委员,陆侃如、童第周是副主任委员,罗竹风是军代表。我入学以后,在山东大学“身兼五职”,文学院院务委员会委员、外文系系务委员会委员、系学生会副主席、系图书馆管理员、俄文班班长。我作为学生代表,是学院和系里委员之一,学院和系里开会,我都要参加。有时候上着课,工友来敲门叫我开会。教室是四排,我坐在最后一排,靠近门口的地方,也方便开会。

我入学以后,每周三、周六下午是政治学习时间,华岗负责给学生讲政治大课,每礼拜一次。那会儿他讲过毛主席的《实践论》《矛盾论》,讲过中国革命史、新民主主义论,后来又专门讲辩证唯物论等。除此之外,学校每个月或者每个学期需要作一次形势报告,他经常给学生们作报告,讲讲当时的国际和国内形势,因此我很自然早就认识他了。

和华校长接触比较多是因为那会儿我非常喜欢哲学。我曾经过翻译过一篇文章,是在苏联的党报《真理报》上发表的一篇专论,叫《法捷列夫〈青年近卫军〉新版本专论》。翻译完成后,我投稿并发表在了《文艺报》。后来我还翻译苏联的哲学杂志,正值1950《文史哲》杂志创刊,我就给《文史哲》投稿。那时华岗是山东大学校长兼《文史哲》的社长,他对我的稿件评价颇高,便时常让我帮《文史哲》校对、审稿。

《文史哲》创刊号

当时《文史哲》接到译稿最多的是东北师范大学的教授，笔名叫日知，他那篇关于恩格斯《英国工人阶级的状况》的译稿，就是我负责审校的。这样一来，华校长就把我留在《文史哲》了。我当时负责《文史哲》译稿的审改工作。担任这项工作，没有任何报酬。忙不过来时，还由历史系勤工俭学的学生张泰兴帮助，他念译文，我看原文，边看边改，改过后，他负责抄清，交编辑部刊出。编辑部召开会议时，陆侃如先生也来。在文学院院务会议和杂志编辑部会议上，我是最年轻的，常发言，跟陆先生等老教授就比较熟悉了。我在《文史哲》负责译稿审改工作，一直到 1958 年。此后，1958 年 10 月 3 日，这份同仁刊物，在学校迁移到济南以后，就改变了性质，成为学校主管的刊物。

《文史哲》开会的那间房子很小，只能放一张长的阅览桌，因为没有固定编制，所以每次开会只有十来个人，华校长很忙，但基本上每次开会他都在场。华校长给我印象比较深刻一件事，是他作报告时从来不需要提前备稿，他有抽烟的习惯，经常想到什么事就把烟盒掏出来，把外面的皮撕下来，在上面简单地列一下提纲。他上台作报告经常拿这么个纸片，一讲就是两三个小时。之后他会根据报告会的记录稿，整理并发表在《文史哲》杂志或者《山东大学报》上。

张：赵老师，您作为当时唯一的学生编委，曾亲历了《文史哲》杂志的创办，请您谈谈《文史哲》的创办过程。

赵：现在山东大学很多年轻人因为对当时的组织、形势不了解，对《文史哲》产生了一些误解，我觉得大家可以看看 1985 年第 6 期萧涤非、殷焕先的文章，里面介绍了他们当时在《文史哲》的工作情况。我今天也刚好有机会谈一谈《文史哲》，首先《文史哲》杂志的社长是华岗，副社长是陆侃如、吴富恒，主编是杨向奎，秘书是殷焕先、孙思白、卢振华等等。那时没有明确的编辑职务名称，编辑工作由文学院相关教师分担，到时候参加编辑部的会议。

这个杂志，是杨向奎一手操办起来的。起初，山东大学只有中文系和外文系，还没有历史系，只有一个“历史语言研究所”，杨向奎是中文系的系主任及历史语言所的所长。直到1950年，中文系分为中文和历史两系，历史系开始建系，杨向奎就当了历史系的系主任。在这种情况下，杨向奎提出，他愿意组织和发起这个刊物，大家都同意，杂志名就叫《文史哲》，向学校汇报时华校长很赞同。与现在外语系《英语教学丛刊》之类的杂志不同，《文史哲》是同仁杂志，因为当时行政上没有任何的资金支持。

《文史哲》头两年非常困难，因为没有经费，即便我们这些人的工作都是无偿的，但是排版、印刷、付外稿的稿费都需要钱，因此很难维持。怎么办呢？大概在1951年底、1952年初吧，大家想出了个主意，说是写报告给青岛市委宣传部，当时山东大学是市唯一的大学，因此中共青岛市委比较照顾，就给拨了1000万元。不过那时候的1000万元跟现在不一样，当时的1万块钱相当于1955年币制改革后的一块钱，1000万元也就是1000块钱。之后大家又给中共山东省委写了报告，省委听说青岛市委给了1000万元之后，也给了1000万元。有了这两笔钱，总算是缓过劲儿来了，《文史哲》也就办起来了。

1952年2月1日，文史哲社员联欢纪念摄影

当时杂志的很多杂事是两个工友在负责，一个工人是庄云虔，前些年刚去世，他负责跑腿儿，比如跑印刷厂之类的；还有个工人叫王绍先，负责收发

稿子、发稿费等。《文史哲》一开始办双月刊，后来又办一月刊，都是根据经济状况来的，因此《文史哲》杂志跟那些有行政制式的编辑部、杂志部或者杂志社都不太一样。

张：陈毅曾说："山大创办《文史哲》是开风气之先。"《文史哲》创办之初在全国范围内开展了有关农民战争问题的讨论、中国封建社会历史分期问题的讨论、"亚细亚生产方式"问题的讨论、《红楼梦》问题的讨论等一系列学术争鸣。您能谈谈这方面的问题吗？

赵：对于《文史哲》的工作，华校长的主张是大家要各抒己见，当时大家翻译了很多马克思的文章，部分内容论及人类社会发展的五个阶段：原始社会、奴隶社会、封建社会、资本主义社会和共产主义社会，并且由马克思《亚细亚生产方式》引发的"关于亚细亚生产方式问题的争论"中也涉及了关于中国古代社会性质的讨论，很多人在《文史哲》杂志上发表观点。因此，杨向奎提出我们可以进行社会史的分析，适当扩大《文史哲》的影响，并且极力劝说华校长带头写文章发表观点。据我查证，当时苏联科学院的《古代史通报》中有一些关于论证中国社会史分期的文章，但他们不是通过研究中国的出土文物等来对中国历史进行考据，而是根据国内已有的比如郭沫若、冯友兰、翦伯赞等一些名人的观点进行讨论，赞成谁的观点就写文章进行论证，《古代史通报》上的文章大致分为翦伯赞派和郭沫若派两大派别。

在中华人民共和国成立之初，中国采取苏联指导发展的模式，当时我国工业建设由苏联援建，高等教育部有苏联专家任顾问，甚至1954年的教学改革都是以苏联为模式。山东大学属于高教部(后来叫教育部)，学校的一切规划都要译成俄文，报教育部给苏联专家看。这种情况之下，华校长在得知苏联《古代史通报》中已有相关讨论后，便一直没有动笔，可见华校长为人之谨慎。

其他有关《文史哲》的问题，还有大家关注的《红楼梦》的"两个小人物"：李希凡、杨建中(笔名蓝翎)，他们都是山东大学中文系的学生。李希凡是北京通州人，他的姐夫赵纪彬当年是山东大学文史系教授，经赵纪彬推荐，李希凡曾在山东大学中文系旁听过一年，后投考济南华东大学，合校后重回山东大学。他对文艺理论和中国古典文学很感兴趣，也很喜欢写文章，大二时写的《典型人物的创造》，经中文系主任吕荧先生向华校长推荐，发表在《文史哲》杂志，是《文史哲》发表的第一篇学生作品。他与蓝翎最初合作发表过有关《水浒》的评论(《略谈水浒评价问题——评〈宋江考〉》),之后二人再次合作有关《红楼梦》的文章(《关于〈红楼梦简论〉及其他》)。

在文章多次转投无果之后,李希凡就将目光转回到母校,他与时任《文史哲》杂志执行编辑的葛懋春早年间就认识并且一直有往来,因此葛懋春就向杨向奎推荐了这篇文章。当时刚好赶上毛主席 1954 年提出开展批判资产阶级唯心论的运动。批判资产阶级唯心论,无非是要批判"大人物",例如胡适、顾颉刚等人。但是杨向奎是北京大学毕业的,胡适是他的校长,又是顾颉刚的学生;童书业是顾颉刚的书僮(资料员)大家都很犹豫。而李希凡的文章,恰巧批评的是《红楼梦》研究专家、"大人物"俞平伯。经过葛懋春、杨向奎、华岗校长的推荐,这篇文章发表在《文史哲》1954 年第 9 期上,当时的学术刊物并不多,文章一经发表,便引起了毛泽东主席的热切关注和嘉许,因此后来就有了关于"小人物"的故事。

张:华岗校长以教育家的胸怀,眼光和气度把山东大学带向一个辉煌灿烂的时期,一个前所未有的黄金时代。华岗校长提出"文史见长,加强理科,发展生物,开拓海洋",奠定了山东大学的学科基础。请您谈谈您眼中的华岗校长好吗?

赵:前面讲到,华校长是个很民主的人。在学术方面,他认为"理愈辩愈明",允许不同声音的出现。比如华校长在 1951 年合校之后创办了山东大学科学讨论会,他鼓励每一位教师写文章,之后由学校负责印发,与会者根据文章内容进行讨论,这个活动虽然在 1955 年之后逐渐沉寂,但在当时对于提倡科学研究的风气起到很大的促进作用。他在学校领导工作也是这样的,都是经过基层委员会、党委常委会,然后是校务委员会,然后各院长会议,凡事都进会讨论,讲究民主。

华岗校长 1949 年开始在山东大学讲课,1950 年出任校长兼党委书记,1951 年与华东大学合校后续任校长,到 1955 年 5 月受"胡风反革命集团"案株连被捕,他在山东大学的时间不长,但每每提及,大家都十分怀念,那是山东大学的黄金时代。这体现在什么地方?概括起来,有这么几点:第一,他注重学校的政治思想教育,通过政治大课、讲座等形式引导师生进行马克思列宁主义理论的学习,提高师生的政治水平和思想境界。第二,他主张学术民主,积极倡导科学研究和学术讨论,同文科教师一起,创办《文史哲》杂志,主张学术上各抒己见，广泛讨论。第三，他主张尊重知识分子，认真贯彻执行党的知识分子政策。他强调知识分子在国家建设中的作用，提出办好学校必须依靠教师，调动广大教师的积极性，发挥他们的专长，同时，还帮助大家解决工作上和生活中的实际问题。第四，主动抓教学工作。他深入院系，与教师共同研究课程改革，还为文科学生讲授业务课，等等。

华岗校长给山东大学师生上政治大课

华岗校长1972年去世，1980年中央正式批准为他平反、恢复名誉。当时我在北京，在北京大学联系工作，跟夫人通电话时才听她说，华岗校长去世了，给我来了个讣告。但是当时我回不来，也就没有出席他的追悼会。为了做个纪念，我将这份讣告留存了。华岗校长给我、给大家都留下了很深刻、很美好的回忆。

张：赵老师，您和当时的《文史哲》副社长吴富恒教授交往甚密，后来吴富恒教授当了山东大学校长，请您再给我们讲讲吴富恒校长的故事吧！

赵：吴富恒校长和华岗校长有一个共同点：待人宽厚。他们两个人性格都比较温和，平易近人。吴校长是从哈佛留学回来的，刚开始在昆明英语专科学校任教，第二年至云南大学担任英语教授，之后设立英语系，他担任系主任，同时负责"英国文学"和"文艺批评"等课程的教学。华岗那会也在云南大学，是社会学教授，跟楚图南、吴晗他们一起开展爱国民主运动，吴富恒跟楚图南、吴晗的关系也很好。说起吴校长的主要经历，1945年，"一二·一"惨案爆发，在白色恐怖的压迫之下，吴富恒离开了昆明，于1947年到达上海，经当时作为中共代表团负责人的介绍去了烟台解放区。1948年，吴富恒随军进入济南，随之进入华东大学任教。1951 年华东大学与山东大学合校后，他担任文学院的院长兼外语系的系主任；1952 年撤掉院的建制，他改任教务长；山东大学搬到济南后他又担任副校长；经历了“文革”的磨难，在打倒“四人帮”之后，1978 年 6 月，吴富恒出任山东大学校长兼党委副书记；1984 年退居二线。吴校长一开始讲过两门课，一门课是给中文系学生讲毛主席的《在延安文艺座谈会上的讲话》，讲党的文艺政策；还有一门课是给英语专业的学生讲小说选读。

吴富恒校长对山东大学的贡献表现在几件事上。前面说过，吴富恒校长在《文史哲》杂志成立之初担任副社长。“文革”结束后，为恢复《文史哲》，吴富恒奔走各方，筹集经费、寻求支援，他自任编委会主任，亲自策划、审稿，使它以崭新的面貌再度问世。直至今天，《文史哲》仍是全国最有影响的文科学术刊物之一。除此之外，吴富恒校长对山东大学的发展仍然做出了极大的贡献。按时间顺序来说，第一个贡献就是保留了外文系。1950 年，美国第七舰队进驻台湾海峡，以“协防”台湾的名义公然干涉中国内政，同时对大陆进行封锁。当时我们进出口的通道主要是香港、新疆和西藏。需要用到外语的场合，一个是通过香港出口的货物，办签证需要签英文；再就是刘少奇提出“学习俄语是一项政治任务”，因此全国范围内大搞俄文速成。我毕业工作之后也通过这种形式学习过俄文。但是当时英语主要应用于政治、经济层面的外交关系，由外交部、军委负责；从 1956 年中苏关系紧张化直至 1959 年正式断交，俄文学习受到了极大的压缩。李天安、刘波等好多人都改行学起了政治学、历史学等。很多人就认为，学习外语没有用处，因此 1954 年进行了第一次压缩，是英语压缩，于是山东大学就只保留了 1951 级的学生到 1955 年毕业，1952 级的学生去了上海复旦大学，之后不再招生。1956 年进行俄语压缩，山东大学同样只保留了 1953 级的学生，1954 级以后的学生合并到上海外语学院。这样一来，外文系在 1957 年最后一班学生毕业之后停办。武汉大学郑主任来信邀请我去武大任教，语言、文学科目任选，于是我提出要走，但是吴富恒表示，虽然外文系停办，但是外文系的教师一个都不能走。他认为，大学不能没有外文系，人才储备是个长远的工程，“百年树人”不能只看眼前的政治形势。不仅如此，他还广泛招募外语人才，从山东大学俄文班、北京外国语学院、上海外语学院等招募的毕业生加起来有将近

30 人，山东大学外文系因此得以保留。1959 年教育革命，开始又恢复外文系。可见吴富恒校长是非常有远见的。

第二个贡献就是大力支持和扶植晶体材料实验室的建成。蒋民华院士曾说："山东大学的晶体研究，所以会取得今天这样令人瞩目的成就，首先要归功于成仿吾、吴富恒这两位富有远见的领导。如果没有全心全意长期不懈的大力支持，它恐怕早就夭折了。"1958 年，海军研制声纳装置，急需一种人造晶体材料，人造晶体技术当时在世界上刚处于起步阶段，国内根本不能制造，于是海军部门向山东大学发出了呼救信号。本着科学研究要结合实际，要为生产服务，为无产阶级政治服务的原则，刚刚从山东大学化学系毕业的张克从、蒋民华等几位青年教师，勇敢地接受了这项任务，在老校三号楼进行晶体研究。

搞晶体研究学谁呢？还是得学苏联，因为国内当时被封锁，外国的相关资料很难找到，甚至连书都买不来几本。苏联当时虽然跟我们关系比较紧张，但书还是比较容易买到的，我们外文系帮忙翻译过很多有关资料，于是就建起了晶体室。后来吴富恒主张应该成立晶体研究所，从化学系的建制中独立出来，这样学校就能单独拨付经费。吴富恒校长曾经跟我说："我至少做了一件事，坚决地主张让它独立，搞晶体研究所。"他认为，只有建立晶体材料研究所，才能为晶体材料研究创造更好的条件。事实上，"中国山东大学晶体研究室"（随后改为"所"）的名字走向了世界，蒋民华也成了引人注目的晶体专家。

第三个贡献是吴富恒校长于 1963 年在毛主席的号召下，倡导在山东大学建立了由他兼任主任的美国文学研究室。像清华大学、北京大学、人民大学设有专门国际问题研究所，因此吴富恒校长就想成立一个美国问题研究所，不仅研究美国文学，而且还要研究美国政治、经济和军事领域的方方面面，可惜后来因为力量不足，仅成立了美国文学研究室。当时，通过这个渠道，研究室获得了关于美国文学界及文化界的大量信息，有些信息还及时反映给中央有关部门，作为决策的重要参考。"文革"之后，吴富恒又主持将研究室扩建为研究所。1978 年，在吴富恒的提倡下，在济南召开了美国文学讨论会。一年后，又在烟台开会，成立了全国美国文学研究会，吴富恒被推举为会长，在中国开了研究美国文学和文化的先河。美国文学研究会和山东大学美国文学研究所一起创办了《现代美国文学研究》和《美国文学丛刊》。

这不但表现了他的远见卓识，而且还显示了他的勇气和胆略。后来仿照这个模式，又成立了日本研究所，不过好像名声并不大。

第四个贡献是《汉语大词典》与《俄语疑难用法词典》两部词典的编写工作。周恩来总理逝世于 1976 年 1 月 8 日，同年十月，“文化大革命”结束。1975 年，周总理在生命的倒计时阶段，仍然心系国家的教育文化事业。“文化大革命”给党和国家带来了沉重的灾难，在此同时，大批的泰斗级文学领军人物相继倒下，这是国家和民族文化事业的重大损失。因此，周恩来总理提倡“留词典”，要学界各领域的“老人”们将毕生所学知识贡献出来编成词典，比如汉语大词典、汉语大字典各种的，修辞词典等。据统计，当时收集的词典建议编写名目约 160 部。随后，国务院颁布 1975 年第 137 号文件，按照总理的指示成立词典办，在广州召开会议商讨词典编写事宜。吴富恒校长代表山东大学出席会议，会上，他为山东大学争取到两部词典的编写任务。一部词典为《汉语大词典》，《汉语大词典》由华东区包括山东、江苏、安徽、浙江、福建、上海五省一市的 1000 多名专家学者参与编写。山东省就由咱们山东大学牵头，山东师范学院、曲阜师范学院参加，负责人是吴富恒校长。第二部词典是俄语词典，就是我们编的《俄语疑难用法词典》。当时上海外语学院争到的是《汉俄词典》，北京外国语学院争到了《俄语常用词词典》，四川外国语学院争到了《俄语教学词典》，我们就争到了《俄语疑难用法词典》。

说起《汉语大词典》的编写，时在上海工作的罗竹风任总主编，领导整个华东区的编写工作，蒋维崧担任副主编。《汉语大词典》的编写组成员大致有组长蒋维崧，中文系的刘聿鑫，历史系的就是李威周，还有路云、吉常宏等。《汉语大词典》以“古今兼收，源流并重”的编纂原则，全书从古今数千种汉语典籍著作中广泛收词，一版再版，影响深远，在一定程度上显示出山东大学的底蕴和魄力，这与吴富恒校长的功劳是分不开的。

张：谢谢赵老师接受采访。

赵洪太，男，1929 年 4 月生，山东省莱州人，汉族，九三学社社员。1953 年毕业于山东大学外文系并留校任教，1987 年晋升为教授，1993 年荣获国务院颁发的政府特殊津贴。曾任硕士生导师，山东大学威海分校筹备组组长，兼任九三学社山东省委员会和济南市委员会副主委，济南市政协第八、九届常委，山东省老教育工作者协会副秘书长、《外语教学丛刊》编委，《文史哲》杂志译审等职。

回忆伯父陆侃如和伯母冯沅君先生

——陆东生、陆一民先生访谈录

4 月 9 日，陆侃如、冯沅君先生的后人陆东生及陆一民、盛宜洁夫妇一行三人，赴济南参加“2021 年山东省古典文学年会暨陆侃如、冯沅君学术研讨会”。受会务组委托，笔者和研究生吴奇颖亲赴火车站接站，陪同他们参观山东大学中心校区校园，驻足冯、陆先生塑像前缅怀追思，还参观了文学院图书室及“五岳”专题图片展。参观结束后，笔者在文学院知新楼 A719 室对他们进行了专访。以下是访谈实录：

陆东生及陆一民、盛宜洁夫妇参观山东大学“五岳”图片展

张洪刚：在“2021 年山东省古典文学年会暨陆侃如、冯沅君学术研讨会”会议上，陆东生先生将向文学院捐赠陆侃如、冯沅君两位先生的《中国诗史》手稿。请你们谈谈对《中国诗史》手稿的认识？

陆东生：《中国诗史》是我伯父和伯母早期的著作，也是他们最经典的著作之一。第一个版本是 1931 年大江书铺出版的，分上、中、下三卷。1939

年，上海商务印书馆重印了《中国诗史》；1957年，作家出版社又进行重印，重印后的版本比大江书铺本、商务印书馆本都完备。我也认真读过，但我毕竟不是学这个专业的，所以也谈不上有多深刻的见解。

《中国诗史》的手稿本一直由我伯父的学生刘文忠先生保存着。我非常感谢刘先生能把我伯父的手稿捐赠给山东大学，实现了伯父落叶归根的遗愿。我伯父、伯母虽然在很多学校都教过书，但大部分的时间还是在山东大学，他们的根就在这里，他们的手稿捐赠给文学院是最好的归宿。

张洪刚：我觉得手稿的出版能让更多研究者更直观地看到《中国诗史》的创作经过，冯、陆先生删去了哪些内容，又增添了哪些方面，这都能在手稿中看出来。杜泽逊院长联系了中华书局彩色影印出版《中国诗史》，得到了陆先生的授权，这部影印本很快将与读者见面。我们十分感谢刘文忠先生一直把冯陆先生的手稿保存得如此完整。我们知道，在江苏海门，陆氏家族颇具盛名。陆侃如先生的父亲陆措宜在家乡办小学，设诊所，并积极投身抗日，在当地极具影响力。陆侃如先生以极其优异的成绩考入了北京大学，北京大学本科毕业以后，又进入清华大学的国学研究院读研究生，后赴巴黎留学，攻读博士学位。但是，对于陆氏家族，我们了解得比较少，还请您为我们介绍一下陆氏家族的一些情况吧。

陆一民：陆措宜先生在当时属于开明士绅，在当地是很有名望的。他很支持新式教育，也做了许多有利于地方经济文化发展的事情。

陆东生：我爷爷是一位热心地方教育、医疗和慈善事业的知名人士，是积极支持抗日的爱国民主人士。我爷爷很重视教育，直到现在，我们家对教育都是很重视的。我爷爷在家乡办了一所恒基小学。这所学校不收任何学费，谁都可以去上。我伯父和我父亲小的时候都在那里上学，后来我伯父因对古文比较感兴趣，就考了南通的学校，我父亲则一直在恒基小学念书。

我爷爷还积极支持抗日。抗日战争刚爆发的时候，我爷爷在去上海避难的途中不巧碰到一对日本兵，然而这对日本兵很蛮横地向他索要行李。我爷爷以及我们一家人的性格都比较刚直，从来不肯向恶势力低头，当时情境下，我爷爷自然不肯给，后来他就被日本兵抓进监狱里去了。进了监狱之后，他几天几夜都没有水喝，也没有饭吃。这件事情对他触动很大。逃出狱后，我爷爷就积极支持抗日。一民哥的父亲陆恂如加入共产党，我爷爷对此十分支持，还捐了几大箱银元给新四军购买弹药，原先家里藏的一些私人枪械也全都捐出去了。后来，我爷爷还当选为海启地区第一届国民参政会的议长。1945 年 8 月 18 日，我爷爷因患肺结核病不幸逝世，享年 64 岁。新四军特地在崇明为他举行追悼会，新四军军长陈毅亲自为陆措宜墓碑题词。

我爷爷既重视教育，也关心医学。他原来是学中医的，在家乡他开设了诊所，经常为人治病，免费为贫困者施诊送药，一直到他去世都是如此。我伯父对我爷爷的行为多少也耳濡目染了一些。我爷爷对子女的教育既严格要求，又循循善诱，他的爱国思想对伯父产生了极大的影响。爷爷对我伯父的影响主要是在教育方面的，而我父亲则在医学方面受我爷爷的影响比较多。

我们陆家人一直是比较低调而务实的。有时一件事情不一定需要我亲自去做，但如果做了就一定要把它做好。作为后人，我会努力把下一代教育好，继承他们的遗志。如果后代能往文学方向发展最好，但如果他兴趣在其他专业的话，那我也会支持他。

陆氏的后人现在还能联系得上的也就只有一民哥这一支了。据说，在我父亲和我伯父之间还有一个姑姑，可惜现在也联系不上了。

张洪刚：陆侃如先生在北京大学求学，在清华大学研究院读书这些事，两位老师了解吗？

陆东生：了解得不多，也就是他是怎么跟我伯母认识的，大概知道一些。

张洪刚：请您讲讲吧。

陆东生：我伯父在北京大学念书的时候，经常去图书馆借阅一些古文献，但是他发现他要借的书总是被人抢先一步借走了。他便留意到底是谁干的，后来发现原来是我大伯母，她也是喜欢看这一类文献，他们两个人慢慢接触下来就熟悉了。我大伯母对我伯父的评价，一直是一个潇洒的江南公子形象。他们在去巴黎留学之前，因为工作原因，居于不同的城市，他们之间只能通过书信联系。有一次我伯父给冯先生发了一封电报，里边写着“兔儿永在你笼中”，因为我伯父属兔的。可这封电报竟被警察盯上了，警察还以为他们在搞什么地下活动。他们就去问冯先生是怎么回事，冯先生性格也是比较刚直的，她不予以回答；警察只好去问我伯父，我伯父解释道，这只是男女朋友之间的玩笑，他说："我是属兔的，沅君是我女朋友，男女朋友之间开个玩笑都不行吗？"后来就不了了之了。这件事还是一民哥的父亲告诉我的。

张洪刚：1935年，冯、陆先生一起从法国留学回来，而且获得了文学博士学位。回国之后，他们去了很多地方。在求学阶段，冯先生在北京大学读书的时候，陆先生到清华大学去读书，他们交往并不多，但是他们有同一个老师，就是胡适先生。我们很多老师在研究冯、陆先生，还在收集他的一些遗稿，我们现在也在做。尤其现在在杜院长的领导下，我们正在做山东大学文学院的院史丛编，我们准备在山东大学120周年校庆之前先出4编，这4编中的第一辑主要收录了冯陆先生的遗稿、档案材料。去年暑假期间，我带了十几个学生到山东大学的档案馆，搜集到了冯、陆先生所有的人事档案材料，都拍照、扫描了。因为是档案材料，所以不可能直接全部发表。不能发表的，杜院长就要求我们整理成文字；能发表的，就放到咱们的院史丛编里供后人研究，而且是作为第一手资料去研究。我们在查阅的时候发现，光是冯先生的档案材料就有4卷之多，包括书信、鉴定以及履历表等。冯沅君先生出身书香门第，她本人是我国著名的古典文学史家和作家，他的哥哥冯友兰、冯景兰也都是我国著名的学者，侄女宗璞还是当代著名作家。不知陆家和冯家现在还有联系吗？

陆东生：我父亲和冯家还是有联系的，和冯友兰也有过书信来往。但到了我这一辈，我只是知道宗璞先生的女儿冯钰的现状，但可惜已经没有往来了。据我了解，宗璞先生一直淡泊名利，一般也不太愿意出镜。

张洪刚：冯家和陆家这两大家族有缘结为姻亲，实属难得。我觉得如果后人还有联系的话，还是很有意义的。冯先生和陆先生一生扎扎扎实实做学问，为人也特别低调。在文学院，只要一提起冯先生和陆先生，学生们就油然生起一股崇敬之情。不知陆家的后人对冯陆先生的治学精神有什么传承吗？

盛宜洁：他们（陆侃如）这一支走的是学术道路，他（陆一民）父亲那一支从政去了。我儿媳将来要当大学老师，我经常和她提起陆先生的事迹，她表示十分敬佩。今天回去以后，我也要告诉我的儿子和儿媳，要传承她爷爷辈的精神，做一位好老师。

张洪刚：现在咱们坐在一起，感觉特别亲近。在我们山东大学文学院，冯先生和陆先生一直是光辉高大的家长形象。杜泽逊院长经常教育我们教职工说："假如你们不知道怎么样对待自己的学生，那么你们就想一想如何对待自己的孩子。"这就是为什么咱们现在依旧在纪念冯、陆先生，为什么冯、陆先生的弟子们一直这么崇敬他们的老师。袁世硕先生是冯先生一手培养出来的，后来也成为山东大学的终身教授。冯先生为了让袁先生留下来当她的助手，她一直在校领导开会的办公室外面等着，听到里边传来袁先生能够留下的消息后才离开。如果不留下袁先生，她就不走了。她对学生比对待自己的孩子还要亲。袁先生在文章中经常提起，每次过节带着孩子到冯、陆先生家里拜年，两位先生都特别开心地把所有好吃的点心、饼干、糖果等拿给袁先生的孩子们吃，亲亲这个，抱抱那个，非常欢喜。老师这样对待自己的学生，那么学生自然也会感恩、回报老师，老师和学生们就像一家人那么亲近。

文学院的治学传统就靠这一代代人的传承，进了这个门，就一辈子是先生的弟子。尤其是家里面有当老师的，真是要好好看一看冯、陆先生的这些故事。可能陆老师也听过这个故事。冯先生那时住在老校，要到新校这边来上课。原来学校周围都是庄稼地，一旦下雨，道路就非常泥泞。有一天下着很大的雨，学生们心想："今天老师怎么能来上课呢？更何况她是解放脚。"几个男同学准备动身去接一接老师。刚一开门，就看到冯先生浑身都是泥水地走了进来。来学校的路上必然经过小水沟，一下大雨，水就涨了起来。冯先生心想："风雨再大，也不能耽误学生们上课。"她就只好淌了过去。她站在讲台上，带着愧意，缓缓说道："今天下雨，我早早地就出门了，但不好意思，还是迟到了。"学生们看到老师浑身都是泥水，全都哭了。明天来参会的有一位吕家乡先生，是冯先生49级的学生。冯先生课堂上的一幕幕，他至今都记得一清二楚。他说，听冯先生讲课就好像听一位母亲在讲课，娓娓道来，并且能让你充分地记下笔记。冯先生在讲解词和曲的时候，先逐字逐句地讲解、翻译，然后再仿佛化身作家一般，富有情感地吟诵起词曲来，一下子就让学生进入了作者的世界。

而且每当国家有困难或自然灾害的时候，冯、陆先生总是率先参与捐款活动。抗美援朝的时候，他们也捐了很多。国家提倡购买国库券，他们也是买了很多的。冯、陆两位先生希望去世后能把存款捐给山东大学，成立基金会，资助困难的学子，是吧？

陆东生：是的。当时我伯父准备凑出10万元，自己成立一个基金会，但可惜后来没能实现。他留下了4万元，大部分都捐给了山东大学。

张洪刚：冯先生和陆先生许多古典文献方面的书也都捐给了山东大学，山东大学特别感激他们。我们院的资料室里就有很多老先生捐赠的书籍。老先生们觉得把书放在这里才能够让书的价值得到充分的体现，要把它捐给真正需要它的人，让学生们充分受益。

我们查阅资料时看到有人回忆起您父亲时说，您父亲为人亲和且没架子，谦逊温和而不自夸。在您父亲眼中，您伯父是什么样子的？能给我们谈谈吗？

陆东生：他说的一点都没错，我父亲确实很低调。我父亲常常提到我伯父，很为他这哥哥而感到骄傲、自豪。他觉得我伯父唯一一点不足，就是不太会审时度势，对于自己的观点过于坚持。当然，现在看来也不能评价谁对谁错。我父亲对我伯父、伯母最多的评价是：他们很简朴，他们平时都是在食堂吃饭，衣服上打着补丁，不追求个人物质上的享乐。

我印象中，在我小时候，家里几乎满墙挂的都是我伯父、伯母的照片，有在海里游泳的，有伏案写字的，也有读《青岛日报》的那一张。我觉得我父亲对他哥哥、嫂子的感情真的非常深，这些照片一直放在我们家里。这就是我小时候对他们最深的印象。关于伯父、伯母的事迹，后来也从父亲那儿陆续听到了一些，再结合我们家的一些性格特点，我对伯父、伯母当年的行为还是能够理解的。

我在家里找到了伯父寄给父亲的两封信，一封是1973年2月28日，我伯父问我父亲在海门的一些工作情况；还有一封是1974年8月20日，他问我爷爷的墓地修得怎么样了，准备在我爷爷(去世)多少周年的时候买一块石头，埋一半在地下并刻上字。

弟弟：

在寒假期间，我们出去旅行参观了一下。你在一月底寄来的信，现在才看到。

你在信上说，住房西墙要移东三尺。现在汇去人民币壹百元，帮助你们修整房屋。

你信上还说，沈同志托我买人参。因为山东暂时缺货，所以我寄人民币拾元给他，请他到上海买。

另外，我还寄拾元给张同志。

附给沈张两同志的信，请转去。

祝你身体健康，思想进步！

哥哥　嫂嫂

二月二十八日

弟弟：

八月九日来信收到了。我已迁回学校宿舍，以后来信请寄：济南解放桥利农庄山东大学新校中文系办公室。这次寄党校的信，是由邮局转来的，以后不要再寄党校了。

你能用医药给邻居方便，这是最好的了。现在寄给你 100 元，分 10 元给张志培，分 10 元给沈宝明。余 80 元供你家用，其中可以用一部分买药帮助邻居。

我在济南家中的照片，66 年遗失不少，其中包括父亲的照片。你寄存在外祖家的，是目前唯一的照片了。你不必立刻去取，什么时候你有别的事情去的时候，顺便取来寄给我，我可以设法翻版加印。

到明年三十周年时，我打算买一块石头，宽一尺，厚半尺，长五尺，把一半埋在父亲坟前，一半露出地上，刻上父亲的姓名。请你打听一下，能否买到石头？

祝全家快乐！

哥哥

八月二十日

我们家的成分是地主，土改后我们的生活就变得比较艰苦。我伯父为了照顾我父亲，把我父亲和我奶奶接到山东青岛去了。到了青岛以后，我伯父负责起我父亲的教育，安排他上学等，他们兄弟俩的感情一直都是很好的。我伯父中风之后卧病在床，生活十分不便，没有人照顾他。当时我父亲请假很不好请，为了照顾我伯父，他就主动离职了，专职照顾我伯父，照顾了一年多。他一直很自责，因为我伯父去世的时候，他有事没能在身边守着。他说，如果他在的话，我伯父肯定不会这么早就离世的。

张洪刚：陆侃如先生去世时有没有留下什么遗言？

陆东生：没有留下遗言。我伯父走得很突然。住院的这段时间，他一直都在工作，一直在整理他的书稿。他大概也没有想到自己会这么快辞世吧。伯父去世后，我父亲将其骨灰接回海宁老家进行了安葬。

张洪刚：冯先生去世的详情，陆晋如先生跟您讲过吗？

陆东生：这方面的事情没有听他提起过。不过从现在可以看到的一些资料上来看，冯先生是1973年的时候被查出癌症的，但当时山东大学搬到曲阜去了，医疗条件也不是太好，耽搁了一阵病情。

张洪刚：冯先生1973年在曲阜查出癌症以后，山东省政府专门派车把冯先生送到了济南的医院医治，要用最好的药、最好的医疗条件救治冯先生。我还听说冯先生在病重期间，都始终没有忘记教学，她是把教学当作终身事业来看待的。有一天她精神稍微好了一点，她便蹒跚地走到护士台前，把那些小护士当成自己的学生，声情并茂地讲起课来，在场的护士没有不被感动哭了的。到现在，山东大学还传颂着冯先生的故事。

陆东生：对的，我还记得最后她用都德《最后一课》里的一句话作的结——“下课了，你们走吧。”这都是她学生亲自见证的。

张洪刚：没错，冯先生住院时很多学生都在医院陪护她。山东大学就是有这么一个尊师重教的传统，老师一旦生病住院了，他的学生子弟会不约而同地到医院轮流照顾老师。

张洪刚：冯、陆先生一生笔耕不辍，著作等身。陆老师您对他们的代表作有什么了解吗？能为我们讲讲吗？

陆东生：我了解的其实也不多。只是发现他们的代表作基本上都是在民国时期完成的。中华人民共和国成立之后，与弟子合著的书比较多一点，可能也是因为行政工作占用他们大量的时间吧。我觉得他当时选择山东大学，而没有跟着老师胡适一起去台湾，现在来看是最好的结果。因为只有山东大学才有这样的环境，才有这种尊师重教的氛围，对他们身后的评价也比较高。如果他们泉下有知，他们一定会很开心幸福的。

张洪刚：好的，谢谢。我觉得，对于冯、陆先生的事迹，我们还要继续颂扬。在杜院长的领导下，我们也要竭尽全力地去保护他们的手稿、遗稿，争取把先生们的遗稿一一出版。

张洪刚：冯陆先生一生耕耘，桃李满天下，他们的弟子牟世金先生、袁世硕先生、龚克昌先生、张可礼先生等等，很多都是当今的著名学者。能不能请您给我们讲讲他们师生间的故事呢？五六十年代，冯、陆先生应该都是在家里给研究生们传授学术知识的。陆晋如先生和冯、陆先生在一起生活了许多年，不知在这一方面他是不是有所耳闻呢？

陆东生：我父亲跟我谈起过，三年困难时期粮食供应十分紧张，需凭票购买，我伯父、伯母虽然工资比较高，但是有钱也买不到更多的粮食。他们的学生正值壮年，却常常因吃不饱而饿得面黄肌瘦。我伯父、伯母看着很心疼，就趁他们到自己家里讨论学术问题的时候，尽量拿一些当时能用钱买到的东西，比如说糖果零食之类，招待他们，让他们多少能补充一点营养。

我们家搬到了海门后，跟我们联系比较多的是牟世金先生。在牟老师身上，我深深感受到了山东大学尊师重教的传统。牟先生是我伯父的学生，跟我父亲也走得近些。当年我父亲为了照顾我伯父，把工作辞掉了。后来回到启东，肯定就只能务农，做做赤脚医生什么的。牟世金先生主动地跟启东政府联系，帮他解决了工作问题。我对他一直都是很感激的。

张洪刚：牟世金先生是陆先生的得意门生，袁世硕先生则受冯先生的影响比较大。直到现在，袁先生还在研究元杂剧，袁先生的弟子也在研究元杂剧，我觉得师生之间对学术的传承真的很让人敬佩。冯先生的弟子袁世硕先生和陆先生的弟子张可礼先生曾经把他们老师的文章搜集了起来，编成了《冯沅君陆侃如合集》，有15卷之多。今年是咱们山东大学的百廿校庆，明天冯陆先生的研讨会就是校庆学术活动之一。对于山东大学百廿校庆以及我们的院史整理、传承优秀学风工作方面，两位老师还有什么建议吗？

陆东生：经过这一天的参观，我觉得山东大学确实非常重视老先生的学术遗产，保存原始资料、传承优秀学风这方面的工作做得非常好，远远超出了我们的预期。我们非常感动，没有其他更多的要求了，希望山东大学文学院能一直做下去，越办越好。

陆一民：学校对冯、陆先生的书稿做了很妥善的保存，并且还把这些文字全部数字化。这个工程非常大，不仅仅是保存了他们的一些文字，而且使得他们的研究成果、治学的精神能够一代一代地传下去。作为家属，我感到非常开心，凭借我们个人力量是不可能做成这些事情的。非常感谢学校的重视，也感谢他们的学生、他们的弟子——如今的老教授们尊师重道的精神让我很感动。

张洪刚：你们的满意就是我们努力的方向。我们一直以冯、陆先生为模范，希望能像老先生们一样为国家培养出更多优秀的人才，这样才不辜负老先生们的遗愿。作为文学院的一名普通教工，我很荣幸能够在文学院工作，能够站在巨人的肩膀上工作。山东大学文学院一直保留着集体育人的传统，和当年冯、陆、高、萧、黄5位先生接力上课一样，现在文学院研究生"人文科学方法论"这门课程也是所有的导师接力来上。每堂课结束后，同学们都把老师的讲课内容整理出来，最后编成讲义出版。这样，老师们宝贵的治学经验也就能帮助到更多的学生。我们一直是用集体的力量培育人才的。

十分感谢你们能来山东大学做客，欢迎你们有时间常来山东大学看看，最好每年都来，咱们在校园里走一走、看一看，感受山东大学每年的变化。非常感谢陆老师一家能来参加这次学术会议，也十分感谢你们能接受我们的采访。

（采访整理：张洪刚　吴奇颖）

翻译家金中与日本作家石川达三的一面之缘

日本文学翻译家、山东大学金中教授与南京大屠杀的记录者、日本著名的社会派小说家石川达三虽然只有过一面之缘，彼此却结下了终生友谊。1956年6月石川达三带领日本亚洲团结文化代表团来华访问，受到了周恩来总理亲切接见，金中作为日语翻译，结识了石川达三。1958年石川达三把亲笔签名的《风中芦苇》从日本寄给了金中，当时金中打成右派被下放农场劳动，劳动之余开始翻译这部小说，"文革"期间，他在农村极其艰苦的条件下，完成了这部小说的翻译。1978年金中调到山东大学外文系工作，与石川达三取得联系，经常书信来往。石川达三去世后，他的夫人又把石川先生的23部小说的翻译权无偿授予了金中。金中曾说，假如1956年我不与石川达三先生邂逅，或许我这一辈子不会从事日本文学翻译。石川达三先生可以说是我的事业的引路人。

南京大屠杀的记录者石川达三

石川达三(1905～1985)是日本著名的社会派小说家。1927年入早稻田大学学习英文，不久退学，任《国民时论》杂志编辑。1930年移居巴西，回国后发表长篇见闻录《最近南美往返记》。1935年他凭借中篇小说《苍氓》，荣获了第一届芥川文学奖。从而奠定了他在文坛上的地位。1938年根据实地体验创作的中篇小说《活着的士兵》，反映日本侵略军杀戮中国人民的罪行，遭到查禁。第二次世界大战后曾任日本文艺家协会理事长、日本笔会会长等职。

1937年12月13日 国民政府首都南京被日军攻克陷落。12月29日，石川达三作为《中央公论》的特派作家，被派往南京，并约定为《中央公论》写一部反映攻克南京的小说。石川达三从东京出发，翌年1月5日在上海登陆，1月8～15日到达南京。他随军参加了日军进攻南京的全过程，亲眼目睹、亲身经历了骇人听闻的南京大屠杀，并以他的所见所闻写下了《活着的士兵》发表在《中央公论》上。

《活着的士兵》记述了一支日军部队从上海到南京，沿途奸淫妇女、烧杀抢掠、无恶不作的残暴行为，无情地揭露了日军士兵在中国实行烧光、杀光、抢光的滔天罪行。这部小说是战时日本国内第一部也是惟一一部真实记录日军侵华兽行的日本纪实文学作品。

但就是这样一部讲了一些真话的作品，一出版立即引起日本当局的震怒。1938年8月4日，石川达三与《中央公论》编辑、发行人都以“将虚构作为事实，紊乱安宁秩序”罪名，受到日本当局的起诉。9月5日，石川达三被判监禁4个月、缓刑3年执行。判决书称他的作品“记述皇军士兵对非战斗人员的杀戮、掠夺以及军规废弛的状况，紊乱安宁秩序。”

南京大屠杀是日本侵华战争中最惨无人寰的一页，也是迄今日本右翼势力竭力掩盖的实事。对于中国人而言，这是一个板上钉钉的实事，有南京大屠杀纪念馆里皑皑白骨作证。当代日本现实主义作家石川达三的长篇报告文学《活着的士兵》也是最有力的证言。

金中参与日军洼田旅团受降

金中（1926～2008），原名章世菁，浙江宁波人。早年家境贫寒，依靠刻苦自学，掌握了日、英、俄三门外语。1945年8月参加新四军，中华人民共和国成立后曾赴朝鲜参战，转业后在中华全国总工会国际部日语翻译。1978年调山东大学外文系执教，1988年晋升为教授。曾任山东大学日本研究中心顾问、中日关系史学会理事、中国日本文学研究会副会长、中华日本学会理事等职。

金中新四军时的照片

1945年8月金中参加新四军，历任淞沪支队文化教员、敌工干事、翻译员等。抗战胜利后，参加了山东新汶矿区日寇洼田旅团的受降工作，给司令员叶飞、政委谭启龙当翻译。

1945年10月，金中所在淞沪支队从江南北撤到江苏涟水改编为新四军第一纵队，他被安排到纵队政治部当翻译。部队一路北上，到了山东临沂，部队修整后一路东移经沂蒙山区到了大汶口的华丰煤矿。

华丰，位于山东省中南部，是津浦路旁的一个重镇，同时，又是一个著名的煤矿区，是日本侵略军在鲁中的中心据点之一。日军洼田任旅团长的第65师团步兵第72旅团驻扎此地。

日军接到国民党军事当局的命令后，就驻守原地，不肯向新四军投降。这时，陈毅司令员发出指示：对这部分日军，我们决不能轻易放过，但也不能心急，可以分几次“吃掉”。

纵队司令部调遣了兵力，逼近华丰矿区，并加紧政治攻势。司令员叶飞、政委谭启龙派出保卫部长杨家保，由金中等两名同志护送去和日军谈判受降事宜。

据金中回忆：经过三天三夜的马拉松谈判，总算达成了协议。日军部队的军粮有新四军供应一个月，重机关枪以上的重武器留下，日军部队只扛着步枪、轻机枪去济南。我们之一策略，得到参谋长赞同。其实，这是我军实施的调虎离山之计，只要日军离开华丰，到了泰安就由不得他们了。

12月7日上午，洼田旅团3000余人从华丰煤矿北撤，日军撤到泰安附近的一个山口时，被埋伏在此的新四军团团包围。这时日军已没有战斗力，纷纷缴械投降了。日军投降后，日军和敌工部部长金子明带着一个营的部队一路护送洼田旅团3000官兵到了烟台，在烟台等了三天，就用苏联轮船把他们遣送回国了。

从烟台回来，叶飞、谭启龙听取汇报后，鼓励金中说：“小金，你出色地完成了任务，以后努力工作，争取早日入党。”

2005年，在中国人民抗日战争暨世界反法西斯战争胜利60周年之际，金中荣获中共中央、国务院、中央军委颁发的中国人民抗日战争胜利60周年纪念章。

金中和石川达三的一面之缘

早在1942年，金中就读了他的长篇报告文学《活着的士兵》。当时，金中对日本文学一无所知，但石川达三的名字却深深地印在了脑海里。他非常崇敬这位有胆识、有正义感的日本作家。1994年金中将《活着的士兵》翻译成中文，由文化艺术出版社出版了，为抗日战争及世界反法西斯战争胜利50周年献上了一份厚礼。

1952年，金中从朝鲜回国，转业到中华全国总工会国际联络部当日语翻译。1956年6月石川达三带领日本亚洲团结文化代表团来华访问，28日下午六时周恩来总理亲切接见了石川达三一行。这次会见，金中作为日语翻译，结识了石川达三。

1958年石川达三把亲笔签名的《风中芦苇》从日本寄给了金中。金中如获珍宝，天天带在身边。不久，金中被打成右派，他带着简单的行装和《风中芦苇》去唐山国营柏各庄农场劳动。在劳动间隙他花了两天一夜时间，把这部50万字的长篇小说一口气读完了。

石川达三在《风中芦苇》这部作品中，站在自由主义者的立场上，对战争时期法西斯军部制造"笔祸事件"，迫害共产党人及进步文化人的滔天罪行，提出了强烈抗议。在《风中芦苇》中，他站在人民大众的立场，道出了人民的心声，使作品具有强烈感人的艺术力量。

金中把《风中芦苇》一连读了好几遍，就在农场繁重劳动之余，他开始翻译这部小说，"文革"期间，他在农村极其艰苦的条件下，完成了这部小说的翻译。他在翻译石川达三先生的《风中芦苇》前后经过了20年的岁月，1982年10月该书被黑龙江出版社出版。

金中晚年致力于石川达三作品的翻译

1978年金中调到山东大学工作以后，与石川达三取得联系，经常书信来往，他们有着很深的文字之交。石川达三将他的全部著作寄给了金中，还为《破碎的山河》中译本写了序言。

1982年《风中芦苇》出版后，石川达三邀请金中访问日本。由于种种原因未能成行。1985年1月，石川达三走完了半个世纪的文学生涯，与世长辞。《朝日新闻》评价他为战斗了一生的“直言居士”。

1986年冬金中访问日本，在东京拜访了石川夫人。这时，石川达三去世快两年了。石川夫人见到金中第一句话是：你来晚了一步，要是先生活着见到您，该会多么高兴！他生前常常提起您，由于你的努力，他的作品在中国有如此多的读者。中国人似乎比日本人更了解他。他在日本常常遇到非难，但他不以为然，直到病倒前还趴在书桌上写作。

金中这次访问提及石川达三先生1956年访华的事，石川夫人拿出珍藏的石川达三与周恩来总理的合影说：“石川先生把周恩来总理接见视为最高荣誉，他看到了中国政府希望恢复中日两国的友好关系的诚意。”石川夫人把珍藏的这张照片底片赠送给了金中。

石川达三的23部小说的翻译权无偿授予了金中。1992年5月，石川夫人石川代志子给金中写了封信，信中说：“同意将石川达三著《以作恶为乐》……等二十三部小说的翻译权授予金中氏。石川代志子。”收到这封信后，金中激动得半天说不出话来！

2000年10月，金中译《石川达三作品系列》由百花文艺出版社出版。石川夫人石川代志子为作品系列写来了序言。“致中国读者——石川去世已过去十三年了。由于金中先生的厚谊和异常的努力，他的遗作得以这样完美的形式出版，使读者能读到他的作品，兹致以深切的感谢。石川代志子。平成九年十月二十六日。”

金中曾说，我之所以翻译先生的作品，是因为先生的作品道出了人民的心声，石川是一个对我国十分友好而且有着良心的现实主义作家。我想通过翻译他的小说，给我国读者、特别是青少年打开一扇了解日本、认识日本的窗户。我孜孜不倦地翻译他的作品，石川夫人如此无私地、热情地支持我，是对我的鼓励和鞭策，这说明我和石川先生及夫人的友情是难以用语言来形容的。假如1956年我不与石川达三先生邂逅，或许我这一辈子不会从事日本文学翻译。石川达三先生可以说是我的事业的引路人。

金中用了近十年的时间，译完了石川达三的作《金环蚀》《人墙》《破碎的山河》《骨肉至亲》《恶女手记》《浑身是泥》《最后的世界》《敞开的大门》《他有七个敌人》《爱的终止时》《爱的得失》《女人，活着为谁》等 20 余部中、长篇小说。

李芒曾评价说，金中教授尽一生之主要精力倾注于这一富有意义的译业之中。译笔流畅，读来赏心悦目。这和金中教授对石川作品进行了深入研究，理解深刻，从而产生挚爱之情，恐怕不无关系。

（原载《齐鲁晚报》2015 年 7 月 16 日）

生而沁苦　尽世犹甘

——吴开晋与余光中共话《白玉苦瓜》

2001年的春天，台湾诗人余光中应山东大学之邀前来访问讲学，这位诗人学者首次走进孔孟之乡，探寻齐鲁文化，了却了他蕴藏已久的夙愿。访问山东大学期间，山东大学文学院吴开晋教授奉陪，两位先生零距离接触，共话《白玉苦瓜》，留下了颇为精彩的一幕。近日，笔者走进吴先生寓所，听他回忆了14年前的这段往事。

现年80岁的吴开晋先生是我国当代著名的诗歌评论家、诗人，山东大学教授。笔名吴辛，山东省沾化县人，1934年11月生于山东省阳信县。1958年毕业于吉林大学中文系。1978年调入山东大学。著有《现代诗歌艺术与欣赏》《月牙泉》等10余部诗论集及诗歌散文集。诗作《土地的记忆》，获以色列米瑞姆·林德勃哥诗歌和平奖；新诗集《新诗的裂变与聚变》，2005年获国际炎黄文化研究会第三届龙文化金奖。

泪涩以研墨，发雪作浆宣，缱绻如轻轻地呢喃，喑哑似幽幽的思绪，世世母子，代代乡情。一首传遍海峡两岸的《乡愁》似乎成了余光中的代名词。“小时候/乡愁是一枚小小的邮票/我在这头/母亲在那头/……而现在/乡愁是一湾浅浅的海峡/我在这头/大陆在那头”一首怀乡诗，满腔故园情。吴开晋也正是从余先生的这首《乡愁》开始认识进而熟识、景仰这位大师的。

余光中是当代台湾诗人与散文家、评论家、翻译家。祖籍福建永春，1928年出生于南京，1948年进入厦门大学外文系时开始发表新诗，1949年5月到达台湾入台湾大学外文系，毕业后进入军界。退役后进修硕士学位，并从事编辑与教学工作。其人“左手为诗，右手为文”，著作达40多种。

吴开晋说，我与余光中先生有过两面之缘，这两面之缘给我留下了深刻印象。第一次会面是2001年春天在济南山东大学，我有幸与先生促膝而谈，共话《白玉苦瓜》;第二次会面是 2006 年秋在北京中国人民大学,先生赠与我一本他的诗集《五行无阻》,里面有一份余光中先生客气的签名,至今珍藏。

据吴开晋回忆,2001 年春天,台湾诗人余光中应山东大学之邀前来访问讲学,并颁赠客座教授名衔。当校领导通知我陪同余光中先生参加访问活动时,我不由一阵激动,心中狂喜。很荣幸,我以文学院教授和现代诗人的身份参加了与余光中先生的会谈,领略了这位诗人学者的风范。这是余光中先生第一次到山东来,虽已是 73 岁的高龄,但鹤发童颜、清瘦硬朗、神清目爽,气韵朗然与想象中的诗性文人并无二致。

当他与山东大学文学院的师生围坐在一起时,大家的交谈仍然围绕着"乡愁"展开。有的人问及他的生活经历,他详尽地介绍了他苦难的童年和颠沛流离的青少年时光,从原金陵大学、厦门大学,再到台湾大学……有人又问,他的乡愁诗为什么写得那样沉重而又撼动人心?他说:如果我是十一二岁就离开大陆,记忆不够,文化的渊源也不够,也就无从怀乡。离开内陆我已 20 多岁了,告别家乡、母亲是多么的痛苦!思念之情怎会抹得掉呢?我忽然想起别人没提及但却是他的一首代表作《白玉苦瓜》,这是一首充满爱国主义情感的寻根诗篇,在当今的诗坛上堪为精品。

这首诗我给学生们讲过,也写在文章里,但如同每个惴惴的读者一样,期望亲耳听一听他创作这首诗的动机和感受。他笑着点头,也说这是他自己喜欢的一首诗。说这首诗是在台北故宫博物馆看见白玉雕琢成的苦瓜,于是触发灵感,展开想象写成的。

诗的开头,像一位饱经沧桑而又睿智的老人用一种舒缓沉稳的笔调道来:"似醒似睡,缓缓的柔光里/似悠悠醒自千年的大寐/ 一只瓜从从容容在成熟 ",下边又写它的精致、清莹,还写道:此时它已不苦涩了,因为它吸尽了"古中国喂了又喂的乳浆"。这只苦瓜又像个不幸中又大幸的婴孩,"钟整个大陆的爱在一只苦瓜/皮鞋踩过,马蹄踏过/重吨战车的履带碾过/一丝伤痕也不曾留下",这正是它玲珑剔透的根源,因为它是在前古文化哺育下,又吸收了亿万华夏子孙之爱诞生的。诗的深层意蕴在苦瓜这一意象中非常自然地显现出来,这些描写自然是一种象征,对此我早有体会。

对诗的最后几句我曾品味斟酌却仍不勘其中深意,便又向余先生提及。

这后几句是：为你换胎的那手，那巧腕/千眄万睐巧将你引渡/笑对灵魂在 /白玉里流转/一首歌，咏生命曾经是瓜而苦/被永恒引渡，成果而甘”。余先生思索了一下随即道：“我是指人生命运之苦，最终成为结晶之甜。”

这只“苦瓜”虽是正身，但生长在大山深处，经历过多少风风雨雨和沧海桑田的变迁，被人挖出，又经历多少刀砍斧凿的雕琢，受尽了折磨，但最终成为闪着奇彩异光的艺术品，向人们展示着它的美、它的纯真。余先生的阐释，又使我对这首诗的理解加深了一层。让我深深感受到生命存在的价值和人世间的取舍。吴开晋回忆道。

第二次和余先生会面是在2006年北京的秋天，先生应邀到中国人民大学讲学，经和余先生取得联系后，到了中国人民大学拜见了先生，并送给他我的一本诗集，先生回敬一本诗集《五行无阻》，上面有他客气的签名，我把这本诗集视为宝物至今珍藏。时隔五年再见，先生已雪满白头，但风采依旧，不失温文尔雅。提及山东大学之旅仍记忆犹新。在中国人民大学我与先生会面很短暂，在一起忆往事、谈谈诗，我们俨然成了老朋友。会见结束时我和余先生合影留念，留下了宝贵的瞬间。

2006年秋吴开晋与余光中先生在中国人民大学合影

吴开晋说，两次会面，同余先生以诗会友，彼此结下了深厚的情谊，这是我人生的一大财富。不管当前文坛通俗文学如何畅行，喜欢高雅文学、喜欢诗歌创作矢志不渝，人生当如白玉苦瓜，只要永恒地追求和努力，一定会成果而甘！正像艾青所说：人类的语言不绝灭，诗不绝灭。

白玉苦瓜

余光中

似醒似睡，缓缓的柔光里
似悠悠醒自千年的大寐
一只瓜从从容容在成熟
一只苦瓜，不再是涩苦
日磨月磋琢出深孕的清莹
看茎须缭绕，叶掌抚抱
哪一年的丰收像一口要吸尽
古中国喂了又喂的乳浆
完美的圆腻啊酣然而饱
那触觉，不断向外膨胀
充实每一粒酪白的葡萄
直到瓜尖，仍翘着当日的新鲜
茫茫九州岛只缩成一张舆图
小时候不知道将它叠起
一任摊开那无穷无尽
硕大似记忆母亲，她的胸脯
你便向那片肥沃匍匐
用蒂用根索她的恩液
苦心的悲慈苦苦哺出
不幸呢还是大幸这婴孩
钟整个大陆的爱在一只苦瓜
皮靴踩过，马蹄踏过
重吨战车的履带辗过
一丝伤痕也不曾留下
只留下隔玻璃这奇迹难信
犹带着后土依依的祝福

在时光以外奇异的光中
熟着，一个自足的宇宙
饱满而不虞腐烂，一只仙果
不产生在仙山，产在人间
久朽了，你的前身，唉，久朽
为你换胎的那手，那巧腕
千眄万睐巧将你引渡
笑对灵魂在
白玉里流转
一首歌，咏生命曾经是瓜而苦
被永恒引渡，成果而甘

附　录

百年将门齐大情

——记抗日将军冯玉祥家族与齐鲁大学

冯玉祥

2014年5月，笔者在录制“外国语学院老教授影像资料库”的时候，专访了张公平教授，他提到了冯玉祥将军与齐鲁大学女生部主任刘兰华教授的家族情缘以及冯将军两次隐居泰山与齐鲁大学师生的交往。张教授所讲的这段往事深深勾起了笔者的兴趣，那么冯将军与齐鲁大学有渊源吗？笔者带着疑问与好奇又多次采访了张教授，听他讲述冯将军赠其父亲张汇泉字画、张汇泉与刘兰华的交往以及齐鲁大学南迁成都华西坝冯玉祥为师生进行抗日演说等往事。在张教授的鼓励和支持下，笔者从校史档案、书籍资料中，又钩沉出了冯将军与登州文会馆学生仲伟仪，与齐鲁大学教授老舍、侯宝璋、江涛声、张雪岩之间的交往轶事。

值得庆幸的是在去年的12月，通过多方联络，笔者联系上了冯玉祥将军的儿媳，现年81岁的余华心女士，她也是齐大刘兰华教授唯一的女儿，并与其进行了书信联系。近日，笔者又通过电话对余华心女士进行了采访，听她讲述了冯玉祥一家三代与齐鲁大学、山东大学的情缘。今年 4 月 16 日，笔者将梳理的《百年将门齐大情》一文用电子邮箱发给了余华心女士，请她指正，当日即收到了余女士的回复，她写道："洪刚先生：此文甚好，把一段珍贵的、世人知之甚少的历史整理出来，功德无量！"这句话也许是对笔者的鞭策吧！山东大学、齐鲁大学植根于齐鲁大地，人文底蕴深厚，在深入挖掘梳理人文历史上，要做的事还有很多很多，一种强烈的责任感和使命感油然而生。

正值中国人民抗日战争暨世界反法西斯战争胜利 70 周年之际，谨以此文，献给为抗日战争胜利做出贡献的冯玉祥将军和齐鲁大学师生。

抗日将军冯玉祥(1882～1948)，原名冯基善，字焕章，祖籍安徽巢县，寄籍河北保定。国民革命军陆军一级上将，民国时期著名军阀、军事家、爱国将领、民主人士。

冯玉祥家族与齐鲁大学有着极为密切的联系。早在 1921 年，冯玉祥就与登州文会馆学生、山东大学堂西学教习仲伟仪结为友谊，请其在军中传教、讲学。20 世纪 30 年代，冯玉祥曾两次隐居泰山，在此期间他与齐鲁大学结下不解之缘，与齐鲁大学的刘兰华、老舍、侯宝璋、张汇泉等教授结下了深厚友谊，并与江涛声教授联手救助了国际特工刘思慕。1937 年齐鲁大学南迁成都华西坝，冯玉祥曾为师生进行抗日演讲。对这一时期奉命南迁到武昌的国立山东大学，冯玉祥也曾慷慨解囊，捐助山东大学师生。1942 年 8 月，冯玉祥结识了齐鲁大学社会系教授张雪岩，他们一起组织基督徒节约献金救国运动会，在支持抗战中结下了友谊。抗战期间，冯玉祥的两个女儿冯弗矜、冯理达先后就读于齐鲁大学医学院；1981 年他的孙女冯丹龙又就读于山东大学外文系，续写了家族与山东大学的传奇。

冯玉祥与登州文会馆学生仲伟仪从民国初期，冯玉祥就在中国现代史上留下了一个独特的称号——"基督将军"。1915 年，冯玉祥在北京亚斯里教堂，由著名的中国牧师刘芳为他行洗礼。从此，"基督治军"成了冯玉祥凝聚军心最独特的方式。1918 年在常德占下地盘之后，冯玉祥开始在自己的军队里进行系统的传教。在营房建立教堂，每逢礼拜天，请牧师向全体军官讲道，并提倡查经、祷告、赞美、主日等仪式。冯玉祥还亲自为士兵宣教教义。军中设有随军牧师，在近代史上除太平天国之外，冯玉祥是唯一之人。也正是由于他的基督教情怀，才结识了山东大学堂西学教习仲伟仪。

仲伟仪(1865～1936),字子凤,别号昶轩,又号补衮子,仲家集(今龙口市南仲家)人。仲伟仪“弱冠以最优等毕业于登州文会馆”。登州文会馆即齐鲁大学前身,系山东省最早的教会大学,也是中国首所现代高等学府。据《狄邦就烈传》所附录的登州文会馆资料,仲伟仪是光绪十一年(1885)毕业的,毕业后在母校执教七年,担任文理科教习。1901 年山东巡抚袁世凯在济南创办山东大学堂,延文会馆主赫士为总教习,仲伟仪为格致分教习,任教时间为 1901～1903 年。1904 年起,仲伟仪任天津基督教青年会华总干事兼青年会附设的普通中学校长。

1921 年,仲伟仪辞职自行布道,西出潼关,受到了时任 11 师师长冯玉祥的盛邀。“11 师冯师长升任陕督,崇信耶教,秦中风气一变,余不远数千里冒险赴西安观光,冯督宾礼延见,留军中传教、讲书,未几冯旋督豫,又召余至开封……”后来冯任“抗日同盟军”司令时,其司令部即设于仲伟仪曾任主任的张家口察哈尔区立图书馆内。

冯玉祥与齐大女生部主任刘兰华

刘兰华(1890～1968)出身基督教家庭,是冯玉祥夫人李德全在贝满女中时期的同学,曾任山西贝露女中校长,齐鲁大学教授兼女生部主任,北京辅仁大学外语系教授,齐鲁大学英文教授。中华人民共和国成立后,历任山东医学院外文教研组主任、民革山东省委员会委员、山东省人民代表大会代表,山东省妇联执委等职。

刘兰华的丈夫为冯玉祥智囊、有“红色牧师”之称的余心清。1924 年,余心清被基督将军冯玉祥派往美国留学,入哥伦比亚大学行政系修习。此时刘兰华已获得博士学位留美工作。在一次哥大校友联谊会上,余心清偶然遇上落落大方、一派女学者风度的刘兰华,一见倾心。1927 年两人携手回国,在太原举行了婚礼。

1928 年国民革命军北伐到济南,余心清与新婚夫人刘兰华双双到了济南。刘兰华任职于齐鲁大学女生部主任兼教育行政系教授。女生部英文称之为“妇女学院”,在教会大学中是个独立机构。女生部主任即为“妇女学院”院长,不仅与其他学院院长们平起平坐,在校评议会中自然占有一席之地,而且手中握有财权,可以自主支配之。刘兰华是齐鲁大学历史上第三任女生部主任。1931年齐鲁大学在南京教育部注册立案之后，学校有了很大发展，女生人数迅速增多，刘兰华便将历年余款两万多美元全部取出，修建了女生第二宿舍美德楼。

1932年冯玉祥两次下野隐居泰山期间，当时余心清经常往返于泰安与济南之间。据余华心说，冯玉祥二次隐居泰山时，在同盟军中任总务处长的余心清带着妻子和一岁多的女儿余华心，也上山居住。

抗日战争爆发后，余心清随冯玉祥去了武汉，后又到陪都重庆。刘兰华则携余华心随齐鲁大学辗转内迁成都华西坝。当时齐鲁大学与在这一期间汇集至此地的金陵大学、金陵女子文理学院、燕京大学、华西协和大学，形成了名噪一时的“华西坝五大学”。在全民抗战和世界反法西斯的形势下，“五大学”的师生们怀着满腔热血、崇高的正义、爱国精神，投身于抗日救亡活动。

1939年1月13日，冯玉祥由重庆来到成都华西坝，为“五大学”师生作了“坚持抗战到底”的演说，激昂地号召与日寇拼个死活，枪弹打光了用刺刀，刺刀断了用枪托，枪托断了就拳打脚踢，拳脚受伤了就用口咬。冯玉祥还当场挥毫题写了“还我山河”，深深激发了听众，许多学生把自己身上的毛衣、棉衣都脱下来捐献。冯玉祥告诉学生们要珍惜无数前方将士浴血奋战保下的大后方学习环境，好好学本领，还大讲日本必败、中国必胜的形势，以长国人志气。

那天，冯玉祥站在桌子上一直讲到下午5点40分才结束。讲演会上，张素芳同学代表华西坝“五大学”战时服务团赠送给冯玉祥一面绣着“深入民间”四字的锦旗，表达师生们敬佩冯玉祥将军四处奔波、亲力亲为宣传动员抗日救国的精神。

据余华心回忆：1943年春节，母亲带着九岁的我去给将军拜年，他穿着北方农民那种半截子粗布棉袍，和我们面对面站定，互行三鞠躬。留饭后，他把我们领到书房，给我们母女俩每人画了一幅蔬菜水彩画，给母亲画上的题词是：“一个大白菜，味是真正美，大家常常吃，打得倭寇必败北”；给我画上的题词是：“红萝卜，紫茄子，味都好，味都香，大家多吃些，一定打过鸭绿江。”表现出他对抗日战争必胜的坚定信念。

1948年7月，冯玉祥应中共中央邀请参加中国人民政治协商会议筹备工作，自美国回国乘“胜利”轮途经黑海途中，因轮船失火，不幸遇难，享年66

岁。余心清在狱中得知冯玉祥遇难的消息,内心非常悲恸,不时老泪盈眶。余心清由于在1947年,因联络美国领事馆,策动国民党第11战区司令孙连仲起义,遭到国民党逮捕。余心清曾在牢中撰拟了一副对联,遥为吊祭:"海上惊噩耗,狱中哭先生。"中华人民共和国成立后,余心清历任中央人民政府办公厅副主任、局长,政务院机关事务管理局局长,国家民委副主任,全国人大常委会副秘书长等职。

余心清、刘兰华唯一的女儿余华心嫁给了冯玉祥的小儿子冯洪达。余华心,1934年出生在济南齐鲁大学,1947年在北平贝满女中读书,1956年,复旦大学中文系毕业。曾任大连市政协文史委员会副主任,现为辽宁省及大连市作家协会会员。冯洪达(1930～1993)生于天津,1948年9月入苏联列宁格勒大学学习,后转入苏联巴库海军学校学习海军专业。曾任中国人民解放军海军北海舰队副司令员。

1953年,余心清的一个老朋友热心地牵线介绍余华心和冯洪达认识了。在上海大厦的一场舞会上,冯洪达对容貌端庄漂亮而又有"才女"之称的余华心一见钟情。1958年,余华心和时任海军北海舰队驱逐舰副舰长的冯洪达共结连理,结下了一世情缘。"文革"结束后,余华心开始搜集资料为冯玉祥著书立传,先后出版了《冯玉祥将军魂归中华》《传奇将军冯玉祥》《冯玉祥自传》等著作。尤其是《冯玉祥将军魂归中华》这部书的出版,意义重大,促成了对冯家的政策落实。1982年,中央政府安排了隆重的冯玉祥百年诞辰纪念大会。散落各地的冯家后代聚集北京,连远在美国的冯洪志一家也来了。在人民大会堂,邓小平接见了冯家的第二代。

冯玉祥曾两次被迫下野隐居泰山,其智囊"红色牧师"余心清,始终不弃不离追随其左右为之四方奔走联络。而当年在这位红色牧师身旁,还时常可以看到一位端庄秀丽的身影,这便是比他大九岁的博士夫人,时任齐鲁大学女生部主任的刘兰华。冯玉祥就是通过余心清、刘兰华夫妇结识了齐鲁大学老舍、侯宝璋、张汇泉等知名教授。

冯玉祥与老舍抗战期间结为终身友谊

老舍曾两次执教齐鲁大学,第一次是1930年7月～1934年7月,第二次是1937年抗日战争爆发前。1930年初,老舍结束了英国伦敦大学东方学院的教职后，返回祖国。当年7月，接受齐鲁大学的聘书，任国学研究所文学主任兼文学院文学教授。1932年冯玉祥在泰山读书时，就对老舍的小说和幽默小品赞赏不已。当时冯玉祥曾托往来于济南与泰山之间的余心清邀老舍到泰山，想同他畅谈文艺。可惜老舍由于教学和写作繁忙未能赴会。1937年老舍再执教齐鲁大学，不久，抗日战争爆发，老舍离别妻儿，毅然只身来到武汉，投身抗战事业，一时传为美谈。冯玉祥为此作了一首“丘八诗”：

> 老舍先生到武汉，提只提箱赴国难；妻子儿女全不顾，蹈汤赴火为抗战！老舍先生不顾家，提个小箱子撵中华；满腔热血有如此，全民团结笔生花！

抗日期间，冯玉祥给予老舍持续帮助。老舍初到武汉，冯玉祥便派王向晨前来约请老舍，接到武昌千家街福音堂自己的临时公馆居住。后来，他们又先后到了重庆，一同以中华全国文艺界抗敌协会理事的身份组织抗战文艺运动。1937年底，阳翰笙首先以个人名义倡议成立一个“文协”组织，立即得到各方面的热烈响应。经过周恩来、王明和冯玉祥将军共同商议，准备邀请老舍出面主持“文协”工作。经过一个多月的紧张筹备，1938年3月27日，正式成立了“中华全国文艺界抗敌协会”。老舍当选为“文协”的常务理事和总务部主任，周恩来当选为“文协”的名誉理事。500多名文学艺术家参加了大会，邵力子、周恩来、郭沫若、冯玉祥等都发表了讲话。

1942年9月冯玉祥(前排左五)、老舍(前排左六)在成都与“文协”分会成员合影

1938年7月30日，当老舍携带着中华全国文艺界抗敌协会的印鉴和其他文件离开武汉赴重庆时，冯玉祥又及时派人送来了路费。到达重庆之后，老舍几乎每年夏天都寄寓在陈家桥冯玉祥的公馆里进行写作。1942年夏天，当重庆久旱无雨，老舍生活正无着落之际，冯玉祥又约请老舍一同前往灌县。

1947年10月，冯玉祥与老舍在美国重逢，两人一起共进晚餐，在餐桌旁款款而谈。第二年的8月，冯玉祥在返回祖国的途中遇难牺牲，患难中的一对知己，就这样在异国诀别。

冯玉祥到济南侯宝璋家做客

侯宝璋(1893～1967)，著名病理学家、医学教育家。侯宝璋幼承家学，有"神童"之誉，聪颖过人，过目成诵。1918年，侯宝璋入齐鲁大学医学院学习。年轻的侯宝璋在校期间极为努力，成绩优异。1920年，侯宝璋毕业后留校工作。在齐鲁医学院工作期间，侯宝璋成绩卓著。1926年，侯宝璋先后到美国芝加哥大学和德国柏林大学深造。1934年在英国伦敦大学热带病学研究所工作一年。回国后出任齐鲁大学医学院病理学系教授和系主任，在此期间通过刘兰华结识了冯玉祥。

据侯宝璋之子侯健存回忆，有一次，冯玉祥将军要亲临侯府吃饭，令家里好生为难，国乱当头，教授家的日子也不好过。但贵客临门，母亲还是忙不迭地下了厨房。其实，冯将军一直牵挂着教授一家的冷暖安危，将军来时竟随身捎来两袋在当时极为贵重的面粉。开饭时，侯健存帮着母亲上菜。冯将军目不转睛地瞅着这位风华正茂的侯家二公子，意味深长地说："好好学习呀，将来国家得靠你们啦。"齐鲁大学南迁成都华西坝期间，冯玉祥与侯宝璋多有接触，友情深厚。

冯玉祥赠张汇泉字画

张汇泉(1899～1967)是我国著名的人体组织胚胎学家，曾先后担任齐鲁大学医学院院长、山东医学院副院长。张汇泉儿子张公平说："刘兰华和我父亲是同事，我们两家的关系很好，交往甚密。齐鲁大学医学院南迁成都的时候，因为医学院院长施尔德没有南迁，而是留在了济南，迁到成都后，医学院的中国教师和洋人教师在一起开会，推选了我父亲为医学院代院长，齐鲁大学女生部主任为刘兰华。1949年我父亲担任齐鲁大学医学院院长，刘兰华于1950年复任齐鲁大学教授后，两家又开始走动起来，关系越来越好。”

在谈到冯将军与齐鲁大学时，张公平说，冯将军两次隐居泰山，那时齐鲁大学每年都组织师生到泰山游玩，师生每次去定要拜谒将军，将军对齐大师生也是热情接待，有时应师生要求还挥毫泼墨，赠送书画。张汇泉在“文革”期间就一直珍藏有冯将军赠给的字画一幅，画的内容大致是一座大山，山顶旭日正在升起，一名士兵站在山头吹冲锋号。画中有冯将军的题词：“团结起来，共同抗日，就一定胜利！”可惜这幅珍贵的字画“文革”后被抄家抄走了，为此张公平曾多次寻找，均未果。

张公平说，他的母亲也多次提到冯将军，说他很朴素，是平民将军。虽然是平民将军，但他很爱干净，他也要求士兵要整洁，每当看到士兵穿着整洁，他见了就上前给士兵鞠躬。但他看到士兵军容不整，如风纪扣没扣，他会先给士兵敬礼，后告知并让士兵改正。冯将军与张公平父母也是老相识、老朋友。

冯玉祥与江涛声联手救刘思慕

刘思慕(1904～1985)，《中国报刊》主编、国际问题评论家、作家。原名刘燧元，广东新会人，岭南大学毕业，早年参加国民党，后到莫斯科中山大学学习，1927年离苏回国，从此脱离国民党。1933年秋，刘思慕回国，在上海得到友人介绍，进入共产国际远东情报局从事地下革命工作，先后在上海、武汉、南京打入国民政府的机关，搜集情报，译成英文，提供给第三国际情报局和中共有关部门。

1934年秋，刘思慕秘密地把蒋介石对中国红军的“围剿”计划转交给了中共地下组织。1935年4月后，因交通员被捕叛变，刘被特务追捕，但他早已和家人离开武汉，奔逃于苏、鲁、晋各省之间。刘思慕逃到济南后，经齐鲁大学医学院江涛声教授帮助，藏身于南新街江公馆家中。

刘思慕是江涛声1927年在北平今是中学读书时的语文老师。当时北平今是中学为冯玉祥所办。1931 年刘思慕旅欧去了德国和奥地利。当时江涛声正在德国栢林大学医学院读书，师生二人还一起参加了德共组织的“旅德华侨反帝同盟”，这正是江涛声接纳刘思慕的原因。

江涛声(1910～1949)，原名江晴恩。湖北荆门人。著名医学家、生物化学家江清教授的长子。早年留学德国柏林大学医学院，后在瑞士考取巴塞尔大学病理博士生。1934 年学成回国，任职于齐鲁大学医学院。1935 年因掩护从事地下革命活动的刘思慕被国民党特务逮捕入狱，1936 年江涛声获释后赴捷克宣传中国的抗日运动。

刘思慕到济南后，特务随即跟踪到了济南，江涛声顾虑自己无能掩护，亲自跑到泰山，求助于冯玉祥。冯玉祥对曾是北平今是中学语文教师的刘思慕并不陌生。江涛声讲了事情的前后经过后，冯玉祥慷然应允。江涛声陪同刘思慕到泰山，返回济南后，特务就把江涛声逮捕，严刑逼问，江被逼说出了刘已到泰山，特务们就从济南来到泰山，要上山拘捕刘思慕。在这样的情况下，为保障刘思慕一家的安全，冯玉祥连夜派人绕道山后，把他们夫妇和孩子送到胶济铁路线上的一个小车站，乘火车到青岛换乘海轮逃往日本去了。刘到日本后，冯不时汇款接济他的生活费用。

中华人民共和国成立后，刘思慕曾任外交部国际关系研究所副所长、中国社会科学院历史所所长等职，1985 年逝世，享年 81 岁。

冯玉祥与《田家半月报》社长张雪岩

冯玉祥与齐鲁大学社会学系教授，《田家半月报》总编辑、社长张雪岩也有段奇缘。

张雪岩(1901～1950)，原名张松峰，寒亭区固堤街道大常疃村人，是著名社会活动家、爱国民主人士、九三学社的创始人之一。1934 年 8 月，在美国长老会的资助下，齐鲁大学社会学教授孙恩三与张雪岩在济南创办了《田家半月报》(简称“《田家》”)。《田家》发行量最大时达十几万份之多，成为农民学习新文化、新知识，了解国内外大事的一扇窗口，成为中国现代传播史上重要的一章。

张雪岩

张雪岩是我国现代最早面向农民办报的知识分子，他以极大的热情从事《田家》的编辑出版工作。《田家》开办的最初两年间，张雪岩越来越感到自己学识上的欠缺，于是，在1937年8月，他暂时离开了《田家》，出国深造。他先到加拿大多伦多大学，后到美国康奈尔大学就学，获得康奈尔大学社会系博士学位。

1938年，孙恩三主持的《田家》也迁移到成都华西坝，并于11月20日首次在成都出版。1940年9月，张雪岩学成回国。此时正值抗战期间，他来到大后方成都，接任齐鲁大学社会学系主任，讲授《西洋社会思想史》，并受孙恩三的邀请继续编辑《田家半月报》。不久孙恩三去了重庆，担任卢作孚的顾问兼翻译，张雪岩担任《田家》总编辑兼社长。

张雪岩与冯玉祥相识于1942年。8月初，国民政府军事委员会副委员长冯玉祥应邀到灌县夏令营讲话，9月初的返程途中，顺道在成都基督教青年会与基督教会的朋友召开了一个座谈会。此次座谈会主要讨论了"基督徒在抗战期间应当做什么"的问题，有20多人参会，张雪岩也在出席之列。

1942年9月19日，节约献金救国会议在成都基督教青年会召开，冯玉祥与梅贻宝、张凌高、宋诚之、张雪岩等26名在成都的基督教界知名人士，其中包括教会大学校长和教授、基督教文字工作者、全国性和四川地方性基督教会团体的负责人，集体发起在成都成立"中国基督徒节约献金救国运动分会"。

张雪岩担任中国基督徒节约献金救国运动会成都分会宣传组的组长，负责节约献金救国运动的宣传工作。张雪岩具有强烈的爱国主义思想，对中国基督徒节约献金救国运动极为热诚，他趁冯玉祥在成都期间，和冯玉祥进行过深入交流，以便于更有效地推动节约献金救国运动的发展。当时，冯玉祥住在华西协合大学医学院美籍教授李哲士家，张雪岩曾到李家与冯玉祥促膝而谈。冯玉祥在《蓉灌纪行》中记载了这次谈话的具体情景：

他（张雪岩）说要请我吃饭，我说不必，他说多年的老朋友，你来到成都这个地方，应当尽一点地主之谊。他总说他在成都住了好几年，他以为我是成都的一个客人，我说你要是真请我的话，今天不得闲，明天早晨六七点钟，你买两根油条，两个烧饼，咱们在一起吃一下，就算你请了我好不好？他说干脆，好得很！第二天一早，他就用纸包了油条烧饼来，我们在一起一边吃，一边说，一边笑，吃得很痛快，可是钱省得当不少。我们前方，在抗战，不论干什么，我们都应当十分节约，剩下来的钱献给国家，这才对呢。张先生就是一位真实的实行家，近来他对于节约献金救国运动，更努力了，并且很有成效。

为了使读者献出的血汗款能够真正实现爱国救国目的，张雪岩和冯玉祥约定，将《田家半月报》读者捐助的救国捐、寒衣捐、慰劳将士捐及抚恤流亡民众和难童捐等，按时汇给冯玉祥，由他直接交给蒋介石，再交托给最妥当的人去办理。

1942年11月初，张雪岩将读者的救国献金捐款凑足1000元，汇给了冯玉祥，托他转呈蒋介石。11月中旬，张雪岩便收到了冯玉祥的复函，随即将复函内容刊登在《田家半月报》上。

雪岩先生惠鉴：

手书诵悉，款已转呈蒋委员长，不日必有复示或收据也，俟收到后，当即奉上，请释廑念。先生登高一呼，使献金运动得以深入农村，厥功甚伟，钦佩钦佩，祥在此代表数百万战士，先向先生致最深之谢意，特此布复，并颂撰安。

弟冯玉祥敬启

三一十一十一(1942年11月11日)

随后，张雪岩又陆续收到读者的寒衣捐共计两千余元，均全部汇寄给冯玉祥。1943年1月，张雪岩再次接到冯玉祥的回信，信中同时附寄了蒋介石的一件墨宝，题“三军挟纩”四个大字，并书有“田家半月刊读者献金捐赠前方将士寒衣题字嘉美”等。

抗战期间，张雪岩借助《田家半月报》这块园地，编辑发表了大量唤醒民众抗日救国的文章。他本人撰写了《我们要永远纪念双十》《中华民族不可动摇的自尊自信》《正义之声》《军事第一与士气民气》《国内战局与国人信念》《纪念抗战五周年》等，告诉农民和广大受众，只有团结一致，最后才能获得胜利。抗战结束后，他又撰写了《庆新年哀国是》《哭国运招国魂》《为什么要打仗》《反对内战》等很多文章，告诫国民党当局应该停止内战，应“和平第一、建国第一、民主第一、自由第一”。

冯玉祥曾写诗赞扬张雪岩

一位苦斗士，生活似战线，美国去留学，艰苦把书念，不但品学高，更是爱国汉，创办好杂志，田家半月刊，为民做喉舌，为国做宣传，这天来看我，促膝详细谈，节约献金事，救国大宣传。

1946 年 7 月，《田家半月报》移师北平，1949 年更名为《田家半月刊》。1950 年 1 月 28 日，张雪岩因脑溢血在京逝世，享年 49 岁。

冯玉祥捐助山大师生

冯玉祥与国立山东大学也有一段情缘。

抗日战争爆发后，山东大学南迁到武昌，曾得到冯玉祥的捐助。作为当时 13 所“国立”综合性大学之一的山东大学，也不可避免地受到了战争的影响。1937 年 11 月，山东大学离开青岛开始南迁。山东大学内迁的师生，途经济南、南京、安庆、武昌，最后到达四川万县。师生辗转各地，颠沛流离，不时遭到日机的狂轰滥炸，环境动荡不安。

据时为山东大学中文系大三学生的徐中玉回忆：那时同行山东大学学生不足 100 人，只有几位助教同行，一个教授也没有。轮船缺乏，只要买到了船票，就立刻再去武昌。当时武汉形势也已濒危，山东大学同学感到很困难，有的就在武汉进了几种训练班，有的去了山西，有的转学去了西南联合大学。

山东大学师生到武昌后得到了冯玉祥的捐助。当时就读于山东大学工学院的张俊逸在《拳拳思念情》一文中写道：我们坐船到了汉口，住在武昌第一中学，当时八路军办事处周恩来同志亲自前来慰问。由于大家的生活无着，只得依靠驻守在武汉的陈诚支援，每人发给生活费4元，另外还请冯玉祥将军捐助两万元，凑巧此时平汉铁路运来无数失掉父母的流浪孤儿，由每个同学认作干儿女，得以生存。在十分危难时期，冯玉祥慷慨解囊，为山东大学师生顺利到达万县提供了帮助。

可惜山东大学师生到万县不久，国民党政府下令停办，随迁的学生转入从南京迁渝的中央大学，有的作了结业处理。

冯玉祥两个女儿就读齐大

冯玉祥将军有过两次婚姻。冯玉祥的第一任夫人刘德贞生了二男三女：洪国、洪志、弗能、弗伐、弗矜。刘德贞病故后，冯玉祥和李德全结婚也生了二男三女：洪光、理达、颖达、晓达、洪达。自冯玉祥开始，冯门后代人才辈出，遍及军、政、商学界。作为将门之后，冯玉祥的儿女中的一儿一女也是将军。长子冯洪国早年留苏；二子冯洪志留学德国，是水泵方面的专家；幼子冯洪达留苏，担任过海军北海舰队副司令员，少将军衔；女儿冯理达建起我军第一个免疫中心，曾任海军总医院副院长，也是少将军衔。抗战期间，冯弗矜、冯理达就先后就读于齐鲁大学医学院。

1937年9月，齐鲁大学宣布停课，除部分员工留守外，大部分师生及主要教育教学设备迁往成都。当时齐鲁大学师资水平和办学质量仍然不低。据毕业生曹伯恒、梁鹏回忆："我们的校长，鼎鼎大名的国际法专家，借居华西大学行政大楼的一角办公，与我们稍有接触的机会。教务长为哈佛出身的汤吉禾博士，文学院院长为江之泳博士，理学院院长为留法的薛愚博士，医学院院长为侯宝璋博士。"

冯弗矜是冯玉祥的三女儿，她1938年就读于齐鲁大学药学系，因性格孤僻，不愿和其他女生一起住。时任女生部主任的刘兰华只好让冯弗矜暂时先搬来和她住。和母亲同住的余华心还记得当时的印象："她拎了两个包袱进来，一进门就躺在我母亲的床上，一动不动，一直到天黑。我害怕，装着找东西，进屋子找东西去看看她，她还是直挺挺地躺在那里。"

冯理达（1925～2008），是著名免疫学专家、海军总医院原副院长，她是从齐鲁大学走上医学道路的。1943年冯理达高中毕业后以优异成绩升入齐鲁大学医学院。谈起学医，冯理达曾回忆说，1939年的一天，母亲不慎将手臂摔伤，久治不愈。后来，请来贵阳著名中医杨济生先生诊治，杨先生用银针只在相关穴位刺了几下，母亲的伤便痊愈了。这时她深感中医学的神奇，从此迷上了医学。几年后，即将高中毕业的她把报考医学院的想法告知母亲，母亲很高兴，郑重地对女儿说："就去做个医生吧，将来为老百姓谋点儿福。"于是，她毅然决定了走学医这条人生之路。

那时的齐鲁大学医学教育不惟严，甚至有点苛求，除了医学知识以外，还要求医德，注重伦理，并且讲求专业态度。据齐鲁大学学生束怀符回忆：齐鲁大学医学院当时是通过对学生逐年的淘汰以保证毕业生质量的。当时规定，一门功课不及格留级，两门功课不及格勒令退学。

冯理达正是在这种严格的教育环境下，在齐鲁大学苦读了三年。1946年9月，因随父母到美国"考察水利"，被迫离开了齐鲁大学，后转入美国加利福尼亚大学生物系学习。1949年她赴苏联留学并获医学副博士学位，回国后倾心弘扬中华传统医学，先后到28个国家和地区讲学，成为蜚声海内外的免疫学专家，赢得了广泛赞誉。

值得一提的是，改革开放后，冯玉祥的孙女冯丹龙就读山东大学外文系，续写了百年将门与山东大学的传奇。冯丹龙，美国辉瑞制药中国企业事务部总监，大连市政协常委，全国政协委员。冯丹龙于1981年以优异成绩考上了山东大学英美语言文学专业，毕业后分配到大连理工大学任教。1986年，通过考试的她赴美国纽约州立大学布法罗商学院攻读MBA。当美国著名的辉瑞公司在中国第一次招聘人才时，这位山东大学外语系毕业的将门之女凭着自己伶俐的口齿，和多年奋斗拼搏锻造出的自信和坚韧，以及和她祖父、父亲一样出色的风度，令那些考官们刮目相看，成为大连辉瑞中美合资制药有限公司在国内录取的首批高级管理人才。

余华心说："我的女儿也毕业于山东大学外语系，受了'文革'之误，考取时的岁数按正常应是毕业了，一晃今年也该退休了，因为是全国政协委员，任届上不办退休手续，可以再干几年，她还是大连理工大学的客座教授，有假期时学校就安排她到各地去讲课，主要讲人力资源。"

齐鲁大学是一所历史悠久的教会大学，齐鲁大学的校园最终成了山东大学校园，这两所著名高校的校史在2000年走到了一起。冯玉祥家族的历史也与齐鲁大学、山东大学的历史融为一体，情谊渊源深长。

（原载《山东大学报》2015年5月27日、6月24日）

刘兰华与梁思懿在齐大的一段往事

齐鲁大学历史上有个女生部。曾先后担任齐鲁大学女生部主任的刘兰华与梁思懿，20 世纪 50 年代初常在一起切磋英语口语，两人情谊颇深。前不久，原山东医科大学外语教研室主任张公平教授向笔者讲述了这段鲜为人知的往事。

梁思懿

张公平教授今年 78 岁，对齐鲁大学的历史很有研究，被称为齐鲁大学的活字典。提起刘兰华和梁思懿的这段往事，张教授记忆犹新。他回忆道：刘兰华是山西榆次人，留学美国哥伦比亚大学，获教育学博士学位。其丈夫为冯玉祥智囊、有“红色牧师”之称的余心清。1924 年余心清被“基督将军”冯玉祥派往美国留学，入哥伦比亚大学行政系修习。此时刘兰华已获得博士学位留美工作。在一次哥大校友联谊会上，余心清偶然遇上落落大方、一派女学者风度的刘兰华，一见倾心。1927 年两人携手回国，在太原举行了婚礼。1928 年国民革命军北伐到济南，随军牧师余心清与刘兰华双双到了济南，刘兰华被齐鲁大学聘为文理学院教育学教授。1929 年秋齐鲁大学爆发学潮之后，她任职齐鲁大学女生部主任。1945 年抗战胜利后刘兰华没有随齐鲁大学搬迁回济南，而是去了北平。1950 年刘兰华由京返济复任齐鲁大学教授，1952 年院系调整后担任英语教研组主任，译有《儿童保育法》，后曾任山东省妇女联合会副主席、山东省政协委员等职。刘兰华虽不是英语专业出身，但在美国待了 18 年，英语口语十分流利。刘兰华和张公平教授的父亲张汇泉是同事，两家的关系很好，交往甚密。

据校史资料记载：张汇泉（1899～1986），河北省文安县人，先后担任齐鲁大学医学院院长、山东医学院副院长等职务。1918 年进入北京燕京大学预科学习，1919 年经燕京大学司徒雷登介绍转入齐鲁大学医学院学习，大学毕业后留校任教。1937 年抗日战争爆发后，随齐鲁大学医学院南迁四川成都，借华西大学校舍继续上课，当年担任医学院代院长，后因提议组织一支医疗队到川西，遭到洋人教师反对，愤怒之下毅然辞职离开了齐鲁大学。1949 年，齐鲁大学复课后，再次担任齐鲁大学医学院院长。1952 年高等学校院系调整，齐鲁大学医学院与先前合并的华东白求恩医学院和山东省立医学院再次合并，组成新的山东医学院，张汇泉担任山东医学院副院长。

张公平教授回忆：听父亲说，他与刘兰华相识应该是在 1937 年抗日战争爆发后，齐鲁大学医学院南迁成都的时候，因为齐鲁大学医学院院长施尔德没有南迁，而是留在了济南。医学院的中国教师和洋人教师一致推选我父亲为医学院代院长。那时齐鲁大学女生部主任刘兰华也迁到了成都，负责医学院女生的工作。刘兰华的丈夫余心清随冯玉祥在成都，也经常到齐鲁大学医学院，这样一来父亲和刘兰华、余心清夫妇就相识了。1949 年父亲担任齐鲁大学医学院院长，刘兰华后任齐鲁大学教授，两家关系越来越密切。

张公平教授说：梁思懿是梁启超三女儿，著名的社会活动家。1941 年，同丈夫一起到了美国，学习美国历史，后在芝加哥、纽约社会学院任教。1949 年回国后，随丈夫分配在山东，在齐鲁大学任女生部主任。刘兰华和梁思懿大概是在 1950 年相识，那一年刘兰华任齐鲁大学教授，梁思懿任女生部主任。记得那年我 15 岁，高中入学体检时，查出肺部有几个钙化点，医生建议休学在家休养，刘兰华到我家做客时得知我体检情况，建议我到她家休养。因为那时她丈夫和女儿在北平，她独身一人住，我可以和她做个

刘兰华与女儿余华心

伴。这样，我在她家住了一年。

那时候，梁思懿常去刘兰华家做客，她们经常用流利的英语侃侃而谈，互相切磋，交流教学、管理等方面的工作。看得出，她们的友情至深。这可能因为她们同样有留学美国的经历吧！

（原载《山东大学报》2014 年 2 月 26 日）

齐鲁大学女生部主任刘兰华

她是一位民国奇女子，出身基督教家庭，是冯玉祥夫人李德全在贝满女中时期的同学。1922年赴美国留学，先后获奥柏林大学教育学士、哥伦比亚大学教育硕士学位。在美国偶遇余心清，回国后两人结为夫妇。1928年与齐鲁大学结缘，先后任教育行政系教授、女生部主任；抗战期间随齐鲁大学南迁华西坝，中华人民共和国成立后再次任齐鲁大学教授；1952年院系调整，齐鲁大学被撤销建制，她又任山东医学院外语教研室主任。

11月15日上午，笔者在辽宁大连采访了81岁的余华心女士，她是刘兰华教授的女儿。她身体硬朗，思维敏捷，豁达健谈，满头银发一丝不苟地拢起，颇显端庄大方。谈起齐鲁大学，谈起母亲，她仿佛打开了记忆的闸门，一桩桩、一件件往事娓娓道来……

1940年，齐鲁大学教师在华西坝合影（前排左一为女生部主任刘兰华，三排右三为校长刘世传，后排左二为医学院侯宝璋教授，后排右二为医学院张汇泉教授）

任齐大女生部主任

刘兰华(1889～1969),山西榆次人,出身基督教家庭,父母因信奉基督教被义和团杀害,兄妹四人被教会收养。1902 年入山西太谷贝露小学堂读书,后到北平贝满女中读书;1917 年任教于贝露中学,后担任校长。1922 年赴美国留学,1925 年在奥柏林大学获教育学士,1927 年在哥伦比亚大学获教育硕士学位。

在美国,刘兰华结识了余心清。1924 年,余心清被冯玉祥派往美国留学,入哥伦比亚大学行政系修习。在一次哥伦比亚大学校友联谊会上,余心清偶然遇上落落大方的刘兰华,一见倾心。1928 年两人携手回国,1930 年在太原举行了婚礼。

刘兰华、余心清夫妇与女儿余华心

1928 年刘兰华与齐鲁大学结缘,先后任教育行政系教授,女生部主任。女生部英文称之为"妇女学院",在齐鲁大学是个独立机构。女生部主任即为“妇女学院”院长，不仅与其他学院院长们平起平坐，在校评议会中自然占有一席之地，而且手中还握有财权，可以自主支配。

齐鲁大学之所以设有女生部，是因为实现了“男女同学”（同校）。1924年春，华北协和女子医学院的五位女教师带着两个班的32名女学生来到济南并入齐鲁大学。五位女教师皆为美籍医学博士，其中蓝纳德到校之后任女生部首任主任。自此之后，齐鲁大学文理医学各系科遂善门大开，普招女生入学。1925年蓝纳德退休，由燕京大学来的原华北协和女子学院院长麦美德接任女生部主任。

麦美德与刘兰华有师生之谊。1904年麦美德任北京贝满女中校长期间，刘兰华曾就读于此。刘兰华之所以与齐鲁大学结缘，源于麦美德的引荐。1929年秋，齐鲁大学爆发学潮反对洋人把持校政，而此时麦美德已是68岁高龄，遂将女生部主任让位于刘兰华。

1931年齐鲁大学在南京教育部注册立案之后，学校有了很大发展，女生人数迅速增多，刘兰华负责筹建了女生第二宿舍美德楼。美德楼于1933年建成，可容40余人入住，是为纪念前女生部主任麦美德而命名的。

景兰斋、美德楼被设为男生禁地，虽有“紫禁宫”之称，但并不意味着教会大学限制男女同学之间的正常交往。齐鲁大学男女同学之间，除在教室里共同上课，实验室里共同做实验，操场上打打网球一类之外，还有内容极为丰富的课外社团活动，其中最受同学们欢迎的莫过于假日或周末外出郊游了。约上一大帮男女同学去大明湖划船、去南山寻幽探胜、去长清灵岩寺看唐塑佛塔等。女生部负有管理女生校园生活、指导言谈举止、培养优雅风度之责。这些活动往往都由女生部主任刘兰华带队前往。

南迁华西坝

1937年抗日战争爆发后，9月1日，齐鲁大学仍照常开学。但只有297名学生，与上年的567人相比，来上学的人少多了。预期有200名女生入学，但来注册的仅有80人。10月齐鲁大学宣布停课，决定在铁路线切断之前，把学生，特别是女生送走。正在此时，齐鲁大学接到了四川成都华西协和大学的邀请，愿意为医学院3个高年级班和教师提供帮助。齐鲁大学接受了邀请,3 个班级的学生和 14 名中国教师离开济南前往成都。女生部主任刘兰华带着幼女余华心,陪伴 13 名女生同行。

当时齐鲁大学与在这一期间汇集至此地的金陵大学、金陵女子文理学院、燕京大学、华西协和大学形成了名噪一时的“华西坝五大学”。五大学虽然都拥有自己的师资和课程,但共用教学实验室及设备,各学校间学分互认,共享师资和课程。

齐鲁大学男女生宿舍皆为瓦顶木板的临建房。其中女生宿舍美德斋为齐鲁大学校董事长孔祥熙捐款两万法币所建。美德斋的选址是在一片农田中,左边通向华西坝,右边全是水稻田,田边的一条公路通向成都最繁华的春熙路。美德斋的大门是竹篱笆编成的,进大门后,左右各有一个大房间,中间通道两侧皆为小房间。大房间沿墙安放七张木床,房屋中间两张书桌,木床为上下铺,总共可住 14 个人。小房间安放三张木床上下铺,可住 6 个人。这里住着齐鲁大学文、理、医学院八个系的女生。

刘兰华和余华心就住在进大门左侧一间小屋内,家具都是非常简陋的,有事情要对学生宣布时,刘兰华就在中午大家齐聚食堂吃饭时说。

齐鲁大学食堂,菜既丰富,又营养,也许是因为医学院的关系,对于这方面特别予以重视。早晨馒头、稀饭、小菜等,中午和晚间都是四菜一汤,遇到星期六或者庆祝日,还要加菜打牙祭。

齐鲁大学女生朴素无华,无论出自平民之家还是名门显贵,一律旗袍、短袜、皮鞋或布鞋,发式多为清汤挂面,也有双辫披肩者,旗袍皆长及膝下三寸,天冷时旗袍外加一件毛线衣。齐鲁大学政治经济系女生罗素贞曾回忆道:“说到女同学的服装、修饰、涵养,女生宿舍主任余夫人(刘兰华)是十分注意的。凡是她认为不雅的举止、不适当的言行,都会去纠正,务要使同学们都拥有高雅大方的气质、温文可亲的风范,人人都具备时代女性的美德。”

1945 年 10 月 1 日,齐鲁大学在济南原址复校。但华西坝的齐鲁大学仍在成都招生,一直坚守到 1947 年夏。

任山医外语教研室主任

刘兰华上中学时就患上了关节炎,到华西坝后,阴湿的气候加重了病情，致使抗战还没结束，她就辞去齐鲁大学教职，赴美国治病，在旧金山一家幼儿园里当保育员，挣钱吃饭。

1946 年 9 月，余心清在北平策动冯玉祥旧部孙连仲起义时，北平地下党的秘密电台被敌侦破，余心清写在香烟盒背面的电文手迹未能及时销毁，导致余心清于 1947 年 9 月 26 日被捕入狱。刘兰华闻讯立即回国，后求助于司徒雷登、冯玉祥才得以释放。

中华人民共和国成立前夕，刘兰华、余心清夫妇辗转来到了北平，住在了中南海。1949 年 10 月 1 日中华人民共和国成立，余心清作为中央人民政府典礼局局长，操办了开国大典的各种庆典礼仪事宜。当时，刘兰华在辅仁大学教英文。

余华心说："1950 年母亲带着我回济南访友，来到齐鲁大学，见到了还留守在学校的一位负责的美国女士，她当时也准备回国了，她邀请母亲重回齐大工作，并把她住的小楼(今长柏路 7 号)和厨师留给了母亲。就这样一个偶然的机会，母亲又回到了齐大。"

1952 年高等学校院系调整，齐鲁大学医学院与先前合并的华东白求恩医学院和山东省立医学院再次合并，组成新的山东医学院，刘兰华担任山东医学院外语教研室主任、英文教授。当时师资非常薄弱，除刘兰华外，另外有胡玫、王洛白、王仁航、王士侠等四位助教。英语教材由老师自编、自刻蜡纸，上课发散页，期末时装订成册。教学方法采用中华人民共和国成立前传统的英语教学法。

刘兰华学的虽不是英语专业，但是她在美国待了 8 年，英语口语十分流利。她教授英语口语，由于学生还需懂得拉丁文，她就刻苦自学，边学边教，晚上经常到教室去给学生补习。"我记得近 70 岁的母亲仍照常在教学一线，她血压很高，走在路上就像踩在棉花上一样眩晕，我劝她晚上不要出去了，但她坚持要这样做。站在路口目送她拄着拐杖慢慢行走的背影，心里酸酸的，难过地流下了眼泪。"谈到此时余华心眼睛湿润了。

1960 年 71 岁的刘兰华退休时，外语教研室已初具规模，有教师 10 余人，并成立了英语教学小组及俄语各年级教学小组，还设立了阅览室。刘兰华还积极组织教师编写了《俄语基本词汇 6000 个》和《英语基本词汇 6000

个》两本手册。教师邹枢生和李怀玉主编的俄语教材，被卫生部推荐为全国通用的乙种教材，英语教材也正式改为铅印。刘兰华为外语教研室的发展做出了积极贡献。

刘兰华 1953 年加入民革，历任民革山东省委员会委员、山东省人民代表大会代表、山东省妇联执委、济南市妇联副主席、山东省政协委员等职。1968 年，78 岁的刘兰华在“文革”中默默去世。“生于济南齐大，长于成都齐大，一九五零重返齐大，母亲一生奉献齐大。齐大齐大心中之花，记忆永存怎能忘她。”余华心感慨地说。

（原载《山东大学报》2015 年 12 月 30 日）

张汇泉与邓恩铭在济南的一段往事

原山东医科大学外语教研室主任张公平教授，向笔者口述了他父亲张汇泉的一段难忘的往事。

1986 年初，张公平的父亲张汇泉已经 87 岁，他在病床上躺了两年，身体已经很虚弱了。一天他对服侍他的儿子张公平说："我快不行了，有一件事压在我心底很久很久了，再不讲这件事可能就被淹没在历史长河中了。""您讲吧，什么事？""我在齐鲁大学医学院读书时，和党的一大代表邓恩铭有段很深的交往。"听到此话，张公平吃惊异常，愕然地盯着父亲看了半天。张汇泉讲述了他与邓恩铭在齐鲁大学的一段尘封已久的往事。

司徒雷登为张汇泉写推荐信

张汇泉，1899 年出生在河北省文安县一个农村家庭，1913 年他离开家乡，来到了在北平教书的叔叔家。在叔叔的资助下，他到北平的一所教会学校汇文中学读书，1918 年高中毕业后，被推荐进入燕京大学预科班学习。

燕京大学是一所教会大学，当时的大学校长正是燕京大学的创立者司徒雷登。司徒雷登出生于中国杭州，和中国孩子一起长大、上学，中国话说得和英语一样流利。1919 年，北平爆发了震惊世界的"五四"爱国运动。张汇泉和燕大的学生一起参加了这场声势浩大的爱国运动，他们到米市街去游行、示威、喊口号。

在这场动荡的学生爱国运动中，张汇泉结束了燕京大学预科的学习，在选择专业的时候，想到了家乡父老穷困潦倒、生病无钱医治的情形，决心学医，学成后回到家乡医治乡亲。一天下午，他主动来到燕京大学校长司徒雷登的办公室，把这一想法告诉了司徒雷登。司徒雷登思考了一下，说："你的想法很好，但北平没有医学院，只有一所协和医院，不过我可以写一封推荐信，介绍你到山东济南齐鲁大学医学院去，学费由我们负责。”然后，他就把写好的推荐信交到了张汇泉的手上，并说：“你去济南找齐鲁大学的校长吧。”就这样，张汇泉拿着司徒雷登的介绍信来到了齐鲁大学医学院。

张汇泉在齐鲁大学参加学生运动

1919 年 7 月，张汇泉带着司徒雷登写的介绍信来到了济南，成了齐鲁大学医学院的学生。齐鲁大学医学院是英、美、加三国基督教会所创办的私立齐鲁大学所属的一个学院，于 1911 年 4 月 17 日正式建院，其历史可上溯到 1865 年，美国基督教开始在中国传教，其长老会传教士狄考文在登州（今山东蓬莱）开设文会馆。

当时齐鲁大学的校长是巴慕德，医学院院长是施尔德，医学院的学制是七年。张汇泉入学后不久，受北京“五四”运动的影响，反帝爱国斗争很快席卷山东大地，因为有在北京燕京大学参加“五四”运动的经历，张汇泉义无反顾地成了齐鲁大学学生运动的领袖。

张汇泉与邓恩铭在齐鲁大学

有天早上，他正准备带领 70 多名学生上街游行的时候，齐鲁大学校长巴慕德在校门口进行阻拦，他对游行的学生说：“学生的责任是学习，学生不读书而去游行不对，我要把学校大门关起来……”张汇泉理直气壮地说：“你关不关校门，我们都要去游行抗议，中国人在中国的领土上游行，这是我们的权利。”他带领学生不顾校长的阻拦，毅然走出了校门，带领同学们走上街头游行示威，张贴标语，宣传爱国思想。这次学生运动激起了巴慕德的极大愤怒，一周后，巴慕德就颁布了校方的布告，布告上写道：凡参加游行的学生，由于耽误了学业，均延后毕业半年云云。张汇泉本来是 1925 年夏毕业，但由于组织学生爱国运动，直到 1926 年初才毕业。

张汇泉与邓恩铭是怎样结识的呢？

邓恩铭，中共一大代表，1901 年生，贵州省荔波县人，水族。1918 年，依靠在山东的叔叔黄泽沛资助，邓恩铭考入济南省立第一中学。“五四”运动爆发后，他积极响应北京学生爱国运动，被选为学生自治会领导人，组织学生参加罢课运动。1921年春，在北京、上海共产党早期组织的影响和帮助下，他与王尽美等在济南发起成立了济南共产党早期组织。1921年7月，邓恩铭与王尽美参加了在上海召开的中国共产党第一次代表大会。

就在1919年夏天，当邓恩铭得知张汇泉组织齐鲁大学学生运动后，他主动到齐鲁大学寻找张汇泉。一天下午课后，邓恩铭找到了张汇泉的宿舍。据张公平回忆：“我父亲当时就住在四号院北面二楼最西边的一间房子，当时邓恩铭与父亲谈了什么，我父亲也不记得了，从父亲的只言片语中得知他们第一次见面就很谈得来。”从这以后，邓恩铭经常下午到学生宿舍或在晚饭后去齐鲁大学操场看张汇泉踢球。

为什么邓恩铭到操场找张汇泉呢？因为张汇泉非常喜欢运动，特别擅长足球和跳高，课余饭后，他经常拿双钉子鞋，到操场去锻炼。1928年他参加在北京举行的华北运动会，获得了跳高冠军，成绩为1.76米。

两个学生领袖都是贫苦农民的孩子，又都是外乡人，他俩的性格、思想、爱好都相似相融，惺惺相惜。论年龄呢，邓恩铭比张汇泉小两岁，所以邓恩铭把张汇泉当作兄长，无话不说，交流甚广。张汇泉和邓恩铭就这样成了最好的朋友。1921年7月15日，邓恩铭到齐鲁大学与张汇泉话别。“我要去上海办点事。”“你自己去吗，什么时候回来？”“办完事就回，下午三点钟的火车。”

吃过午饭，张汇泉把邓恩铭送到济南火车站，上车前邓恩铭有些不舍地对张汇泉说：“你知道马克思吗？”张汇泉有些惊讶，回答道：“我不知道，似乎是俄国人吧？”火车汽笛长鸣了一声，邓恩铭与张汇泉握手告别，上车的一刹那，邓恩铭拍了拍张汇泉的肩头，说出了他心存已久的一句话：好好学习，有为的青年要为国家、为工农大众效力啊！后会有期……张汇泉向他挥了挥手，凝望着他的背影，看了看济南火车站德国哥特式建筑钟楼，时针指向三点，就这样送走了一位生活中的挚友。

历史真是跟他开了一个玩笑，这一别他就再也没见过邓恩铭。

1981年，张汇泉应邀去上海参加医学学术会议，会后，参会人员参观中共一大纪念馆，纪念馆坐落于上海法租界，据张汇泉回忆，那是一片旧上海的老房子，进了老房子的门，就是中国共产党一大会议的旧址，虽然很狭窄，但气氛却很凝重。里面大多是些图片文字资料，记录着中国共产党人那段不平凡的历史，也有一些实物资料，上面布满了历史的沧桑和厚重，让人对前辈们的前仆后继和英勇牺牲的精神肃然起敬。会场悬挂着13位出席党的一大代表的照片，突然他眼前一亮，看到了邓恩铭的挂像。这不是邓恩铭吗？他差点喊出声来，随即用手揉了揉眼睛，真是邓恩铭。他当时既激动，又兴奋，眼里含着泪花，驻足在邓恩铭的挂像前，看了又看，久久不肯离去……

邓恩铭

与邓恩铭在齐鲁大学交往的那段难忘岁月，不断在张汇泉脑海中浮现，这时他才恍然大悟，原来1921年7月15日，邓恩铭去上海是参加中共一大会议呀！可惜那次送别竟成了永别。

1926年，张汇泉顺利地完成了本科七年的学习，大学毕业后留校任教。1937年抗日战争爆发后，他随齐鲁大学医学院南迁四川成都，借华西大学校舍继续上课，当年担任医学院代院长，后因提议组织一支医疗队到川西为群众医治，遭到洋人教师反对，愤怒之下他毅然辞职，并离开了齐鲁大学。1949年，齐鲁大学复课后，由于工作需要，张汇泉教授再次担任齐鲁大学医学院院长职务。

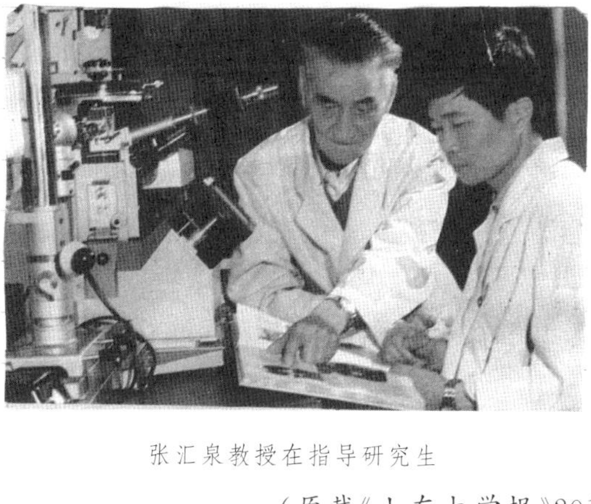
张汇泉教授在指导研究生

（原载《山东大学报》2014年9月25日）

20世纪30年代张汇泉赴美研修的一段经历

张汇泉(1899～1986)是我国著名的组织学与胚胎学家。高中毕业后,他曾幸运地被推荐进入燕京大学预科班学习。1919年7月,他带着司徒雷登写的介绍信,来到济南,成为齐鲁大学医学院的学生。1926年,他凭着北京教育基金会的资助和担任医学院实习助理医师的工作,顺利地完成了本科7年的学习,毕业后留校任组织学与胚胎学助教,1928年晋升为讲师,1932年6月赴美国芝加哥大学及明尼苏达大学进修。正是这次美国进修提高了他从事的医学研究水平。

青年时期的张汇泉

20世纪30年代,齐鲁大学医学院在国内医科首屈一指,素有"南湘雅,北齐鲁"之称,十分重视人才的发展。时任齐鲁大学医学院院长的施尔德(美国南长老会传教士,1905年来华)非常赏识张汇泉的医术,希望他做这个学科的带头人。

1931年6月的一天,施尔德找到张汇泉把学院准备推荐他去美国芝加哥大学进修的事告诉了他。听到这个消息,他既激动又兴奋,连声说:"谢谢院长,我一定认真学习!"张汇泉简单收拾了行李便踏上开往美国的轮船。他从上海先到日本的大阪再到美国的夏威夷,然后到旧金山,再乘火车到了东部的芝加哥,在芝加哥大学开始了进修生活。

美国芝加哥大学医学院的解剖学和组织学是世界领先的,平时除了学术讲座、研讨会之外,课堂上教与学采用互动式或启发式。张汇泉主修解剖学和组织学,他作为一名进修生可以自由选择课程旁听。他每天除了上课,不是在实验室做实验就是在图书馆查资料,如饥似渴地学习着先进的解剖学和组织学知识。每周学校都要举办舞会,让同学们放松一下,张汇泉不敢去消遣，他深知肩负着学好本领报效祖国的重任，哪敢有一丝的懈怠呢？

在美期间，张汇泉出色的外语能力、扎实的医学基本功和严谨的治学习惯使他很快融入工作当中，加上在齐鲁大学医学院做人体解剖和临床实践经验的扎实积累，令张汇泉在解剖学和组织学领域得心应手。美国导师林格曼十分惊叹他出色的学习能力和实际操作水平，这位中国来的年轻人高高瘦瘦，不爱多言，却似乎有无穷的精力，遇到不懂的问题必定查遍资料，彻底弄通为止。仅仅一年时间，张汇泉就修完了“解剖学”和“组织学”的相关课程。

1932年，林格曼推荐张汇泉去了美国明尼苏达大学继续深造组织学。林格曼说，你是医学界难得的人才，你如果想在该领域有所建树，我建议你再到明尼苏达大学去学组织学。组织学是医学的基础学科，它和细胞学有密切关系，人体的结构、脏器、血管、肌肉、皮肤、骨骼皆和组织有关。张汇泉知道细胞是生命的最小单位，揭开人的生命奥秘必须从细胞开始，便听从了导师的意见，从美国的东部转到西北部的明尼苏达大学，继续进修组织学。

张汇泉发奋图强，刻苦钻研，认真研修了组织学的所有课程，专业水平明显提高。这次在美国两所大学进修的经历，为他回国从事组织学与胚胎学研究奠定了基础。

1933年春，张汇泉结束了明尼苏达大学研修工作启程回国，并且把所学的珍贵资料带回国内。1938年，他将美国西北大学胚胎学教授 Arey L.b.所著《胚胎学》一书译成中文本，作为齐鲁大学医学院和四川华西协和大学医学院、齿学院的胚胎学教材，并开始着手从事细胞器的研究。这一时期他还在《美国解剖学杂志》和原《北京协和医学院生理学杂志》(英文版)发表了《血之活体外染色法》《所谓中性空泡与高尔基氏器》等数篇文章。20世纪50年代初，张汇泉设计制造了系统、完整的胚胎学教学模具，建立了胚胎标本室，为我国胚胎学研究打下了良好的基础。

（原载《联合日报》2014年7月26日）

后　记

“岁月不居，时节如流”，转眼我到山东大学工作已经15年，从事山东大学校史及名人研究也有近8年。这些年我亲眼见证了山东大学的发展，也在山东大学的校史研究中汲取营养。

2013年春天，一个偶然的机会，我进入了山东大学外国语学院院史编写组，开始了院史资料的搜集整理工作，由此也开始了校史研究。我购买了《山东大学百年史》《山大第一》《齐鲁大学史》《山东大学教授名录》等大量校史书籍，从中找寻外国语学院的历史史料。掌握了一定线索后，先后奔波于山东省档案馆、青岛市档案馆、北京大学档案馆、山东大学档案馆、中国海洋大学档案馆，查阅原始档案、文献资料及旧报刊，短短几年我摘抄整理的有关外院院史及名人档案资料就有20余本。

同年5月，我积极联系山东大学电视台，启动了外国语学院“老教授影像资料库”的录制工作，共录制12期，先后采访了李乃坤、赵洪太、关引光、舒力、张公平、叶瑞安、王士侠、卢福林、刘宏多、郭继德、李志清等教授，为外院留下了弥足珍贵的影像资料。

随着研究的深入，我开始从外院院史研究拓展到山东大学校史及历史名人研究。2014年1月，开始发表有关校史的文章，至今，先后在《齐鲁晚报》《大众日报》《山东大学中文学报》《山东大学报》《春秋》等报刊发表文章60余篇。

2016年底，初步完成了20余万字的外院院史初稿。在院史整理其间，开始关注山东大学外文系首任系主任梁实秋先生在山东大学任教期间的史料。2017年9月，山东大学出版社出版了我的首部专著《梁实秋在山大》。

这年秋季学期，我申请开设了《梁实秋与山东大学》全校通选课，到现在已开设三年多，从当初选课人数几十人，到目前选课人数上百人。

2017 年 7 月，我调至文学院工作以来，追寻学院历史的脚步，搜索整理与学院有关的名人轶事。众所周知，山东大学素以文史见长，文学院在百年山大的发展历程中一直占有重要的地位。在漫长的发展历程中，文学院名流辈出，群星璀璨，著名学者闻一多、杨振声、赵太侔、梁实秋、张煦、老舍、洪深、游国恩、闻宥、姜忠奎、丁山、沈从文、王统照、冯沅君、陆侃如、高亨、萧涤非、黄孝纾、杨向奎、吕荧、殷焕先、吴富恒、高兰、孙昌熙、殷孟伦、关德栋、刘泮溪、蒋维崧等诸先生先后在此执教，他们为中国语言文学学科开创了一个高水平的起点，铸就了“文史见长”的办学特色和优秀的治学传统，为国家培养了大批具有真才实学的人才。

我把挖掘梳理文院院史和历史名人故事作为自己的业余爱好。2020 年春，我在文学院领导的带领下，一起谋划“冯陆高萧黄”五岳主题图片展览工作。当年 9 月 10 日，主题图片展在知新楼 A 座 8 楼展出。整个展览围绕冯沅君、陆侃如、高亨、萧涤非、黄孝纾五先生在古典文学方面所做出的贡献，共展出图片资料 52 幅，包括五位先生的个人生活工作照片、代表著作、手稿书信等。该图片展从设计到布展共历时近 6 个月，每件图片经过认真筛选，并配精致原木相框，相框左下方另配文字说明，整体布置庄严雅致，凸显了百年文院的文化底蕴。

杜泽逊院长在 2020 年述职工作中所说：“在 2020 年上半年疫情期间，院里也做了院史资料整理和院史展览工作，应当说费了很多心血。我和张帅书记、王萌副书记之外，特别请沈文、张洪刚、李振聚、赵加朋、王伟龙几位老师为主参加这项工作。先进行了知新楼八楼的‘冯陆高萧黄五岳主题展’。遴选照片，撰写说明，联系设计公司，设计挂图，整修墙面，改善灯光，终于完成了。四楼、五楼、六楼、七楼、九楼也有计划，尚未实现。在暑假期间，为配合我校 120 年校庆，张洪刚、李振聚两位同志，加上十几个学生，到学校档案馆查找文学院院史资料，拍摄照片十余万幅，初步编成《山东大学文学院史料丛编》四集，交山东大学出版社出版，这是一项很重要的成果……改进图书室，做院史展览和院史资料，主要是为培养学生做辅助，要把我们山东大学文学院办成真正的读书的乐园，把我们读书治学的传统传下去，发扬光大，这是我们的美好愿望。”

杜院长的讲话字字珠玑，催人奋进，让我充分认识到了院史工作的重要性。我对山东大学校史和文学院院史的研究，尚处于起步阶段，要做的工作还有很多。在今后的工作中，我将不断挖掘学院前辈先生的治学历程与育人故事，致敬前辈先生的办学传统和学术底蕴，促进人文学术振兴，垂范后世学子，使山大百年文脉薪火相传。

山东大学文学院领导重视盛世修史，2021 年 1 月，在学院党政联席会议上，批准了我结集出版《上庠振铎录——山大文苑往事》一书的申请。杜院长在百忙之中亲自为本书赐名并作序。

《上庠振铎录——山大文苑往事》是我多年来撰写的有关山大校史及文院历史名人珍闻趣事文章的汇集，其中部分文章曾在报刊发表过。本书共分上、下两编。上编为“金声玉振”，撷取 20 世纪 30 年代有关蔡元培、袁家普、梁实秋、闻一多、洪深、老舍等先生在山大的逸事珍闻；下编为“余音绕梁”，撷取抗战胜利后至 20 世纪 50 年代有关山大“五岳”及王统照、吕荧、丁山、吴富恒等先生在山大的趣闻逸事以及采访赵洪太、孔令仁、路遥、臧乐源、吴开晋、吕家乡等先生口述的有关山大文院的故事。

为了做到图文并茂，每篇文章均配了 2～5 幅老照片，图片尽可能是先生们在山大任教期间的留影或资料照片，全书共配老照片上百幅，其中部分照片属于首次刊用，甚为珍贵，为山东大学和学院提供了宝贵的人文史料。

在本书付梓之际，我衷心地感谢在本书创作与出版中给予帮助的各位领导、老师和朋友。感谢山大文学院院长杜泽逊、党委书记张帅在本书撰写过程中给予的关怀和专业指导；感谢郑训佐教授为本书题写书名。

感谢赵洪太教授的谆谆教导。自从研究校史以来，我每月至少到先生家一次，听他答疑解惑，听他讲述与华岗、黄孝纾、高亨、吕荧、殷焕先、殷孟伦、蒋维崧等先生的交往轶事。每当我拙文发表，赵先生又是忠实读者，在我发表的报刊上圈圈点点，指出问题，教给我如何改正。他还时常给我讲草婴、李泽厚等学者的励志故事，激励我勤奋刻苦，每日坚持著述写作。赵先生在 90 岁高龄写下条幅“细水长流”，我装裱后挂到办公室，作为自己的座右铭，时时鞭策激励自己。

感谢研究生初敏、刘琛、程宗洋、侯洪震、刘汉君、于静波、高雅、杨阳、郝梦雪、庄欣欣、吴奇颖、鞠啸程、丁雪媛、张腾、宋少雄等同学为本书部分章节进行校稿；特别感谢责任编辑李孝德老师，他的认真负责、一丝不苟的工作精神令我感动和敬佩。

由于时间仓促，更由于笔者水平所限，书中错讹疏漏在所难免，恳请广大读者批评指正。

2021年3月27日写于山东大学中心校区海岳楼